« RÉPONSES »

Collection dirigée par Sylvie Angel
et Abel Gerschenfeld

NATALIE ANGIER

FEMME !

Traduit de l'américain par Bella Arman

ROBERT LAFFONT

Titre original : WOMAN

ISBN 2-221-09035-7
(édition originale : ISBN 0-395-69130-3 Houghton Mifflin, New York)
Publié avec l'accord de Houghton Mifflin Company

Introduction

DE LA CLARTÉ AVANT TOUTE CHOSE

J'ai écrit ce livre à la gloire du corps féminin – de son anatomie, sa chimie, son évolution, sa jubilation. J'ai essayé de comprendre à ma façon la biologie féminine sans me noyer dans le bourbier du déterminisme biologique. J'y aborde ce que l'on associe traditionnellement à l'image de la femme – l'utérus, l'ovule, le sein, le sang, les pouvoirs du clitoris – et ce qui ne l'évoque guère – le mouvement, la force, l'agressivité et la violence.

Ce livre célèbre la jouissance, une jouissance indissolublement liée à la chair, à la beauté physique. Le corps féminin mérite un respect dionysiaque. En toute partialité, j'ai fait venir à la barre les plus brillants esprits, ceux du moins que j'apprécie le plus. J'ai fait appel à la science et à la médecine quand je voulais esquisser un schéma fonctionnel des organes dits féminins et mettre en valeur leur dynamique. Je me suis tournée vers Darwin et la théorie de l'évolution pour élucider les origines de notre géographie intime, comprendre l'apparence et le comportement de notre organisme, ses rondeurs de surface, mais aussi son impétuosité et ses caprices de fonctionnement. J'ai recherché dans l'histoire, l'art et la littérature les différentes façons d'interpréter telle ou telle lubie de notre physiologie. J'ai sélectionné de façon parfaitement subjective et impulsive ce qui, parmi les progrès spectaculaires de la génétique, de la biologie du cerveau, des hormones et du développement, donne des explications plausibles de nos envies et comportements. J'ai rejeté toutes sortes de spéculations sur l'origine des seins, la fonction de l'orgasme, l'amour abusif des filles pour leur mère, la frénésie des femmes à se rechercher comme à s'éviter. Certaines thèses sont plus nébuleuses que d'autres. Au cours de mes investigations, j'ai retenu celles qui m'ont éblouie et fascinée, telle celle de Kristen Hawkes qui prétend que ce sont les grand-mères qui ont donné naissance à l'espèce humaine parce qu'elles ne voulaient pas mourir quand leurs ovaires rendaient l'âme. Je défends certains points de vue par esprit de contradiction, parce qu'ils vont à l'encontre de la notion traditionnelle de « nature » féminine ; j'en lance d'autres à la volée comme on jette des grains de riz à la mariée, pour lui dire bonne chance, bravo, sois heureuse... et par esprit d'anarchie.

En fait, c'est une gageure de vouloir célébrer la condition dionysiaque du corps féminin tant il a été vilipendé au cours des siècles. Sexe honni, sexe ignoré, malheureux deuxième sexe ! Que n'a-t-il été : simple brouillon, péché, sexe par défaut, prix de consolation, succube, mâle inachevé. Maudite femme, lubrique ou pimbêche, bestiale ou éthérée ! Pauvres de nous, qui avons donné naissance à plus de métaphores illégitimes que de bébés non voulus.

Évidemment, nous, les femmes, savons bien que tout cela, pour l'essentiel, c'est de la blague. C'est peut-être très joli, très élaboré, presque flatteur à force d'être féroce, mais il n'empêche. C'est de la blague. Il nous arrive d'aimer les hommes et même parfois de vivre avec. Mais il faut reconnaître que certains de ces messieurs ont proféré des inepties monstrueuses à notre égard, sur notre anatomie, notre psychologie. Prenez le mythe du sanctuaire caché. Les hommes nous contemplent et ont du mal à discerner nos organes génitaux externes ; notre mont de Vénus, avec sa feuille de vigne naturelle, cache les contours de la vulve. Or les hommes brûlent d'ouvrir la barrière de fourrure puis les plis extérieurs pour atteindre les organes génitaux internes encore plus secrets, la nef sacrée du vagin. Pas étonnant, dès lors, qu'on assimile la femme à l'intériorité. Les hommes convoitent ce qu'ils ne peuvent voir et en déduisent que nous tenons – peut-être égoïstement – à rester dans nos propres retranchements. Qu'est-ce que la femme, sinon une coupe, une urne, une caverne, une jungle à odeur de musc ? Que sommes-nous sinon cet enclos secret, cette sagesse primordiale, cette matrice, encore et toujours, qui porte la vie, la donne et la reprend au sein de ses replis humides et infernaux. « Puis la sexualité masculine, revenant à sa source primordiale, boit au puits de l'être et entre dans la région obscure de la mythologie où le haut est le bas et la mort la vie », a écrit John Updike.

Femmes, mes sœurs, sommes-nous vraiment ces tasses et ces

bouteilles, ces boîtes et autres creux ustensiles ? Sommes-nous ces araignées qui tissent leur toile au sein de la matrice, ces tarentules aveugles qui hantent furtivement nos sombres galeries ? Sommes-nous si intérieures, si occultes ? Arrière, Hécate ! Divinité maléfique, la femme ? Mais non. Ni plus ni moins que l'homme. Certes, les hommes arborent un pénis qui semble les extérioriser, leur donner la possibilité de porter ou de parer des coups au-delà de leur propre corps. Mais les sensations que leur procure le pénis, comme celles que nous dispense le clitoris, sont merveilleusement intérieures et envahissantes. Jusqu'aux orteils qui éprouvent l'orgasme, quel que soit le sexe de leur propriétaire ! Les hommes sont pourvus de testicules externes, les femmes gardent leurs ovaires enfouis un peu au-dessous du niveau des hanches. Mais les organes des uns et des autres libèrent leurs substances hormonales et reproductrices à l'intérieur. Chez les hommes, comme chez nous, tout se passe dans la tête. Eux aussi connaissent le piège de l'esprit universel.

Ce faisant, ni nous ni eux n'avons vraiment idée du labeur incessant de nos organes internes, du travail du foie, du cœur, des hormones, des neurones. Mais cette activité organique toute-puissante et occulte n'en est pas pour autant parée d'une aura mystique. Personne ne se dit : « Suis-je une énigme, moi qui abrite un pancréas ? »

La grossesse est sans doute l'état privilégié qui pourrait justifier notre image de sorcière des mondes occultes. Et pourtant, la femme enceinte est rarement au fait de la formidable magie noire qu'elle abrite. Dans la quiète rondeur de mes trois derniers mois de grossesse, je sentais mon bébé remuer en moi pratiquement sans relâche. Donnait-il des coups de pied, jouait-il des coudes, sa tête rebondissait-elle contre le trampoline amniotique ? Je n'en avais aucune idée. Ne parlons même pas de savoir s'il était heureux, inquiet, ou se morfondait d'ennui. Avant l'amniocentèse, mon intuition – féminine ? maternelle ? reptilienne ? – m'avait fait deviner le sexe du fœtus. Le sentiment venait des entrailles. Le garçon avait parlé. J'avais rêvé d'un œuf bleu roi, resplendissant. Au réveil, cette symbolique grossière m'avait quelque peu embarrassée. Enfin, comme ça, c'est réglé, m'étais-je dit ; je vais donner naissance à un fils. L'amniocentèse en décida autrement : le garçon fut une fille.

Faire du corps féminin un mystère, le saint des saints, n'est pas sans conséquences. On nous assimile à la nuit, à la terre et bien sûr à la lune qui suit nos cycles « inexorables » aussi mécaniquement que les ballons des vieilles comédies musicales hollywoodiennes. Nous progressons vers l'ovulation, nous déclinons vers le sang menstruel. La lune nous attire, bouscule nos entrailles et va jusqu'à provoquer nos douleurs menstruelles. Mes chères biches ! L'envie ne vous prend-elle pas parfois de vous esquiver la nuit pour bramer à la pleine lune ? Qui sait, la nouvelle lune est si belle après tout, surtout quand elle surplombe l'horizon et prend la couleur crème d'un sein. Reconnaissons tout de même que cette envie de hurler à l'amour n'a guère de rapport avec le fait d'acheter en temps voulu des tampons hygiéniques ; pour tout dire, je parierais que la plupart d'entre nous, du moins celles qui ont leurs règles, ne savent pas à quel moment du cycle lunaire tombent celles-ci. Mais les clichés ont la vie dure et l'on n'en finit pas de tomber sur des textes qui décrivent la femme comme s'il s'agissait d'une marque de produits bio, tels cet extrait du *Sexual Personae* de Camille Paglia :

Les cycles de la nature sont ceux de la femme. La féminité biologique est une suite de retours cycliques, commençant et finissant au même point. La femme ne rêve pas d'échapper au cycle naturel ni par la transcendance ni par l'histoire, puisqu'elle est elle-même ce cycle. Sa fécondité sexuelle, c'est son mariage avec la lune, croissant et décroissant suivant les phases de l'astre. Les Anciens savaient que la femme est enchaînée au calendrier de la nature dont elle ne peut refuser les rendez-vous. La femme sait qu'il n'y a pas de libre arbitre, puisqu'elle-même n'est pas libre. Elle n'a d'autre choix que d'accepter. Qu'elle désire ou non être mère, la nature lui impose le joug du rythme inexorable des lois de la procréation. Le cycle menstruel est un réveille-matin dont on ne peut arrêter la sonnerie sans la permission de la nature. Moon, month, menses[1], *mêmes mots, même monde.*

Ah oui ! L'étymologie a toujours été l'arbitre de la vérité.

Franchement, les filles, c'est à piquer une crise, tout ce ramassis de vieux clichés que nous pensions éraillés, éreintés, éradiqués depuis longtemps. Cela fait des années que j'écris sur la biologie et l'évolution et lis des ouvrages sur la question, mais j'ai vraiment la nausée de constater à quel point la « science » s'accroche à nos

1. En français : lune, mois, menstrues. *(N.d.T.)*

fesses comme la queue d'un âne en professant le réalisme le plus obtus. J'en ai par-dessus la tête de lire tous ces vieux bobards au sujet des femmes dans des ouvrages consacrés à la psychologie évolutionniste, au néodarwinisme ou la biologie de la sexualité : et que notre vie sexuelle serait indolente comparée à celle des hommes, et que nous aspirerions plus à la monogamie, et, au-delà de la sphère sexuelle proprement dite, que nous manquerions d'ambition et préférerions *être* que *faire,* étant par nature tranquilles, réservées, plus portées à l'amitié, moins douées pour les mathématiques et ainsi de suite en remontant jusqu'aux tristes débuts de l'homme de Cro-Magnon. Je suis lasse d'entendre proférer ces sentences évolutionnistes censées rendre compte de la nature de la femme, ces sornettes que nous devons subir sans broncher, tête haute et avec le sourire.

Je suis également excédée d'entendre que mon féminisme ne doit pas me cacher la « réalité » et les « faits ». Tout cela me fatigue car j'ai une prédilection pour la vie animale et la biologie, car je voue un culte au corps humain, en particulier au corps féminin. J'admire ce que le corps apporte au cerveau quand précisément celui-ci déprime et dédaigne les joies physiques. En réalité, la plupart des spéculations en vogue sur l'inné féminin sont si indigentes et inexactes, dénuées de toute preuve solide, qu'elles sonnent faux, tout simplement. À mes propres oreilles, mais également, je crois, à celles de la plupart des femmes qui, de fait, ne tiennent en général aucun compte de ce que la science assène à leur sujet.

D'un autre côté, la remise en cause traditionnelle du darwinisme et de la biologie de la féminité n'est guère plus crédible, dans la mesure où elle se fonde le plus souvent sur le rejet du corps ou du moins sur le refus de reconnaître une quelconque influence physique sur le comportement. Selon cette conception, nous ne serions que purs esprits, pures volontés, capables d'une nouvelle vie psychologique et spirituelle sans rien devoir à notre physiologie, sans même lui demander un petit coup de pouce de temps à autre. Parmi ceux qui rejettent le darwinisme et le point de vue biologique pur et dur, on trouve souvent, hélas, nombre de féministes, de citoyens progressistes, éminents et respectables, parmi lesquels je m'efforce ordinairement de me compter. Il faut reconnaître que leurs critiques sont souvent justifiées, qu'elles s'en prennent au mythe de la passivité féminine ou aux études qui prétendent démontrer des différences immuables entre aptitudes féminines et masculines. Nos pourfendeurs relèvent les bourdes, grommellent, réfutent. Bien. Et ensuite ? Les hormones ? Ils ne connaissent pas. Les désirs, les odeurs, les sensations, les organes génitaux ? Ils ignorent. Le corps est un simple véhicule, jamais le conducteur. Tout est appris, social, conditionnement culturel. Ces contestataires partent également du principe, souvent sans l'avouer, que les êtres humains sont *spéciaux* – peut-être meilleurs, peut-être pires, mais fondamentalement différents du reste des produits de l'évolution. Ce qui amène à se dire que nous avons peu à apprendre sur nous-mêmes de l'étude des autres espèces, et que nous, les filles, tout spécialement, avons beaucoup à y perdre. Avons-nous jamais profité de la comparaison avec un rat femelle de laboratoire ?

En réalité, nous avons beaucoup à apprendre sur nous-mêmes de l'étude des autres espèces. C'est d'ailleurs ce que nous faisons. Si vous observez d'autres animaux et ne voyez pas ce qui dans leur comportement rappelle le vôtre, c'est que vous n'êtes pas tout à fait humaine, non ? Moi, en tout cas, je veux apprendre des autres animaux. Je veux apprendre des campagnols de prairie la logique irréfutable qui conduit à passer le plus de temps possible pelotonné dans des bras amis ou aimés. Je veux apprendre de mes chats, ces professionnels de la paresse, comment passer une bonne nuit de sommeil. Je veux apprendre de nos sœurs bonobos, ces chimpanzés pygmées, l'art d'apaiser les querelles dans la bonne humeur par quelques séances de frottement mutuel des parties génitales ; je veux également redécouvrir les valeurs de cette solidarité fraternelle et féminine que les femelles bonobos pratiquent à un tel degré qu'elles sont rarement violées ou simplement importunées par les mâles, bien que ceux-ci soient plus grands et plus forts. Les femmes n'ont réussi à mettre les questions de harcèlement sexuel, de violence conjugale et de viols sur la place publique, à l'ordre du jour des parlements, qu'en agissant obstinément de façon solidaire et organisée – un art que les femelles bonobos, dans leur propre style pré-cognitif, ont perfectionné depuis longtemps.

Je suis persuadée que nous pouvons apprendre des autres espèces, de notre passé et de notre propre expérience. Cela a donné ce livre, une fantaisie scientifique sur la féminité. La science peut facilement nous leurrer, mais nous pouvons aussi l'utiliser à nos propres fins. Nous pouvons y trouver de quoi nous exalter et aussi nous divertir. Phylogénie, ontogénie, génétique, endocrinologie... goûtons à toutes les spécialités. Je suis une gourmande invétérée. Je fais les poches du chromosome femelle, ce géant qu'on appelle X, et demande pourquoi il est si grand, s'il présente certains traits exceptionnels (ce qui est le cas). Je veux savoir pourquoi les organes génitaux de la femme ont une odeur particulière. J'explore les modifications chimiques qui surviennent au cours d'une vie de femme – lors de l'allaitement, des règles, au moment de la puberté ou de la ménopause, entre autres – et j'essaie de comprendre en quoi chaque bouleversement brise la routine de l'homéostasie physiologique. Cela aiguise les sens, apporte des vues nouvelles. La femme n'est pas un système fermé mais une créature en suspension dans une solution d'univers local. C'est pourquoi je veux savoir de quelle façon notre corps s'imbibe des signaux chimiques de l'extérieur et en quoi cette imprégnation influe sur notre comportement – de quelle façon la respiration devient révélation. *Grosso modo,* ce livre progresse du petit vers le grand, de la compacité tangible de l'ovule au merveilleux marais de sensations que nous appelons amour. Il comprend deux grandes parties : la première a trait aux structures corporelles – les objets d'art de notre anatomie ; la seconde aux systèmes physiologiques, les fondement hormonaux et neurologiques de nos actes et nos désirs.

Quelques mots sur ce que ce livre n'est pas. Il ne traite pas des différences biologiques entre les sexes, des dissemblances et ressemblances entre hommes et femmes. Vous y trouverez, forcément, de nombreuses références à la biologie masculine. On se définit toujours un peu par rapport à l'autre, et il se trouve que l'autre le plus proche de la femme, c'est l'homme. Mais je ne m'étends pas sur la façon dont les différentes aires cérébrales s'activent selon qu'un sexe ou l'autre se remémore un souvenir agréable ou fait sa liste de courses, ni sur la propension des femmes à bavarder sur les uns, les unes et les autres quand les hommes préfèrent voir un match de hockey. Je ne compare pas les performances scolaires des hommes et des femmes. Je ne cherche pas à savoir lequel des deux sexes bénéficie de l'odorat le plus subtil, du meilleur sens de l'orientation, ou montre une réticence instinctive à demander conseil. Même au chapitre 18, où je décortique certains des arguments de la psychologie évolutionniste sur les prétendues différences de stratégie reproductive masculine et féminine, ce n'est pas tant le débat sur les différences sexuelles qui m'intéresse, que de dénoncer la myopie d'une certaine conception psychoévolutive de la nature féminine. En un mot, ce livre n'envoie aucun message du front de la guerre des sexes. Ce n'est jamais qu'un livre sur la femme. Si j'espère avoir autant de lecteurs que de lectrices, je l'ai toutefois rédigé en partant du principe que mon lecteur moyen serait... disons une copine, une nana, une fille, quoi [1].

Autre chose : ce livre n'est pas un manuel. Ce n'est pas un guide de santé féminine. Je recherche seulement la rigueur scientifique et médicale là où elle s'impose et exprime une opinion quand il y a débat. C'est le cas par exemple lorsqu'il est question d'œstrogènes. J'ai un faible pour cette hormone féminine, un véritable poème structuraliste comme j'essaie de le montrer dans le chapitre qui lui est consacré. Mais les œstrogènes sont des hormones Janus, des hormones à deux faces qui peuvent apporter la vie et permettent au cerveau de fonctionner, et également apporter la mort ; quelle que soit l'origine d'un cancer du sein, les œstrogènes sont fréquemment le vecteur de la maladie. Et si je me félicite en tant que femme d'avoir reçu mon quota d'œstrogènes à la naissance, je n'ai jamais eu recours aux apports supplémentaires. Je n'ai jamais pris la pilule et reste réservée au sujet des traitements hormonaux de substitution, un problème que j'aborde en temps voulu mais sans aucun désir de prosélytisme. Je n'ai pas écrit une resucée de *Our Bodies, Ourselves* (« Nos corps de femmes, telles qu'en nous-mêmes »), magnifique ouvrage fondateur auquel toutes les féministes que nous sommes ont puisé leur inspiration, mais qui n'a pas besoin de tièdes imitations.

Mon livre s'attaque à la question suivante : « Une femme, comment cela se fabrique ? » Quant au problème de la féminité, je ne peux l'aborder que maladroitement, du point de vue qui m'est propre, avec mes préjugés, mes impressions, mes désirs, aussi fantasques que les pans d'une chemise au vent. Au bout du compte, c'est à chacune d'entre nous de faire ses choix en fonction des forces et faiblesses de l'argile qui l'a faite femme. J'espère simplement montrer en quoi notre corps donne des éléments de réponse, montre

1. Natalie Angier utilise le vieux terme familier *gal* (déformation de *girl* ; *guys and gals*, « les gars et les filles »...) plutôt en usage à la campagne dans les années cinquante et soixante, dont l'équivalent français, selon le contexte, peut être « nana », « môme », « fille »... Elle ajoute, à l'intention du lecteur américain évidemment : *« ... [gal], un terme, soit dit en passant, que j'utilise souvent dans ce livre, d'abord parce qu'il me plaît, et parce que je suis persuadée, contre toute évidence, qu'il est sur le point de revenir à la mode ».* « Contre toute évidence », car la connotation un peu surannée et surtout trop familière de « gal » est susceptible de heurter les féministes pures et dures. *(N.d.T.)*

la voie qui mène à la conscience et à la liberté. Mary Carlson, de la faculté de médecine de Harvard, a forgé l'expression « biologie de la libération » pour montrer en quoi les progrès de la biologie peuvent guérir nos blessures psychologiques, élucider nos peurs et vivre au mieux avec ce que nous avons, nos proches et les êtres qui nous aiment. La formule est superbe. Nous avons besoin de nous libérer, d'une révolution permanente. Quitte à débuter l'insurrection, commençons par ouvrir les portes du palais que nous habitons depuis tant d'années.

1

L'OVULE

Tout commence par un soleil parfait

Rassemblez quelques adultes dans une pièce autour d'un adorable bébé. Autant exposer une motte de beurre au soleil de midi. Ils n'ont pas atteint le berceau que leurs os se ramollissent, leur colonne vertébrale fléchit. Leurs yeux se mouillent de plaisir. Leur esprit s'égare et leur voix explore de nouveaux registres – de ténor, de soprano, des aigus de petit cochon. Et s'ils tombent sur les menottes du bambin, préparez-vous à une nouvelle version du Cantique des Cantiques. Rien ne suscite davantage l'adoration que l'ongle minuscule d'un nouveau-né, ce condensé charmant de précocité. Voyez le petit cuticule à la base, le blanc sourcil de kératine au sommet, la courbure harmonieuse de l'ongle, la qualité, la facture irrésistible de l'ensemble : on dirait que c'est un vrai ! Nous nous extasions devant l'ongle du bébé parce que cela nous flatte, parce que nous y voyons la miniature parfaite de nos propres formes. C'est dans l'ongle du bébé que gît l'homoncule, l'adulte annoncé, plus encore que dans la cuisse, l'œil ou le délicat coquillage de l'oreille. Là, nous retrouvons un double de nous-mêmes, l'avenir est assuré.

Personnellement, je préfère l'ovule.

Vers la mi-temps de ma grossesse – je savais alors que je portais une fille – j'ai eu comme l'impression de me trouver entre deux miroirs se reflétant l'un dans l'autre, de sorte que votre image se répète à l'infini. Au bout de vingt semaines de gestation, le petit corps de ma fille, faisant flotter en mon sein sa petite banane de quelque 300 grammes, détenait tous les riches cépages destinés à assurer l'avenir de mon génome. À mi-chemin de sa vie de fœtus, elle possédait déjà la totalité des ovules de sa vie d'adulte empaquetés dans des ovaires minuscules. Les ovules de ma fille ! Des concentrés d'énergie potentielle, la lumière au début du tunnel, un avant-goût de l'aventure de la vie. Les garçons, quant à eux, ne produisent le sperme – la « semence » dont ils sont si fiers – qu'au moment de la puberté. Mais les cellules sexuelles de ma fille, *notre* semence, sont déjà en place avant la naissance, avec des chromosomes bien triés, toute la foule des descendants de la lignée parentale enfermée dans ces petits sacs de phospholipides.

On abuse de l'image des poupées russes. Je tombe dessus partout, en particulier quand il s'agit d'évoquer les mystères de la science (vous dévoilez un mystère, vous en rencontrez un autre). Mais si la métaphore se justifie, c'est bien quand elle s'applique à la nature gigogne de la lignée maternelle. Pensez seulement à la forme ovoïde de la poupée russe et au déroulement aussi imprévisible qu'inexorable de la dynastie. Ouvrez la mère, vous trouvez la fille ; ouvrez l'enfant et l'ovule suivant vous invite en souriant à l'ouvrir à son tour. Vous ne pouvez jamais dire d'avance combien d'itérations vous attendent ; vous espérez que cela continuera toujours. Ma fille, ma matriochka !

Je disais à l'instant que ma fille disposait déjà de tous ses ovules à la mi-temps de sa vie de fœtus. En réalité elle en est gavée, bien au-delà de ses besoins. Le poulailler est largement fourni. Tous les œufs sont là, et même bien plus qu'il n'en faut. Ma fille perdra l'immense majorité de ses cellules reproductrices avant même l'apparition de ses règles. À la vingtième semaine de gestation, à l'apogée de la charge germinale de la femme, le fœtus comprend de 6 à 7 millions d'ovocytes. Quatre millions d'entre eux mourront au cours des vingt semaines suivantes et il n'en restera que 400 000 aux alentours de la puberté. Le reste aura disparu, sans tambour ni trompette.

L'hécatombe continuera, bien qu'à un rythme plus modéré, pendant la jeunesse et l'amorce de l'âge mûr. Quatre cent cinquante de ses ovocytes tout au plus seront cooptés en vue de l'ovulation, et beaucoup moins si elle enchaîne grossesse sur grossesse, donc voit ses cycles ovulatoires interrompus. Pourtant, à la ménopause, il reste très peu d'ovules dans les ovaires, voire pas du tout. La plupart ont disparu. Le corps les a éliminés.

La vie est extrêmement prodigue. C'est un principe de base des organismes vivants : on jette l'argent par les fenêtres et on ne perdure qu'en vivant au-dessus de ses moyens. Vous produisez en excès, avec extravagance, puis vous coupez, jetez, éliminez le superflu. Le cerveau se façonne grâce à la mort cellulaire massive, passant de l'état de pudding grouillant de neurones primitifs surnuméraires à celui de structure organisée en circonvolutions, connexions, lobes et noyaux aux fonctions bien définies ; au moment où le cerveau humain a terminé son développement, au cours de la petite enfance, 90 % de ses cellules originelles ont expiré, laissant aux quelques heureuses élues la rude tâche de philosopher sur la mortalité. Les membres et leurs extrémités se forgent également par élimination. À un certain stade de l'embryogenèse, les doigts et les orteils doivent être délivrés du tissu interdigital. Nous émergerions sinon de notre aquarium amniotique pourvus de palmes et de nageoires. C'est ainsi que se construit l'avenir.

Les millions d'ovules que nous, les femmes, portons dès le début sont proprement nettoyés par un programme cellulaire génétique qu'on appelle apoptose. Les ovules ne se contentent pas de mourir – ils se suicident. Leur membrane se froisse comme un jupon fouetté par le vent et se déchire, laissant échapper sa substance dans le sang dont certaines cellules se chargent du travail d'éboueur. Ce sacrifice délibéré et mélodramatique fait place nette et permet aux ovules sœurs d'éclore à loisir. J'ai un faible pour le terme d'*apoptose*, son timbre d'onomatopée : *Ah ! Pop ! Ptose !* Les ovules éclatent comme bulles de savon : une tension, un éclat de lumière, et *pop !* Dans le même temps que ma fille progresse vers sa forme définitive en mon sein, ses petits ovules tout frais volent chaque jour en éclats par dizaines de milliers. Ce qui me faisait songer que ses ovules seraient à sa naissance les cellules les plus rares de son organisme.

Les scientifiques ont fait grand cas de l'apoptose ces dernières années. Ils ont tenté d'établir une corrélation entre les différentes maladies qui monopolisent les crédits de recherche comme le cancer, la maladie d'Alzheimer ou le sida, et une panne de la programmation physiologique de la mort de certaines cellules. Si la femme enceinte ne voit qu'un océan de gros ventres autour d'elle, les chercheurs ne voient qu'apoptose détraquée dans chaque malade ou souris blanche en détresse et promettent moult guérisons s'ils maîtrisent jamais le phénomène de la mort cellulaire programmée. Pour ce qui nous intéresse, oublions la maladie et ses dérèglements ; réjouissons-nous plutôt de l'extinction de ces foules envahissantes, et que nos larmes de gratitude les emportent. Certes, c'est du gâchis. Certes, cela paraît stupide de produire autant pour presque tout détruire aussitôt. Mais où irait la nature si elle était mesquine ? Que resterait-il de sa diversité éblouissante, de ses paillettes et ses boas de plumes, si elle n'avait la simplicité et le cran d'en *faire trop* ? Voyez les choses sous cet angle : en l'absence de trop-plein, il n'y aurait pas de choix. Sans casse, pas de chef-d'œuvre. Et les œufs qui survivent au dégraissage pourraient bien être les plus goûteux du nid.

Du point de vue de l'ovule, après tout, nous pourrions donc ne pas être ces misérables créatures de pur hasard, ces produits improbables de la contingence que la plupart d'entre nous, du temps de notre adolescence, pensaient être en interrogeant l'univers. (Pourquoi moi, Seigneur ? Comment cet événement aberrant a-t-il pu se produire ?) Le fait d'être ou ne pas être n'est peut-être pas si absurde si l'on considère tout ce qui fut éliminé avant que nous parvenions au seuil de l'existence. Jadis, je me demandais pourquoi la vie fonctionne si bien, pourquoi les humains et autres animaux émergent de leur incubation en aussi bonne forme – pourquoi il n'y a pas davantage de monstres. Nous savons tous que le taux de fausses couches spontanées est très élevé au cours des trois premiers mois de grossesse et – à ce que l'on dit – qu'il s'agit la plupart du temps d'expulsions heureuses éliminant les embryons aux trop fortes aberrations chromosomiques. Pourtant, bien avant d'en arriver là, avant que l'ovule défectueux ne rencontre le mauvais spermatozoïde, il y a eu le grand coup de balai de l'apoptose, le rigoureux jugement du non, non, non. Pas toi, ni toi, et au bout du compte, pas toi non plus. Grâce au suicide cellulaire, nous aboutissons enfin au oui – un mot rare, mais superbe dans sa rareté.

Nous sommes tous des oui. Notre valeur a été reconnue, nous avons passé l'inspection, nous avons survécu aux grandes extinctions des ovocytes. En ce sens du moins – appelons-le physico-spirituel –, nous méritions de vivre. Nous étions tous de bons ovules.

Si vous n'avez jamais eu de problèmes avec vos ovules, si votre fécondité n'a jamais été en cause, vous ne leur avez sans doute pas accordé beaucoup de réflexion. Vous ne vous êtes pas interrogée sur la dimension ni les pouvoirs de ces cellules. Un ovule, c'est un œuf. Et quand on pense à un œuf, on pense généralement à la nourriture : œufs pochés, œufs brouillés, ou régime sans œufs. À moins que vous n'ayez eu la chance, étant gamine, de tomber sur un nid pourvu de deux ou trois œufs de merle, dont la pâleur et la fragilité vous firent retenir votre souffle avant d'oser les effleurer. Étant petite, j'ai malheureusement dû me familiariser avec un autre type d'œufs, ceux des cafards ; habituellement je trouvais le nid vide après que la cargaison eut été mise à l'abri – une découverte aussi troublante que celle d'une cartouchière vide, témoignant sans conteste de la suprématie des insectes.

La plupart des cultures montrent l'importance qu'elles attachent à l'œuf par leur symbolique de l'ovale. L'œuf de l'univers, le gros bout en bas pour nous enraciner, le petit en haut comme pour indiquer les cieux. Les peintures du Moyen Âge et les tympans des cathédrales montrent le Christ en Majesté siégeant dans un paradis ovoïde : lui qui a créé le monde est né dans ce monde pour le sauver de la mort. À Pâques, nous peignons des œufs pour célébrer la résurrection ; l'œuf contient la vie, comme la coupe ovoïde des deux mains jointes. Les dieux hindous Ganesha et Shiva Nataraja sont représentés assis ou dansant dans un cadre ovale bordé de flammes. En peignant ses fleurs vulvaires aux pétales s'ouvrant sur d'autres comme autant de matriochkas abstraites aux tons pastel, Georgia O'Keeffe évoque elle aussi l'image de l'œuf, comme si les organes génitaux féminins résumaient les pouvoirs procréateurs de la femme.

L'œuf de poule ou de tout autre oiseau, c'est l'art de l'emballage porté à sa perfection. La femelle porte un œuf pratiquement intégral dans ses organes reproducteurs bien avant de s'accoupler avec le mâle. Elle apporte à l'œuf tous les éléments nutritifs dont l'embryon de poussin a besoin pour se nourrir de façon autonome. Si le jaune d'œuf est si riche en cholestérol – sa malédiction gastronomique ! –, c'est qu'il doit fournir au fœtus en pleine croissance tout le cholestérol nécessaire aux membranes cellulaires de l'organisme. L'oiseau apporte à l'œuf des protéines, des sucres, des hormones et des facteurs de croissance. L'œuf ne sera fertilisé par le sperme puis pondu que lorsque le garde-manger sera plein, scellé par quelques couches de coquille bien calcifiée. Les œufs des oiseaux adoptent généralement un profil dit « ovoïde », comme de juste, parce qu'il s'agit d'une forme aérodynamique qui facilite leur odyssée à travers le cloaque, le canal de naissance des oiseaux.

Quand on parle de nous, les filles, on dit les « poulettes » en Amérique (*chicks*), les « oisillons » en Angleterre (*birds*). Mais si l'on s'en tient à nos ovules, la comparaison est inepte. L'ovule, c'est-à-dire l'œuf de la femme, comme celui de n'importe quel mammifère, ne ressemble en rien à celui de l'oiseau. Il n'a pas de coquille bien sûr, et n'a pas vraiment de jaune (de vitellus), même si le corps aqueux de l'ovule, le cytoplasme, pourrait en donner un peu l'impression au toucher s'il était assez volumineux pour qu'on puisse y enfoncer le doigt. Mais l'ovule humain ne contient pas la nourriture nécessaire à l'embryon. Même si l'ovulation permet chaque mois à l'un d'entre eux d'atteindre sa maturité, l'heureux élu n'a rien à voir avec la face frigide et ravagée de la lune.

Je suggère une autre métaphore. Pourquoi se résigner à ce que les hommes détiennent l'exclusivité des droits sur le soleil ? Pourquoi Hélios, Apollon, Ra, Mithra et autres *golden boys* devraient-ils occuper toutes les places du char dont les rayons donnent la vie et la lumière ? Pourquoi s'en tenir à cette fausse couche de la mythologie quand rien ne ressemble plus au soleil dans sa plénitude ionisante que l'ovule de la femme : l'orbe parfait, s'exprimant en langues de feu ?

Le docteur Maria Bustillo, petite femme solidement bâtie, la quarantaine bien sonnée, arbore souvent ce petit sourire intérieur des gens que la vie amuse vraiment. Originaire de Cuba, elle a le visage rond sans être poupin et porte les cheveux mi-longs. En tant que spécialiste de la stérilité, Maria Bustillo est une moderne Déméter qui récolte et manipule les ovules humains avec dextérité, une magicienne, avec toutefois quelques bémols. Il y a les couples au désespoir à qui elle permet d'avoir enfin un enfant : pour eux, c'est une déesse. Et il y a ceux pour qui elle ne peut rien, qui jettent alors des milliers de dollars dans les toilettes, au sens propre du terme, à chaque FIV, GIFT et autres pieux acronymes [1]. Toute la littérature scientifique à ce sujet en témoigne : le traitement de la stérilité coûte très cher et échoue souvent. Mais Maria Bustillo ne se laisse pas abattre et arbore toujours son petit sourire amusé. Elle a le don de paraître débordante d'activité tout en restant décontractée. Ses assis-

1. FIV – IVF en anglais – signifie fécondation *in vitro* (« sous verre ») en opposition à *in vivo* (« dans l'organisme »), l'ancienne manière de procéder. Le GIFT, acronyme anglais pour *« gamete intrafallopian transfer »* (transfert de gamètes dans les trompes), est une variante de la FIV : on injecte les ovules et les spermatozoïdes dans les trompes d'une femme en espérant qu'ils se rencontreront et créeront un zygote (l'œuf fécondé, produit de l'union des gamètes).

tants adorent travailler avec elle ; ses patients apprécient sa franchise et son refus de s'apitoyer. Elle m'a plu immédiatement, presque sans réserve. Presque. Il lui est arrivé une fois de risquer une blague de vachère. Ah, c'est bien un chirurgien, me suis-je dit. Tout en se lavant les mains avant d'intervenir sur un vagin, elle nous a servi la fine plaisanterie de l'un de ceux qui l'avaient formée quelques années auparavant : « Se laver les mains avant d'opérer sur le vagin, cela revient à prendre une douche avant de ramasser une bouse », disait-il. « Il n'y a rien de plus sale que le vagin, poursuivit-elle, et ce que vous y introduisez à la main ne peut être pire que ce qu'on y trouve déjà. » (À propos, ce morceau de sagesse scatologique n'est qu'une muflerie maritale, un tissu d'insanités comme nous le verrons au chapitre 4. Le vagin n'est pas sale du tout. Quitte à devoir écarter les jambes sur les étriers de la table d'examen, est-ce trop demander au médecin qu'il commence par se nettoyer lui-même ?)

J'ai rendu visite à Maria Bustillo à la faculté de médecine de Mont Sinaï à New York pour voir des ovules. J'avais eu l'occasion d'observer les œufs de bien des espèces, mais jamais de la mienne, sauf en photo. Ce n'est pas facile de voir un ovule humain. C'est la plus grande cellule du corps, mais c'est pourtant très petit, un dixième de millimètre de diamètre. Si vous pouviez percer une feuille de papier avec un cheveu de bébé, vous auriez un trou de la taille d'un ovule. En outre, l'ovule n'est pas *destiné* à être vu. L'ovule humain, comme celui de tout mammifère, est fait pour l'obscurité, pour régler ses affaires en privé, dans l'intimité des viscères – et c'est grâce à cette particularité que vous pouvez, entre autres, vous féliciter d'avoir un gros cerveau futé plein de circonvolutions. La conception et la gestation internes protègent le fœtus, et un fœtus protégé peut se prélasser à loisir en laissant s'épanouir un cerveau géant. D'où la nouvelle signification possible de l'expression *crâne d'œuf* : c'est à la croissance douillette d'un œuf bien à l'abri que le lobe frontal proéminent doit son existence.

Le statut du spermatozoïde est bien différent. Le gamète mâle est bien plus petit que l'ovule, une petite fraction de son volume, et ne tient pas non plus de l'affiche publicitaire. Cela dit, étant destiné à se projeter à l'extérieur, à être consommé en public, il se prête facilement au voyeurisme technique. Il y a trois cents ans, après avoir inventé le premier ancêtre du microscope, Anton Van Leeuwenhoek s'empressa d'étaler un échantillon du produit de l'éjaculation humaine sur une plaque de verre et la glissa sous ses lentilles magiques. Pour une fois, je vais mettre de côté mes préjugés féministes : oui, les gars, vos spermatozoïdes agrandis sont de véritables petites merveilles. Ces larmes dotées d'un fouet en guise de queue, vigoureuses, insouciantes, rapides, virevoltantes, frétillantes, allant nulle part et partout à la fois, sont les preuves vivantes de notre passé flagellaire primitif. Une petite goutte de semence humaine en dirait bien plus sur l'aventure microscopique que le sempiternel prélèvement de bouillon de culture qu'on nous fait étudier à l'école.

L'organisme féminin se débarrasse volontiers de ses ovules par apoptose. En revanche il ne les offre pas aux regards sans résistance. Alors, comment voir un ovule ? L'un des moyens est de trouver une donneuse d'ovules, autrement dit une femme qui tient tout à la fois de la sainte, de la folle, de la fleur bleue et de la mercenaire, mais qui consent à mettre le tout sous anesthésie – au « lait de l'amnésie », comme dirait Maria Bustillo – afin de pas sentir son corps pleurer toutes ses larmes de sang sur le champ de bataille.

Beth Derochea caresse son ventre et grommelle : « Je suis grosse comme une outre ! Je suis pleine d'hormones ! J'ai dit à mon mari : n'approche pas ! » Elle a vingt-huit ans mais en paraît cinq de moins. Elle fait du secrétariat administratif dans une maison d'édition et espère devenir elle-même éditeur. Elle porte ses longs cheveux noirs avec une raie sur le côté et son sourire découvre des dents légèrement proéminentes. « J'espère que personne n'héritera de mes dents ! dit-elle. Le reste, d'accord, mais pas ça, elles sont vraiment trop vilaines. » Beth Derochea est une femme gaie, agréablement extravertie. La piètre chemise de l'hôpital n'a pas entamé sa vivacité. Elle bondit, rit, gesticule. « Elle est formidable », s'exclame une infirmière. « Je suis tellement fauchée, explique Derochea. J'ai un peu honte de l'avouer, mais j'ai des dettes. » Voilà pourquoi, entre autres, elle se trouve là, à Mont Sinaï, à faire don de ses ovules, le bas-ventre un peu tendu, les ovaires de la taille d'une noix quand ils devraient avoir celle d'une amande, prête à être intubée avant de plonger dans le lait de l'amnésie.

Si quelqu'un voulait confectionner des fétiches de la fécondité à la chaîne, il lui suffirait de s'approvisionner à Beth Derochea, d'incorporer ses rognures d'ongles et mèches de cheveux à des amulettes en attendant d'enchâsser ses restes dans un reliquaire. C'est la troisième fois qu'elle donne ses ovules. Les deux premières, elle était étudiante. À chaque fois la récolte fut exceptionnelle : vingt-neuf ovules ou peu s'en faut. La revoilà aujourd'hui pour le chèque de 2 500 dollars. Mais pas seulement. Si elle ne rechigne pas à faire don de ses ovules et même y prend plaisir, c'est pour d'autres raisons. Son mari et elle n'ont pas encore d'enfant, mais elle m'a expliqué qu'elle aime jouer à la maman. Elle materne ses amis, les presse de s'habiller chaudement l'hiver, leur offre les fruits et légumes de son jardin. Elle aime changer les langes des bébés des autres et bercer les tout-petits. Elle se plaît à l'idée que ses graines sèment la joie chez d'autres. Elle ne se sent pas propriétaire de ses gamètes. Fanatique de science-fiction, du style intellectuel, elle me cite Robert A. Heinlein : « *Vos gènes ne vous appartiennent pas,* a-t-il écrit jadis, *ils appartiennent à toute l'humanité.* Je le crois vraiment. Mes ovules, mes gènes ne sont pas une extension de moi-même, ce sont des choses que je partage. C'est comme donner son sang. »

Une idée généreuse, quasi communiste : nous baignons tous dans le même grand bain de gènes, nous pêchons tous à la même rivière de la continuité humaine. Si je ne prends rien au bout de ma ligne, peut-être partagerez-vous votre prise avec moi. C'est une affaire de cœur et de justice. Beth Derochea déclare qu'elle ferait don de ses ovules même si on ne la payait pas pour cela. « Je ne l'aurais peut-être pas fait trois fois, mais au moins une, c'est sûr », affirme-t-elle.

Elle fait preuve d'un sentiment rare. Dans la plupart des pays d'Europe où il est interdit de monnayer le don d'ovules, presque personne n'accepte de le faire. Maria Bustillo raconte qu'au cours d'une conférence sur la bioéthique à laquelle elle a participé récemment, on a demandé à l'assistance, à titre de curiosité, c'est-à-dire aux médecins, chercheurs, parlementaires et autres penseurs professionnels qui la composaient, si quelqu'un voulait donner ses ovules. « Personne n'a levé la main, rapporte-t-elle, même si, par la suite, deux personnes ont déclaré pouvoir envisager de le faire pour une parente ou une amie intime. » Beth Derochea ne fait pas don de ses ovules pour des parentes ou des amies. Elle ne rencontre jamais les couples qui les reçoivent, elle n'en verra jamais la progéniture, et elle s'en moque. Elle ne s'attarde pas sur les suites, ne fantasme pas sur ses mystérieux enfants. « Je me garde de tout investissement personnel », affirme-t-elle avec la sérénité d'une madone de la Renaissance.

Je dis à Maria Bustillo que cela tombe bien que les meilleures donneuses d'ovules – des femmes à l'apogée de leur fécondité, autour de la trentaine – sont aussi celles qui sont le plus susceptibles d'avoir besoin d'argent. Une donneuse d'ovules gagne durement chaque sou de l'argent de sa chair. Trois semaines avant que je ne la rencontre, Beth Derochea avait commencé à s'injecter du Lupron, une version synthétique de l'hormone qui libère la gonadotropine, la puissante substance chimique cérébrale qui déclenche tout le cycle de la ponte ovulaire. Pendant une semaine elle s'est infligé chaque soir une piqûre dans la cuisse avec une fine aiguille du type de celles qu'utilisent les diabétiques. « Ce n'est rien, affirme-t-elle, on y prête à peine attention. » Ouais, me suis-je dit. C'est à la portée de tout le monde, sauf moi qui ai toujours pensé que le pire, quand on se drogue à l'héroïne, ce n'était pas de gâcher sa vie ni d'attraper le sida, mais d'avoir à se piquer *soi-même* avec une *aiguille.*

Le plus dur est venu après le Lupron. Elle a dû passer à une double dose de Pergonal et de Metrodine, un mélange d'hormones ovulatoires destiné à doper les ovaires, à les mettre en état d'hyperactivité. (Le Pergonal, soit dit en passant, est tiré de l'urine des femmes ménopausées dont l'organisme est tellement habitué au cycle menstruel qu'il continue à sécréter des hormones ovulatoires à fortes doses même en l'absence d'ovules, faute de signal rétroactif en provenance des ovaires.) Il faut faire preuve de concentration lors de la préparation de cette douce mixture et s'assurer qu'il n'y ait pas de bulles lors de l'aspiration du liquide, ce qui pourrait provoquer une embolie. Beth Derochea a dû en outre utiliser une aiguille d'un plus gros calibre que celle du Lupron, ce qui signifie une injection plus importante et plus douloureuse. Et cette fois, chaque soir durant deux semaines, il lui fallait viser la partie arrière de la hanche. Ce n'était pas si terrible, pas un supplice, mais tout de même un geste, admettait-elle, qu'elle n'aurait pas souhaité répéter chaque mois. Vers la fin de ce non-supplice, pour stimuler le stade final de l'ovulation, Beth Derochea s'administra elle-même une seule injection de gonadotropine chorionique humaine, à l'aide, une fois de plus, de la sinistre grosse aiguille hypodermique.

Pendant toute l'affaire, entre chaque injection nocturne, elle devait retourner se faire des échographies à l'hôpital afin de surveiller le gonflement des ovaires. La rétention d'eau la faisait grossir et elle plaisantait de ses sautes d'humeur. Quand je l'ai rencontrée, elle était plus que prête à se délester de ses grammes de chair. Ses deux ovaires ressemblaient à des sacs d'oranges pleins à craquer, chaque orange étant un ovule ayant atteint une maturation pas très naturelle à l'issue de trois semaines de traitement hormonal. Au cours d'un cycle normal, un seul ovule sort de la poche ovarienne. Mais en la circonstance, Beth Derochea aurait pu se présenter aux Jeux olympiques du cycle ovulatoire : deux ou trois années de production d'ovocytes avaient été condensées en un seul mois. Jusqu'à preuve du contraire, ce ne sont pas des années perdues : sa fécondité n'a en aucune manière été réduite ou compromise. Après tout, notre budget ovulatoire est largement excédentaire. Or réfléchissez à ce qu'il advient d'un excédent budgétaire en fin d'exercice fiscal : tout se volatilise, comme bulle de savon. C'est ainsi que les Déméter du monde de la médecine cannibalisent ce qui sinon aurait disparu par la grâce de l'apoptose.

De toute manière, les dieux de la fécondité veillent sur la famille de Beth Derochea : tous ses frères et sœurs ont déjà procréé à plusieurs reprises. « Faire des bébés, chez nous, on sait », dit-elle. Beth ne s'inquiète pas non plus du risque de cancer des ovaires, qui au dire de certains experts serait accru par le recours aux médicaments favorisant la fécondité. Les études sur la question ne permettent pas de se prononcer, et portent avant tout sur le Clomid plus que sur les stimulants folliculaires qui ont été administrés à Beth Derochea. « S'il y avait eu des cas de cancer des ovaires dans ma famille, je m'inquiéterais plus, dit-elle, mais jusqu'ici cela ne m'a pas troublée. C'est peut-être idiot, mais je n'y pense pas. »

Elle est couchée sur la table d'opération. On commence à lui donner de l'oxygène, puis vient l'anesthésie. On lui demande si elle dort. Mrrrh, grogne-t-elle. Un instant plus tard, elle est aussi flasque qu'une horloge de Salvador Dalí. Les assistants du chirurgien lui fixent les jambes aux étriers, lui inondent le sexe de teinture d'iode dégoulinant de ses cuisses comme du sang menstruel. Maria Bustillo fait son apparition dans la salle, se lave les mains tout en plaisantant sur les étrons et les vagins – mais peu importe, elle se récure vigoureusement. Elle s'assoit au bout de la table d'opération, du côté des étriers, dans la posture du gynécologue, prête à pratiquer l'une des intrusions corporelles les plus bénignes qui soient. Ses assistants font rouler un appareil à échographie portable près de la table, lui tendent la sonde à ultrasons, un instrument en forme de godemiché. Elle glisse une enveloppe en latex extensible sur la sonde – « le préservatif », dit-elle – et fixe une aiguille sur l'instrument qui aspirera les ovules matures hors de leur poche.

Maria Bustillo introduit la baguette dans le vagin de Beth Derochea jusqu'à l'un des deux culs-de-sac du canal vaginal formant cavité de chaque côté du col de l'utérus. L'aiguille perce la paroi de la cavité, passe par le péritoine – la membrane huileuse qui enveloppe la plupart des viscères de l'abdomen – et finalement perfore l'ovaire. Le docteur Bustillo pratique l'extraction tout entière en la surveillant sur l'écran où les ondes sonores à haute fréquence font apparaître l'image de l'ovaire en noir et blanc. En haut de l'écran, à droite, on voit l'aiguille avancer. L'ovaire ressemble à une ruche géante dont les rayons de miel sont chargés de poches à ovules de deux millimètres de diamètre chacun (les follicules), sombres et gonflés. Il s'agit de tous les follicules parvenus à maturation grâce aux diligentes injections nocturnes que s'est infligées Beth Derochea. L'écran de l'échographie en est rempli. Les yeux fixés sur l'écran, Maria Bustillo manœuvre la sonde qui porte l'aiguille, perce chaque rayon de miel et aspire tout le liquide du follicule. Le fluide descend dans la sonde jusqu'au récipient de captage. Vous ne pouvez pas y distinguer l'ovule en suspension, mais il est là. Immédiatement après l'extraction du liquide, la poche folliculaire s'effondre sur elle-même et disparaît de l'écran. Quelques instants plus tard elle se gonfle à nouveau, cette fois avec du sang.

Pic, pic, pic ! Maria Bustillo perce et vide chaque follicule si rapidement que le rayon de miel semble pris d'un mouvement d'accordéon : les poches s'effondrent, puis se remplissent de sang. Pic, pic, pic ! Cela fait mal rien que de regarder ; je voudrais m'asseoir, reprendre contenance, croiser les jambes ; sauf que je suis debout. L'un des assistants m'explique que certaines femmes préfèrent subir cette intervention sans anesthésie. Elles le regrettent. À un moment ou à un autre elles se mettent à hurler.

Une fois la collecte de tous les ovules de l'ovaire gauche terminée, Maria Bustillo tourne la sonde vers l'autre cavité vaginale et répète la manœuvre sur l'ovaire droit. Percer et aspirer les deux ovaires prend à peu près dix minutes. « C'est bon, c'est fini », déclare-t-elle en retirant la sonde. Un flot de sang s'écoule du vagin de Beth comme un incendie allumé par une armée quittant les lieux. Les infirmières la nettoient, l'appellent par son nom et lui secouent le bras pour la réveiller. Beth ! Beth ! C'est fini, on a tout ramassé. Tes gènes flottent dans la piscine communautaire où une autre femme s'immergera bientôt, à la recherche du baptême de la maternité.

De retour au laboratoire, l'embryologiste Carol-Ann Cook trie la récolte du jour et en fait le compte : vingt-neuf ovules, le même nombre que les deux fois précédentes. Les vignes de Beth Derochea sont généreuses. Cook prépare les raisins de Beth, ses ovules, en vue de leur fécondation par les spermatozoïdes du mari d'une femme dont les ovules ne sont pas viables.

Le recours au don d'ovules pour la fécondation in vitro représente l'un des rares progrès de cette technique depuis son introduction dans les années soixante-dix. La plupart des femmes qui tentent la FIV sont à bout de patience et... de fécondité. Elles ont près de quarante ans, voire plus. Pour des raisons qui demeurent obscures, les ovules de la femme « âgée » – j'ai du mal à utiliser ce terme pour quelqu'un qui a moins de quatre-vingts ans, sans parler de *quelqu'un de mon âge* – ont perdu de leur plasticité comme de leur vigueur. Ils ne mûrissent pas aussi aisément, ils ne se laissent pas féconder aussi bien et, une fois fécondés, ils s'implantent moins solidement dans l'utérus que les ovules d'une femme jeune. Les femmes mûres tentent habituellement une FIV avec leurs propres ovules. Elles ont un faible pour leur propre génome, leur lignée moléculaire. Pourquoi pas ? Faire un bébé, c'est un peu comme écrire un livre, et autant écrire sur ce qu'on connaît. Alors, elles passent par où Beth Derochea est passée : des semaines d'injections hormonales préalables. À la différence près qu'en fin de course elles ne livrent pas des douzaines d'ovules mais tout au plus trois ou quatre dont certains ne sont guère vaillants. Aux dieux de la fécondité de faire de leur mieux. Ils choisissent les ovules qui leur paraissent les plus sains et les mettent au contact des spermatozoïdes du partenaire dans une boîte de Pétri afin d'obtenir des embryons. Deux jours plus tard environ, ils restituent lesdits embryons à la patiente en lui injectant un bouquet de cellules baignant dans un liquide qu'on introduit dans l'utérus par une canule en passant par le vagin et le col utérin. Un jeu d'enfant, en somme. Malheureusement, la plupart des femmes sont perdantes à ce jeu-là. La technique échoue chez la majorité. La femme plus toute jeune n'a que 12 à 18 % de chances de donner naissance à un bébé conçu par FIV à partir de ses propres ovules. Si vous aviez un cancer et qu'on vous annonce que ce sont là vos chances de survie, vous vous sentiriez très, très déprimée.

Une femme dans la force de l'âge peut tenter la FIV une fois, deux fois, voire trois. Au troisième échec avec sa propre récolte d'ADN, pas la peine de persévérer. Le médecin lui conseillera probablement d'avoir recours au don d'ovules : on appariera les gamètes d'une femme plus jeune au sperme du mari de la femme moins jeune (de son amant ou d'un donneur masculin), puis on implantera l'embryon qui en résultera dans l'utérus de ladite senior. En ayant recours au don d'ovules, la femme de quarante ans se comporte comme si elle en avait vingt-cinq. Enfin, du point de vue de la reproduction. Allez savoir pourquoi ! Mais enfin, ça marche. Eh oui, les filles, ça marche si bien que vos chances de donner naissance en un seul cycle de manipulations in vitro passent dès lors à 40 %. Un chiffre qui chante déjà comme un vagissement de bébé. Il suffit que le vin soit jeune, semble-t-il. Au diable la bouteille et l'étiquette.

C'est ainsi que l'ovule fait la loi. C'est lui, pas la matrice, qui décide de l'avenir. Carl-Ann Cook prélève l'un des ovules de Beth Derochea et le place sous un puissant microscope qui transmet l'image sur un écran de contrôle. « Voilà un magnifique ovule », constate le docteur Bustillo. « Tous ses ovules sont magnifiques », ajoute Carl-Ann Cook. Ce sont les ovules d'une jeune femme en pleine santé. Ils ne peuvent que resplendir.

Si vous voulez vous faire une idée de l'ovule, levez les yeux quand il fait beau. Le corps de l'ovule, c'est le soleil : c'est rond et formidable comme le soleil. C'est la seule cellule sphérique de l'organisme. Les autres cellules peuvent avoir la forme d'une sacoche, d'une goutte d'encre ou d'un beignet sans vrai trou au milieu. Mais l'ovule, lui, c'est le rêve des géomètres. Ce n'est pas pur hasard : la sphère est l'une des formes les plus stables de la nature. Si vous voulez protéger vos plus beaux bijoux de famille – vos gènes –, enterrez-les dans un coffret sphérique. Les ovules durent des dizaines d'années, comme les perles, et sont difficiles à écraser. Et pour peu qu'on les sollicite pour la fécondation, ils s'acheminent crânement vers les trompes de Fallope.

Carol-Ann Cook nous montre les détails de l'ovule. Autour du gros globe qui prend une couleur blanc argenté à l'écran, on observe une tache qui ressemble à de la crème fouettée ou aux nuages blancs des dessins d'enfants. On l'a d'ailleurs baptisée le cumulus. Ce cumulus, du tissu extracellulaire de consistance visqueuse, relie l'ovule à un autre objet céleste, la couronne radiaire. Comme la couronne solaire, la couronne de l'ovule est un halo lumineux qui se projette à une distance considérable de l'orbe central. C'est une véritable couronne de reine, dont les pointes et les protubérances soulignent la sphéricité sans défaut de l'ovule. Il s'agit d'un réseau dense et serré de cellules qu'on appelle les nourrices parce qu'elles protègent et alimentent l'ovule, tout en servant à l'occasion de piste d'envol aux flagellés plutôt maladroits que sont les spermatozoïdes, dès lors dûment pilotés vers l'enveloppe extérieure de l'ovule. Cet épais revêtement extracellulaire n'est autre que la fameuse zone pellucide – la ceinture translucide – qui chez les mammifères se rapproche le plus d'une coquille. Cette zone pellucide est une épaisse matrice de sucres et de protéines faisant preuve de la même redoutable duplicité qu'un champ magnétique. Elle invite le spermatozoïde à explorer ses contours, puis elle repousse celui qui n'a pas l'heur de lui plaire. Elle décide de qui est ami et qui est un intrus. La zone pellucide, c'est l'artère originelle de la biodiversité, le lieu où commence souvent la spéciation de la nature, car il ne faut qu'un changement mineur dans la structure de ses sucres pour rendre incompatible ce qui s'appariait parfaitement jusque-là. Prenez les gènes du chimpanzé. Ils sont identiques aux nôtres à plus de 99 % ; si l'on injectait directement l'ADN d'un spermatozoïde de chimpanzé au sein d'un ovule humain, l'hybridation artificielle pourrait donner un embryon viable, même si cette idée nous répugne moralement. Ce sont les contraintes naturelles de la reproduction sexuelle qui empêchent à jamais le spermatozoïde de chimpanzé de franchir l'obstacle de la zone interdite protégeant l'ovule humain.

La transparente ceinture fait également obstacle à plus d'un spermatozoïde de sa propre espèce. Avant la fécondation, ses sucres sont ouverts, cordiaux, et cherchent le contact avec des sucres similaires sur la tête du spermatozoïde. Dès que la zone se fixe à la tête d'un spermatozoïde, elle absorbe celui-ci puis se durcit aussitôt, dans tous les sens du terme. Ses sucres se tournent vers l'intérieur, l'ovule est rassasié et ne veut plus d'ADN. Tout autre spermatozoïde s'attardant sur le seuil est promis à une mort prochaine. Mais la tâche de la zone n'est pas terminée. Épaisse et solide comme un anorak, elle protège le timide et nouvel embryon durant sa lente descente dans les trompes de Fallope puis dans l'utérus. La zone pellucide attendra que l'embryon soit capable de se fixer à la paroi utérine, près d'une semaine après la fécondation, pour éclater et permettre ainsi à l'embryon d'unir son sang à celui de sa mère.

La couronne, le cumulus et la zone sont externes à la cellule, des auxiliaires de l'ovule mais pas l'ovule lui-même. Le véritable soleil, c'est l'ovule proprement dit, la lumière de la vie, je le dis sans exagération. L'ovule est une rareté de l'organisme dotée de rares pouvoirs. Aucune autre cellule n'a la capacité de créer du nouveau, de fabriquer à partir de son quota de gènes de départ un être complet. J'ai dit plus haut que l'ovule de mammifère diffère de l'œuf d'oiseau par sa carence en éléments nutritifs destinés à la croissance embryonnaire. L'embryon de mammifère doit se brancher sur le système circulatoire de la mère et se nourrir du placenta. Mais du point de vue génétique, le cytoplasme de l'ovule de mammifère est complet, un univers parfaitement autonome. La substance crémeuse du cytoplasme détient quelque part en son sein les différents facteurs – protéines ou morceaux d'acide nucléique – qui permettent au génome de se donner lui-même un but, de prononcer tous les mots que son espèce a formulés avant lui. Ces facteurs maternels n'ont pas encore été identifiés, mais leurs pouvoirs ont été mis en évidence de façon sensationnelle. Quand, en 1997, des chercheurs écossais annoncèrent à la face du monde qu'ils avaient cloné une brebis adulte du nom de Dolly, tout le monde se mit à spéculer sur les clones humains. *Quid* du mâle humain, *quid* de Dieu ? Ces jérémiades à n'en plus finir n'ont guère résolu le dilemme éthique posé par la perspective du clonage humain, à supposer qu'il y ait dilemme. Mais ce que le doux visage moutonnier de Dolly montre sans conteste, c'est que l'ovule est bien une merveille. C'est l'ovule qui fabrique le clone. L'expérience a consisté à extraire une cellule de mamelle de brebis adulte, et à en prélever le noyau qui stocke les gènes de la cellule. Les chercheurs voulaient les gènes d'un adulte et auraient pu les prélever sur n'importe quel organe. Toutes les cellules de l'organisme détiennent le même assemblage de gènes. Ce qui distingue une cellule de mamelle de celle de pancréas ou de peau, c'est la part des gènes activés ou silencieux parmi les quelques dizaines de milliers recelés par chaque noyau cellulaire.

L'ovule, quant à lui, est un démocrate. Il accorde une voix à tous les gènes. C'est pourquoi les chercheurs ont prélevé un ovule de brebis, l'ont énucléé – c'est-à-dire privé de ses propres gènes – pour ne garder que la chair de l'ovule, le cytoplasme, ce jaune d'œuf qui n'en est pas un. Ils ont substitué au noyau de l'ovule celui de la cellule de la mamelle, puis ont implanté l'étrange chimère, ce Minotaure sur mesure, dans l'utérus d'une autre brebis. La substance ovulaire a ressuscité le génome complet de l'adulte. Elle a effacé l'ardoise, lavé les taches de lait de la cellule mammaire spécialisée, et redonné une nouvelle jeunesse à ses vieux gènes. Les facteurs maternels présents dans le cytoplasme de l'ovule ont permis au génome de revivre la folle et glorieuse aventure de la gestation – de recréer tous les organes, tous les types de tissus, en un mot l'ensemble de la brebis.

L'ovule est la seule cellule de l'organisme capable d'agir sur l'ensemble. Implantez une cellule de foie ou de pancréas dans l'utérus, nul bébé n'en sortira. La cellule en question détient bien les gènes susceptibles de fabriquer un nouvel être, mais il lui manque l'intelligence. On comprend que l'ovule soit doté d'une taille si imposante : il détient les secrets de la genèse. Et c'est peut-être sa complexité moléculaire qui explique pourquoi nous ne pouvons produire de nouveaux ovules à l'âge adulte, pourquoi nous naissons avec tout notre quota quand les hommes peuvent émettre du sperme frais toute leur vie. Les scientifiques insistent souvent sur la différence entre l'ovule et le spermatozoïde. Ils ne tarissent pas sur la capacité de renouvellement prolifique des gamètes mâles comparée au malthusianisme des ovules femelles et à la baisse de leurs performances. La productivité du sperme humain les laisse béats d'admiration. « L'homme produit un millier de spermatozoïdes à chaque battement de cœur ! » confiait Ralph Brinster au *Washington Post* en mai 1996. La femme, quant à elle, naît avec tous ses ovules, ajoutait-il, lesquels se contenteront de vieillir. Mais cette simple aptitude à se reproduire mérite-t-elle tant d'enthousiasme ? Une population de bactéries double toutes les vingt minutes. La plupart des cellules cancéreuses peuvent continuer à se diviser en laboratoire des années après que leur tumeur d'origine a tué le malade. Qui sait si les ovules ne sont pas comme les neurones, qui ne se multiplient plus à l'âge adulte, connaissant sans doute trop de choses. Ce sont les ovules qui organisent la fête. Les spermatozoïdes ne sont jamais que les invités – se présentant en haut-de-forme et queue-de-pie, cela va sans dire.

2

L'IMAGINATION EN MOSAÏQUE

Les surprises du chromosome « féminin »

Keith et Adèle se querellaient tout le temps, comme deux matous, comme deux bûcherons portés sur la bouteille. Keith puisait ses arguments dans ses lectures. Il lisait beaucoup, dans tous les registres, et il lui arrivait de tomber sur un fait venant nourrir ses théories sur la cosmologie naturelle du masculin et du féminin. Les hommes sont les découvreurs, avait-il décidé, les combattants et les créateurs ; ce sont eux qui édifient le monde artificiel qui nous entoure et inventent nos dieux, même si leur talent et leur énergie ont leur revers. Les femmes sont le facteur stabilisant qui pondère l'impatience et l'expansionnisme masculins, le mortier qui maintient les briques. Rien d'original dans cette dialectique familière opposant le faire à l'être, l'effervescence au calme, la complexité à la simplicité.

Puis, un jour, Keith lut quelque chose sur les chromosomes. Les humains, découvrit-il, ont donc vingt-trois paires de chromosomes, les mêmes pour les hommes et pour les femmes, sauf la paire numéro 23 – les chromosomes sexuels. Dans ce cas, les femmes ont deux chromosomes X et les hommes un X et un Y. Les deux chromosomes X de la femme ressemblent en fait plus ou moins à tous les autres. Car les chromosomes font penser à un X. Pas lorsqu'ils sont lovés au sein des cellules de l'organisme, compressés et emmêlés comme un nœud de cheveux. Mais lorsqu'on les extrait de la cellule et qu'on les démêle pour examen génétique, ou pour vérifier l'intégrité chromosomique du fœtus lors d'une amniocentèse, ils prennent la configuration de X plats et flasques. C'est ainsi que les femmes détiennent vingt-trois paires, soit quarante-six de ces structures en X, quand les hommes n'en ont que quarante-cinq plus cet excentrique, le chromosome Y, lequel ressemble à la lettre qui lui donne son nom : un trépied trapu qui se distingue nettement par sa forme de tous les autres chromosomes de la cellule.

Cela avait frappé Keith : les hommes remportaient la palme même au niveau microscopique, comme si l'argile génétique humaine, dans leur cas, était marquée au coin de leur supériorité. Les femmes se contentent de deux X : monotonie. Refrain connu. Les hommes sont dotés d'un X et un Y : diversité. Innovation génétique, émancipation de la grisaille primitive. Le chromosome Y ? Une synecdoque de la créativité, du génie. Et c'est ce qu'il expliqua à Adèle. Les chromosomes sont la preuve de la supériorité masculine. Vous avez deux X, c'est pourquoi vous passez inaperçues. J'ai un X et un Y, c'est pourquoi je présente de l'intérêt.

Adèle ne s'y connaissait pas plus en génétique que Keith, mais reniflait immédiatement l'odeur de purin des escroqueries mentales. Elle écarta la thèse d'un ricanement. Il s'emporta en la voyant refuser de se soumettre à sa logique. La querelle s'envenima, comme toujours. Keith ne parlait évidemment pas de tous les hommes mais de lui-même. Il insistait pour que ses besoins et ses idées aient la préséance sur ceux d'Adèle et qu'elle le reconnaisse. Elle refusait de s'incliner.

Ce n'était jamais que l'une des innombrables scènes parentales dont notre appartement était le théâtre, face au public peu enthousiaste des enfants. Mais c'est la seule dont je me rappelle l'enjeu. L'affrontement du siècle, Y contre X. Je m'en souviens entre autres pour son caractère si bizarrement théorique et parce que c'était la première fois que j'entendais un argument en faveur de la domination masculine universelle. J'en fis une affaire personnelle. Je fus heurtée dans mes sentiments. Que mon père s'en prenne à ma mère, soit. J'y étais habituée. Mais voilà qu'il cataloguait toutes les femmes, moi comprise, dans le clan des raseuses chromosomiques.

L'affaire du chromosome n'est pas close. Cela reste une source d'irritation et de polémique. D'une certaine façon, le sexe est fondamentalement déterminé par les chromosomes sexuels. En tant que femme, vous êtes censée détenir au sein de chacune de vos cellules une paire de chromosomes X, au côté de vingt-deux autres du même style. En tant qu'homme, vous êtes conscient de détenir un Y et l'arborez avec fierté, comme une manière de phallus moléculaire. Sans parler du jeu de mots auquel l'homme anglo-saxon ne saurait résister : *Y ? Why ? Why ? Y*[1] *!* Le technicien de laboratoire qui examine le chromosome sexuel sur l'écran de l'amniocentèse sait – et peut faire savoir aux parents s'ils le désirent – si le fœtus est une fille ou un garçon.

C'est ainsi que d'un certain point de vue la démarcation entre X et Y est claire, nette, la différence entre le féminin et le masculin indiscutable. Et mon père avait raison au sujet du côté prévisible et monochrome du patrimoine chromosomique féminin. Non seulement vous trouverez deux chromosomes X dans chaque cellule de l'organisme féminin, depuis celles qui tapissent les trompes de Fallope jusqu'à celles du foie ou du cerveau, mais vous tomberez toujours sur un chromosome X (ajouté aux vingt-deux autres) si vous vous aventurez à examiner le noyau d'un ovule. C'est effectivement le spermatozoïde qui apporte sa diversité à l'embryon, qui en fait soit une future femme en apportant un autre X, soit un futur homme en le dotant d'un chromosome Y. L'ovule ne recèle jamais de chromosome Y. Le sperme est bisexuel, comprenant peu ou prou autant de spermatozoïdes féminins que masculins, quand la féminité est inhérente à l'ovule. Et si l'on repense aux miroirs se reflétant à l'infini, au lien entre mère et fille, à la chaîne sans fin de l'ovule qui se niche dans la femme et inversement, on peut franchir un pas de plus et y voir une continuité chromosomique. Pas de trace de masculinité chez nous, les filles, pas une goutte, pas un iota[2].

Évidemment, ce n'est pas si simple. Nous ne sommes pas si pures, quel que soit l'attrait de la notion de lignée moléculaire maternelle sans mélange. Regardons la nature des chromosomes sexuels, X contre Y. D'abord le X est plus gros, beaucoup, beaucoup plus gros en taille, en densité comme en informations. Ce chromosome X est en fait l'un des plus grands des vingt-trois chromosomes humains, près de six fois plus grand que le Y, lequel est l'un des plus petits du lot (le plus petit, même, s'il n'était rembourré de

1. La lettre Y comme le mot *Why* – pourquoi – se prononçant tous deux « ouaï » en anglais, ce qui donne : « ouaï ? ouaï ? ouaï ? ouaï ! » *(N.d.T.)*

2. Ce système de détermination sexuelle par le biais du gamète mâle est un phénomène propre aux mammifères. Les oiseaux adoptent la méthode inverse : c'est la femelle qui détient deux chromosomes sexuels différents, un X et un W, et c'est son œuf, non le spermatozoïde du partenaire, qui détermine le sexe de l'oisillon.

molécules dont la seule fonction consiste à assurer sa stabilité). Messieurs, je crains bien que vous n'ayez raison : la taille fait la différence.

En outre, le chromosome féminin comprend beaucoup plus de gènes que son homologue masculin, et c'est en tant que porteur de gènes qu'un chromosome prend tout son sens. Personne ne sait exactement combien il y a de gènes sur le chromosome X ou Y ; en fait, personne ne sait au juste le nombre total de gènes dont dispose l'être humain. Les estimations vont de 68 000 à 100 000. Mais ce qui sûr, c'est que le chromosome X est incomparablement plus riche en gènes que le Y. Le chromosome masculin n'est jamais qu'un malheureux petit bout d'ADN abritant de deux douzaines à trois douzaines de gènes selon que les chercheurs se sentent plus ou moins en veine de générosité. Le chromosome X en détient entre 3 500 et 6 000.

Qu'en déduire ? Que nous les femmes, si je puis dire, portons l'essentiel de la cargaison génétique ? Après tout, si nous avons deux X et que chacun de ces derniers comprend quelque 5 000 gènes, pas besoin d'une calculette pour saisir que nous devons avoir près de 4 970 gènes de plus que les hommes. Mais alors, par Gaïa, pourquoi les hommes sont-ils physiquement plus grands que nous ? C'est l'un de ces jolis tours que nous réserve la génétique : tous ces gènes en surnombre font juste de la figuration, sans rien avoir à faire. Et nous ne leur en demandons pas plus. Car, s'ils se mettaient tous à l'ouvrage, nous mourrions. Voilà ce qui me plaît chez le chromosome X de la femme : il est imprévisible. Il accomplit des choses surprenantes. Il ne fait rien comme les autres. Comme nous le verrons, le chromosome X se conduit avec la plus parfaite courtoisie, si tant est qu'on puisse dire que les chromosomes ont de bonnes manières.

Esmeralda, Rosa et Maria[1] habitent Zacadecas, au Mexique, une ville de dix mille habitants qui, pour être inconnue des Américains résidant au nord de la frontière, est la capitale régionale des localités environnantes. Une bonne partie de la population de Zacadecas gagne sa vie à cueillir des haricots et à les conditionner pour l'exportation. Les deux adolescentes Esmeralda et Rosa sont sœurs,

1. Les prénoms sont des pseudonymes.

et Maria, leur nièce, a deux ans. Elles présentent un trait physique extrêmement rare, si rare qu'on ne l'a semble-t-il observé que dans leur milieu familial et nulle part ailleurs. Il s'agit d'une hypertrichose congénitale généralisée, un syndrome atavique renvoyant à notre état primitif de mammifère, à l'époque où nous avions le bonheur d'être dotés d'une fourrure naturelle nous dispensant des ateliers clandestins comme des tenues érotiques de Calvin Klein. Le terme *hypertrichose* est explicite : du grec *trichos,* le poil, et *hyper* n'ayant pas besoin de traduction.

Les caractères ataviques sont le résultat, quelle qu'en soit la raison, de la réactivation d'un gène primitif normalement dormant. Un phénomène qui nous rappelle, sur un mode aussi tangible et surréaliste que possible, nos liens avec les autres espèces. Les traits ataviques nous montrent que l'évolution, comme les bâtisseurs des *pueblos* du sud-ouest des États-Unis, ne fait pas table rase de ce qu'il y avait auparavant mais construit par-dessus. Les atavismes ne sont pas rares. Certaines personnes possèdent un ou deux mamelons surnuméraires en souvenir de la chaîne de tissu mammaire qui s'étend du sommet de l'épaule jusqu'aux hanches, qui chez la plupart des mammifères donne de multiples tétines. Il arrive que des nouveau-nés viennent au monde avec une petite queue ou des doigts palmés, comme s'ils rechignaient à quitter la forêt ou l'océan.

Dans le cas de l'hypertrichose congénitale, c'est un gène déclenchant la pousse intensive des poils sur le visage et le corps qui a été réactivé. Il ne provoque aucun autre trait anormal, ni déformation du squelette, ni retard mental, ni aucune de ces affections qui accompagnent souvent une modification génétique. Les personnes présentant le syndrome au sein de cette grande famille vivant à la frontière de Zacadecas et bien connue localement possèdent une sorte de fourrure. Leur état conduit à se demander pourquoi les êtres humains se sont un jour débarrassés de leur fourrure, une énigme que les biologistes de l'évolution ont encore à élucider. Et puis, n'en déplaise à vos sentiments les plus nobles, ils font penser aux loups-garous. En fait, les historiens des mythes pensent que certaines affections comme l'hypertrichose – il existe d'autres types d'hirsutismes en dehors de cette rare mutation génétique – ont donné naissance à la légende du loup-garou.

Dans le cas d'Esmeralda, Rosa et Maria, il y a un détail qui rappelle l'histoire du loup-garou. Vous vous souvenez sans doute que c'est par une nuit de pleine lune que le loup-garou adopte graduellement son nouvel état. À 10 heures du soir, des favoris particulièrement abondants commencent à lui assombrir le visage. À 23 heures, les poils lui recouvrent le front et les joues. À minuit, il a acquis tout son pelage et peut courir assouvir ses appétits nocturnes. Les filles de Zacadecas, en quelque sorte, indiquent chacune l'une des heures fatidiques de l'horloge du loup-garou. L'aînée, Esmeralda, dix-sept ans, marque à peine les 22 heures. Des touffes de duvet noir lui bordent le menton, les joues et le pourtour des oreilles, comme si elle se tenait dans l'ombre du soleil de l'été. C'est assez pour indiquer son appartenance à cette rare tribu, mais pas assez pour inhiber sa verve ni l'empêcher de sortir avec tous les beaux garçon de son choix.

Maria, la benjamine, marque quant à elle les 23 heures. Elle a les joues, le menton et le sommet du front couverts de fins poils bruns légèrement ondulés, qui noirciront et épaissiront avec l'âge. On dirait qu'une frange lui pousse des sourcils jusqu'à la racine des cheveux. Elle a des yeux noirs pétillant de gaieté. Elle n'a pas encore appris à avoir honte.

Rosa, quinze ans, pourrait presque figurer le loup-garou de minuit. Elle a le visage presque totalement couvert de poils – les joues, le menton, le front, le nez – et on y distingue plus de poils que de peau. Elle est en fait plus velue qu'un chimpanzé ou un gorille, lesquels n'ont pas de poil autour des joues, du nez et des yeux. Luis Figuera, de l'université de Guadalajara, qui étudie l'hypertrichose, m'a raconté qu'il avait été impressionné par l'apparence de Rosa à leur première rencontre, mais qu'après s'être entretenu un peu avec elle il n'y faisait plus attention. Il a fini par se sentir suffisamment en confiance pour lui demander s'il pouvait lui toucher le visage, ce qu'elle a accepté. « J'avais j'impression de passer la main sur une tête de bébé, disait-il, ou de caresser un chat. » Rosa a le visage plus velu que toute autre femme de la famille. Elle a le poil presque aussi dense que certains de ses parents masculins chez qui ce trait congénital s'exprime le plus complètement. Deux des hommes gagnent leur vie dans des spectacles de cirque où on les exhibe en tant qu'« hommes chiens » ou « gens de la forêt ». D'autres se rasent entièrement le visage deux fois par jour. Ni Rosa ni son aînée ne se rasent ; elles ont peur que cela fasse noircir et épaissir encore plus les poils. Rosa se tient la plupart du temps à l'écart du monde. Quand elle ne va pas à l'école ou au marché, elle reste cloîtrée chez elle. Elle préfère garder les volets fermés. Elle est douce et timide et ne fonde guère d'espoir sur sa vie sociale et sentimentale.

Il est assez habituel de rêver qu'on se retrouve tout nu en public et de se réveiller plein de confusion. J'imagine que Rosa rêve qu'elle perd ses poils, dénudée de sa dernière touffe de fourrure brune. Elle n'éprouve ni honte ni frayeur dans ses rêves. Le visage à nouveau lisse comme la pierre, elle se sent libre, capable de dominer son destin et sa condition.

Les différents degrés d'hirsutisme que l'on observe chez les filles de Zacadecas illustrent un trait remarquable de la descendance féminine. Mon père pensait que c'était l'homme qui remportait la palme de la diversité, de la complexité chromosomique. C'est tout le contraire. C'est la femme qui arbore la mosaïque la plus riche, le patchwork de son passé. Chaque individu détient deux exemplaires des vingt-trois chromosomes, l'un provenant de la mère et l'autre du père. Pour vingt-deux paires, les deux exemplaires fonctionnent. Elles fabriquent ce que nous sommes, une mixture originale de nos parents – son nez romain, ses vilaines dents, le pire et le meilleur de leurs disgrâces et charmes respectifs.

Mais pour nous les femmes quelque chose de différent survient avec nos chromosomes sexuels. Les deux chromosomes X se présentent ensemble à la formation de l'embryon, et comme pour tous les chromosomes, une copie de chacun est attribuée à chacune des cellules du futur bébé. Seulement, durant le développement de l'embryon, chaque cellule fait son propre choix : est-ce maman ou papa que je préfère ? Vais-je activer le X maternel, ou le X paternel ? Une fois la décision prise – habituellement au hasard – la cellule détruit l'autre X et procède à son évacuation chimique. C'est très spectaculaire, cette destruction de milliers et de milliers de gènes s'alignant tout au long d'un chromosome. Cela vaut New York lors d'une de ses pannes d'électricité historiques quand des milliers d'immeubles brillamment éclairés s'éteignent d'un seul coup. Click ! s'écrie une cellule du foie. Et foin de l'amour maternel. Puis c'est une cellule du cerveau qui se décide et prend partie cette fois pour le chromosome maternel en envoyant le X de papa *ad patres.* Cela dit, tous les gènes du X inactivé ne sont pas réduits au silence. Certains restent allumés pour donner la réplique à la poignée de gènes qu'on trouve sur le Y, cet avorton de chromosome mâle. Il reste que des milliers de gènes sont en surnombre dans une cellule donnée, qu'ils viennent du père ou de la mère.

On comprend dès lors pourquoi l'hirsutisme des filles présentait tant de dissemblances. Le gène qui commande l'hypertrichose congénitale, ce caractère atavique qui jadis nous dotait d'une fourrure de mammifère, est situé sur le chromosome X. Chez la plupart d'entre nous, le gène ne fonctionne pas. La pilosité excessive ne fait pas partie de l'esthétique humaine. Elle n'aide guère à séduire et du coup le gène est resté en friche. Mais dans la famille atteinte d'hypertrichose, le gène s'est réveillé de son coma. Il fonctionne. Il produit une sorte de fourrure. Chacune des filles a hérité d'une copie du gène parfaitement éveillé, Esmeralda et Rosa de leur mère, leur nièce Maria de son père. Et chaque enfant est une mosaïque d'un chromosome X porteur de ce caractère et d'un chromosome X qui en est exempt. Le visage d'Esmeralda tient essentiellement de celui de son père, lui dont le X n'est pas affecté. Elle a eu la chance que la plupart des cellules folliculaires des joues, du front, du nez et du menton réduisent au silence le chromosome X maternel, permettant au chromosome paternel non affecté de dominer son apparence et de tenir à distance la marque du loup-garou. Le visage de sa sœur a pris la voie inverse, les cellules éteignant le chromosome paternel pour activer le X maternel velu. Maria s'est retrouvée avec six de l'un et une demi-douzaine de l'autre. Tout cela par hasard. Tout s'est joué à la roulette. Le choix des chromosomes aurait très bien pu être l'inverse pour les trois sœurs ; si elles-mêmes ont des filles, l'enfant de celle qui a tant de succès auprès des garçons pourrait bien se retrouver avec des joues dont la caresse rappelle celle d'un museau de chat.

L'affaire n'est sans doute pas simple, mais il reste que nous, les filles, sommes toutes de bizarres petits kilts aux couleurs de notre père pour certains de nos tissus cellulaires, aux nuances de notre mère pour d'autres. Nous sommes bien plus bigarrées que nos frères. En fait, on peut le dire, le garçon est bien le fils à sa maman : le chromosome X de cette dernière s'active bel et bien dans chacune des cellules de l'organisme du fiston. Ce dernier n'a pas le choix – c'est le seul X qu'il détient et chacune de ses cellules en a besoin. Son organisme comprend ainsi beaucoup plus de gènes activés en provenance de sa mère que de son père : des milliers de plus. Certes, le chromosome Y est là et ne peut se transmettre que de père à fils ; mais souvenez-vous de l'indigence du Y en comparaison du magot génétique du X. Faites le calcul et vous verrez que votre frère tient à peu près 6 % de plus de votre mère que de votre père, et 3 % de plus de votre mère que vous-même, parce qu'en moyenne le chromosome maternel est réduit au silence dans la moitié de vos cellules alors qu'il est actif dans toutes les siennes. Ce ne sont pas des chiffres anodins. D'une certaine manière, je regrette d'avoir à les mentionner. Ils dérangent l'image de la descendance matrilinéaire, la généalogie ancestrale remontant des mères aux grand-mères et aux arrière-grand-mères, l'idée du merveilleux matriarcat originel. (On peut noter en passant que les vrais jumeaux se ressemblent de façon plus parfaite que les vraies jumelles, autre effet de l'inactivation du X. Les jumeaux ont en commun la totalité de leurs chromosomes X maternels, comme la totalité des autres chromosomes, alors que les vraies jumelles présentent chacune un assemblage différent de chromosomes X maternels et paternels s'activant en différents endroits de l'organisme.)

Il se pourrait que les hommes ne se félicitent pas plus que cela des chaînes qui les attachent à leur mère. N'aspirent-ils pas avant tout à *s'individualiser*, à s'émanciper de la femme qui a dominé l'univers fragile des premières années de leur vie ? Tout cela pour constater qu'elle fait plus partie d'eux-mêmes qu'ils ne le pensaient ! Cela n'aurait guère réjoui mon père, j'en suis sûre. Il avait souffert de l'amour possessif de sa mère, de la manière la plus classique qui fût. Lisez D. H. Lawrence, lui disait-on, vous auriez de quoi vous identifier à son histoire ! Et mon père de rétorquer qu'il avait vécu la situation et que c'était bien assez.

En lieu et place de chaînons matrilinéaires supplémentaires, je vous soumets une proposition qui devrait vous enchanter : notre blason chromosomique en mosaïque ouvre la voie à une grande complexité cérébrale. D'accord, il faut y croire et faire un effort d'imagination. Mais enfin, arrêtons-nous-y tout de même. D'abord, dites-vous que le chromosome X est le chromosome de l'intelligence. Et je n'avance pas cela par simple préjugé féministe – bien que je sois une féministe incorrigible – mais parce que bon nombre de gènes situés sur le chromosome X semblent impliqués dans l'épanouissement du cerveau. Différentes études laissent penser que les mutations intervenant sur le chromosome X sont une cause fréquente de retard mental, nettement plus fréquente que celles qui affectent l'un quelconque des vingt-deux autres chromosomes. Le corollaire est évident : si tout ce qui va mal ou presque sur notre chromosome favori aboutit à la déficience mentale, c'est que les gènes impliqués ont un rôle majeur – en particulier dans la formation de l'intelligence. Quand un ou plusieurs de ces gènes flanchent, c'est le développement du cerveau qui vacille, et quand tous vibrent en harmonie, c'est qu'un génie est né.

Poussez maintenant la notion de chromosome de l'intelligence un peu plus loin et imaginez votre cerveau comme un damier fait de cases maternelles et de cases paternelles. Dans les cases maternelles, le X maternel et tous ses gènes cérébraux sont actifs ; dans les cases paternelles, c'est le X du père qui fait la loi. Les différents morceaux de vos parents sont éparpillés dans tout cet organe de trois livres qui travaille dur – autant dire que vous disposez de deux esprits à la fois. C'est troublant, forcément. Pas étonnant que personne ne puisse vous comprendre. Pas étonnant que vous soyez si maligne.

Le cerveau en mosaïque de la femme complique nettement le travail de nos investigateurs de l'esprit, neurologues et psychiatres. L'on sait par exemple que les femmes souffrant de certains types d'épilepsie présentent des symptômes très divers, ce qui tient sans doute au patchwork chromosomique contrôlant les cellules du cerveau. Les gènes qui gouvernent l'émission des principaux signaux chimiques cérébraux – ces neurotransmetteurs qui permettent aux cellules du cerveau de communiquer entre elles – sont également tous situés sur le chromosome X. Il en résulte que l'esprit féminin adopte le rythme syncopé des voix du père et de la mère, chacun s'exprimant au hasard de l'activation de leur chromosome respectif dans tel ou tel neurone. C'est ainsi que l'évolution de la maladie mentale chez la femme, qu'il s'agisse de schizophrénie ou de psychose maniaco-dépressive, est souvent plus imprévisible et labile que chez l'homme. La mosaïque cérébrale expliquerait-elle également la susceptibilité féminine à toutes sortes de troubles de la personnalité (à supposer qu'il s'agisse d'authentiques affections psychiatriques) ? Les patientes ne souffriraient-elles pas en fait de l'affrontement de commandos intérieurs s'invectivant en langue paternelle et maternelle ? Ne seraient-elles pas victimes d'une cacophonie à laquelle ne résisterait pas l'intégrité de leur personnalité ? Personne ne peut encore répondre à de telles questions, m'a expliqué Teresa Binstock, de l'université du Colorado, pour la bonne raison que l'idée de la mosaïque cérébrale est trop neuve pour que « la plupart des neurologues, neuroanatomistes et chercheurs en neuropsychologie cognitive y aient déjà réfléchi ».

En attendant, que nous soyons scientifiques ou non, ne boudons pas notre plaisir. Jouons avec l'idée suivante : et si notre intuition féminine légendaire avait quelque explication physiologique ? Et si cette mosaïque cérébrale diversifiait la matière grise au point de donner lieu, si j'ose dire, à un vaste éventail d'opinions biochimiques inconscientes que nous synthétiserions en visions fulgurantes ? Je n'entends pas me battre à la vie à la mort pour cette thèse. Je ne dispose d'aucune preuve. Ce n'est jamais... qu'une intuition. Mais comme à la maison c'était mon père qui se figurait avoir de l'intuition, et ma mère qui posait à l'esprit rationnel et mathématique, je porterai cette idée au crédit, ou au débit, du X mystique que je dois au premier.

Faire une croix sur quelque chose, barrer d'un X, c'est refuser, annuler. Dessiner une croix, un X, en guise de signature, c'est confesser son analphabétisme. Et pourtant, nous avons de quoi être fières de nos chromosomes X. D'abord, ce sont des chromosomes de grande taille, d'épais colliers de gènes. Ensuite, ils marquent la féminité ou plutôt sont censés le faire.

Jane Carden est une femme plutôt petite (1,62 mètre), d'âge moyen (elle frise la quarantaine), avec beaucoup d'allure. Son charisme est évident. Je la remarque au bout de la salle : elle est rayonnante. Cela tient en partie à sa peau magnifique, de celles qu'on admire dans les publicités pour savonnettes et crèmes de beauté, mais que vous n'obtiendrez par aucun savon ou couche de cosmétique. Elle me dira plus tard qu'elle n'a jamais souffert de la moindre éruption cutanée, qu'elle est incapable d'avoir des boutons. Sa peau semble ne pas avoir de pores, uniquement des taches de rousseur. Elle porte un long pull de coton blanc et brun qui lui descend jusqu'aux hanches, un collier de lin et de grosses lunettes à monture plastique qui lui donnent à la fois l'air d'un hibou et d'une fillette. Elle est dotée d'une épaisse chevelure brune – pour le restant de ses jours, précise-t-elle. Tout comme elle est immunisée contre l'acné, elle est aussi protégée de l'alopécie circulaire, une calvitie de type masculin, qui, en dépit de son nom, affecte régulièrement les cuirs chevelus féminins.

Le charisme de Jane tient également à son intelligence vif-argent. Elle se met à parler avec enthousiasme à la minute de notre première rencontre. C'est une bavarde de talent, qui s'exprime clairement malgré son débit précipité. Elle est avocate, spécialiste de droit fiscal en Californie. Jane Carden est un pseudonyme qu'elle utilise quand elle écrit à propos de son histoire sur Internet ou dans les journaux. C'est un anagramme de Jeanne d'Arc, une de ses héroïnes. Nous nous installons pour le déjeuner et elle commande des toasts qu'elle se contente de picorer. Elle est trop occupée à parler. Nous avons beaucoup bavardé ce jour-là et bien souvent par la suite, par e-mail ou par téléphone. Elle ne ralentissait son élocution que lorsqu'elle se mettait à pleurer.

Jane of Arc est née à New York dans une famille de petits-bourgeois juifs. Sa mère travaillait comme secrétaire médicale dans un hôpital, son père comme comptable dans les services immobiliers de la ville. Ils avaient déjà deux fils un peu plus âgés que Jane. Ils affectaient un esprit libéral et ouvert, du style à laisser leur fils coucher avec sa petite amie à la maison pour le week-end. Jane était une fillette intelligente, une excellente élève qui avait adoré l'école dès son premier jour de maternelle, une extravertie que tout le monde appréciait. Ce n'était ni une sportive ni un garçon manqué ; elle ne cherchait pas à se comporter comme un garçon, bien qu'elle eût remarqué, comme la plupart des filles, que c'étaient les garçons qui avaient arbitrairement toujours la meilleure part. « Je me souviens, racontait-elle, de ce que nous disait mon professeur de sixième : *Ce qui est formidable, en Amérique, c'est que n'importe quel petit garçon peut devenir président.* Cela m'a indignée, parce que *moi,* je voulais être président. » Plus tard, en terminale, elle entendit un autre professeur expliquer que le métier d'avocat n'était pas fait pour les filles parce qu'on entendait trop de grossièretés dans les tribunaux. « Très bien, se dit Jane, je serai avocate. »

Jane aimait bien être une fille, pour des tas de raisons. Elle empruntait les habits de sa mère, marchait sur des hauts talons et mettait du rouge à lèvres chaque fois que l'occasion se présentait. Elle adhéra aux scoutes féminines. Elle était dotée d'une joyeuse ambition et fondait de grands espoirs en ses droits et son destin, comme tout jeune de son âge. Bref, elle était normale – mis à part cette grande cicatrice qui lui barrait la région du pubis. « Quand, étant petite, j'ai demandé ce que c'était, on m'a dit que j'avais été opérée d'une sorte d'hernie », raconte-t-elle. Opérée d'une hernie ! De quoi rendre la gosse perplexe et la dissuader d'en demander plus.

Vers onze ans, au seuil de ces temps magiques où les filles ne pensent qu'à une chose – la venue des règles – on modifia l'histoire. « On me dit alors que j'avais une malformation des ovaires à la naissance et qu'on me les avait retirés pour éviter le cancer. On m'expliqua au même moment qu'il me fallait suivre un traitement hormonal substitutif, prendre des œstrogènes ; que je n'aurais jamais de cycles menstruels, ni jamais d'enfants. » Jane étale distraitement sa confiture sur un toast refroidi, mordille dedans et le repose. « Le problème, quand on vous dit que vous avez été atteinte d'une malformation des ovaires, c'est que vous faites une fixation sur le cancer. Vous êtes si bouleversée à l'idée de mourir d'un cancer que vous êtes incapable de penser à autre chose. J'étais profondément convaincue de ma fin prochaine. »

En fait, pas tout à fait. Jane prenait également l'histoire pour ce qu'elle était : du mauvais roman. « Cela sonnait faux, ça ne collait pas. Mais j'étais trop paralysée par la peur pour en parler avec ma famille. » Son père lui déclara qu'il était fier de ne pas la voir s'attendrir sur son état. Et voilà. Dès lors, on ne parla plus de « malformation des ovaires » ni de la signification de cette formule idiote. Et encore moins des sentiments ou des peurs de Jane. « Il arrivait à ma mère d'aborder le sujet par allusions mystérieuses, en me suggérant de penser à me marier avec un homme plus âgé que moi qui ne voudrait pas d'enfants ou se contenterait de ceux d'un mariage antérieur ; un homme susceptible d'accepter la situation. » La « situation », c'était la stérilité de Jane. « Stérilité ! C'était tout ce qui comptait : ma stérilité. Un jour, lors d'une dispute, mon frère qui est aujourd'hui psychologue me jeta à la figure que je deviendrais une vieille femme aigrie sans enfant. »

Elle était un peu amère, pas à propos de sa vie ou de sa stérilité mais envers sa famille, pour son attitude et son indifférence apparente légèrement teintée d'hostilité. Elle sut que son cas avait quelque chose de sérieusement inhabituel quand, au début de l'adolescence, on l'emmena consulter un endocrinologue. Le médecin ne lui donna pas plus d'explications que ses parents, mais trouva le cas si remarquable qu'il invita un groupe d'internes à venir l'examiner, les pieds dans les étriers de la table d'examen. Il ne manquait jamais d'inviter des observateurs extérieurs à chaque fois qu'elle venait en consultation. Puisque lesdits ovaires mal formés avaient disparu depuis longtemps, qu'est-ce qu'ils pouvaient bien venir voir ?

Cela dit, elle n'en devint ni maussade ni introvertie. Elle entra en faculté, passa un an à l'université entièrement féminine de Wellesley puis trois ans à celle de Vassar qui accueillait une majorité de femmes. C'était la fin des années soixante-dix et elle embrassa la cause féministe. Elle réussissait, dans ses études comme dans la vie sociale. Elle sortit de Vassar en tête de sa promotion. Elle s'était fait une foule d'amis. Rien ne lui manquait, sauf la perte de sa virginité. Tout ce qu'elle avait sous le nombril lui faisait trop honte. Elle ne voulait pas devoir être confrontée intimement aux organes qui lui faisaient défaut, à l'absence de règles et à ce vagin qui avait si bien fasciné tant d'étudiants en médecine ; elle ne voulait pas non plus partager le problème avec un amoureux.

Mais elle ne cessait d'y penser, intellectuellement du moins. Son diplôme universitaire en poche, elle s'inscrivit à la faculté de droit de Floride. Ce fut là, en première année, qu'elle tomba sur sa propre histoire en piochant dans la bibliothèque médicale. Elle vit des photos – du style où l'on exhibe l'anatomie de patients dont on a masqué le visage –, lut les légendes et découvrit d'un coup la vérité, totalement. Elle souffrait de ce qu'on appelait alors une féminisation testiculaire et qu'on caractérise aujourd'hui comme syndrome d'insensibilité aux androgènes (*androgen insensitivity syndrome,* d'où l'acronyme AIS en anglais). Il s'agit d'une pathologie très rare qui affecte près d'un nouveau-né sur 20 000. Mais dans sa rareté le syndrome est instructif pour tout le monde. Il éclaire certains aspects de la génétique de la sexualité et donne à penser sur les rapports entre nos chromosomes – disons ce qui apparaît sur l'écran d'analyse d'amniocentèse permettant de dire : « Voilà, votre bébé est une fille, ou un garçon » – et le cerveau ainsi que le reste du corps.

Les personnes affectées par le syndrome d'insensibilité aux androgènes n'ont pas pour vocation d'éclairer un monde plongé dans les ténèbres. Certaines d'entre elles n'apprécient guère d'être considérées comme des anomalies génétiques apportant quelques éclaircissements sur le sort commun, elles qui doivent écarter les jambes sur les tables d'examen gynécologique, dont les manuels exhibent le corps dénudé et masquent le visage. Cela dit, il faut bien qu'on nous aide à comprendre une réalité flagrante, qu'incarne Jane Carden et que nous allons aborder ici comme dans le chapitre suivant : à savoir qu'on ne naît pas femme, on le devient ; mais également qu'on naît femme, on ne le devient pas. Tant il est vrai que ces deux affirmations ont leur vérité profonde chacune dans son domaine d'application.

Si la mère de Jane avait subi une amniocentèse pendant sa grossesse et voulu connaître le sexe du fœtus, on lui aurait dit que c'était un garçon – encore un garçon dans une famille de garçons.

À la naissance du bébé on aurait dit à la mère : « Oubliez ce qu'on vous a dit auparavant : c'est une fille. » Jane a les organes génitaux extérieurs d'une fille : deux grandes lèvres, un clitoris et un vagin. Elle n'a toutefois pas de petites lèvres et son vagin est court, environ le tiers de la normale. Il se termine brusquement par une sorte de membrane au lieu de conduire au col de l'utérus qui s'ouvre sur la matrice. Elle n'a pas d'utérus ni de trompes de Fallope. Elle avait des testicules dans la cavité abdominale formant une sorte de hernie au-dessous du pelvis, qu'on lui enleva dix jours après sa naissance. Les testicules excisés devinrent les fameux « ovaires mal formés ».

Ce qui est arrivé à Jane est la chose suivante. Elle est dotée d'un chromosome Y, avec sa douzaine de gènes dont on ne connaît toujours pas la fonction pour la plupart. L'on a toutefois identifié l'un des gènes du chromosome à la langue fourchue comme étant celui qui déclenche la saga masculine. On l'a baptisé SRY, pour *sex-determining region on the Y chromosome* (zone de détermination sexuelle du chromosome Y). On l'appelait autrefois TDF, pour *testes-determining factor* (facteur déterminant les testicules). Les gènes, comme les syndromes, connaissent souvent des réhabilitations périodiques inexplicables auxquelles ils doivent de nouveaux noms de baptême. Toujours est-il que le gène SRY accomplit un exploit assez spectaculaire au moment de son activation à la huitième semaine de grossesse : il se met à fabriquer des testicules dans la cavité abdominale du fœtus mâle. Beaucoup plus tard au cours de la vie fœtale, ces petits sacs renfermant la magie de la masculinité tombent à l'extérieur, dans le scrotum, pour devenir ensuite ces pendeloques ô combien vulnérables qui paradoxalement symbolisent – « il a des couilles » – la bravoure et la force.

Au sein du fœtus, les bourgeons testiculaires se mettent rapidement à sécréter des androgènes, des hormones telles que la testostérone. Les androgènes sculptent à leur tour dans le bourgeon génital primitif un pénis et un scrotum. Mais cela ne suffit pas pour faire un mâle ; il faut dans le même temps neutraliser le programme fœtal femelle. Pour ce faire, les testicules sécrètent également une hormone qu'on a baptisée *müllerian inhibiting factor* (facteur d'inhibition müllerien) dont la fonction consiste à éliminer les structures fœtales destinées à devenir l'utérus et les trompes de Fallope[1].

---

1. Ces structures fœtales sont ce qu'on appelle « le canal de Müller ». *(N.d.T.)*

Dans le cas de Jane, une bonne part du processus s'est déroulée normalement. Son chromosome Y a tenu ses promesses et SRY s'est bien activé. De petits testicules internes se sont formés. Ils ont fonctionné. Ils ont sécrété des androgènes. Ils ont également libéré le facteur d'inhibition müllerien, lequel a dûment fait disparaître l'utérus et les trompes primitives de Jane. Puis quelque chose s'est passé, ou plutôt ne s'est pas passé. Il se trouve que le Y a besoin du X pour constituer jusqu'au bout un appareil génital qui corresponde aux critères de la faculté. C'est que le chromosome X, celui de la quintessence féminine, détient curieusement en son riche capital une pièce maîtresse du puzzle destiné à faire un homme. L'un de ses 5 000 gènes est celui qui permet à l'organisme de réagir aux androgènes. Ce n'est pas assez de fabriquer des androgènes ; les différents tissus de l'organisme doivent pouvoir absorber les hormones et réagir en conséquence. Cela requiert la contribution d'une protéine réceptive à l'androgène. Les tissus du bourgeon génital immature du fœtus doivent être parsemés de ces protéines réceptives aux androgènes pour que le bourgeon réagisse aux androgènes et forme un pénis. Or cette protéine est encodée dans le gène réceptif aux androgènes, lequel se trouve sur le chromosome X.

Ah, quelle histoire ! Le gène réceptif à l'androgène aurait pu être situé n'importe où sur le génome, sur l'un quelconque des vingt-trois chromosomes – disons sur le chromosome numéro trois... ou seize. Mais non. Il a choisi *notre* chromosome, ce raseur, ce bon gros lard de chromosome X. Pure coïncidence ? Peut-être – bien que les chercheurs n'en jureraient pas [1] – mais qui, en tout état de cause, mérite une discrète ovation. Hé oui ! Nous faisons les femmes, nous faisons les hommes ; si vous ne trouvez pas ce que vous désirez en vitrine, demandez à l'intérieur.

Jane Carden avait hérité sur son chromosome X d'une version mutante non fonctionnelle du gène réceptif à l'androgène. Résultat de la mutation, son organisme était incapable de répondre aux androgènes généreusement sécrétés par ses testicules, ce qui signifiait

1. On sait très peu de chose sur l'organisation génétique à grande échelle – c'est-à-dire sur la façon dont les gènes sont répartis le long des vingt-trois chromosomes. Leur localisation est la plupart du temps affaire de hasard ou de commodité, même s'il est possible que la situation de certains gènes favorise la fonction à laquelle ils sont destinés pendant le développement, leur accès à des structures de contrôle et autres processus du même style.

qu'elle ne pouvait développer ni pénis ni scrotum. Son organisme était, et reste toujours, insensible aux androgènes, d'où le nom de son syndrome.

Sourd aux androgènes, l'organisme de Jane s'engagea dans la voie destinée au fœtus de mammifère privé d'hormones mâles : il choisit d'être une fille. Le petit bouton de son appareil génital externe se transforma en grandes lèvres, un clitoris et un petit tunnel aveugle. La métamorphose ne fut pas complète – pas de petites lèvres et des plis vaginaux de couleur étrangement pâle au lieu du ton mauve habituel, selon Jane elle-même, des organes génitaux des autres femmes blanches. Il n'empêche. Jane est bien une femme, aussi femme que vous et moi, chère lectrice, ou toute femme ayant eu ses règles et des enfants. Ses seins, ses hanches rondes et son cou mince (le plus bel attrait, à mon sens, de la féminité) sont sans appel : c'est bien une femme, à couper le souffle. Plus important encore, elle n'a jamais douté de sa féminité, même lors de la découverte écrasante, désespérante, dans une bibliothèque médicale, de son chromosome Y et de ces testicules dont elle avait été pourvue jadis.

Le syndrome d'insensibilité aux androgènes présente certaines caractéristiques remarquables. L'absence d'acné et de calvitie de type masculin : ce sont les androgènes qui provoquent les boutons et la plupart des cas de chute de cheveux, chez les hommes comme chez les femmes. Ils stimulent également la pilosité corporelle chez les deux sexes. Jane n'a pas de poils sous les bras et ne présente qu'une légère brume duveteuse de cuir chevelu de bébé sur le pubis, encore une fois faute de réactivité aux androgènes. Il arrive que les femmes affectées de ce syndrome aient la beauté du diable, de celle qu'on envie à certaines actrices ou top models. Les testicules de Jane lui ont été retirés peu après sa naissance et il lui a fallu suivre à l'adolescence un traitement substitutif en œstrogènes pour acquérir complètement ses formes féminines (et protéger ses os qui sont sous dépendance œstrogénique). Chez certaines femmes, l'AIS n'est diagnostiqué qu'en fin d'adolescence. Leur testicules ne formaient pas de hernie à la naissance et rien dans leur apparence ne permettait de mettre en doute leur statut chromosomique. Quand ces filles atteignent la puberté, leurs testicules commencent à libérer une grande quantité d'hormones, essentiellement des androgènes mais également des œstrogènes. Les hormones transitent par le sang vers certains sites comme la région des seins, et agissent directement sur les tissus réceptifs. En outre, certains androgènes subissent une conversion enzymatique en œstrogènes. Les seins commencent alors à grossir, grossir, grossir encore, dans des proportions plus importantes que chez la plupart des femmes, qui normalement ont une réceptivité aux androgènes limitant cette croissance. (Des taux élevés d'androgènes permettent de la même façon aux adolescents de garder une poitrine plate. La gynécomastie, autrement dit le développement anormal des seins qu'on observe chez les hommes d'un certain âge, est probablement due au déclin des niveaux de testostérone ; libérés de la contre-offensive des androgènes, les œstrogènes circulant dans l'organisme masculin provoquent un léger développement de la poitrine.) Il arrive souvent que les femmes atteintes du syndrome deviennent très grandes, sans qu'on sache clairement pourquoi – il est possible qu'une autre hormone testiculaire ou un gène sur le chromosome Y soit responsable de la taille masculine. En fin de compte, c'est généralement vers seize ans, quand elles ont atteint leur taille adulte sans avoir leurs règles, que les jeunes filles AIS arrivent en consultation et qu'on diagnostique leur état.

Peau éclatante, cheveux magnifiques, beaux seins, haute stature. Et naturellement des aisselles nettes et pratiquement pas de poils sur les jambes – sans oublier un système immunitaire à toute épreuve, insiste Jane, parce qu'il se trouve que la testostérone peut s'attaquer aux cellules immunitaires. Un nombre non négligeable de top models et d'actrices ont en fait le syndrome d'insensibilité aux androgènes. Wallis Simpson, la pétulante divorcée pour laquelle le roi Édouard a abdiqué, pourrait bien avoir été une femme AIS. Certains historiens prétendent que Jeanne d'Arc était atteinte d'AIS, bien que cette thèse soit contestée par la plupart ; ce qui n'a pas empêché Jane Carden de s'en servir comme nom de plume.

Le physique spécifique des femmes atteintes d'AIS constitue un délicieux démenti aux thèses de certains psychologues évolutionnistes prétendant que l'attrait sexuel de la femme tient à ces formes censées dire à l'homme : je suis féconde, je te ferai beaucoup d'enfants. Les femmes AIS sont dotées d'une peau éblouissante, de cheveux épais – autant de signes de santé et de jeunesse ; or la jeunesse, encore et toujours la jeunesse, nous dit-on, est la mesure de la valeur marchande de la femme. Quant à ces seins généreux, ils sont censés être l'emblème de la femme œstrogénique à la fécondité au-dessus de tout soupçon. Eh oui, on peut accrocher un slogan darwinien sur les différents atouts physiques d'une pin-up. Mais ces superwomen AIS, ces magnifiques icônes à fantasmes autoérotiques, ne sont justement pas de celles qui émettent les signaux adéquats, pour parler comme les évolutionnistes. En fait, ce sont les grandes tricheuses par excellence, celles qui attirent les hommes dans les eaux fangeuses de la sensualité sans qu'ils aient la moindre possibilité de concevoir. Un délice, cette déconvenue, une véritable subversion ! Les plus saines d'entre nous, les plus féminines des femmes, sont en fait autant d'incarnations de la reine des Amazones, altières et autosuffisantes, des femmes à l'intégrité physique enviable mais dont la beauté charnelle non reproductible joue un bon tour à Charles Darwin. Le mâle, le tombeur, l'étalon, doit se contenter de regarder, sans toucher.

Les femmes atteintes d'AIS ont beau se considérer comme des femmes, elles se sentent tout de même à part. La plupart gardent le secret de leur état sauf auprès de quelques intimes. Détail intéressant, la plupart d'entre elles disent que ce n'est pas tant l'impossibilité d'avoir des enfants qu'elles regrettent, que l'absence des règles qu'elles considèrent comme un certificat mensuel de féminité. Quand les autres filles parlent de leurs règles, celles chez qui l'AIS a été diagnostiqué gardent le silence, se replient sur elles-mêmes, comme si, à l'exemple du rôle titre du film *Carrie*, elles craignaient que les filles « normales » ne se mettent à les lapider de Tampax et de serviettes hygiéniques.

Jane a vécu quinze ans avec le sentiment d'être un monstre intouchable après avoir diagnostiqué elle-même son état à l'aide de manuels, mais sans savoir comment trouver une autre âme atteinte du même syndrome.

« Tout ce que je voulais, c'était rencontrer une autre femme AIS. C'était le rêve de ma vie, explique-t-elle. Je me faisais l'effet d'un enfant adopté qui regarde tout le monde dans les yeux en se demandant s'il s'agit de ses parents. Il suffisait que j'entende parler de quelqu'un qui ne pouvait pas avoir d'enfants, ou quelque chose du même style, pour que je me dise : et si elle était comme moi ?

« J'ai demandé à mon médecin, à tous ceux à qui je pouvais, s'ils connaissaient d'autres femmes comme moi. J'ai appelé un spécialiste de Dallas, probablement le plus éminent chercheur en matière d'AIS des États-Unis. Tous m'ont répondu par la négative. Ils réagissaient comme si ma demande n'était pas raisonnable et me laissaient entendre sans trop de subtilité qu'ils ne voyaient pas qui voudrait discuter d'une chose pareille. Qui voudrait admettre être atteinte d'AIS ? Mon propre médecin m'a expliqué qu'elle avait deux patientes atteintes du syndrome, dont une, la quarantaine passée, détenait une position sociale trop éminente pour jamais révéler son identité. L'autre était une jeune fille de dix-huit ou dix-neuf ans qui, insistait-elle, réussissait si bien qu'elle n'avait besoin d'aucun contact avec qui que ce soit. Cela sonnait faux. Je *savais* que c'était de la blague, car cette fille de dix-huit ou dix-neuf ans prétendument si bien dans sa peau c'était *moi.* »

Finalement, c'est encore dans une bibliothèque que Jane a trouvé la réponse à ses questions. Environ deux ans avant que je ne la rencontre, elle était tombée sur une lettre de la mère d'une fillette de sept ans atteinte du syndrome en parcourant un numéro du *British Medical Journal.* La famille vivait en Angleterre et la mère expliquait qu'ils s'étaient engagés dans la création d'une association de soutien aux filles et femmes AIS et à leurs familles. Elle indiquait son numéro de téléphone à la fin de la lettre, mais Jane ne le déchiffra qu'avec peine tant la page était mouillée de ses larmes. Jane pleure sans retenue dès qu'elle évoque le jour de la découverte de cette lettre, sans se soucier de sortir son mouchoir. « Je ne peux pas vous décrire ce que j'ai ressenti, dit-elle, c'est impossible. » Elle fit une photocopie de la page. Elle rentra chez elle et s'essaya à parler normalement, sans sangloter ni hoqueter. Elle s'entraîna à dire : « Je suis atteinte du syndrome d'insensibilité aux androgènes », ce qu'elle n'aurait auparavant avoué à personne sinon au médecin. Ce qui ne l'empêcha pas, lorsqu'elle appela la femme au téléphone, de s'effondrer en larmes en se présentant. Quelques semaines plus tard, elle s'envolait pour l'Angleterre afin d'assister à la première réunion de l'association de soutien. « La fondation de l'association sera la plus grande réussite de ma vie, déclare-t-elle. Rien ne pourra égaler cela, c'est certain. »

Aux réunions de l'association, les femmes discutent de questions pratiques, par exemple des moyens de se procurer des dilatateurs vaginaux permettant au canal trop court de recevoir un pénis. Elles évitent de s'exprimer par euphémismes. Elles parlent directement de leur défaut de naissance. Elles racontent comment elles se scrutent dans la glace à la recherche de traces de masculinité. Elles s'attaquent à certains mythes pseudo-scientifiques, comme cet acharnement à associer la testostérone à la libido masculine comme féminine. Si c'était vrai, ces femmes-là n'éprouveraient aucun désir sexuel ; après tout, elles ne réagissent pas à la testostérone sécrétée par leur organisme. Certains sexologues ne tarissent pas au sujet des patientes AIS, prétendant qu'elles seraient frigides, indifférentes et inertes pendant l'amour. Ce genre de discours les met en rage. Qu'elles parviennent ou non à dilater suffisamment leur vagin pour avoir des rapports, leur tempérament érotique reste intact. Elles ont des fantasmes sexuels. Elles sont capables d'orgasme. Elles éprouvent du désir quand quelqu'un en vaut la peine.

Elles contestent également une autre légende : celle qui fait de la testostérone « l'hormone de l'agressivité ». Si cette platitude reflétait la réalité, les femmes atteintes du syndrome seraient plus douces et plus discrètes que la moyenne des femmes. Or l'on observe exactement l'inverse : ces femmes ont un tempérament de Jeanne d'Arc. L'une d'elles explique qu'elle affecte délibérément une attitude réservée afin que personne ne puisse deviner son état. « J'ai des couilles quand il le faut », déclare Jane. Le chirurgien a pu les exciser de son corps, pas de son caractère. « Je suis exactement comme ma mère, une créature combative, proprement insupportable, m'a-t-elle confié. Je suis la fille de ma mère, ce qui a donné la femme que je suis. »

3

LA DÉMARCATION INTROUVABLE

L'organisme féminin se forge-t-il passivement ?

L'une des premières choses que j'ai remarquées au cours de ma grossesse en faisant mes emplettes a été que, trois décennies après la naissance du mouvement féministe, on ne peut toujours pas échapper au code binaire des couleurs. Que vous cherchiez des vêtements pour nouveau-nés, bébés de six mois... ou prématurés (un rayon relativement récent), vous ne trouvez que du bleu ou du rose. Cela tient peut-être à la banalisation de l'échographie et des tests prénataux : la plupart des gens connaissent le sexe de leur enfant à l'avance. Plus de prétexte pour remettre à plus tard l'achat du trousseau du futur bébé. Quelle qu'en soit la raison, la discrimination sexuelle vestimentaire est plus forte que jamais. Essayez seulement de vous procurer un vêtement de bébé dont les fioritures, rubans et motifs d'animaux ne soient ni bleus ni roses. Vous constaterez à quel point votre liberté de choix est limitée. Ah si ! Il existe une pièce de vêtement qui vaut pour les filles comme pour les garçons, une seule : un T-shirt jaune, avec un dessin de canard.

J'ai également noté, tout en flânant distraitement dans les rayons pour bébés des grands magasins, que cela ne m'affectait guère. En dépit de mon féminisme agressif et bien ancré, la dictature du bleu et du rose ne m'a pas porté sur les nerfs autant que je l'aurais cru. Mon indifférence tenait entre autres à ce que le facteur « adorable » prenait le dessus. Tous les vêtements d'enfant sont si mignons, quel(le) qu'en soit le ou la destinataire (d'autant qu'au bout du compte ledit trousseau est avant tout destiné aux parents).

Tout vous rappelle à quel point le bébé est vulnérable, démuni, et combien il a besoin de votre sollicitude. Vous ne pensez ni « fort », ni « fragile », à la vue d'une brassière bleue ou d'un petit pyjama rose. Vous regardez toutes ces tenues miniatures et pensez : « Adorable ! ridicule ! Mais à quoi pense donc l'évolution ? »

Je me suis d'ailleurs consolée en apprenant que l'association du rose aux filles et du bleu aux garçons est franchement récente. Au tout début du XIXe siècle le code des couleurs était moins absolu qu'aujourd'hui, et si préférence il y avait, c'était plutôt pour attribuer le rose aux garçons et le bleu aux filles. Nous avons beau avoir la conviction que l'une des deux couleurs est intrinsèquement féminine et l'autre masculine, en la circonstance il s'agit d'une ineptie. Si vous avez quelques minutes à perdre en vaines spéculations, forgez-vous une histoire plausible en faveur de telle ou telle thèse : par exemple que le bleu, se situant sur les longueurs d'onde à hautes énergies du spectre électromagnétique, est la couleur qui convient à nos garçons dynamiques ; ou, à l'inverse, que le bleu, représentant la couleur des objets froids comme l'eau ou la glace, convient mieux à la pondération féminine ou prétendue telle. Le caractère arbitraire de cette dichotomie me rassure. Ne prends pas feu à propos de cette histoire, me suis-je dit. Après tout, c'est moins contre le rose que contre les robes que je pars en guerre quand il s'agit d'habiller une fille, pour la simple raison que j'avais horreur des robes comme des jupes étant gosse. Cela entravait ma mobilité en cour de récréation et limitait mes pouvoirs, et je détestais cela. Qu'un coup de vent expose mon anatomie à l'univers et me contraigne à me réfugier dans un état végétatif permanent, l'affreuse idée !

Cela dit, si quelque chose m'irrite dans l'opposition rose-bleu, c'est la façon univoque dont il nous arrive de l'interpréter. Habiller une fille en bleu, magnifique. Mais du rose pour un garçon ! Pensez sérieusement à ce qui se passera si vous infligez des vêtements de fille à votre rejeton. Imaginez-le en T-shirt rose, et même vous, chère mère tout ce qu'il y a de plus branché, aurez un instant d'hésitation et choisirez, en guise de compromis, la chemise jaune avec un canard dessus. Dans tout cela, rien de surprenant ni de spécifique aux bébés, bien entendu. La femme qui arbore des pantalons serrés, des jeans, une blouse de paysan, un haut-de-forme et une queue-de-pie ou tout ce que vous voulez, n'exerce jamais que ses talents de consommatrice ; mais qu'un homme se montre en jupe, et il aura intérêt à se tenir prêt à jouer de la cornemuse au pied levé. Cela, nous le savons depuis des lustres, mais c'est toujours agaçant de se le rappeler. « Que l'on vous donne gratis un lot entier de couches pour bébé de couleur rose, et je parie que vous préférerez colmater vos paquets cadeaux avec plutôt que de les mettre à votre premier-né », écrit Vicki Iovine dans son livre désopilant *The Girlfriends' Guide to Pregnancy* (« Manuel de grossesse destiné aux copines »). « C'est une maladie, je sais, et nous pourrions faire le siège d'un psychothérapeute pendant des semaines sur le sujet des stéréotypes masculins et féminins, mais c'est la réalité. » En lisant ces lignes, ma première réaction fut de penser avec un brin d'irritation que Vicki n'aurait pas plaisanté de la même façon s'il s'était agi de couches bleues et si son premier enfant avait été une fille ; cela dit, je savais bien que son impertinence visait juste. On ne met pas de couches roses à son premier rejeton mâle, ni à son second, ni à son douzième, à moins de jouer dans un film d'horreur le rôle d'une mère indigne, celui d'une Médée hollywoodienne aux intentions assassines.

Bon. Mais que craignons-nous au juste en ne voulant pas affubler de rose notre fiston ? Avons-nous peur d'en faire un homosexuel ? L'orientation des goûts sexuels, jusqu'à plus ample informé, semble n'avoir rien à voir avec le mode d'éducation. En outre, les fils homosexuels adorent leur mère, alors, où est le problème ? S'agit-il donc de cette misogynie ordinaire qui confère à la gent masculine « humanité pleine et entière » avec « label de qualité », et à la gent féminine humanité de seconde zone vouée aux restes du festin ? Oui, en partie. Notre culture est toujours très misogyne, ce qui explique que les tenues de garçons sont toujours assez bonnes pour les filles – les parents qui les réservent à leur fille peuvent même faire preuve d'un certain panache – mais jamais, au grand jamais, l'inverse. Les frusques de filles sont trop ineptes, trop ridicules, et, ne mâchons pas nos mots, révèlent trop d'infériorité pour un garçon.

Raisonnement familier, décourageant, auquel nous ne sommes pas près de renoncer. C'est rédhibitoire. Mais puisque j'en suis à vouloir adoucir les eaux saumâtres de nos préjugés culturels, laissez-moi vous donner la version féminine agréable d'un vieux truisme : notre penchant à vêtir les filles en garçons et non l'inverse, comme la tolérance envers les garçons manqués et l'aversion pour les mâles efféminés, révèle – certes à un niveau inconscient – que nous savons parfaitement qui est le véritable sexe géniteur, le premier sexe légitime, donc en fin de compte le sexe libre. Simone de

Beauvoir avait peut-être raison de pourfendre toute une série d'injustices socioculturelles, mais d'un point de vue biologique les femmes ne sont pas les secondes ; la femme est le spécimen originel. Nous sommes le chapitre 1, le paragraphe liminaire, les héritières de la véritable fondatrice de l'Éden, que nous pouvons joyeusement nous imaginer sous les traits de Lilith, la première femme d'Adam. La version officielle de l'Ancien Testament ne fait pas mention de Lilith, et dans les textes où elle fait une apparition – dans l'*Alphabet de Ben Sira* du XVIe siècle par exemple –, on la décrit immanquablement comme ayant été créée *après* Adam, façonnée pour lui fournir compagnie et plaisir érotique. Dans ces récits, on assiste à la première scène de ménage du couple au moment où Adam annonce qu'il a un faible pour la position du missionnaire. Non pas tellement pour les sensations que cela lui procure, mais pour la position politique qu'il en tire. « Tu es faite pour être dessous et moi dessus », dit-il à Lilith. Sa compagne refuse de prendre acte de son statut de subordonnée. « Pourquoi devrais-je m'étendre sous toi ? demande-t-elle. Nous sommes égaux car nous venons tous deux de la terre. » L'acte de rébellion de Lilith mit fin à son séjour au jardin d'Éden et attira la malédiction de Dieu sur toute sa descendance (sa remplaçante quant à elle, pourtant plus docile, ne s'en tira guère mieux). Cela dit, dans ma version pas très casher de l'histoire, ce qui mettait Lilith hors d'elle, c'étaient les prétentions impérialistes d'Adam. Tout cela, c'était de la blague. Elle le savait, nom de Dieu, même si lui n'en savait rien, que c'était *elle* qui était venue en premier.

En affirmant que Lilith était venue avant Adam, que c'était elle et pas lui qui avait une côte en surnombre, je ne tiens pas à me montrer inutilement contrariante. D'un simple point de vue biologique, la femelle est le prototype physiologique de l'être vivant effectif. Comme nous l'avons vu dans le cas de Jane Carden, le fœtus est grandement préparé à devenir un organisme féminin, à moins que le programme femelle ne soit interrompu en étant exposé aux androgènes. S'il n'y a pas d'instructions contraires, les premiers boutons génitaux se développent en une vulve et un vagin, du moins partiellement – il est également possible que le cerveau prenne une configuration féminine, mais j'aborderai plus tard cette question bien plus problématique. Selon la terminologie conventionnelle de l'embryologie, on dit des femelles qu'elles sont le sexe « par défaut », ou le sexe « neutre », et des mâles qu'ils sont le sexe

« organisé » ou « activé ». Autrement dit, le fœtus se transformera en fille en l'absence de production d'hormones fœtales sans qu'il ait besoin d'être exposé aux œstrogènes, les hormones normalement considérées comme féminines. Les œstrogènes sont peut-être indispensables à l'apparition des seins et des hanches plus tard au cours de la vie, ainsi qu'à l'orchestration du rythme du cycle menstruel, mais ne semblent pas jouer de rôle majeur dans la première configuration de la féminité. Par contraste, le plan physiologique du mâle s'écrit au moment où les petits testicules commencent à sécréter de la testostérone, du facteur inhibiteur müllerien et autres hormones. Les hormones organisent – plus précisément, réorganisent – le tissu primordial selon un format masculin.

Mais le terme *par défaut* a une forte connotation de passivité ; il suggère que les filles se contentent d'être là, qu'il est aussi facile de les fabriquer que de laisser se dérouler un tapis du haut d'une butte sans même avoir à donner une petit coup de pied. Nombre de femmes, dans la communauté biologique, ont contesté cette terminologie et le raisonnement qui se cache derrière. Anne Fausto-Sterling, de l'université Brown, a reproché à la notion de sexe par défaut d'être un vestige intellectuel de la domination masculine au sein de la biologie du développement. Et si personne n'a trouvé de signaux chimiques activant le schéma directeur féminin, explique-t-elle, c'est que personne ne les a recherchés. D'un point de vue masculin, le mécanisme qui préside à la croissance des trompes de Fallope n'exerce tout simplement pas la même fascination que le secret donnant forme au pénis. Le fait que les hormones ne soient apparemment pas responsables de la détermination du sexe féminin ne signifie pas que *rien* n'en soit responsable ; il existe d'autres systèmes signalétiques qui contribuent à la croissance fœtale, même s'ils sont plus difficiles à trouver et à étudier qu'une salve d'androgènes.

Ce que nous pouvons faire, c'est reformuler le principe de la primauté féminine en quelque chose de moins simpliste et inerte que ce processus par défaut de si mauvais aloi. David Crews, de l'université du Texas, propose un merveilleux système permettant d'expliquer la détermination du sexe chez l'animal : la femelle serait le sexe ancestral et le mâle le sexe dérivé. La forme femelle serait venue en premier pour finalement donner naissance à une variante mâle. La déesse Athéna, dit-on, aurait surgi du crâne de Zeus. Il aurait peut-être été plus judicieux d'imaginer que c'était Apollon qui était sorti de la tête d'Héra.

Ce que la notion de sexe ancestral signifie, dans son acception la plus intéressante, c'est que les mâles ressemblent plus aux femelles que les femelles aux mâles. Les mâles, après tout, dérivent des femelles ; ils n'ont d'autre choix que de partager des traits – cachez ces dessous efféminés que je ne saurais voir – qui ont subi des modifications en vue de la mâle édification. Les femelles, quant à elles, n'ont pas à se référer à un prototype pour s'inventer une conscience d'elles-mêmes. Leur être, c'est ce par quoi tout a commencé. Voilà la définition de l'essence féminine. La côte d'Adam ? Nous n'en avons pas besoin, nous nous en sommes passées ; nos os se sont calcifiés et notre bassin s'est consolidé sans aucune assistance masculine.

David Crews a abouti à cette thèse en deux temps. Pour commencer, il a étudié la détermination du sexe chez les reptiles et non chez les mammifères. Il s'agissait de voir à l'œuvre un système différent d'où il pourrait tirer des principes inédits allant à l'encontre de la sagesse conventionnelle des animaux à sang chaud. Il a constaté que le sexe du crocodile ou de la tortue n'est pas dicté par un chromosome X ou Y, le gène SRY ou les testicules que celui-ci peut contribuer à former. Au lieu de quoi, le bébé reptile adopte le sexe mâle ou femelle selon certaines données de l'environnement de l'œuf où il se développe, en particulier la température de l'air ou de l'eau du milieu de nidification. Tous les embryons commencent par être dotés d'un potentiel bisexuel, puis, selon qu'il fait doux ou froid dehors, ils forment des ovaires ou des testicules (en général les températures froides donnent des mâles, des températures plus élevées des femelles, et une température intermédiaire donnera une portée de 50 % de mâles et 50 % de femelles). À noter : aucun des deux sexes n'est un sexe « par défaut ». Le crocodile ne peut pas devenir une femelle faute de pouvoir devenir mâle. La pré-femelle doit recevoir une sorte de stimulus, déclenché par la température, qui à son tour met en branle une chaîne d'événements physiologiques nécessaires à la formation des ovaires. Même chose pour la formation des testicules : le jeune reptile a besoin de signaux du monde extérieur pour mettre en œuvre le protocole masculin. Autrement dit, le mécanisme de sexualisation du reptile est un processus actif comprenant des phases multiples quel que soit le résultat final.

Les reptiles sont très différents des mammifères ; néanmoins, les détails du mécanisme qui détermine chez eux le sexe nous incitent à remettre en question la prétendue neutralité du sexe féminin. Bien des détails doivent nous échapper dans l'élaboration embryonnaire du sexe. C'est ainsi que les testicules d'un fœtus mâle libèrent un facteur inhibiteur müllerien détruisant la structure embryonnaire bilatérale dénommée canal de Müller qui sinon se développerait en trompes de Fallope, utérus et vagin. Cela dit, outre ce canal de Müller, l'embryon féminin possède jusqu'à la neuvième semaine de gestation ce qu'on appelle le canal de Wolff, une structure également bilatérale qui peut se transformer en vésicules séminales, en épididymes et autres éléments de l'anatomie masculine. Chez la femme, le canal de Wolff disparaît presque entièrement au cours du développement, mais qui a jamais entendu parler du FIW, du facteur inhibiteur wolffien ? Non. On suppose qu'un tel facteur n'existe pas ; que le canal de Wolff disparaît en l'*absence* de signal en provenance des testicules lui enjoignant de persister et de s'épanouir. Du moins si l'on en croit le modèle qui veut que le sexe féminin le soit par défaut. Le canal de Wolff s'autodétruira à moins qu'on ne lui donne une raison de vivre. Cette hypothèse n'est pas absurde, mais elle n'est guère plausible. Nous avons vu avec le développement de l'ovule et du cerveau que la nature, cette enfant de Shiva, aime créer l'abondance juste pour en détruire la majeure partie. Mais l'anéantissement se produit-il spontanément, ou doit-il être provoqué ? Si la mort est un processus actif – c'est en tout cas ce que suggère le nouveau credo de l'apoptose –, c'est donc qu'elle a besoin d'être activée. Il doit y avoir un facteur d'inhibition wolffien quelque part : pas une hormone, pas quelque chose qu'il est facile d'isoler comme une hormone, mais un signal. Un coup de dent subtil qui met fin aux aspirations du mâle et donne au principe femelle la direction des affaires en lui édifiant un temple physiologique où Lilith peut s'allonger comme elle l'entend.

En fait, des chercheurs ont présenté en 1993 des premiers résultats montrant qu'ils avaient trouvé un inducteur ovarien actif, que la formation des ovaires n'était pas un simple déploiement passif. Ils ont identifié un signal génétique qui pouvait contrecarrer de façon agressive l'action de la testostérone et transformer les organes génitaux primitifs en leur forme femelle – auquel cas non pas parce qu'il manquait un signal ou parce que les tissus ne répondaient pas à la sécrétion d'androgènes, comme ce qui se passe lors du syndrome d'insensibilité aux androgènes, mais parce que ce facteur, quel qu'il soit, est devenu hyperactif et a repoussé l'action des androgènes. Tempérament d'Amazone ! Cela dit, les résultats de ces travaux n'ont pas encore été reproduits ni analysés en détail, et personne ne peut encore se vanter d'avoir trouvé ce facteur de croissance femelle si recherché.

Mais s'il est vrai que la forme mâle comme femelle demande un certain travail, et qu'il existe des inducteurs ovariens susceptibles de faire pour les filles ce que la testostérone fait pour nos frères, pourquoi David Crews accorde-t-il la primauté ancestrale à la femelle en réduisant le mâle au statut de sexe dérivé ? En l'occurrence, sa formation d'herpétologiste donne une certaine coloration à son point de vue. Chez les mammifères, la reproduction sexuelle est obligatoire. Si un mammifère veut une descendance, il doit s'accoupler avec un membre du sexe opposé. Il n'existe pas de parthénogenèse mammalienne dans la nature, de femelle capable de produire ses propres clones. En revanche, certains lézards – ainsi que certains poissons et quelques autres vertébrés – assurent leur descendance par autoreproduction, en engendrant presque toujours uniquement des filles, pas des fils. La parthénogenèse n'est pas une stratégie très courante, mais elle existe. En fait, c'est une tendance qui apparaît et disparaît au cours de l'évolution. Une espèce qui a pu un temps se reproduire de façon sexuée, nécessitant donc l'existence de mâles et de femelles, peut pour toute une série de raisons perdre le mâle et en venir à la parthénogenèse. À l'inverse, une espèce pratiquant la parthénogenèse peut découvrir l'avantage d'avoir un compagnon – en particulier parce que la reproduction sexuée favorise la diversité génétique, donc une progéniture suffisamment variée pour s'adapter à des changements de l'environnement. Avides de nouveauté, les femelles vouées à la virginité, les Madonna à sang froid, se réfugient dans le jardin d'Éden pour décider laquelle pourrait bien faire office de mâle et prendre la position de dessus. Dans l'un comme l'autre des deux scénarios de l'évolution, les mâles vont et viennent, mais les femelles restent. Il n'existe pas d'espèce sans femelles. La femelle, c'est la Mère, avec un grand M. Jamais elle ne s'égare.

(Vous trouverez peut-être qu'il est passablement injuste de décréter qu'un animal parthénogénétique est une femelle plutôt qu'une créature neutre ou asexuée et pourquoi pas mâle. Eh bien, non. C'est parfaitement fair-play. C'est même tout indiqué. Un lézard parthénogénétique produit et dépose des œufs d'où finissent par émerger des bébés lézards, et un animal femelle, au sens strict du terme, est un animal qui donne des œufs.)

« Le mâle est apparu uniquement après l'évolution des organismes pratiquant l'autoréplication (= femelle), écrit David Crews. Les mâles ont été conquis et perdus, mais les femelles sont restées. La forme mâle a dérivé de la forme femelle ancestrale, et s'est surimposée à elle. »

Mon père n'était pas un partisan irrécupérable du privilège du mâle. Il appréciait les déesses et ressentait à quel point le parti pris patriarcal de la civilisation judéo-chrétienne-islamique n'avait rien de naturel. Un jour que nous visitions ensemble le Metropolitan Museum, nous sommes passés près d'un tableau représentant le Père, le Fils et le Saint-Esprit. Je ne me souviens pas du nom de l'artiste, ni de son siècle ni de sa nationalité. Je ne me rappelle pas l'œuvre elle-même, sinon qu'elle m'a souverainement déplu. Les trois omnipotences étaient peintes comme trois triplés identiques, une troïka d'hommes à barbe noire en longue robe. Mon père, ce chrétien qui ne pratiquait plus par défi, eut un sourire sarcastique. « La Sainte Trinité, les prétendus créateurs de la vie sur terre, et pas une seule femme parmi eux ! marmonna-t-il. Le moins que l'artiste aurait pu faire, remarqua-t-il, était de montrer le Saint-Esprit de façon suffisamment ambiguë pour qu'on puisse le prendre pour une femme. » Nous nous éloignâmes du tableau. Il m'avait définitivement transmis le sourire sarcastique.

Vingt ans après, ou presque, je me pose la question : l'artiste avait-il inconsciemment projeté l'idée que le mâle dérive de la femelle ancestrale, comme le temple romain dérive de la basilique grecque ? Les Romains copiaient leurs prédécesseurs dans les moindres détails mais en grossissant tout – par la dimension des édifices, dans l'élaboration des ordres architecturaux. De la même façon, le mâle ne fait que surenchérir en aboyant plus fort que la femelle, en cultivant l'hypertrophie stylistique, tout en muscles et fioritures. Selon David Crews, la thèse de la femelle ancestrale et du mâle dérivé conduit « à se demander si ce n'est pas le mâle qui ressemble à la femelle et non l'inverse ». S'il a raison, cela donne une signification très crue au fait que le dieu de la culture monothéiste soit un mâle et règne sur une espèce à deux sexes après s'être délibérément détourné du panthéon des divinités antiques ; c'est que le mâle incorpore la femelle, ressemble à la femelle – en un sens débute comme une imitation de femelle –, alors que la femelle ne peut pas en dire autant. La femelle n'incorpore pas le mâle, n'avait pas, à l'origine, besoin du mâle. Et qui sait si, dans l'avenir, elle aura encore besoin de lui !

De son côté, le mâle a besoin de la femelle – comme une part fondamentale de lui-même. Il ne peut pas lui échapper, et c'est pourquoi il s'arroge son pouvoir le plus grand, son aptitude à engendrer. Mais étant un mâle de style romain, il l'imite et en rajoute. La femelle parthénogénétique, souvenez-vous, ne pouvait donner naissance qu'à des filles. Le dieu mâle, lui, en être superparthénogénétique, peut, sans besoin de quiconque, engendrer fils et filles. S'imaginant à tort – mais il faut le comprendre – qu'il peut alors continuer son chemin tout seul, il prend sur lui d'être le dieu unique, une créature fabuleuse dont on ne peut trouver l'équivalent dans la nature.

Les divinités ont leurs problèmes et leurs déconvenues, et nous humains avons les nôtres. Si chez les dieux les mâles ont tendance à empiéter sur les prérogatives des femelles plutôt que l'inverse, chez les humains ce sont les femmes qui ont le moins de complexe à adopter la conduite des hommes. Ces derniers, dans leur hantise d'apparaître efféminés – ou pis, féminins –, se gardent d'adopter celle des femmes. Selon Freud, les hommes n'acquièrent leur individualité qu'en se libérant du monde des femmes – des mères, grand-mères, tantes et nounous –, tout cet univers féminin monotone et confiné où ils passent leur petite enfance et leur jeunesse. La femme est une menace car elle règne depuis trop longtemps. Pour accéder à l'autonomie, l'homme doit s'attaquer à la féminité. Les femmes n'ont pas besoin de s'éloigner pour accéder à leur féminité adulte ; elles n'ont pas besoin de rejeter la mère qui a pris soin d'elles et les a formées.

Oublions Freud. Après tout, c'est peut-être de leur moule féminin intérieur que les hommes doivent se libérer, pas du monde féminin extérieur. Qui sait si les hommes n'en arrivent pas à souligner leur différence par rapport à celle dont ils dérivent, la femelle miniature que chacun porte en soi, afin d'échapper à la femelle ancestrale comme l'on échappe à un héritage imposé. C'est peut-être pourquoi, nous les femmes, sommes plus enclines à l'ambiguïté sexuelle. Nous pouvons nous déguiser, prendre la pose, des attitudes, montrer tant et plus que « nous en avons »... nous serons toujours des femmes. Les brèves incursions masculines au royaume de la sensibilité, si souvent tournées en dérision, font dire à Alan Alda que les hommes ne peuvent en dire autant ; bien au contraire, ils s'émoussent et perdent leurs certitudes à jouer trop longtemps les androgynes. C'est pourquoi Jane Carden disait qu'elle était ravie d'être née femme – ravie, dirions-nous, que son moule féminin ancestral ne soit pas revêtu d'accessoires masculins. « Je n'aurais pas voulu naître sans le syndrome d'insensibilité aux androgènes, reconnaît-elle. C'était pour moi la seule façon de vivre ma vie en tant que femme. Je crois que les expériences féminines sont plus riches, comme notre vie émotionnelle. L'éventail des personnalités masculines est beaucoup plus étroit. Je peux me payer le luxe d'être extrêmement réservée, ce que l'on considère soit comme très féminin, soit comme très agressif et macho. On tolère les deux chez les femmes, du moins à notre époque. Quant aux tempéraments analogues chez les hommes... en fait, nous n'en sommes pas encore là. »

Quand David Crews affirme que l'organisme masculin dérive de l'organisme féminin ancestral et s'y surimpose, il parle de beaucoup de choses : de l'activité hormonale, des structures cérébrales, du comportement et, bien sûr, du système reproducteur. Ce sont, à nos yeux, nos organes génitaux qui marquent le plus clairement la différence entre le mâle et la femelle. Ce sont ces organes génitaux qui nous fascinent le plus et nous inculquent au cours de l'enfance la notion de masculin et de féminin (comme, bien sûr, les postures différentes que nous adoptons pour faire pipi). Le système reproducteur est ce qui, en principe, distingue le plus clairement l'homme de la femme.

Sauf lorsque vous y regardez de près. Vous verrez alors que nous nous ressemblons étonnamment. Si par exemple vous examinez une femme sur la table d'examen gynécologique, les pieds dans les étriers, vous verrez que les rondeurs de ses grandes lèvres et la façon dont elles retombent légèrement dans le pli des cuisses rappellent le scrotum de l'homme. Cela n'avait pas échappé aux hommes de l'Antiquité. Ni à Hippocrate, Galien et autres premiers anatomistes et philosophes du corps humain. Or ce n'étaient pas des saints. Ni des féministes. Dans son livre *La Formation du sexe : le corps masculin et féminin des Grecs à Freud,* Thomas Laqueur explique que les idées de Galien sont « phallocentriques », en ce sens qu'il prend le corps masculin comme référence première du corps féminin. Les médecins grecs commettaient également des erreurs dans leur compréhension de l'anatomie. Cela dit, ils avaient raison sur un point.

Ils pensaient que le corps humain était fondamentalement unisexué et que chacun des deux sexes était la version interne et externe de l'autre. Les hommes de l'Antiquité insistaient sur l'homologie entre les organes féminins et masculins.

« Dans le modèle unisexe, qui a dominé la pensée anatomique pendant deux mille ans, on considérait la femme comme un homme inversé : l'utérus figurait un scrotum féminin, les ovaires les testicules, la vulve le prépuce, et le vagin le pénis, écrit Laqueur. Les femmes étaient essentiellement des hommes chez qui un manque de chaleur vitale – de perfection – avait abouti à la rétention interne de structures qui chez l'homme sont visibles à l'extérieur. » Galien utilise les mêmes mots pour décrire les structures mâles et femelles, parlant d'*orcheis* pour les ovaires, le mot grec pour testicules. Les orchidées doivent leur nom aux testicules, parce que le bulbe à la base de la plante ressemble un peu à un petit scrotum tout plissé. Georgia O'Keeffe amalgame donc elle aussi les deux sexes quand elle a recours à l'orchidée pour représenter les organes génitaux de la femme. Le parallélisme sexuel avait la caution de l'Église ; un évêque du IVe siècle expliquait qu'il s'était rendu compte que les femmes étaient équipées comme lui, sauf « que les leurs sont à l'intérieur du corps et pas à l'extérieur ».

On ne se contentait pas de considérer comme homologues les organes génitaux ; il en était de même des sécrétions corporelles. Le sperme était la version masculine du sang menstruel ; le lait et les larmes, c'était la même chose. Les hommes de l'Antiquité ne voyaient pas non plus de différence entre l'aptitude au plaisir sexuel des hommes et celle des femmes et pensaient que l'orgasme mutuel était nécessaire à la conception. Galien affirmait qu'une femme ne pouvait être enceinte qu'à condition d'avoir eu un orgasme, et son point de vue a prévalu jusqu'au XVIIIe siècle. Pensée délicieuse, l'une des erreurs les plus éblouissantes de l'histoire, de celles que je préfère, hommage indirect à la jouissance féminine ici-bas. Malheureusement, la conviction que la femme enceinte était celle qui avait éprouvé l'orgasme tournait à la tragédie pour nombre de nos sœurs du temps jadis. C'est ainsi qu'on accusait de licence et d'adultère les femmes violées qui tombaient enceintes. Leur gros ventre témoignait de leur consentement et elles étaient souvent mises à mort. Plus près de nous, l'on a conseillé aux femmes confrontées à un viol inévitable de se contenter de « s'étendre et d'en profiter », et on les a également accusées d'être responsables de ce qui leur arrivait : Quelle idée de t'habiller de cette façon !... Pourquoi l'avoir invité chez toi ?... Qu'allais-tu faire dans le parc à la tombée de la nuit ?

Galien se trompait sur beaucoup de choses. La vulve n'est pas un prépuce, même si on la considère ainsi dans les pays où l'on pratique l'excision ; par ailleurs, il n'est pas besoin que l'homme ou la femme atteigne l'orgasme pour que la femme conçoive (les hommes libèrent du sperme dans l'éjaculation préliminaire, et je connais au moins une femme qui s'est retrouvée enceinte sans avoir eu de rapport, parce qu'une traînée de sperme pré-éjaculatoire, s'étant déposée sur sa cuisse durant les caresses assez poussées, a pu migrer insidieusement jusqu'au vagin). Mais pour ce qui est du caractère unisexe du corps humain, il avait fait œuvre de prescience. La femme est peut-être le schéma ancestral, mais pour ce qui est de nos corps actuels, nous développons la double potentialité ; notre argile peut se modeler d'une façon ou d'une autre. Nous sommes hermaphrodites, les héritières du fils d'Hermès et d'Aphrodite, lui qui mêla son corps à celui de la nymphe de la fontaine Salmacis. Les fœtus mâles et femelles sont identiques jusqu'à la neuvième semaine de gestation et nos organes adultes, mâles ou femelles, ont des structures analogues. Le fœtus de deux mois, de la taille d'un abricot, pas encore sexué, dispose d'une paire de téguments immatures, les gonades primitives, qui deviendront des testicules chez les mâles, des ovaires chez les femelles. Il présente un dispositif de canaux dits de Wolff et de Müller, dont l'un sera choisi selon que le fœtus doit développer un canal séminal ou des trompes de Fallope. Extérieurement, chacun débute par une crête génitale indifférenciée, un bourrelet de tissu au-dessus de la fente d'une petite membrane protectrice. Au troisième mois, le petit morceau de chair peut s'épanouir gracieusement en un clitoris, ou pointer plus énergiquement en un gland de pénis. Chez les filles, la membrane entourant la fente primitive se dissout, laquelle fente s'ouvre pour former les lèvres qui entoureront le vagin et l'urètre d'où s'écoule l'urine. Chez les garçons, les androgènes provoquent la soudure de la fente qui forme une excroissance donnant la verge.

Les symboles phalliques se suivent et se ressemblent... à en mourir d'ennui. Procurez-vous un tube qui sache braquer et tirer, et l'affaire est faite. L'obélisque qui perce les cieux, le fusil qui éjacule ses balles, le cigare qui fait la roue en faisant admirer ses ronds de fumée, le bolide qui fonce en rugissant, le hot dog qu'on prend dans la bouche... autant de métaphores peu ludiques et sans équivoque. Tirer un coup, c'est tirer un coup, rien qu'un coup.

Mais le vagin ! Un vrai test de Rorschach ambulant[1]. Vous pouvez en faire pratiquement ce que vous voulez, convoitez ou craignez. Le vagin, dans sa vision mentale la plus simple, est une ouverture, une absence de forme, un réceptacle inerte. Il s'agit d'un tunnel (dix à douze centimètres et demi de long) qui s'élargit selon un angle de quarante-cinq degrés à partir des lèvres jusqu'au col de l'utérus, lui-même en forme de beignet aux pommes. Ce sas permet de faire une pause entre les affirmations péremptoires du monde extérieur et les murmures des viscères. Constitué de muqueuses, de muscles et de tissu fibreux, c'est le lieu de passage le plus obligeant qui soit, de ceux qui s'étirent afin de convenir au voyageur de toute taille, qu'il veuille entrer (pénis, spéculum) ou sortir (nouveau-né). Je ne suis pas sûre d'être la seule femme, durant sa grossesse, à avoir rêvé d'être sur le point de donner le jour à un baleineau, en l'occurrence de l'espèce baleine bleue en voie d'extinction. C'est que le vagin humain, quand il sert de voie de passage à la naissance, peut se distendre. Relativement au reste de notre corps, il peut se distendre dans des proportions bien plus importantes que le bas-ventre de la maman baleine. Vous savez par ouï-dire, ou par expérience directe, que le col de l'utérus doit s'être dilaté de dix centimètres avant qu'on dise à la femme au travail de pousser. Il doit devenir aussi large que la longueur du vagin. Mais ces malheureux dix centimètres, ô femme gémissante sur ton lit de douleur, n'atteignent pas la largeur de la tête du bébé. Non. La tête d'un bébé moyen de 3,5 kg fait douze centimètres et demi de diamètre, et certains nouveau-nés à grosse tête ont un crâne de quinze centimètres de diamètre. Pendant que la tête du bébé se fraie un chemin vers la lumière en se comprimant à la façon d'une quille de bateau – grâce soit rendue à Ishtar[2] d'avoir conçu le crâne du nouveau-né avec des sutures, une fontanelle et des plaques osseuses flexibles –, sachez que votre vagin prend des dimensions, lors de la délivrance, dont vous n'aviez pas idée la première fois que vous avez laborieusement

1. Test de personnalité conçu par le neurologue suisse du même nom. Il s'agit d'interpréter des taches d'encre symétriques. *(N.d.T.)*

2. Déesse de la fécondité de l'Asie Mineure, parfois assimilée à Aphrodite. *(N.d.T.)*

introduit votre premier tampon hygiénique. Qu'est-ce que le vagin ? Une baudruche, un pull à col roulé. Mieux, un modèle de l'univers en expansion, lequel, après tout, s'étire dans toutes les directions même quand nous nous contentons de rester sagement dans notre vallée de larmes.

La bouche elle aussi, somme toute, n'est jamais qu'une fissure expansible. Mais qui songerait à la comparer à un réceptacle passif ? Le vagin évoque ainsi parfois un organe pourvu de dents : un orifice vorace qui aspire, mastique, dévore, susceptible d'épuiser l'homme qui succombe trop souvent à ses séductions. À moins d'y voir une bouche humide, rassurante et caressante : d'où le terme de « lèvres », bien sûr. Des éthologistes étudiant le comportement humain, tel Desmond Morris, en sont venus à prétendre que les femmes mettent du rouge à lèvres pour accentuer la ressemblance entre les lèvres du haut et celles du bas, afin de figurer leurs parties génitales cachées sur leur visage à découvert.

Le vagin n'évoque pas seulement des métaphores d'ouvertures. On peut également le concevoir comme un système clos, des mains qui se pressent dans le geste de la prière, voire comme un *Big Crunch,* le grand effondrement, plutôt qu'un *Big Bang* figurant l'univers en expansion. La plupart du temps le vagin ne se présente ni comme un tube ni comme un trou ; les parois se collent étroitement l'une à l'autre comme des tentures. C'est ainsi que le vagin protège ou découvre, se referme ou invite. D'où les images de fleurs et d'éclosion : lotus, lys, feuilles, noix de pécan ouvertes, avocats coupés en deux, ailes de libellule. L'artiste Judy Chicago s'est emparée de la notion de vagin épanoui, procréateur, et s'en est fait loyalement un étendard dans son œuvre la plus célèbre, *Le Dîner,* où elle représente des héroïnes de l'histoire ou de la mythologie telles que Mary Wollstonecraft, Kali et Sapho assises à une table, se préparant à déguster des mets disposés dans des plats en forme d'organes génitaux féminins. L'on a critiqué le tableau de Judy Chicago pour son côté farce, son mélange de bigoterie et de vulgarité, ou encore pour avoir fait preuve d'un « réductionnisme biologique de matrone », comme l'explique Jane Ussher dans *La Psychologie du corps féminin.* Quelle que soit la valeur artistique abstraite du *Dîner,* Judy Chicago a eu une excellente intuition : les organes génitaux féminins sont une force de la nature et vivent vraiment leur vie (voire leurs vies) par eux-mêmes. Je ne parle pas de leur rôle dans la procréation ; je me réfère à une tout autre métaphore, celle de la niche, l'habitat, l'écosystème. Le vagin est son propre écosystème, un territoire méconnu où cohabitent symbiose et vitalité agressive. Un trou marécageux, le vagin ? La métaphore de bassin de marée serait plus appropriée : un milieu aqueux stable et pourtant en perpétuel mouvement.

Juste avant l'environnement vaginal, on parvient à une petite montagne, le pubis que l'on appelle aussi le mont de Vénus, la montagne de l'Amour. Mais ne tombons pas dans le roman à l'eau de rose ; les *maladies vénériennes* tiennent leur étymologie de Vénus. Ledit mont de Vénus doit son renflement à un épais coussinet de graisse qui amortit la symphyse pubienne, l'articulation légèrement mouvante située entre l'os pubien de gauche et celui de droite. L'articulation, assez fragile, peut se froisser facilement à l'occasion d'un simple cahot en bicyclette ; elle s'enrobe à l'adolescence au moment où les poils pubiens se mettent à pousser (à supposer que vous ayez des récepteurs sensibles aux androgènes). Les poils pubiens ont également d'autres fonctions. Ils piègent les odeurs du pubis qui, si elles reflètent un bon état de santé, attirent le partenaire, comme je l'expliquerai plus tard. En outre, les poils pubiens font office de signal pour nous autres primates, espèces où la vision joue un rôle majeur. Les poils sont la vitrine de la zone génitale en lui permettant de se distinguer d'un environnement moins évident. Quand les femmes mettent du rouge à lèvres pour faire inconsciemment étalage de leurs organes sexuels en public, qui sait si elles ne suivent pas ainsi l'exemple masculin. En se laissant pousser la barbe, l'homme montre un visage qui fait écho à son entrejambe ; or l'aptitude à se laisser pousser la barbe précède sans doute de quelques centaines de milliers d'années le recours aux cosmétiques.

Deux longs plis de peau prolongent par le bas le mont de Vénus : les grandes lèvres. La face extérieure des lèvres est couverte de poils pubiens, alors que leur face interne présente à la place des follicules pileux des glandes sébacées et sudoripares. Un enchevêtrement de graisse et de tissu conjonctif sous-tend la peau des grandes lèvres. La graisse des lèvres, comme celle des seins et des hanches – mais à la différence de celle du mont de Vénus –, est sensible aux œstrogènes, l'hormone de la maturation sexuelle. C'est ainsi que les grandes lèvres se gonflent à l'adolescence au moment de la poussée d'œstrogènes dans l'organisme et s'amenuisent à la ménopause quand la sécrétion d'hormones faiblit. Sous la graisse, on trouve du tissu érectile constitué d'un réseau spongieux qui s'engorge de sang au moment de l'excitation sexuelle. Les lèvres se gonflent facilement de sang et restent constamment engorgées durant la grossesse quand double le volume de la circulation sanguine (les lèvres peuvent alors prendre une couleur cuivre digne des nuances les plus punk de rouge à lèvres).

La taxinomie érotique et mythique de nos parties génitales ne s'arrête pas là. À l'intérieur des grandes lèvres se trouvent les nymphes, du nom des jeunes divinités de l'Antiquité résidant près des sources dont la libido avait la réputation d'être si robuste qu'elles ont donné naissance à la notion de nymphomanie [1]. Plus prosaïquement, on désigne aussi les nymphes par le terme de « petites lèvres », ces exquises fleurs de chair entourant le vagin et, tout près, l'orifice de l'urètre. Ces lèvres intérieures ne présentent pas de poils mais sont pourvues de glandes sébacées que l'on peut sentir au bout des doigts comme autant de bosses minuscules comme si l'on avait dispersé des graines sous la peau. Les nymphes sont parmi les organes les plus variables de l'appareil génital féminin, de taille très différente d'une femme à l'autre, voire d'une lèvre à sa jumelle. Les petites lèvres, comme les grandes lèvres, se gonflent de sang pendant l'excitation sexuelle dans des proportions encore plus importantes, doublant ou triplant de dimension au moment de l'orgasme. Certaines de nos cousines primates sont pourvues de « petites » lèvres de taille impressionnante, qu'elles laissent traîner par terre afin de déposer les phéromones qui signalent qu'elles sont en état d'ovulation. Au printemps 1996, des chercheurs ont découvert au Brésil une nouvelle espèce de ouistiti dont le trait le plus frappant était les lèvres internes de la femelle. Chaque volet de peau pendait de façon spectaculaire pour fusionner à l'arrière en une sorte d'efflorescence génitale.

Les lèvres des ouistitis font étonnamment penser au fameux tablier hottentot que les naturalistes, à la suite de Linné, ont curieusement identifié à ces lèvres internes qu'ils tenaient à considérer

1. Comme Ethel Sloane le souligne dans son excellent ouvrage intitulé *Biologie de la femme,* « tout le monde sait que la femme nymphomane est celle qui manifeste un comportement sexuel excessif. Comment se fait-il que personne ne parle de satyriasisme quand il s'agit du même comportement masculin ? ». N'est-ce pas parce que la sexualité débordante chez la femme est considérée comme une maladie dûment répertoriée alors que chez les hommes le même comportement semble quasi obligatoire ?

comme un trait (ou une difformité) caractéristique des femmes d'Afrique du Sud. On fit venir en Angleterre et en France la femme hottentote devenue célèbre sous le nom de Vénus hottentote, à qui on donna le nom de Sarah Baartman. On l'exhiba en Europe comme une sorte d'animal de cirque – néanmoins habillé –, puis on la montra nue à des zoologistes et des physiologistes. Après sa mort on disséqua ses parties génitales que l'on conserva dans un bocal de formol. Cuvier, l'anatomiste français qui procéda à l'autopsie, affirme dans ses Mémoires que son examen « ne laisse aucun doute sur la nature du tablier ». Mais comme le remarque l'historienne Londa Schiebinger dans son livre *Nature's Body,* la curiosité obsessionnelle dont les hommes de science occidentaux ont fait preuve au sujet des parties génitales de la femme hottentote tient moins à la réalité de lèvres hypertrophiées (jamais prouvée et à juste titre contestée), qu'au désir de classer la femme africaine dans une catégorie phylogénétique plus proche de l'orang-outang que de l'homme.

Quelle que soit la taille des lèvres internes ou externes, elles transpirent. L'ensemble de la zone vulvaire transpire, avec la même insistance que les aisselles. Si jamais vous vous êtes entraînée vêtue d'un body, vous avez sans doute remarqué qu'après une bonne suée vous avez trois ravissantes taches triangulaires sur vos vêtements, une sous chaque bras et une troisième à l'entrejambe. Vous avez sans doute rougi d'embarras, vous la Vénus hottentote en Lycra, à moins de craindre qu'on ne pense que vous avez fait pipi dans votre culotte. N'ayez pas honte et félicitez-vous. Il vous faut évacuer toute votre chaleur corporelle interne si vous voulez rester dans la course, et, franchement, les aisselles féminines, pour ce qui est de la sudation, sont nettement moins efficaces que celles des hommes. Rendez grâce à l'entrejambe féminin qui en la matière est nettement plus performant.

La zone vulvaire sécrète également du sébum, un mélange d'huiles, de cérumen, de graisses, de cholestérol et de débris cellulaires. Le sébum sert à imperméabiliser la muqueuse, à la protéger avec l'efficacité de plumes de canard de l'urine, du sang menstruel et des bactéries pathogènes qui sinon s'installeraient dans la fente du mont de Vénus. Le sébum donne une sensation onctueuse et soyeuse au pelvis comme si tout, y compris les poils pubiens, avait été plongé dans de la bougie fondue. Cantonné à la lisière du territoire génital, le sébum fonctionne comme une première ligne de défense, comme la Muraille de Chine du vagin, faisant obstacle aux organismes cherchant à coloniser le riche univers intérieur.

Au cours de ma carrière scientifique, j'ai rencontré toutes sortes de saints et de missionnaires, des biologistes qui ont acquis une magnifique notoriété dans un domaine étrange. Ils chantent les beautés méconnues de la nature, celles que tout le monde rejette et méprise. Ils parlent d'araignées, de mouches, de scorpions, de cafards, de vipères, de requins, de chauves-souris, de rats et autres vers de terre avec l'éloquence d'un Démosthène et la tendresse d'une mère. Ils se donnent pour vocation la réhabilitation du pelé et du galeux de leur cœur et nous incitent à épargner ce que nous aurions auparavant joyeusement écrasé.

Mais aucun ne doit accomplir les travaux d'Hercule de Sharon Hillier, gynécologue au Magee-Women's Hospital de Pittsburgh. Sa passion à elle, c'est la réhabilitation du vagin. J'ai fait sa connaissance en cherchant quelqu'un qui pût m'expliquer l'odeur particulière du vagin. Je pensais à des phéromones humaines ; au musc ou à l'essence de civette – à des choses idiotes, futiles, à la mode, de ces leurres qui nous piègent dans la sphère darwinienne des théories faciles invoquant la séduction du mâle. C'est alors que j'ai pris connaissance du titre d'une de ses conférences : « L'écosystème du vagin en bonne santé ». Je compris que j'avais trouvé la femme qui avait osé réfléchir à fond sur un sujet dont la plupart d'entre nous préfèrent ne pas parler.

Sharon Hillier sait bien qu'on considère en général le vagin comme quelque chose de sale, dans tous les sens du terme. Le terme *vagin* a une connotation plus sale et plus clinique que le *pénis.* Sa désignation grossière, *con,* a d'ailleurs une signification plus violente et agressive que *pine* ou *bite* [1], qu'on l'entende à la maison ou dans un feuilleton aux heures de grande écoute. Nous l'avons vu, les médecins américains plaisantent volontiers en comparant le vagin à l'anus.

« À Nairobi, le terme désignant l'écoulement vaginal peut se traduit par *saleté*, m'a rapporté Sharon Hillier. Là-bas, quasiment

1. C'est sans doute plus notable pour l'équivalent anglais *cunt* pour vagin, et *prick* ou *dick* pour pénis. *(N.d.T.)*

toutes les femmes s'efforcent de s'assécher le vagin, car on le trouve dégoûtant quand il est humide et bien lubrifié.

« En fait, partout où vous allez, c'est la même histoire, explique-t-elle. On raconte aux femmes que le vagin, c'est sale. En réalité, un vagin normal, donc sain, est l'endroit de l'organisme le plus propre qui soit. Beaucoup plus propre que la bouche, et incomparablement plus propre que le rectum, soupire-t-elle. Le conditionnement négatif débute très tôt. Ma fillette de cinq ans est revenue de l'école, l'autre jour, et m'a dit : *Maman, le vagin, c'est plein de microbes.* Ce lavage de cerveau comprend nombre d'histoires de poissons à dormir debout. Le vagin aurait une odeur de poisson, source de gaudriole pour comiques masculins. Prenez les histoires drôles, poursuit Hillier. Celle que je préfère est celle de l'aveugle qui passe près d'une poissonnerie et dit : "Bonjour mesdames." Ha-ha ! Un jour, je me suis plainte auprès d'un ami au sujet de la réplique d'un film où un homosexuel, au milieu d'une discussion sur la fellation, s'est tourné vers une femme pour dire : "Désolé, chérie, je n'aime pas le poisson." Le poisson ! me suis-je écriée. Mais ça ne sent pas le poisson ! Mon ami m'a répondu : "Enfin, tu dois bien reconnaître que ça rappelle plus l'odeur du thon que celle du rosbif." »

Certes, mieux vaut réserver la viande à l'évocation d'autres organes. Les hommes trouvent que le vagin sent le poisson ? Fort bien. Il est vrai que le sperme est bien l'ingrédient susceptible de gâter les meilleurs mets.

Le point capital de l'écosystème vaginal, c'est la symbiose, un échange permanent et avantageux entre le macroenvironnement et les micro-organismes. Bien sûr que le vagin est plein de microbes, c'est-à-dire de bactéries ; il baigne dans les formes de la vie, et il vaut mieux pour vous que cela continue ainsi. C'est qu'il y a microbes et microbes. Lorsque l'environnement est sain, ce sont les microbes, plus exactement les bactéries du vagin, qui maintiennent l'organisme en bonne santé. On y trouve du lactobacillus, la même bactérie contenue dans le yaourt. « Un vagin sain est aussi propre et aussi pur qu'un pot de yaourt », explique Sharon Hillier. Danone pourrait adopter la formule comme slogan publicitaire, mais j'ai comme l'impression que ce ne sera pas le cas – je me demande bien pourquoi. Et son odeur est comparable : « Un vagin normal devrait avoir une odeur un peu sucrée, légèrement relevée. Il devrait avoir l'odeur d'acide lactique du yaourt. » Le contrat est simple. Nous fournissons au lactobacillus nourriture et abri – le confort des parois vaginales, l'humidité, les protéines, les sucres de nos tissus. Il maintient sa population à un niveau stable et empêche les bactéries extérieures d'envahir le territoire. Sa simple existence et son métabolisme produisent de l'acide lactique et du peroxyde d'hydrogène, deux substances désinfectantes s'opposant à l'invasion de microbes moins bénins. Le vagin robuste est un vagin acide, doté d'un pH de 3,8 à 4,5. Ce qui est un peu plus acide que le café noir (avec un pH de 5) mais moins acidulé que le citron (pH 2). En fait, l'idée d'associer le vin aux femmes n'est pas mauvaise dans la mesure où un vagin en bonne santé présente à peu près le même taux d'acidité qu'un verre de vin rouge. Je vous présente un vagin qui enivre, un vagin qui a du bouquet, de la cuisse.

Il ne faut pas plus s'inquiéter des pertes blanches ordinaires. On y trouve les mêmes composants que dans le sérum sanguin, ce liquide clair, léger et visqueux qu'on obtient après avoir prélevé les éléments sanguins solides tels que les facteurs de coagulation. Les sécrétions vaginales sont faites d'eau et d'albumine – la protéine la plus abondante de l'organisme –, de quelques globules blancs épars et de mucine, la substance huileuse qui lubrifie le vagin et le col de l'utérus. Les pertes vaginales, en vérité, n'ont rien de sale et n'ont rien à voir avec des déchets toxiques de l'organisme comme l'urine ou les fèces. Ce n'est jamais que la même substance que celle qu'on trouve dans le vagin, ni meilleure ni pire, qui s'évacue par le bas parce que nous sommes bipèdes et soumises à la gravité, et parce qu'à l'occasion la coupe déborde. C'est le lubrifiant sous la carapace qui nous rappelle la nature aquatique de notre physiologie.

Cela dit, les filles, il faut bien le reconnaître, il nous arrive de sentir mauvais, et nous le savons bien. Pas de sentir le yaourt à la fraise ou un bon cabernet, mais, hélas, plutôt le thon avarié. Voire la charogne. Comment est-ce possible ? Si cela fait une semaine que vous vous n'êtes pas lavée, pas de mystère. Mais bien souvent, ce n'est pas une question d'hygiène ; c'est un problème médical, une affection qu'on appelle vaginite bactérienne. Pour différentes raisons, l'équilibre de la flore vaginale est perturbé et vous commencez à souffrir d'une carence en lactobacilli. D'autres organismes prolifèrent à leur place, en particulier des bactéries anaérobies qui se multiplient en absence d'oxygène. Ces microbes sécrètent toute une série de substances, plus infectes les unes que les autres. D'où les évocations maritimes peu flatteuses... C'est lamentable, mais les microbes fabriquent de la triméthylamine, la substance qui justement donne en un seul jour au poisson pas frais son odeur. Ils produisent également de la putrescine, une substance qu'on trouve dans la viande putréfiée ; de la cadavérine, et je n'ai pas besoin de vous dire à quoi cette dernière doit son nom chimique. L'importance et la combinaison de ces sous-produits de base dépendent de la gravité de la vaginite.

Autrement dit, si vous êtes sujette à cette « odeur féminine » indicible, ce syndrome auquel les produits pour douche vaginale et autres déodorants féminins font pudiquement allusion, c'est que vous avez peut-être une infection, le plus souvent bénigne, une infection chronique qui ne présente d'autre symptôme que ladite odeur. Certaines des causes de ces infections sont bien connues. La plus courante est... la douche vaginale. Leur obsession de la propreté, de la fraîcheur et de l'image virginale des ingénues représentées sur les boîtes de déodorant intime, pousse les femmes à se salir comme jamais. La douche vaginale tue le lactobacillus bénéfique et fait place nette pour une infestation de bactéries anaérobies et leur cargaison de cadavérine. Je donne rarement des conseils médicaux, mais celui-ci n'est pas sorcier : ne pratiquez jamais la douche vaginale, jamais. Jetez les flacons destinés à la toilette intime. Point final.

La vaginite peut également se déclencher à l'occasion d'autres infections, comme une inflammation pelvienne. Par ailleurs, certaines femmes naissent avec une prédisposition malheureuse au déséquilibre de la flore vaginale, comme certaines sont sujettes à l'acné. Le lactobacillus, généralement bénéfique, peut avoir une efficacité variable, certaines souches produisant plus de peroxyde d'hydrogène que d'autres, donc plus aptes à repousser les micro-organismes indésirables. Certaines femmes ont un « lacto de veinarde », dit Hillier, et d'autres un lactobacillus qui laisse plus à désirer. Ce dernier prédispose plus à la vaginite et aux infections à levures, un autre type de microbes qui prolifèrent dans des conditions hautement carencées en oxygène.

Pour rectifier l'équilibre, vous pouvez essayer de manger des quantités de yaourts pour bénéficier de son lactobacillus. Mais les bactéries ingérées ont peu de chances de se propulser jusqu'à vos organes génitaux et l'amélioration postprandiale de l'écosystème pelvien sera probablement éphémère. Les cas de vaginites chroniques peuvent être traités par antibiotiques, que l'on prescrit généralement aux femmes enceintes chez qui l'infection peut accroître le risque d'accouchement prématuré. Mieux que les antibiotiques, qui frappent de façon aveugle quand on les utilise systématiquement, on pourra bientôt disposer d'un suppositoire en cours d'étude qui enverra le bon lacto exactement là où il faut.

Une autre cause de vaginite est de multiplier les rapports avec des hommes qui n'utilisent pas de préservatifs. Une simple giclée de sperme peut perturber provisoirement l'écosystème du vagin. Les spermatozoïdes ne pouvant se propulser dans l'âpre climat d'un vagin en bonne santé, ils baignent dans une solution alcaline, le yang biochimique de la solution acide. Le sperme est hautement alcalin, avec un pH de 8. C'est le fluide le plus alcalin de l'organisme, plus encore que le sang, la sueur, la salive et les larmes. Le pH global du vagin s'élève durant plusieurs heures après un rapport, frayant momentanément la voie aux bactéries nauséabondes. Normalement, la modification de pH est éphémère et le thermostat physiologique féminin du pH permet de revenir au statu quo. Le retour à la normale est particulièrement facilité quand le sperme a un air familier – c'est-à-dire quand il s'agit de celui du partenaire régulier de la femme. Mais chez la femme exposée au sperme de partenaires multiples, le mécanisme homéostatique peut avoir des ratés, pour des raisons encore obscures qui tiennent sans doute à une réaction immunologique au sperme étranger.

Donc, même si une femme aux goûts sexuels multiples peut ne pas recevoir plus de sperme que celle qui ne couche qu'avec son mari, son vagin a plus de risques d'être chroniquement alcalin. Elle perd son arôme de vin et de yaourt. En somme, ce n'était peut-être pas par pure misogynie que les auteurs du *Kama-sutra* disaient des femmes licencieuses qu'elles sentaient le poisson.

Êtes-vous masochiste ? Vous cherchez-vous des modèles dans la vie, une morale de l'histoire ? Alors prenez l'affaire comme une nouvelle preuve de la justice divine. Si vous avez beaucoup d'aventures, votre vagin sera plus alcalin. Il sentira le poisson, certes, et pis que cela : le vagin alcalin est moins apte à se défendre contre les agents pathogènes, en particulier ceux des maladies vénériennes. Les femmes souffrant de vaginite bactérienne sont plus sujettes à la gonorrhée, à la syphilis et au sida. Dans le même temps, si vous couchez avec n'importe qui, vous serez plus exposée aux microbes vénériens. Bref, c'est juste au moment où vous avez le plus besoin d'un vagin acide que le vôtre devient alcalin. Un fameux argument en faveur de la monogamie et de l'abstinence, non ? Cela ne suggère-t-il pas que quelqu'un, là haut, vous surveille et relève toutes les traces de vos exploits ?

À mon sens, la corrélation n'a rien à voir avec la morale ou une impertinence de la vie, mais confirme plutôt une très vieille nouvelle, antérieure à l'apparition de l'homme en fait. Faire l'amour, c'est dangereux. Ça l'a toujours été, pour toute espèce qui y consacre du temps. Les animaux qui se courtisent et copulent sont des animaux qui s'exposent, qui sont plus vulnérables aux prédateurs que les animaux chastement endormis dans leur terrier : non seulement ceux qui s'accouplent se livrent généralement à leurs rituels en plein air, mais ils se concentrent tellement sur les péripéties de la fornication qu'ils ne remarquent pas l'éclair d'une mâchoire ouverte ni le battement d'aile d'un rapace. Grossesse, maladie, menace de mort par lapidation – oui, le sexe a toujours été une affaire risquée. L'aventure, c'est risqué, et qu'est-ce que le sexe, sinon l'aventure ? Ne l'oublions pas. Que le surmenage, l'habitude et les triméthylamines ne nous rendent pas pusillanimes au point d'oublier la saveur de l'aventure sexuelle.

Le vagin, c'est tout à la fois le voyage et la voie de passage, le tunnel et le voyageur. Pousser plus loin l'investigation est une manière de viol, et c'est pourquoi la plupart des femmes n'ont qu'une très vague idée de la configuration de leurs entrailles, de cette matrice que l'on a depuis si longtemps exaltée et si souvent surévaluée. C'est encore une fois O'Keeffe qui nous donne une transposition visuelle de l'utérus, des trompes de Fallope et des ovaires sous la forme de carcasses de bétail aux os dénudés et blanchis sur le sable du désert, dans une rêverie de vie et de mort. Je m'en tiendrais personnellement à la vision océane des récifs coralliens où les anémones de mer frottent amoureusement l'une contre l'autre leurs longs doigts roses comme si elles étaient animées d'une vie propre.

4

LE CLAVIER BIEN TEMPÉRÉ

Du clitoris et de son évolution

Une amie de ma mère lui demanda un jour de bien vouloir garder sa petite fille, que j'appellerai Suzan. J'étais encore un bébé. Ma mère avait aussi une fillette plus âgée que moi et croyait savoir à quoi s'en tenir sur les organes génitaux des nouveau-nés de sexe féminin. Quelle ne fut pas sa surprise, en changeant les langes de Suzan, de voir le clitoris de cette dernière saillir entre les deux protubérances arrondies des grandes lèvres. Ce n'était pas vraiment un pénis – ma mère avait également un fils et savait à quoi s'attendre de ce côté – mais ça ne ressemblait pas non plus à un sexe de fille. Cela faisait penser à un bout de nez ou un petit doigt qui se raidissait légèrement quand on l'essuyait, au grand amusement un peu embarrassé de ma génitrice. Celle-ci n'admirait pas plus que cela la taille du clitoris de Suzan, ni son aptitude à se gonfler. Elle préférait de beaucoup le sexe de ses propres filles, bien rangé et dûment protégé, le clitoris et ses émois éventuels à l'abri de la vulve rebondie, donc des regards.

C'est bien connu, les hommes ont une idée de la taille de leur sexe par rapport à celui des autres. À l'adolescence, ils se comparent le zizi sans façon. Plus tard, à l'âge adulte, de la même manière qu'ils ont vite fait d'apprécier les seins d'une femme, ils ne se privent pas de jeter des regards en coin à l'urinoir public ou dans les vestiaires où il est de bon ton de porter sa serviette sur l'épaule plutôt qu'autour des hanches. (Pour mémoire, le pénis moyen a peu ou prou dix centimètres de long quand il est flasque, quatorze et demi en érection. C'est un peu plus que les sept à huit centimètres de l'érection du gorille, mais il y a aussi la baleine bleue, le plus grand mammifère au monde, dont le mâle est doté, mais oui, d'une perche de plus de trois mètres.)

Les femmes s'imaginent peut-être qu'elles connaissent bien leur clitoris. Elles le comptent parmi leurs vieux amis. Elles peuvent même vouer un culte à la déesse Klitoris, ou brûler des cierges à Notre-Dame de l'Extase Perpétuelle. L'idée freudienne de l'envie du pénis, très peu pour elles : qui voudrait d'un fusil de chasse quand on dispose d'un semi-automatique ? Mais demandez-leur la taille de leur clitoris, son envergure moyenne et s'il diffère d'une femme à l'autre, et la plupart ne vous donneront pas le moindre début d'une réponse, sans même avoir une idée de l'unité de mesure à employer. Faut-il compter en pouces, millimètres, centimètres, parcmètres ? Les hommes pensent que les femmes attachent de l'importance à la dimension de leur sexe et s'en font toute une histoire, quand ces dames affirment vigoureusement que la taille ne fait rien à l'affaire. Mais la taille du clitoris ? Cela compte-t-il, pour une femme ? La fille que j'ai appelée Sue a désormais à peu près mon âge. À supposer qu'elle ait conservé son clitoris démesuré – et il se peut que non, comme on le verra plus loin – est-elle une adulte particulièrement prompte à l'orgasme, stimulée par la plus infime caresse, maîtresse de son plaisir en dépit de la déception éventuelle que lui réserve son partenaire ? Ou la taille, encore une fois, ne fait-elle rien à l'affaire et l'excitation vient-elle d'autre chose ?

On parle habituellement du clitoris comme d'un organe homologue du pénis, et du point de vue de l'embryon c'est juste : il apparaît au même endroit que le pénis dans l'appareil génital embryonnaire du fœtus. Mais la comparaison n'est pas totalement exacte. La femme n'urine pas par le clitoris et n'éjacule pas bien sûr. Il n'a aucun rôle fonctionnel. Le clitoris n'est qu'un faisceau de nerfs : 8 000 fibres nerveuses, pour être précise. La plus grande concentration de fibres nerveuses de tout l'organisme, y compris le bout des doigts, les lèvres et la langue, deux fois plus que pour le pénis. En un sens, donc, le petit cerveau de la femme est plus grand que celui de l'homme. Et tout ceci sans autre but que de servir au plaisir féminin. Le clitoris est le seul organe à vocation purement sexuelle, sans heures supplémentaires à effectuer en tant qu'appareil sécrétoire ou excrétoire. C'est peut-être pourquoi le clitoris a avantage à rester à l'abri des regards au sein de la fente vulvaire, tant il constitue, à sa manière, un divertissement intime, un secret divin, une boîte de Pandore recelant non les maux mais toutes les jouissances du monde.

Le clitoris est un bel ensemble dont la petitesse doit être mesurée en millimètres. Il achève sa croissance fœtale à la vingt-septième semaine de gestation, avec l'apparence qu'il aura à la naissance de la fillette. À la façon de la colonne grecque classique, le clitoris présente une structure cylindrique comprenant trois parties – la base, le fût et le chapiteau. Mais c'est une colonne archéologique dont les deux parties inférieures sont pour l'essentiel enfouies sous la peau de la vulve. La partie la plus visible quand on ouvre la vulve est le gland clitoridien, l'équivalent du chapiteau de la colonne. Le gland se tient fièrement, bien qu'un peu en contrebande, à l'abri du toit en A formé par la jonction des petites lèvres. *Gland* est un mot équivoque, assez proche de *glande* pour se poser la question de savoir si ce bouton magique sécrète quelque chose. Ce n'est pas le cas. Le *gland* est « un corpuscule ou un petit organe rond », ou encore « un tissu pouvant enfler et se raidir », deux définitions qui s'appliquent au gland du clitoris. Si vous l'observez de plus près, vous verrez que le gland du clitoris ressemble au gland du pénis (sa tête), avec la même fioriture bulbeuse en forme de cœur, sans toutefois cet œil de cyclope dont le pénis est doté pour admirer l'ouvrage, puisqu'il n'a pas d'ouverture. Le gland surmonte le fût, ou le corps du clitoris, en partie visible, qui se prolonge sous le tissu musculaire de la vulve en direction de la symphyse pubienne où se rejoignent les os du pubis. Le fût est entouré d'une capsule de tissu élastique fibreux, une sorte de veste de plongée en latex. C'est la chair du clitoris, le tube que vous sentez danser en profondeur quand vous vous laissez aller à un instant d'onanisme et caressez le jardin du mont de Vénus. Le fût est attaché à deux pédoncules, les racines, formant un arc sous-cutané semblable aux deux parties d'un bréchet dont l'une pointe vers les cuisses, l'autre obliquant vers le vagin. Les pédoncules ancrent le clitoris sur la symphyse pubienne. Le gland, le fût, les pédoncules : une colonne grecque en trois parties dont le style change selon l'humeur ; de la majestueuse colonne dorique des jours de travail en passant par les volutes de la colonne ionique pour finir par l'extravagant feuillage d'été de la colonne corinthienne dont les fleurs chantent l'ivresse infinie de la vie et son éphémère somptuosité.

Vu sa configuration plutôt clandestine, le clitoris est difficile à mesurer – en fait il est plus facile de le sentir que de le voir. Mais les médecins ont fourbi leurs instruments pour s'essayer à des mesures systématiques et nous offrir des « valeurs normatives ». Ils se sont surtout intéressés à la tête et au corps du clitoris, les éléments lui permettant de s'ériger... et d'être examiné par l'éventuel indiscret. Le clitoris du bébé, quand on le mesure de la base de la colonne au sommet du gland, fait environ 4 ou 5 millimètres, la taille d'une gomme. Grandissez, et votre clitoris grandit avec vous, pour atteindre à l'âge adulte quelque 16 millimètres de la base au gland : la taille d'une petite pièce de monnaie. Le gland en occupe le tiers, le fût les deux autres. Cela dit, le clitoris, comme toute autre partie du corps, affectionne la déviance et se fait un plaisir de narguer la norme des publications médicales. Masters et Johnson notent que certaines femmes sont dotées d'un long fût surmonté d'un gland minuscule, quand d'autres sont pourvues d'un gland proéminent juché sur un fût courtaud et trapu, sans parler de toute la gamme des autres combinaisons. Une fois mature, le clitoris ne change guère. Il peut toutefois grossir au cours de la grossesse à la suite de modifications vasculaires et mécaniques, en gardant ses nouvelles dimensions par la suite. Son principal atout est de ne pas être particulièrement sensible aux œstrogènes et de ne pas se formaliser si vous prenez la pilule ou suivez un traitement hormonal substitutif. Il ne s'atrophie pas à la ménopause, comme cela peut arriver au vagin. Il vous sera toujours fidèle.

Le gland du clitoris, c'est l'âme d'Éros, le site de rassemblement de ces 8 000 fibres nerveuses formant un véritable petit cerveau. Le gland clitoridien de certaines femmes est si sensible au toucher direct qu'il en devient presque douloureux et qu'elles préfèrent la stimulation périphérique du fût ou de l'ensemble du mont de Vénus. Le fût comprend relativement peu de nerfs, mais les milliers de vaisseaux sanguins qui l'irriguent lui permettent de gonfler pendant l'excitation et de propulser la tête encore plus haut. Deux paquets de tissu érectile entourés de muscles, les bulbes vestibulaires, facilitent encore l'érection du clitoris en projetant le sang vers la tête. Ainsi irrigué, le clitoris amoureux prend deux fois la taille du clitoris au repos.

Cela dit, encore une fois, ne considérons pas le clitoris comme la contrepartie littérale du pénis. Le clitoris excité se gonfle et se dresse, mais ne devient pas rigide comme le pénis avant la pénétration. Tout le monde le sait. Pour peu qu'on soit doté d'un cortex sensoriel en bon état et que les circonstances *ad hoc* soient réunies, chacun peut témoigner que le clitoris ne devient pas aussi rigide qu'une verge en érection. Le plus surprenant, c'est que l'on n'a compris pourquoi que tout récemment. Une équipe de chercheurs italiens explorant la microarchitecture du fût ont observé, n'en déplaise aux manuels, que le clitoris était exempt de plexus veineux. Chez l'homme, ce réseau de veines étroitement intriquées sert d'évacuation principale au sang refluant de l'organe. Durant l'excitation, les muscles du fût du pénis compriment temporairement le plexus veineux avec pour résultat de permettre au sang d'entrer sans pouvoir sortir, d'où l'érection. Le clitoris ne semble pas être pourvu d'un plexus bien défini et compressible, et la vascularisation de l'organe est plus diffuse. Durant l'excitation sexuelle le flot artériel du clitoris augmente sans que l'échappement veineux soit fermé à double tour, ce qui empêche l'organe de devenir une petite perche bien rigide. Pourquoi le devrait-il, d'ailleurs ? Il ne pratique ni la spéléologie ni ne revendique le droit d'ingérence. C'est sans doute le caractère plus subtil de la circulation sanguine au sein du clitoris qui permet à celui-ci de se détendre et se relâcher aisément et rapidement, gratifiant ainsi la femme d'une véritable bénédiction : l'orgasme multiple.

Les militantes féministes des années soixante-dix n'ont peut-être pas brûlé leurs soutiens-gorge, comme le veut la légende (l'expression *bra-burner* – brûleuse de soutiens-gorge – prit naissance à la suite de l'amalgame de deux types de contestations : les autodafés des manifestants contre la guerre du Viêt-nam et le rassemblement protestataire contre le prix Miss Amérique où quelques féministes jetèrent leur soutien-gorge dans une poubelle en un geste de refus symbolique de la condition de la femme). Mais elles avaient bel et bien brandi le symbole du clitoris. Elles s'exprimaient comme des explorateurs ayant mis le pied sur un continent oublié, un Jardin de l'Éden, qui sait, tel que Lilith l'avait connu. La bible des féministes *Our Bodies, Ourselves,* dans son édition des années quatre-vingt-dix, rappelle que les femmes n'avaient aucune idée de l'importance du clitoris jusque dans les années soixante. On imputait cette ignorance à la thèse de Freud qui qualifiait l'orgasme clitoridien d'*infantile* contrairement à l'orgasme vaginal *mature,* et prétendait que la femme ne pouvait parvenir à l'épanouissement psychologique et sexuel qu'en transférant le plaisir qu'elle tirait de son vestige de phallus sur son vagin à la féminité incontestable.

L'indignation qu'a suscitée cette théorie était légitime. Cela dit, le clitoris n'a pas toujours été dédaigné, et les femmes de la fin du XXe siècle n'ont pas été les premières à en tirer plaisir. En fait, c'est la thèse de Freud qui s'écarte de la norme et fait tache dans l'histoire de la compréhension de la sexualité féminine. Cela fait des milliers d'années que les savants comme les amateurs savent que le clitoris est au centre du plaisir et de l'orgasme féminins. Les origines du mot *clitoris* ne sont pas claires. Présent dans toutes les langues européennes modernes, il vient du grec. Mais on discute toujours de la façon dont les Grecs en ont hérité. Qu'importe. Presque toutes les racines proposées ont des connotations libidineuses. Une source du IIe siècle suggère que le terme dérive du verbe *kleitoriazein* qui signifie titiller d'une façon lascive en vue d'obtenir le plaisir. Certains étymologistes ont avancé que *clitoris* viendrait du mot grec désignant la clef – la clef de la sexualité féminine – quand d'autres l'apparentent à la racine signifiant « être enclin » qui a également donné naissance au terme anglais *proclivity*[1]. (Dans les langues non européennes, le mot désignant le clitoris fait plus souvent référence à son apparence qu'à sa fonction. L'idéogramme chinois, par exemple, combine le caractère *yin,* signifiant féminin, au caractère *tee,* signifiant tige – la tige d'une aubergine ressemblant au clitoris.)

« Les avis autorisés en France, en Allemagne et en Angleterre à l'époque de Freud et en remontant jusqu'au début du XVIIe siècle considéraient unanimement que le plaisir sexuel féminin venait des structures de la vulve et plus précisément du clitoris », rapporte Thomas Laqueur, qui ajoute que « personne ne mentionna d'autre localisation ». Dans un style mêlant concupiscence et pruderie, les premiers anatomistes parlaient du clitoris comme d'un « organe obscène de plaisir bestial » ou d'un « instrument de débauche ». En 1612, Jacques Duval écrivait à propos du clitoris : « En français on l'appelle la tentation, l'éperon du plaisir sensuel, l'aiguillon féminin ou l'affront fait aux hommes ; quant aux femmes qui se vantent de leur lascivité, elles l'appellent leur *gaude mihi*[2] (leur grande joie). » Duval ne précisait pas pourquoi il considérait l'aiguillon féminin comme un « affront fait à l'homme ». Pensait-il que l'aptitude fémi-

1. Propension. *(N.d.T.)*
2. Ce qui, au XVIe siècle, a donné « godemiché » ! (du latin *gaudere*, jouir). *(N.d.T.)*

nine au plaisir sensuel constituait une menace pour l'ordre social et la hiérarchie sexuelle ? Ou signifiait-il ce que nous les filles aimons à entendre : à savoir que lui-même et sans doute le reste de la gent masculine étaient jaloux de la propension féminine au *gaude mihi* ? « Toutes nos récentes découvertes en anatomie, concluait Geoffrey de Mandeville en 1724, n'ont pu trouver d'autre utilité au clitoris que celle d'aiguiser le désir féminin par ses fréquentes érections. »

À l'exception du grand taxinomiste du XVIIIe siècle, Linné, qui prétendait bizarrement que seules les femelles humaines étaient pourvues d'un clitoris, la plupart des premiers anatomistes et naturalistes avaient observé que les autres femelles de mammifères possédaient également l'instrument vénérable. Tellement vénérable qu'il était sujet à des embellissements délicieux comme le montre l'exemple suivant. Le naturaliste hollandais Johann Blumenbach écrivait que le clitoris d'une baleine échouée qu'il avait examinée en 1791 mesurait près de seize mètres – bel exploit quand on sait que la baleine dont il était question mesure entre douze et quatorze mètres de long.

L'objectivité de Blumenbach est peut-être sujette à caution, mais l'hypertrophie du clitoris de bon nombre de primates non humains est bien réelle. Et la reine de la noblesse clitoridienne est la femelle bonobo, dont l'espèce est également connue sous le nom de chimpanzé pygmée. Le bonobo est un proche cousin du chimpanzé commun, les deux espèces étant nos parents actuels les plus proches. Le bonobo est un champion olympique en matière sexuelle. Mâles, femelles, vieux, novices, peu importe – on baise, on se pelote, on se frotte, on se branle mutuellement, bref, on fait l'amour toute la journée. Et tout cela, la plupart du temps, sans rapport avec la procréation. Il s'agit plutôt d'un code de bonne conduite grâce auquel les bonobos peuvent vivre en communauté. C'est leur psychothérapie, leur lubrifiant social, le baume qui apaise les querelles, une façon d'exprimer ses sentiments, une pratique si prompte et rapide qu'on n'y fait plus attention. Chez une espèce où la sexualité prend une telle importance, où les femelles ont de fréquentes aventures tant homosexuelles qu'hétérosexuelles sans tenir compte des différences de générations, il n'est pas étonnant que le clitoris prenne des proportions considérables. L'adolescente bonobo pèse environ moitié moins que l'adolescente humaine, mais son clitoris est trois fois plus grand, au point de se balancer de façon caractéristique quand elle se déplace. Plus tard, quand la femelle bonobo devient féconde et que ses lèvres gonflent, il devient difficile de distinguer l'organe. Mais le clitoris est toujours là, prêt pour le service à chaque fois que sa propriétaire le convoque, au demeurant plusieurs fois par heure.

La femelle du singe araignée et du lémurien est également pourvue d'un clitoris d'une dimension exceptionnelle. Le clitoris de la hyène tachetée d'Afrique est si grand qu'il ressemble très exactement au pénis de la hyène mâle. Il n'a rien du clitoris typique des mammifères mais comprend dans le même organe étiré le vagin et le clitoris. La hyène femelle copule au moyen de cette saillie phallique. Elle accouche par le clitoris, et si cette idée vous fait grimacer, ne vous retenez pas, parce qu'elle-même fait une drôle de grimace. Contrairement à la femelle bonobo, la hyène tachetée n'utilise pas son prodigieux clitoris pour faire l'amour au quotidien ; son intérêt sexuel se limite aux périodes d'œstrus. En fait, il semble que l'organe a pris de telles dimensions par accident, à la suite d'une exposition à de fortes concentrations de testostérone avant la naissance, ce qui masculinise les organes génitaux externes. (Le statut hormonal de la hyène tachetée nous intéresse également pour des raisons indépendantes de l'anatomie génitale, un sujet que j'aborde longuement au chapitre sur l'agressivité féminine.)

Ce curieux « clitovagin » fonctionne assez bien pour ce qui est de la hyène, l'un des grands carnivores les plus prolifiques de l'Afrique, sans toutefois être assez séduisant pour que l'évolution l'ait essayé plus d'une fois. En règle générale, le clitoris des femelles de mammifères est un organe à part, n'ayant aucune utilité pratique particulière. Or chez bien des espèces il est probable que le clitoris soit en bon état de marche – autrement dit mène à l'orgasme. Je dis « probable » parce que, même si vous pensez qu'il est facile de savoir si un animal a atteint ou non l'extase, il est bien difficile d'en avoir la preuve. Des chercheurs ont observé des primates en train de copuler et ont vu la femelle former avec ses lèvres le même O de ravissement, et présenter les mêmes yeux révulsés de merlan frit que le mâle lorsqu'il éjacule. Mais le singe femelle présente-t-il ces spasmes et contractions musculaires que nous, expertes éclairées en matière de sexualité, considérons comme le signe indubitable de l'orgasme ? Les scientifiques n'ont comblé ce handicap expérimental que pour une poignée d'espèces, en insérant dans le vagin de la femelle un enregistreur-émetteur mesurant l'activité utérine au cours de ses ébats (de nature homosexuelle, de façon à ne pas déranger l'équipement). Pour chaque animal, l'aiguille de l'électrodiagnostic de stimulation a sautillé, indiquant un vibrato neuromusculaire au moment précis où le singe femelle prononçait son O silencieux.

Les premiers anatomistes et autres parties intéressées ont sans doute apprécié le clitoris à sa juste valeur, ce qui ne signifie pas que cet organe ait été l'objet de recherches exhaustives, pas plus hier qu'aujourd'hui. Nancy Friday a dénoncé le silence qui pèse sur le clitoris et l'absence de tout enseignement relatif aux détails de l'anatomie sexuelle féminine, contrairement à ce qui se passe pour les garçons. Les filles sont victimes d'une véritable « clitoridectomie mentale », affirme-t-elle. Comme à son habitude, Nancy Friday fustige les mères. Leur réprobation silencieuse et leur pruderie sont à l'origine de cette psychochirurgie, accuse-t-elle. Mais la littérature scientifique et médicale n'est guère plus loquace. Une recherche sur Medline, la plus grande banque de données médicale au monde, n'a donné qu'une soixantaine de références sur une période de cinq ans pour le mot *clitoris* (alors que le terme *pénis* apparaissait trente fois plus). Il n'existe que deux ouvrages scientifiques consacrés au clitoris, dont l'un s'intitule *The Clitoris*, et l'autre *The Classic Clitoris,* et tous deux datent de plusieurs décennies. Même les manuels de gynécologie expédient rapidement le clitoris, en une page ou deux. On peut sans doute attribuer une part de ce dédain des professionnels au fait que la médecine traite des maladies et que le clitoris, grâce à Dieu, n'est généralement pas le siège de pathologies. Mais, pour ce qui est des États-Unis du moins, on ne peut nier qu'un tel désintérêt reflète une incorrigible pudibonderie. Il n'est pas facile de décrocher une bourse fédérale en vue d'étudier la morphologie de la petite clef des Grecs. Le clitoris, de toute évidence, a besoin de chercheurs italiens.

Le clitoris n'a piqué la curiosité des scientifiques contemporains que d'un seul point de vue : comment se fait-il que nous en soyons pourvues ? La question vous a sans doute également effleurée en lisant ce qui précède. Vous remâchez sans doute vaguement la vieille antienne, vous vous demandez pourquoi la femme dispose d'un organe qui ne sert qu'à la jouissance quand c'est l'homme qui est censé avoir le monopole de la recherche exclusive du plaisir sexuel. Les hommes ne penseraient qu'à ça, les femmes préféreraient les gros câlins. Toujours est-il que l'homme en est réduit à faire la roue comme un paon pour peu qu'il ait joui trois ou quatre fois en une nuit, à comparer aux cinquante ou cent orgasmes en une heure ou deux dont est capable la femme sexuellement douée. Vous considériez peut-être ce paradoxe comme un pied de nez de la nature, faisant penser à la dissonance sexuelle qui veut que la libido masculine atteigne son apogée à dix-huit ou vingt ans, avant que le mâle humain soit un homme véritable, quand la femme n'atteint son plein épanouissement que vers la trentaine, voire la quarantaine passée (au moment, en somme, comme le disait une comique féminine, où son mari découvre qu'il préfère son fauteuil). À moins que vous n'ayez considéré le clitoris comme une créature fortuite, à la présence incertaine, évoquant plus les espiègleries de l'Ariel de Shakespeare qu'une quelconque réalité anatomique. Le clitoris est si petit, après tout, se distinguant à peine des plis et des vallées de la vulve. Pour les femmes qui n'ont pas d'orgasme, qui n'y parviennent jamais en dépit de leurs efforts, le clitoris peut faire figure d'un nez de Pinocchio mal placé, d'un bouton de chair particulièrement surévalué et trompeur. S'il fonctionne parfaitement chez certaines, il est notoire que d'autres ne peuvent compter sur lui. Marilyn Monroe, l'icône sexuelle la plus sophistiquée du XXe siècle, ayant en tout cas permis à des milliers d'admirateurs solitaires de parvenir au septième ciel, confessait à une amie qu'en dépit de ses trois maris et de sa ribambelle d'amants elle n'avait jamais eu d'orgasme. De quoi envier ce brave Emmanuel Kant qui, pour n'avoir paraît-il jamais perdu son pucelage, n'en était sans doute pas réduit à une telle misère charnelle.

Comme chacun sait, les théoriciens évolutionnistes polémiquent chaudement sur le paradoxe (au fait, quel paradoxe ?) du compagnonnage intime du clitoris et de l'orgasme féminin. À quoi sert l'orgasme féminin ? se demandent-ils. S'agit-il d'un caractère adaptatif sélectionné au cours du temps, ou, pour emprunter une formule de Stephen Jay Gould, d'un glorieux accident ? Un débat qui frise la masturbation intellectuelle, au demeurant plus drôle que celui qui nous invitait, dans les années soixante-dix, à nous pâmer en solitaires devant une glace au spectacle de nos parties génitales. Mine de rien, cela réhabilite le clitoris ; cela valait la peine d'une prise de bec entre darwiniens. Mais le débat est déroutant. Certains chercheurs ont prétendu, sur le papier, que l'orgasme de la femme était si gratuit qu'il pourrait aussi bien disparaître. Un écart malheureux de la roue de l'évolution, et nos fibres ne s'enflammeraient plus. Pas trop vite. Faisons le bilan du clitoris d'un œil dépassionné et examinons les théories sur son origine. Vous pourrez alors décider en toute liberté si cela vaut la peine de croire en l'avenir de notre organe, ou s'il est temps de renoncer au culte de la déesse Klitoris et de sa prêtresse séculière, l'insatiable bonobo.

Dès qu'il est question du clitoris et de l'orgasme féminin, mieux vaut avoir en tête trois vérités de base. D'abord, disons-le tout net, l'orgasme féminin n'est pas indispensable. Le mâle doit habituellement atteindre l'orgasme pour se reproduire, mais la femme peut parfaitement procréer sans ressentir quoi que ce soit et même, en cas de viol, éprouver de la peur et du dégoût. Ensuite, l'orgasme féminin est capricieux ; sa fiabilité et sa fréquence varient énormément d'une femme à une autre. Enfin, il y a la question de l'homologie génitale – le fait que le clitoris et le pénis se développent à partir de la même crête génitale chez le fœtus.

Nous ne sommes pas la synthèse de ces trois points. Ces réalités physiologiques introduisent trois possibilités évolutives pouvant convenir à notre organe vedette, trois explications qui pourraient chacune rendre compte de l'existence du clitoris et de sa fonction (ou de celle qu'il ne réussit pas toujours à remplir). En dépit de mon aversion pour toute forme d'anthropocentrisme, les scénarios qui suivent s'appliquent spécifiquement au clitoris de la femme et non à celui des mammifères en général.

1. Le clitoris est un vestige du pénis. La fille en est pourvue parce que l'organisme est par nature bisexuel, et que le fœtus peut aussi bien développer des organes sexuels féminins que masculins. Si elle avait été programmée pour être un mâle, il lui aurait fallu un pénis opérationnel, capable d'éjaculation et bien innervé. Au lieu de quoi elle n'en a reçu qu'un vestige, un fragment de tissu sensoriel doté de la même architecture neuronale qu'un phallus authentique. Dans cette version des faits, le clitoris, comme les aréoles mammaires masculines, serait un atavisme, la signature fugitive de ce qui aurait pu être mais n'a plus de raison d'être.

Selon ce scénario, le clitoris et l'orgasme féminin ne sont pas le résultat d'une adaptation. L'adaptation, l'objectif final, c'est le pénis éjaculatoire, autrement dit le camion de livraison de l'ADN, avec le clitoris comme lot de consolation.

Ce qui ne veut pas dire que nous ne puissions pas profiter au mieux de cette circonstance fortuite. Stephen Jay Gould, un des plus éminents partisans de la théorie du vestige pénien, considère que l'orgasme féminin est un magnifique exemple de « fronton de la cathédrale Saint-Marc », sa fameuse métaphore désignant un organe ou un trait évoquant une adaptation tout en n'étant qu'un sous-produit de quelque chose d'autre. Quand vous voyez pour la première fois les tympans somptueusement décorés de la basilique vénitienne, vous pourriez penser qu'ils ont un but en soi, que l'architecte a dicté ses volontés : « Je veux des tympans là, là et là. » Or il se trouve que vous ne pouvez construire une voûte ou un dôme sans ménager incidemment un pan de mur triangulaire – le tympan. L'objectif n'est pas de faire un tympan, ce dernier n'étant qu'un moyen, mais d'édifier une voûte. Cela dit, une fois le tympan en place, vous pouvez continuer sur votre lancée et le couvrir d'or, en faire un véritable joyau. Faites donc l'amour autant que vous voulez, ou pouvez. Et si parfois il vous semble ardu d'escalader les pics du plaisir, ne regrettez rien, cela aurait pu être pire. Tenez, pensez aux hommes : les avez-vous jamais vus succomber aux joies de l'allaitement ?

2. *Le clitoris est un vestige de clitoris.* Selon le scénario précédent, le clitoris n'est pas et n'a jamais été une adaptation ; c'est un pénis résiduel. Un autre raisonnement part du principe que le clitoris n'est peut-être pas aujourd'hui d'une utilité évidente, mais qu'il a été jadis une adaptation – resplendissant de tous les feux d'un dôme d'église byzantine. Si l'on en croit cette métaphore, nos ancêtres féminines se comportaient comme nos sœurs bonobos aujourd'hui, se servant de leur sexe comme d'une clef universelle – pour faciliter les relations amicales, apaiser les humeurs, solliciter un morceau de viande, obtenir les faveurs du maximum de partenaires et à l'occasion faire oublier les questions de paternité. Le clitoris incitait les femelles aux aventures, à grappiller leur plaisir autour et alentour, à jouer les nymphomanes. Cette façon de voir pourrait expliquer pourquoi les femmes sont lentes à jouir : leur sexualité était adaptée aux rapports multiples avec toute une série de mâles instables. Bon, celui-là ne fait pas trop l'affaire ; je ferais mieux de sortir, d'aller draguer et finir ce que j'ai commencé.

Sarah Blaffer Hrdy, une de mes biologistes évolutionnistes préférées, adhère à la théorie du « il était une fois ». D'après elle, le comportement fantasque de l'organe, son besoin d'attention prolongée, voire collective pour donner le meilleur de lui-même, est la preuve de son statut transitoire, entre adaptation à non-adaptation. Si l'orgasme de la femme caractérisait la monogamie et les liens de couple, comme le veut la tradition, s'il était destiné à encourager l'intimité des amoureux, le clitoris humain serait bien plus efficace, explique-t-elle. Il réagirait aisément aux seuls mouvements de la copulation et s'apaiserait tout aussi promptement une fois que l'homme aurait terminé. Au lieu de quoi une minorité de femmes parvient à l'orgasme par le seul va-et-vient du rapport sexuel ; la plupart ont besoin d'un petit travail de terrain préalable. Et puis il y a l'asymétrie entre les limites éjaculatoires de l'homme et la fusée farces et attrapes de la femme, cette bougie d'anniversaire qui se rallume au fur et à mesure que vous soufflez dessus. Tout ceci suggère que, jadis, nos séductrices en maraude pourvues de solides appétits pratiquaient gaillardement la promiscuité, à l'instar de la plupart des singes femelles. Elles s'ébattaient avec le maximum de prétendants tout en devant faire face aux dangers qui accompagnent les accouplements multiples, dont cette terrible malédiction de l'infanticide, comme dirait Hrdy, qui veut que les mâles aient la fâcheuse tendance à tuer les petits censés ne pas être les leurs. Nos ancêtres avaient intérêt à réviser leurs versions latines si elles voulaient pouvoir s'écrier : *Vidi, veni, vici !*

On ne peut plus dire aujourd'hui que le fait de papillonner comme une macaque de Barbarie soit un comportement franchement adaptatif. Chez certains peuples, la dévergondée est punie de mort. Difficile de considérer le clitoris comme le plus heureux appendice de la femme. N'étant plus un atout personnel ni reproductif, l'organe aurait rétréci au cours des millénaires, expliquent Hrdy et d'autres, se retirant toujours plus loin derrière les voiles de Vénus. Si cette tendance se poursuit... eh bien, pas besoin de faire un dessin. Je n'aurai plus qu'à pleurer de rage.

3. Le clitoris, c'est du Jean-Sébastien Bach. J'ai souvent pensé, en écoutant la musique de Bach, qu'en son absence rien n'existerait. Plus j'en écoute, plus je me dis que son avènement était inéluctable. L'évolution n'a pas de finalité, certes, sauf peut-être pour donner à entendre les second et cinquième *Concertos brandebourgeois*, les *Variations Goldberg* et *Le Clavier bien tempéré*. Si les dinosaures ont disparu, c'est pour permette à Bach d'exister.

En d'autres termes le clitoris est une adaptation. C'est un organe essentiel, en tout cas fortement recommandable. Il est tout à la fois fantasque, généreux, exigeant, profond, sociable et tolérant. C'est un caméléon, capable de changer de message selon les circonstances. On peut toujours l'interpréter de façon nouvelle, le mettre au goût du jour – comme la musique de Bach. Une piste à explorer en posant cette simple question : la planète pourrait-elle compter six milliards d'individus si les femmes n'aimaient pas faire l'amour ? Et comment joueraient-elles des fugues si les cordes de leur violon ne pouvaient vibrer ?

Ceux et celles qui vantent les mérites du clitoris et son utilité – qui le considèrent comme un organe adaptatif sélectionné par l'évolution – ont commencé par inverser certains raisonnements. Nous avons signalé plus haut qu'en règle générale l'homme doit parvenir à l'orgasme pour procréer, autrement dit que l'orgasme masculin est de toute évidence un produit de l'évolution. Or la spécialiste des primates Meredith Small, qui ne manque jamais une occasion de contester une platitude en matière de biologie, fait remarquer qu'on n'a pas besoin d'avoir recours à l'orgasme masculin pour l'insémination artificielle. Le pénis lâche des spermatozoïdes nettement avant l'éjaculation, lesquels resquilleurs se frayent sans difficulté leur chemin vers l'ovule, ce qui explique pourquoi le *coitus interruptus* est une bien mauvaise méthode de contrôle des naissances.

En outre, qui nous dit que l'orgasme était une condition requise au cours du processus de sélection des détails de la physiologie masculine ? Comme le remarque l'archéologue Timothy Taylor, le mâle peut en théorie transférer son demi-génome complet à la femelle par un mécanisme rappelant celui du système urinaire, une sorte d'injection hypodermique, sans que la jouissance soit nécessaire. Il se trouve que les insectes mâles, dont le système nerveux est assez rudimentaire, ont recours à cette technique somme toute assez judicieuse, en libérant leur sperme d'une façon aussi exempte d'hédonisme que celle de la femelle quand elle dépose ses œufs un peu plus tard. Si l'acquisition évolutive de l'expérience orgasmique chez nos mâles « supérieurs » tient à autre chose que la contrainte mécanique, si nous dissocions la logique qui préside au plaisir masculin des détails de l'acheminement des gamètes, que reste-t-il de la thèse prétendant que l'orgasme féminin n'est jamais qu'un écho atavique d'un trait masculin obligé ? Tout plaisir, selon cette version, devient virtuellement optionnel. Ce qui ne veut pas dire que le plaisir ne fasse pas partie du problème. En fait, nous naissons pratiquement tous avec l'aptitude au plaisir. Or rien ne caractérise mieux une adaptation que son universalité.

Soit. Posons comme postulat que le clitoris et l'orgasme féminin sont des traits adaptatifs. Il nous faut alors examiner de plus près les détails de leur fonctionnement. Supposons que le clitoris existe pour nous donner du plaisir, et que le plaisir soit l'aiguillon de la sexualité – autrement dit que, sans la grande récompense, nous nous contenterions de faire de la broderie à la maison. Il nous faut alors reconsidérer le problème de la déconvenue, les raisons des défaillances du clitoris. Pourquoi nous faut-il peiner plus que les hommes pour atteindre l'apothéose ? Le clitoris est un idiot savant : il peut être génial ou stupide. À moins qu'il ne s'exprime comme Cassandre, et ne nous parle de ce que nous préférons ignorer.

À mon sens, l'inconstance et l'entêtement apparents du clitoris, son décalage par rapport aux réactions masculines, la variabilité de son comportement d'une femme à l'autre – toutes ces complications si déconcertantes – peuvent s'expliquer par une simple supposition : et si le clitoris avait pour fonction d'encourager sa propriétaire à prendre en main sa sexualité ? D'accord, cela sonne comme un slogan politique, et nos organes n'ont pas pour habitude de prendre la carte d'un parti. Mais, en l'occurrence, celui-ci vote avec ses pieds : il se conduit avec bonheur quand on le traite convenablement, bredouille et vacille lorsqu'il est maltraité ou incompris. En vérité, le clitoris réalise ses meilleures performances quand la femme se sent en pleine forme, qu'elle est heureuse de vivre, qu'elle mugit à plein, au sens figuré comme au sens propre. Le clitoris n'aime pas qu'on l'effraie ni qu'on le force. Certaines femmes violées rapportent que leur vagin s'est lubrifié alors même qu'elles craignaient pour leur vie – heureusement d'ailleurs, ce qui leur a évité d'être déchirées – mais les femmes n'ont pratiquement jamais d'orgasme au cours d'un viol, quels que soient les fantasmes masculins à ce sujet. Il ne faut pas presser ni bousculer le clitoris. La femme qui craint d'impatienter son partenaire mettra d'autant plus de temps à jouir. Celle qui cesse de surveiller la casserole envoie un message au clitoris – j'arrive ! –, ce qui suffit à faire déborder le lait.

Le clitoris aime le pouvoir et fait tout ce qu'il peut pour avoir le sentiment d'être aux commandes. L'anthropologue Helen Fischer a constaté que les femmes parvenant aisément aux orgasmes multiples partagent le même trait : elles se sentent responsables de leur plaisir. Celui-ci ne dépend pas du savoir-faire ni de la sollicitude de leur partenaire. Elles connaissent les positions et les angles qui leur conviennent le mieux, et négocient lesdites postures verbalement ou physiquement. Sans compter que les positions les plus satisfaisantes sont le plus souvent celles qui donnent à la femme un certain contrôle de la chorégraphie sexuelle, en se tenant au-dessus du partenaire ou à ses côtés. Un film qui montre l'héroïne gravir tout le crescendo de la volupté et de l'extase bloquée contre un mur, à la façon du *Dernier Tango à Paris,* ne peut avoir été mis en scène par une femme.

En outre, la plupart des femmes font des progrès avec le temps et l'expérience. Le rapport Kinsey de 1950 sur la sexualité affirmait que 36 % des femmes entre vingt et trente ans n'éprouvaient pas d'orgasme, un score qui tombait à 15 % pour celles qui atteignaient la trentaine ou la dépassaient. Différentes études réalisées depuis donnent des chiffres plus optimistes pour l'ensemble des femmes, avec cette fois encore un plus pour les femmes plus âgées. On pourrait bien sûr se dire que cela tient à ce que les femmes plus âgées font l'amour avec des hommes également plus mûrs, plus adroits, moins impatients, se maîtrisant suffisamment pour laisser le temps à leur partenaire d'atteindre l'orgasme. Cela dit, il se trouve que les lesbiennes d'âge mûr parviennent également plus facilement à l'orgasme que les plus jeunes, ce qui laisserait penser que ce n'est pas l'inexpérience des jeunes blancs-becs à détente rapide qui fait la différence. En réalité, ce serait plutôt la connaissance de soi cultivée au cours des années qui incite l'étage du dessous à prendre les choses en main.

Le clitoris ne se contente pas d'applaudir quand la femme fait preuve de maestria ; il se lève pour les ovations. L'orgasme à répétition montre magnifiquement à quel point dame Klitoris aide celles qui s'aident elles-mêmes. L'escalade du premier sommet peut prendre de longues minutes, mais c'est pour y trouver des ailes. Plus besoin de redescendre dans la vallée pour gravir le sommet suivant : il suffit de se laisser glisser comme un oiseau de proie sur les courants de l'allégresse.

Le lien intime entre l'humeur féminine et les pouvoirs du clitoris signifie que celui-ci doit se connecter au cerveau – le grand – avant de pouvoir pousser ses vocalises. Le cerveau doit apprendre à chevaucher son petit phallus, de la même façon qu'on apprend à rouler à bicyclette. Mais une fois apprise, la leçon ne s'oublie pas. Certaines femmes s'initient à l'orgasme pendant leur enfance, alors que d'autres ne se connectent qu'à l'âge adulte. Ce n'est pourtant pas un problème de mécanique. Vous ne pouvez le résoudre à l'aide de votre seul cortex cérébral, cette épaisse couche supérieure de substance gris souris toute fripée qui réfléchit, hésite et analyse chaque pulsion. Non. Il vous faut faire appel à la région cérébrale primitive, l'hypothalamus, située à la base du cerveau quelques centimètres à l'arrière des orbites, celle qui régit vos appétits en matière de nourriture, de sel, de pouvoir ou de sexualité. Connecter le clitoris à l'hypothalamus nécessite parfois de court-circuiter le cortex. Ce dernier est intelligent et autoritaire, et son empire peut paralyser le libre arbitre de son propriétaire. Laquelle liberté de choix engage le cerveau tout entier et suppose une délicate négociation entre le cerveau récent (le cortex) et le cerveau primitif, entre l'intellect et le désir. Si le cortex de la femme hausse le ton, il faut lui mettre une sourdine le temps que l'hypothalamus et le clitoris scellent leur collaboration. L'alcool pourrait se charger de la tâche, s'il ne déprimait pas autant l'ensemble du système nerveux. Les drogues qui distraient l'intellect sans amortir le réseau neuronal sont plus efficaces. La plupart sont illégales. Il paraît que les *quaaludes* étaient de merveilleux aphrodisiaques, mais on n'en trouve plus. Ils faisaient trop de bien, sans doute, donc à proscrire ; on les a éliminés. Mais il nous reste la marijuana qui en bon initiateur sexuel et merveilleux électricien peut illuminer de toutes les lumières de Broadway les femmes qui se sont morfondues des années dans l'ombre de la frigidité. Toutes les femmes de ma famille immédiate se sont initiées à l'orgasme en fumant de l'herbe – ma mère à la trentaine passée et ayant déjà quatre enfants. Pourtant, à ce que je sache, la liste des indications de la marijuana à usage médical ne comprend toujours pas l'absence d'orgasme. Au lieu de quoi on nous explique que certaines femmes n'ont pas besoin de parvenir à la jouissance pour avoir une vie sexuelle satisfaisante. Un argument aussi convaincant que celui qui consiste à dire que les sans-abri apprécient la vie au grand air.

Le goût du pouvoir et la complexité du clitoris ne devraient pas nous étonner. Pour une femme, faire l'amour a toujours été risqué. L'on peut se retrouver enceinte, attraper une maladie, se faire confisquer un lait de trop bonne qualité. Mais en bonnes primates que nous sommes, nous ne faisons pas l'amour uniquement pour nous reproduire. Nous ne sommes peut-être pas des bonobos, mais pas non plus des brebis à ruts saisonniers. Notre vulnérabilité exige une ligne de défense efficace. Le clitoris est notre sentinelle, notre promontoire magique. Il nous dit que le plaisir est une affaire sérieuse et que nous ne devons pas nous enflammer sans raison. Il intègre des informations de différentes sources, conscientes et inconscientes, en provenance du cortex cérébral, de l'hypothalamus, du système nerveux périphérique, et réagit en conséquence. Si vous avez peur, il se paralyse. Si l'on vous indiffère ou vous répugne, il ne pipe pas. Si la passion vous fait vibrer, il s'anime comme une baguette d'orchestre et vous imprime son rythme, ici une caresse, là une envolée... *andante, allegro, crescendo, da capo.*

Certains experts ont prétendu que la sélection naturelle a doté les femmes d'un tempérament sexuel moins fougueux que celui des hommes, et que cette inhibition a ses raisons : ne pas butiner à tort et à travers et ne pas frayer avec des géniteurs de bas étage. Pure ineptie ! La sexualité est une chose trop essentielle, à trop de niveaux sociaux et émotionnels, pour que nous y soyons indifférentes. Les femmes donnent de nombreuses preuves de leurs robustes appétits. Leur organisme répond aussi promptement aux stimuli sexuels que celui des hommes. Passez un film pornographique à une femme, et son vagin se gonflera de sang aussi rapidement que le pénis d'un spectateur masculin. Cela dit, le comportement sexuel de la femme est incontestablement complexe. Il dépend de son état d'esprit, de son humeur, de son expérience ou du déchaînement des Furies. L'œil du cyclone, c'est le clitoris. Il en sait plus que le vagin et ses conseils sont plus judicieux – souvenez-vous, la femme qu'on viole peut mouiller, sans pratiquement jamais éprouver d'orgasme. Il y a une certaine logique à ce que le comportement sexuel féminin soit sophistiqué et non primaire ou inhibé. Pour peu qu'elle maîtrise sa vie sexuelle, en décide elle-même et fasse l'amour avec qui elle veut, quand elle veut, elle a de bonnes chances d'obtenir un résultat raisonnable. Elle choisira des hommes à son goût, avec qui elle se sent à l'aise pour toutes sortes de raisons, compatibles avec ses aspirations et visées personnelles, politiques et génétiques.

Le clitoris est d'une grande souplesse. Il peut s'adapter à toutes sortes d'habitats, à différentes normes culturelles. Chez nos ancêtres, qui pratiquaient la promiscuité relative en vigueur chez les primates, le clitoris pourrait bien avoir incité à toutes sortes d'aventures, comme l'explique Hrdy. Pourtant, contrairement à Hrdy, je pense que le clitoris peut s'accommoder également des contraintes de la monogamie actuelle – qu'il alimente les liens de l'amour et du mariage quand ceux-ci se plient aux intérêts de la femme. Aux États-Unis, où l'on exalte le mariage à des hauteurs extravagantes, les femmes mariées ont des orgasmes. Selon l'enquête intitulée *Sex in America* (« La Sexualité en Amérique ») de l'université de Chicago publiée en 1994, les trois quarts des femmes mariées affirment parvenir presque systématiquement à l'orgasme pendant les rapports sexuels ; c'est le cas pour moins des deux tiers des femmes célibataires. De tous les sous-groupes interrogés, les femmes mariées chrétiennes d'opinion conservatrice étaient les plus nombreuses à dire qu'elles jouissaient à chaque rapport. En somme, pourquoi pas ? Celles de nos sœurs qui craignent le bon Dieu considèrent le mariage comme un sacrement, ce qui sanctifie et anoblit chaque saut de carpe sur le matelas conjugal. Le droit fait le pouvoir, et avec le pouvoir vient la gloire. C'est ainsi que les plus farouches adversaires de la révolution sexuelle sont devenues les impératrices de l'orgasme.

D'autres observations laisseraient penser que le clitoris ne dédaigne pas les attraits du pouvoir. De récents travaux menés par les chercheurs britanniques Robin Baker et Mark A. Bellis suggèrent que l'orgasme permet aux femmes d'exercer un contrôle occulte sur le sperme de l'homme en l'absorbant ou le rejetant. Selon eux, le moment de l'orgasme féminin par rapport à l'éjaculation masculine influerait sur l'aptitude du sperme à féconder l'ovule. Quand la femme jouit juste après l'éjaculation de son partenaire, son col de l'utérus adopte un comportement spectaculaire. Il est pris de pulsations et avance en rythme, un peu à la façon d'une mâchoire de poisson qui viendrait gober le sperme déposé sur le pas de la porte. On en a fait une vidéo. On a fixé une caméra miniature au pénis d'un volontaire et l'on a enregistré ce qui se passe au plus profond du rapport : l'éjaculation laiteuse propulse sa troupe indisciplinée, puis le col plonge dans la mare de gènes pour acheminer à coups de contractions visqueuses les spermatozoïdes dans l'utérus. Les palpitations du col accroissent-elles pour autant les chances des spermatozoïdes d'atteindre l'ovule ? On n'en sait rien. Baker et Bellis ont réuni quelques indices préliminaires laissant penser que la femme qui éprouve un orgasme quelques secondes à quarante minutes après son partenaire a légèrement plus de chances d'être engrossée que lorsqu'elle n'a pas d'orgasme ou quand elle y parvient avant ou après cet intervalle, une fenêtre de temps au demeurant plutôt large.

Les données d'observation de nos chercheurs sont sujettes à polémique, mais leur thèse est globalement convaincante – à savoir que l'orgasme de la femme est l'ultime expression de son libre arbitre. Si la réactivité sexuelle de la femme dépend de son ascendant, du sentiment d'avoir choisi librement son partenaire, il se pourrait que son col de l'utérus prenne en main la suite des opérations en s'appropriant ce que la jouissance a désigné comme la semence désirée. Baker et Bellis parlent de compétition entre spermatozoïdes, lesquels se disputeraient l'accès à l'ovule sur la piste vaginale à la façon des mâles croisant le fer ou la corne pour leur belle. L'orgasme féminin serait alors l'arbitre qui déciderait de l'issue de l'affrontement souterrain. Pas étonnant, disent-ils, que les hommes fassent souvent tant de cas de leurs prouesses sexuelles et de leur talent à enflammer les femmes et à les faire jouir, quand bien même ils se fichent comme d'une guigne des émois sentimentaux de leur partenaire. C'est que le sort de leur sperme pourrait bien dépendre de leur savoir-faire érotique. Qui sait si la sélection naturelle n'a pas privilégié les mâles qui par principe cherchent à satisfaire ces dames ?

Il y a un revers à la médaille : la plupart des femmes avouent avoir un jour ou l'autre fait semblant de jouir. Quand on veut presser un partenaire décevant de finir son affaire et de se retirer, rien de mieux que de faire mine de lui donner ce qu'il attend – le signal indiquant que le col de l'utérus se met à son service.

Le scénario de Baker et Bellis part de l'hypothèse que nos ancêtres des deux sexes, dont certains traits et comportements se sont fixés et ont perduré chez nous, étaient fortement polygames et que le sperme de chaque mâle devait systématiquement entrer en concurrence avec celui des autres prétendants à la paternité. Aujourd'hui encore, affirment-ils, la guerre du sperme continue sous le manteau de la monogamie. Les femmes mariées ont des aventures (non !), et le risque de concevoir un enfant « illégitime » se révèle plus important que le simple ratio des rapports sexuels avec le mari ou l'amant ne le laisserait croire. Nos scientifiques attribuent l'excessive fécondité extraconjugale à la meilleure qualité de l'orgasme adultère (pourquoi la femme se fatiguerait-elle à tromper son mari, si elle n'y trouvait pas son compte ?). Encore une fois, certaines des données sur lesquelles nos chercheurs fondent leur thèse – entre autres des statistiques en paternité venant de Liverpool, un port maritime international pas forcément représentatif du reste de la population – sont sujettes à caution. Il est toutefois assez drôle de constater que les études les plus récentes redonnent une certaine crédibilité à la vieille croyance, formulée pour la première fois par Galien au IIe siècle après Jésus-Christ et qui a prévalu pendant les douze siècles qui suivirent, selon laquelle la femme doit atteindre l'orgasme pour être fécondée. Dans l'absolu, il n'existe pas un tel impératif, évidemment. Mais il suffirait que l'orgasme féminin favorise légèrement la fécondité pour qu'on en vienne à certaines considérations pratiques. Le couple qui s'acharne en vain à vouloir procréer, par exemple, devrait commencer par s'intéresser à l'orgasme de la femme au lieu de le considérer comme un luxe accessoire et s'obnubiler tristement sur la finalité de son acte. Franchement, mieux vaudrait chercher à faire vraiment la fête à deux.

J'ai employé indifféremment dans ce chapitre les termes de *clitoris, orgasme féminin* et *sexualité féminine*. Ils désignent la même chose. Le clitoris est au cœur de la sexualité féminine, et nous devons combattre toute tentative, d'obédience freudienne ou autre, visant à le rabaisser. D'ailleurs, le clitoris se projette bien au-delà de ses frontières anatomiques. De très nombreuses voies y conduisent ou en partent. Les 15 000 fibres nerveuses génitales qui desservent l'ensemble de la région pelvienne interagissent avec le noyau neural du clitoris. C'est pourquoi l'anus est une zone érogène. Les nerfs font comme les loups ou les oiseaux : si l'un se met à donner de la voix, le voisinage suit l'exemple. Chez certaines femmes, la peau entourant l'orifice urinaire est extraordinairement sensible, ce qui entraîne facilement l'orgasme dans la mesure où le tissu périphérique à l'urètre est vigoureusement stimulé par le seul va-et-vient du coït. D'autres femmes affirment qu'elles jouissent plus facilement quand une pression s'exerce au fond de leur vagin, ce qui a conduit le gynécologue Ernst Grafenberg et ses partisans à parler de l'existence d'un point Grafenberg, dit point G, une sorte de second clitoris interne. Ce point G serait constitué d'un coussin de tissus de cinq centimètres particulièrement érogène, situé sur la paroi frontale du vagin, exactement là où le vagin s'enroule autour de l'urètre, le canal par lequel s'évacue l'urine. Certains ont prétendu que le point G serait logé dans des glandes dites de Skene, qui produiraient un mucus destiné à lubrifier l'urètre. D'autres pensent qu'il s'agit en fait du sphincter qui maintient l'urètre fermé tant que la femme n'est pas prête à la miction. D'autres encore mettent tout simplement en question l'existence de ce point G si difficile à cerner. Pourquoi s'acharner à inventer des sites érogènes inédits, disent-ils, quand les infrastructures existantes font l'affaire ? Les racines du clitoris vont profond, après tout, et peuvent être titillées par-derrière. Autrement dit, le point G pourrait bien n'être rien de plus que l'autre bout du clitoris.

L'anatomie ne conduit pas automatiquement à la révélation. Les scientifiques n'ont pas abouti à grand-chose en cherchant à quantifier les différentes composantes de l'orgasme. Des chercheurs de l'université de Sheffield ont ainsi recruté vingt-huit femmes adultes en vue de mesurer la durée et l'intensité de l'orgasme et le flux sanguin irriguant le vagin au même moment. L'on avait introduit une petite électrode chauffée à l'oxygène dans le vagin de chacune en la fixant à la paroi vaginale par une ventouse. L'on demandait à la femme de se masturber jusqu'à l'orgasme, d'indiquer quand il commençait et quand il finissait, et de lui donner une note d'intensité allant de un (minable) à cinq (sensationnel). Au cours de la séance, l'électrode mesurait le flux sanguin en indiquant le degré de congestion des tissus vaginaux. La durée moyenne de l'orgasme, que la femme indiquait par le signal « début » et « fin », se révéla d'une longueur surprenante, de vingt secondes en moyenne – bien plus que l'estimation rétrospective de douze secondes donnée par la moyenne des femmes. En fait, il n'y avait aucune corrélation entre la longueur et l'intensité ; la note d'intensité que chaque femme attribuait à son orgasme n'avait rien à voir avec sa durée. Pas plus que le volume de flux sanguin avec le plaisir ressenti.

Le clitoris est complexe. Il ne se contente jamais de son simple état de clitoris. Son potentiel n'a rien à voir avec sa dimension. Certes, la femelle bonobo est pourvue d'un énorme clitoris, ce qui la rend sans doute plus accessible au premier solliciteur venu, mais ne veut pas dire qu'elle soit plus douée pour l'orgasme que sa cousine humaine. Personne n'a mené d'enquête pour savoir si les femmes dotées d'un clitoris imposant parviennent à l'orgasme plus souvent que les autres, ou plus intensément. Mais on a pratiqué un autre type d'« expérience » qui donne à penser à ceux qui veulent savoir si la fonction dépend de la forme. On a procédé à la réduction chirurgicale de clitoris de fillettes jugés trop grands – on les a taillés, repliés, voire totalement amputés. Ces enfants ont subi une clitoridectomie. Ce type d'intervention n'évoque peut-être pas l'idée qu'on se fait de la médecine éclairée occidentale, mais elle est monnaie courante. Aux États-Unis, environ deux mille bébés au clitoris trop proéminent subissent chaque année ce « correctif » chirurgical. Il n'existe pas de critères officiels permettant de savoir en quoi consiste une hypertrophie du clitoris, mais tout ce qui pointe au-dehors des douces lèvres de la vulve est passible d'une ablation clitoridienne. Pour peu qu'un bébé naisse avec des organes génitaux équivoques, l'on a recours, aujourd'hui comme hier, à la chirurgie normative. On tolère l'ambiguïté sexuelle chez les stars du rock, pas chez les nouveau-nés. Suzan, dont ma mère changeait les langes, a probablement fini entre les mains d'un chirurgien plasticien pour enfants afin de ne plus faire rougir d'embarras sa maman. Il arrive que la jeune patiente subisse également une intervention en vue d'ouvrir une adhérence vaginale, réparer un urètre défectueux, ou enlever des tissus testiculaires embryonnaires. Certaines de ces opérations sont nécessaires à la santé de l'enfant, mais dans le cas de la réduction du clitoris il n'est question que d'esthétique. Un grand clitoris n'a jamais fait de mal à personne, certainement pas au bébé. Mais cela fait bizarre, obscène, vous a un air de zizi de garçon, et c'est ainsi que l'on conseille aux parents d'y mettre bon ordre tant que la fillette est encore jeune sous prétexte de lui éviter plus tard un prétendu traumatisme psychologique. Voilà pourquoi nous sommes en mesure de nous demander ce qui arrive aux filles dont on a réduit ou cautérisé chirurgicalement le clitoris. Perdent-elles leurs sensations sexuelles ? La femme peut-elle éprouver l'orgasme en l'absence de clitoris ?

Le clitoris est complexe. La boîte de Pandore renferme autant d'espoirs que de déconvenues. Le résultat des investigations en cours menées à la faveur de l'acharnement chirurgical en cas d'hypertrophie clitoridienne est mitigé. Jugez-en au vu des deux cas suivants.

Cheryl Chase, la quarantaine, est analyste-programmeur. Lunettes à fine monture, cheveux courts, grandes boucles d'oreilles, lèvres brillantes au ton de mûre. Elle est tranquillement séduisante, d'une intelligence féroce et parle couramment le japonais. Elle ne décolère pas. Pour le reste de sa vie, ajoute-t-elle. Cheryl a deux chromosomes X, le lot de toute femme normale, et paraît aujourd'hui plus féminine que jamais. Mais sans qu'on sache pourquoi elle est venue au monde pourvue d'organes génitaux hermaphrodites, mi-ovaires mi-testicules, et d'un clitoris si démesuré que les médecins annoncèrent d'abord à ses parents qu'ils avaient donné le jour à un garçon. Un an plus tard environ, les médecins d'un autre hôpital découvrirent de quoi il retournait : « Minute, cet enfant a un vagin normal, un utérus et des trompes de Fallope : c'est une fille. Les médecins précédents se sont trompés, déclarèrent-ils aux parents. Vous avez une fille, pas un garçon. Donnez-lui un nouveau nom, déménagez et recommencez tout à zéro. Mais, avant toute chose, donnez-nous l'autorisation de rectifier ses parties génitales. Immédiatement. » Permission accordée. « Ils m'ont enlevé le clitoris sur-le-champ, raconte Cheryl de la voix douce de quelqu'un qui parle entre ses dents. Ils ont coupé à la naissance de la *crura,* à l'entrée des nerfs dans le fût du clitoris. Je garde un peu de tissu crural autour de la fente pelvienne, mais il n'est pas innervé. Aucune sensation. » Cheryl est lesbienne et mène une vie sexuelle active, mais n'a jamais eu d'orgasme. Elle a tout essayé. Elle a écrit à des médecins, leur a demandé de tenter de ranimer les quelques fibres indemnes du tissu résiduel. La plupart ont ignoré son plaidoyer. « On ne peut pas faire de miracle », répondaient-ils. Elle a consulté des chirurgiens intervenant sur des transsexuels, changeant les hommes en femmes ou inversement, s'efforçant de préserver la sensibilité sexuelle au cours de l'opération. « Il n'y a rien à faire, on vous a enlevé tout ce que nous pourrions utiliser », lui ont-ils dit. « J'aurais préféré naître quelque part où l'on ne pratique pas la médecine, plutôt que d'avoir subi ce qui m'est arrivé », affirme-t-elle.

Martha Coventry, autour de quarante-cinq ans, est écrivain et éditeur, mère de deux enfants. Cette femme longiligne arborant une tignasse de boucles brunes est le style de personne qu'on aime fréquenter tant elle sait valoriser ses interlocuteurs. Sa sympathie est contagieuse. Elle aussi est venue au monde dotée d'un clitoris de taille plus que respectable, à la suite des fortes doses de progestérone que sa mère a dû ingérer au cours de sa grossesse pour éviter une fausse couche. Le clitoris du nouveau-né faisait un centimètre et demi, trois fois la moyenne. Ce n'était pas un cas d'hypertrophie flagrante exigeant une opération d'urgence, mais ses parents la voyaient mal affronter à l'école les quolibets de ses camarades à la vue de son bouton si ostentatoire. On la fit donc exciser à l'âge de six ans. « Ils me l'ont enlevé à la base, explique Martha. Si vous me voyiez maintenant, vous verriez bien qu'il me manque quelque chose. » L'organe s'est envolé, pas l'esprit. « Je garde quelques cicatrices morales, mais je ne suis pas amère, affirme Martha. Pour une simple raison : j'ai toujours des sensations clitoridiennes. J'ai des orgasmes. »

Cheryl et Martha militent pour empêcher qu'on soumette à la chirurgie esthétique les bébés dotés d'organes sexuels ambivalents. Elles ne veulent pas que d'autres subissent leur propre sort. Elles ont constitué un groupe de pression visant à faire passer une loi au Congrès interdisant la clitoridectomie sur des patientes trop jeunes pour consentir à l'intervention – ou du moins s'écrier : « Qu'est-ce que vous allez faire, et où ? » La loi n'est pas encore passée, mais Cheryl Chase et ses camarades sont en passe de persuader les pédiatres que le serment d'Hippocrate, *Avant tout, éviter de nuire,* vaut pour elles-mêmes et leurs pareilles, car personne ne peut prévoir la réaction du clitoris quand on s'attaque à lui. Le clitoris hypertrophié d'un bébé reste une cible minuscule qu'on peut facilement endommager, vu le nombre de nerfs et vaisseaux sanguins qu'il recèle. Il n'existe pas de suivi à long terme des fillettes ayant subi une clitoridectomie permettant de savoir ce qu'il advient de leur sexualité. On ne dispose que de quelques récits individuels. Martha et Cheryl ont toutes deux eu leur clitoris amputé à la base, pourtant l'un gazouille et l'autre pas. Personne ne sait pourquoi. Certains chirurgiens prétendent que leurs techniques de réduction du clitoris sont désormais bien supérieures à celles des bouchers qui opéraient naguère, mais on attend toujours la preuve de ce qu'ils disent. Ce n'est pas tout. Qu'ils nous démontrent également qu'un grand clitoris représente un handicap psychologique insurmontable pour l'enfant ou ses parents.

Comment se fait-il que notre orchidée, notre colonne corinthienne semi-clandestine, soit vouée au couteau du sacrifice ? Il faut croire que le clitoris connaît le sort des grands artistes et n'accède à la gloire qu'après sa mort, disons plutôt son assassinat. Les militantes américaines intersexuées ont crédibilisé leurs revendications en assimilant la clitoridectomie chirurgicale à une coutume dont on parle beaucoup plus, l'excision des femmes africaines. Cette pratique indiscutablement abominable porte différents noms : mutilation génitale féminine, excision ou encore circoncision féminine – en dépit du fait, comme beaucoup l'ont souligné, que la référence à la circoncision masculine soit déplacée, vu la gravité de la mutilation féminine. La tradition en remonte au moins à deux mille ans. Sans être secrète, cette pratique avait la réputation jusqu'à tout récemment d'être tout à fait exceptionnelle et confinée aux villages les plus reculés et d'être en voie de disparition. Rien de plus faux. Cent millions de femmes au bas mot, vivant dans vingt-huit pays différents, ont subi une ablation génitale, et deux millions de fillettes viennent grossir chaque année cette armée de mutilées. Dans certains pays comme l'Éthiopie, la Somalie, Djibouti, la Sierra Leone, le Soudan et l'Égypte, l'excision vise près de 100 % de la population féminine. Certaines fillettes et jeunes femmes ont fui leur patrie, la vulve intacte, et cherché asile à l'étranger. Mais les nations prétendument éclairées comme les États-Unis ne se sont guère pressées de montrer leur solidarité en considérant la menace de mutilation sexuelle comme un cas de persécution. Le gouvernement américain peut désormais se féliciter de disposer d'une loi interdisant l'excision de type africain sur son territoire, laquelle loi n'interdit toujours pas la prescription de l'excision chirurgicale chez toutes les Suzan venant au monde avec un clitoris trop grand, ni ne prévoit de sanctions économiques, les seules dissuasives, à l'encontre des pays qui pratiquent la mutilation en masse des petites filles.

Ce vandalisme génital comprend différents degrés de mutilation. La clitoridectomie directe en est la forme la plus bénigne, en enlevant tout ou partie de l'organe. La mutilation intermédiaire supprime en outre les petites lèvres. L'infibulation, la plus effroyable, consiste, à la suite de l'ablation des nymphes et du clitoris, à inciser les grandes lèvres dont on coud les muqueuses à vif pour recouvrir l'urètre et le vagin, en ménageant tout juste une ouverture pour le passage de l'urine et du sang menstruel. Lorsque la jeune fille infibulée se marie et doit recevoir le pénis de son époux, on enlève les fils pour séparer les grandes lèvres dont la peau s'est cicatrisée.

Qu'il s'agisse d'une amputation limitée ou étendue, elle se pratique sans anesthésie, sans désinfection, au moyen de la première lame venue que l'envoûteuse locale – ce sont des femmes qui se chargent le plus souvent de l'intervention – aura jugée appropriée au rituel. On intervient habituellement sur une fillette de sept ou huit ans qui peut se préparer à la cérémonie avec un certain enthousiasme à l'idée d'être enfin considérée comme une femme. Mais l'enfant finit par hurler de douleur et les femmes adultes doivent se mettre à plusieurs pour l'empêcher de se débattre, quand elle n'a pas eu la chance de s'évanouir sous le choc ou à la suite de l'hémorragie. Il arrive que l'hémorragie entraîne la mort immédiate, ou que l'enfant décède peu après d'une septicémie, du tétanos ou de la gangrène. Quand elle en réchappe, elle peut souffrir de douleurs pelviennes chroniques à la suite de blessures mal cicatrisées ou d'infections causées par l'écoulement anormal de l'urine et du sang. Des kystes se forment souvent le long de la cicatrice, dont certains peuvent atteindre la taille d'un pamplemousse. La femme en a honte et vit dans la terreur de voir ses organes génitaux repousser sous une forme monstrueuse ou de mourir d'un cancer. La femme infibulée qui accouche souffre autant que la malheureuse hyène lors de sa première parturition, le bébé ne pouvant se frayer un chemin vers la lumière qu'en lui déchirant les chairs.

Selon ses partisans, l'ablation génitale remplit plusieurs objectifs. Elle vise à dompter les mauvais instincts de la femme, à atténuer son goût inné pour la luxure et à la dissuader de tromper son mari. Moins connue des Occidentaux, l'amputation a également un but esthétique : l'accentuation des différences entre l'apparence féminine et masculine. On commence par éliminer le clitoris, l'équivalent féminin du pénis, puis les lèvres, qui peuvent évoquer le scrotum. La dissemblance est alors poussée à l'extrême. Pas de protubérance, pas de bourses, pas de confusion. Comme le montrent les photographies de femmes infibulées, l'opération peut donner un pelvis au profil parfaitement lisse et super-féminin si l'on s'en tient à une certaine image infantile de la féminité. En fait, cela fait penser à notre fétiche féminin favori, cette poupée à l'entrejambe parfaitement glabre et poli qu'on appelle Barbie.

On a beaucoup écrit sur les mutilations génitales. On les a abondamment fustigées. Même ceux qui ont un faible pour les traditions culturelles pensent qu'il faut renoncer à ces pratiques. En l'occurrence, je ne me sens même pas la force d'ajouter le moindre mot constructif ni la moindre idée, tant la persistance de ce « rite » abominable me déprime et me donne un sentiment de lâcheté, celui de la capitulation par simple inertie. L'amputation génitale est une atteinte extrême aux droits de l'homme et de la femme. Elle est aussi intolérable que l'esclavage et l'apartheid. Comment la faire cesser ? En en parlant ouvertement, avec rage. En ne l'oubliant jamais, en ne laissant pas la question retomber dans l'oubli et l'indifférence. Cela concerne trop de monde, cela n'a que trop duré. Tout en voulant mettre fin à cette pratique, certains voudraient qu'on respecte les croyances de celles qui amputent et ont été amputées. L'organisation sans but lucratif *Population Council* affirme qu'il n'est pas bon de revendiquer le droit des femmes à l'intégrité sexuelle devant un public pour qui la valeur suprême est la modestie féminine. Ledit conseil recommande au contraire de mettre l'accent sur les risques que fait courir l'amputation génitale au bien le plus précieux de la femme : sa fécondité. Qu'à cela ne tienne. Soyons compréhensives, pas moralistes. Parlez donc de fécondité et non de droit au plaisir ; faites appel à l'esprit de responsabilité, pas au narcissisme. Dites ce que vous voulez, mais, par pitié, faites qu'on dépose les couteaux.

Je n'ai rien contre le pragmatisme, au contraire. Mais le clitoris est un idéaliste, un utopiste, et on ne se débarrasse pas si facilement d'un bon fantasme. D'où cet argument imprévu contre l'amputation génitale : l'opération ne marche pas toujours ! Extirpez le clitoris de la morphologie féminine, vous ne l'aurez pas forcément chassé de l'esprit. Tout comme Martha Coventry, certaines femmes africaines ont beau avoir subi une clitoridectomie, voire une infibulation, elles se décrivent comme des créatures sensuelles qui aiment faire l'amour et connaissent l'orgasme – des orgasmes magnifiques, ajoutent-elles. Leur clitoris fantôme, semble-t-il, se comporte comme le spectre du père d'Hamlet : il est toujours là, présent, incorrigible. La mutilation rituelle a pu gravement compromettre leur état de santé sans qu'on réussisse à les mater ni à les assagir. À quoi bon attenter à la vie (ou à la fécondité) de la femme quand rien ne garantit que cela lui fera perdre ses appétits ? Et le fait qu'elle continue à parvenir à l'orgasme, sans pour autant – quelle surprise ! – suivre le chemin du macaque de Barbarie, n'est jamais que la preuve que le clitoris n'a pas d'empire sur la femme, pas le moindre, au-delà de ce qu'elle veut bien en recevoir et lui donner en retour.

5

CORNES ET TENTACULES

La prodigalité de l'utérus

Hope Philipps exerce une profession intellectuellement stimulante, mais pas de tout repos.

Directrice de projet à la Banque mondiale, elle part en expédition pour des mois dans des contrées improbables pas toujours dotées de routes carrossables. En revanche, tout ce qui peut constituer une menace pour l'intégrité physique y abonde : parasites aux formes les plus extravagantes ; moustiques vibrant sur tous les registres de la malaria ; chaleur accablante ; fragrances d'immondices autochtones et de déchets toxiques d'importation ; poches de sang qui n'aurait jamais dû connaître le chemin des veines de quiconque. Elle a parcouru l'Amérique du Sud et l'Asie pour se consacrer essentiellement ces derniers temps à l'Afrique du Sud. C'est là qu'elle a commencé à se demander si elle pourrait toujours se payer le luxe d'une existence physique aussi mouvementée.

La quarantaine passée, Hope Philipps est une femme mince à la peau douce, bien campée, aux manières précises et réfléchies. Elle a grandi à Taïwan où son père était médecin, spécialiste du choléra. Elle en a gardé un soupçon d'accent chinois. Je lui ai rendu visite dans sa petite maison très coquette d'Arlington, en Virginie, agrémentée des tapis, meubles et sculptures rapportés de ses voyages à l'étranger. Autour d'un simple thé pour elle, d'un café et de biscuits pour moi, elle m'a parlé de ses problèmes de santé et de la façon dont elle entendait en venir à bout.

Cela faisait quelques années que Hope perdait beaucoup de

sang, bien au-delà de la normale, lui semblait-il. « Je me mettais à saigner à 9 heures du soir près de cinq jours par mois en dehors des règles. Une fontaine, une vraie fontaine », explique-t-elle en soulignant d'un geste les derniers mots. Au début cela ne la préoccupait pas trop, mais elle finit par aller consulter. L'échographie révéla la raison de ses saignements trop abondants : un fibrome, une tumeur bénigne se développant au sein du muscle utérin, le myomètre [1], qui constitue la couche intermédiaire de l'utérus. Le terme médical pour fibrome est léiomyome, ou plus simplement myome, par référence à l'origine musculaire de la tumeur. Mais il est aussi banal d'avoir un fibrome que des taches de rousseur et le myome mérite son nom familier. Plus d'un quart des femmes de plus de trente ans ont des fibromes. On serait plus près de la vérité en parlant de la moitié. La plupart du temps, le fibrome est asymptomatique et cela a beau s'appeler une tumeur, il faut alors le laisser tranquille. Mais s'il grossit trop ou s'il est mal situé, il peut provoquer des crampes, des saignements, une constipation et autres petits ennuis.

Malheureusement pour Hope, le sien était un fibrome sous-muqueux. Au lieu de rester dans le myomètre (on parle alors de fibrome interstitiel), il touchait l'endomètre, la muqueuse qui tapisse l'intérieur de l'utérus. Cette excroissance n'était pas douloureuse, mais au moment des règles, c'est-à-dire de la desquamation de l'endomètre, les vaisseaux sanguins du fibrome (très irrigué) étaient mis à nu. D'où les saignements intempestifs en dehors des règles. Son médecin conseilla une dilatation et un curetage pouvant aider à stopper la marée rouge. La dilatation du col permet au médecin d'introduire les instruments chirurgicaux dans l'utérus afin de réaliser le curetage, lequel consiste à gratter l'endomètre au-delà de la desquamation survenant au moment des règles.

Le ravalement traditionnel ne fut d'aucun secours et sembla même aggraver les choses. « Je n'avais plus que dix jours de répit par mois, sans saignement », raconte-t-elle. Cela ne facilitait pas les voyages, mais Hope était un bon soldat et connaissait l'art de présenter un paquetage. Adieu les escarpins de rechange. Dès qu'elle partait pour trois mois, elle entassait dans sa valise plus d'une année de tampons et de serviettes hygiéniques à usage ordinaire.

Seulement, les problèmes ne se limitèrent pas aux difficultés

1. Du grec *mus, myo :* muscle ; et *mêtra :* utérus. *(N.d.T.)*

de paquetage. Au cours d'un périple au Zimbabwe, elle saigna comme saint Sébastien. Au point d'envisager une transfusion, à laquelle personne ne se résout volontiers sur un continent où un rétrovirus est passé du singe à l'homme en inventant le sida au cours de la migration. Finalement, on lui fit un nouveau curetage aux États-Unis. Elle tomba sérieusement malade quelques jours après. Sa température monta à près de 40 degrés. Elle dut annuler un voyage en Afrique. Les médecins lui expliquèrent que le fibrome avait tellement grossi qu'on ne voyait même plus l'utérus à l'échographie. Finalement elle aboutit au cabinet du docteur Nicolette Horbach, de la faculté de médecine de Washington, pour discuter de l'ablation de la seule partie du corps exclusivement féminine, le seul organe n'ayant aucun équivalent anatomique chez l'homme : l'utérus.

Nous l'avons vu, Galien et ceux qui s'en sont réclamés pendant deux mille ans considéraient l'organisme féminin comme une chaussette retirée à la va-vite – autrement dit comme un organisme mâle retourné. Le vagin était un pénis inversé, les lèvres l'équivalent du prépuce, l'utérus un scrotum interne et les ovaires les testicules de la femme. Galien n'était pas un farfelu. Il était sur la bonne voie en observant le principe de l'équivalence génitale. Les organes génitaux adultes sont effectivement homologues, sans toutefois l'être totalement, contrairement à ce qu'il pensait. Oui, les ovaires correspondent aux testicules, mais l'organe féminin équivalent au pénis est le clitoris, pas le vagin, et les lèvres seraient plutôt le pendant anatomique du scrotum que du prépuce. Les deux sexes sont pourvus de tissus mammaires réactifs, et l'homme peut voir, sous certaines conditions hormonales, sa poitrine acquérir une taille respectable, passible du port du soutien-gorge, autrement dit se voir affecté d'une gynécomastie (d'une « poitrine d'aspect féminin »).

Mais quand on en vient à l'utérus, plus question d'homologie anatomique. Au cours du développement du fœtus mâle, le facteur d'inhibition müllerien élimine la protomatrice dès qu'elle a atteint la taille d'une graine de cumin. Les androgènes fœtaux en mal de bricolage n'ont rien à se mettre sous la dent. Le même facteur inhibiteur élimine également les trompes de Fallope naissantes mais épargne le second jeu de conduits primitifs qui sera recyclé en canal séminal. Seul l'utérus témoigne de façon flagrante d'une présence contre une absence et mérite l'adage « en avoir ou pas ».

Et quel poids va devoir porter cet organe monosexué ! Le poids de l'humanité, bien sûr. Chacun des six milliards d'individus actuels et des quelques milliards aujourd'hui disparus a bénéficié de l'hospitalité de l'utérus et de la générosité avec laquelle il a su partager son sang avec un fœtus étranger. Le poids, également, de légendes médicales plus fantaisistes les unes que les autres. Hippocrate croyait que l'organe errait sans entraves au travers du corps de la femme, provoquant toutes sortes de handicaps physiques, mentaux et moraux ; le terme *hystérie,* après tout, ne vient-il pas du grec *hysteria,* indiquant la matrice ? Hippocrate pensait également que l'utérus humain comprenait pas moins de sept chambres tapissées de « cornes » et de « tentacules ». Ses erreurs curieuses tenaient aux coutumes religieuses et à la législation de l'époque interdisant la dissection humaine. L'homme du fameux serment en était réduit à extrapoler à partir de l'étude des autres espèces dont l'utérus, en effet, présente souvent de multiples cavités aux structures bourgeonnantes.

La bévue d'Hippocrate perdurait encore à la Renaissance, du moins jusqu'au magnifique dessin de Léonard de Vinci qui représentait un utérus ouvert révélant un fœtus et son cordon ombilical, ce qui prouvait que le peintre n'ignorait pas que la matrice humaine comprenait une seule cavité. Mais dans d'autres dessins d'anatomie, il illustrait une autre lubie de l'époque voulant qu'une « veine du lait » montant de l'utérus jusqu'aux seins transformât le sang utérin de la grossesse en lait maternel destiné au nouveau-né. Les médecins prétendaient encore à une époque aussi récente que le XIXe siècle que l'utérus avait autant besoin de sang que le cerveau. En conséquence de quoi la femme qui recherchait les nourritures spirituelles par l'éducation ou en faisant carrière n'y parvenait qu'au détriment de sa fécondité.

La guerre de la matrice n'est toujours pas terminée. Le problème de l'avortement, sempiternel sujet d'empoignades – pas uniquement verbales –, tourne autour de la question de savoir à qui appartient l'utérus : à la femme ou au fœtus (ou au fondé de pouvoir du fœtus tel que l'Église ou l'État) ? Par ailleurs, en dépit du fait que seule la moitié de la population en soit pourvue, l'utérus est l'objet de l'une des deux interventions chirurgicales les plus couramment pratiquées aux États-Unis. La césarienne d'abord, où l'on tranche l'utérus afin de récupérer rapidement le nouveau-né (qui n'a pourtant pas toujours besoin d'être délivré par une opération de commando). L'hystérectomie ensuite, qui cette fois est fatale à l'utérus. Et c'est l'hystérectomie que Nicolette Horbach conseillait à Hope Phillips comme solution éventuelle à ses saignements.

Le docteur Horbach est une femme brune énergique aux yeux soigneusement maquillés, qui aborde les problèmes médicaux avec pragmatisme et, pour tout dire, sans trop de ménagement. Mais il ne faut pas confondre brusquerie et précipitation. Lors de la première consultation, elle s'entretint deux bonnes heures avec Hope Phillips. Celle-ci lui décrivit ses symptômes, son parcours médical et les exigences de sa profession. Elle lui confia également un récent changement dans sa vie personnelle qui la faisait hésiter devant l'hystérectomie. Hope s'était mariée deux fois, avait deux fois divorcé, sans envisager jusque-là d'avoir un enfant. Mais elle avait fini par rencontrer un homme avec qui, pour la première fois de sa vie, elle s'imaginait fondant une famille. « Le sort se fichait de moi, me confia-t-elle. À croire que Dieu voulait se venger. » Pouvait-elle se débarrasser de son fibrome en préservant son utérus ? demanda-t-elle au docteur Horbach.

Le médecin lui présenta les différents choix possibles.

« Vous pouvez prendre des hormones s'opposant à la sécrétion de gonadotrophine afin de contrer provisoirement la production d'œstrogènes, lesquels stimulent la croissance du fibrome, expliqua-t-elle. Mais l'efficacité de ce type de médicaments ne dure que le temps qu'on les prend, sans compter leurs effets secondaires virilisants.

« Comme solution de rechange, ajouta-t-elle, vous pouvez subir une myomectomie, l'ablation chirurgicale du fibrome. »

Puis Nicolette Horbach en vint à la rigueur abrupte qu'elle affectionnait. « Vous avez quarante-cinq ans. Dans le meilleur des cas, vos chances de tomber enceinte sont minimes. Vu la taille de votre fibrome, son excision rendrait toute grossesse encore plus problématique. » Elle insista sur le fait qu'une myomectomie fait perdre beaucoup de sang pouvant nécessiter une transfusion au cours de l'intervention, avec des infections et des complications postopératoires éventuelles. Dans ce cas, avertit-elle, la convalescence peut se prolonger au-delà des quatre à six semaines requises pour une hystérectomie.

Elle pouvait aussi se contenter de ne rien faire et de vivre avec ses saignements jusqu'à la ménopause. Avec la chute de la sécrétion des œstrogènes naturels de l'organisme, les fibromes tendent à se résorber pour atteindre une taille anodine.

Hope rentra chez elle et réfléchit. Encore cinq années de saignements chroniques. Cette seule idée la faisait frémir, d'autant que le phénomène s'aggravait. Elle envisagea également la myomectomie. Mais le docteur Horbach n'avait pas mâché ses mots. Que s'était-elle imaginé dans sa petite tête ? Qu'elle pouvait impunément subir une grave intervention, s'en remettre, se marier avec un homme qu'elle venait de rencontrer, puis, à quarante-cinq ou quarante-six ans, faire un enfant illico ? Ses frères et sœurs n'avaient pas trop mal réussi dans la procréation, se dit-elle. La généalogie familiale n'avait pas franchement besoin de ses propres rejetons. En outre, l'idée d'une longue convalescence à la suite de la myomectomie ne l'enchantait guère. « Je ne me suis jamais définie par rapport à mon utérus et mon aptitude à faire des enfants, se dit-elle. Mais par rapport à mon travail, c'est autre chose. »

Elle en parla à sa famille, à ses amis. Elle évoqua l'éventualité d'une hystérectomie devant l'homme qu'elle fréquentait, dont la réponse ne fut pas précisément réconfortante. « Ah oui ! dit-il vaguement. On a fait ça à des amies de ma mère. » Au bout du compte elle se décida pour l'hystérectomie. La taille du fibrome imposait une intervention abdominale au lieu d'une intervention vaginale ou d'une simple laparoscopie comme cela se fait parfois. Elle m'autorisa, en accord avec son médecin, à assister à l'opération. Je voulais voir à quoi ressemblent les organes reproducteurs : ovaires, trompes de Fallope, col de l'utérus et utérus. Faire la connaissance d'un fibrome – un énorme fibrome bien rouge – venait en prime, gratuitement.

L'équipe chirurgicale réunie pour une hystérectomie à l'hôpital de la faculté de médecine George Washington, aux premières heures de ce matin de mars, est délicieusement inhabituelle : trois femmes chirurgiens (Horbach et deux internes) et un infirmier. Le bas du visage recouvert du masque chirurgical, les yeux fardés, Nicolette ressemble à Cléopâtre. Hope est étendue toute nue sur la table d'opération, déjà partie au pays de l'euphorie. Elle n'est pas sous anesthésie générale. On lui a donné un tranquillisant et fait une injection dans l'espace épidural pour l'insensibiliser au-dessous de la ceinture : une approche minimaliste dont on se remet plus facilement que du traditionnel coup d'assommoir biochimique. Elle ronfle légèrement pendant les préparatifs de l'intervention. Elle a un corps jeune et musclé, trop jeune pour une opération destinée aux femmes d'un « certain âge » ou aux « amies de ma mère ». L'équipe de préparation lui arrose l'abdomen et le bas-ventre de bétadine, lui nettoie les poils pubiens à l'aide d'un détergent. Une fois récurée, on l'enveloppe jusqu'au cou de draps bleus qui ne laissent entrevoir qu'un triangle de chair au niveau de l'estomac. Sa tête se trouve derrière un rideau. C'est un corps désarticulé, une femme *en croûte*[1], prête à cuire.

À la demande de Horbach, quelqu'un a glissé un disque de jazz dans la boîte à musique de la salle d'opération. Les chirurgiennes se regroupent autour de leur terrain de jeu livide. Elles lui font une entaille de quinze centimètres légèrement au-dessous du nombril, à laquelle sa peau répond par un grand sourire rouge. Elles cautérisent la plaie pour éviter le saignement. Puis elles coupent au travers du tissu conjonctif qui tient normalement tout en place. Elles lui incisent ensuite sa très fine couche de graisse pareille à celle qui marbre un poulet avant la cuisson. Sous la graisse, les muscles abdominaux, deux couches roses que les chirurgiennes n'entaillent pas mais se contentent d'écarter.

« Une véritable planche d'anatomie, déclare Horbach aux internes. On ne peut pas mieux trouver. » D'habitude, les femmes qu'on opère font bien quarante kilos de plus que Hope Phillips, et tailler dans la graisse superflue n'est pas une sinécure. Il est nettement plus agréable de travailler sur un échantillon humain exemplaire.

Cela dit, il y a du sang, encore du sang, toujours du sang qu'il faut écoper sans relâche en cautérisant quand c'est possible. Elles ont fini par atteindre la cavité abdominale. Des pinces maintiennent les tissus de Hope écartés. Ses viscères ont l'air sains et fringants. Ils rutilent. Hope est devenue un musée vivant, ouverte au monde extérieur. Cela fait un choc de l'entendre murmurer de l'autre côté du rideau. C'est vrai, elle n'est pas inconsciente, juste paisible, émergeant de temps en temps de petits sommes. La péridurale se contente d'engourdir. Un peu groggy, elle s'adresse à l'anesthésiste qui la rassure et lui dit que tout va bien. Le docteur Horbach a atteint la cavité abdominale et en palpe les différents organes : la vessie, les

1. En français dans le texte.

reins, la vésicule biliaire, l'estomac, à la recherche de la moindre anomalie. Une fois qu'on est là, autant vérifier ce qu'on peut. « Il arrive de tomber sur quelque chose de plus compliqué que prévu », précise la chirurgienne.

En tout cas, pas cette fois-ci. Une planche d'anatomie, vraiment. Nicolette Horbach m'indique les ovaires. Ils ont chacun la taille d'une grosse fraise bosselée, couleur tabac. Deux téguments humides. L'on distingue sur l'un des deux un petit kyste blanc, sans doute la cicatrice encore fraîche de la poche du follicule percée par un ovocyte arrivé à maturation, lors de la dernière ovulation de Hope. Elle me montre également les trompes de Fallope, les oviductes, attachées à l'utérus. Il s'agit d'adorables petits conduits, doux, fins, vermeils comme des stylos en or, se terminant par une manière de plumeau, le « pavillon », dont la forme évasée porte des franges. Gabriel Fallopius, l'anatomiste du XVIe siècle qui leur a donné son nom, pensait que ces oviductes en forme de trompette servaient à évacuer les humeurs nocives de l'utérus. Je trouve quant à moi qu'ils ressemblent à des anémones de mer, des fleurs de chair, des pétales vibrant à la cadence du flux sanguin.

D'après Nicolette Horbach, cette hystérectomie sera relativement conservatoire. Elle laissera en place les oviductes et les ovaires. Ce n'est pas toujours le cas. Les chirurgiens enlèvent souvent tout le kit d'un coup : utérus, col, trompes et ovaires. Clic, clic, clic. Ils se justifient en expliquant que la femme est près de la ménopause, que de toute façon le système va prendre sa retraite. Alors, pourquoi conserver ce qui peut ensuite donner lieu à un cancer ? Attention aux téguments ! Le cancer des ovaires est redoutable : il reste silencieux jusqu'à ce que la maladie ait suffisamment progressé pour être incurable. Puisqu'on en est à pratiquer une intervention lourde, alourdissons-la un petit peu plus, éliminons tout risque de cancer des ovaires, et mettons la femme sous hormones substitutives par la suite.

Mais invoquer la prophylaxie à l'appui de l'ablation des glandes génitales est un argument spécieux qui suscite bien des indignations. L'ovariectomie gratuite est une véritable castration, disent ses adversaires. À quoi cela rime-t-il d'enlever des organes sains sous prétexte qu'il existe un faible risque qu'ils puissent se cancériser ? Autant vous enlever un rein avant qu'il ne tombe en panne, ou 85 % de votre foie puisque vous n'en avez pas besoin – ou encore, histoire de retourner le principe de l'équivalence génitale, ôter les testicules pour prévenir le cancer susceptible de les atteindre. Nicolette Horbach avait expliqué à Hope Philipps, au cours de la consultation, qu'elle tenait beaucoup à préserver les ovaires et les trompes lors de l'opération. Hope n'avait aucune raison de s'y opposer.

Avant de procéder à l'ablation de l'utérus, la chirurgienne ligature les vaisseaux irriguant l'organe à l'aide d'un fil métallique. Il s'agit d'arrêter les saignements. À l'examen de la cible, les trois femmes se rendent compte que l'opération sera plus complexe que prévu. Le fibrome principal est très étendu et a considérablement déformé l'utérus et le col. Il s'est également ménagé un réseau vasculaire parasite qui lui permet de prospérer. Les tumeurs cancéreuses se comportent de la même façon : elles incitent l'organisme à produire de nouveaux vaisseaux destinés à les alimenter ; tout tissu, qu'il soit sain ou malin, a besoin de sang pour survivre. Les chirurgiennes décident de procéder à une myomectomie partielle, c'est-à-dire à la réduction du fibrome afin de dégonfler suffisamment l'utérus pour que l'hystérectomie soit possible. Elles se concertent sur la meilleure façon de ligaturer l'enchevêtrement de vaisseaux sanguins irriguant le fibrome afin de prévenir l'hémorragie. Elles découvrent d'autres fibromes plus petits parsemant la muqueuse utérine qui compliquent singulièrement leur tâche. Nicolette Horbach prescrit une injection de vasopressine pour contracter les vaisseaux et diminuer les saignements. Elles plongent désormais dans la cavité abdominale jusqu'aux coudes et travaillent avec une concentration si palpable que j'en retiens ma respiration.

Quatre-vingt-dix minutes passent. Les chirurgiennes ne ressentent pas la fatigue. Je la ressens à leur place. Elles sont enfin sur le point de retirer certaines parties qu'elles déposent ensuite sur un plateau métallique. L'infirmier les soulève une par une pour me les montrer. Le col de l'utérus de Hope : une structure tubulaire brillante, couleur caramel, qui me fait penser à un gland de pénis. Le fibrome : il est si gros, si imposant, que j'ai peine à croire qu'il ne s'agit pas d'un élément fonctionnel de l'anatomie de Hope. On dirait un navet, un tourbillon compact de tissu violacé ; Nicolette Horbach dit que cela lui rappelle le tissu cérébral. L'utérus proprement dit : à ce stade, on ne peut pas dire que l'organe soit franchement photogénique. Un petit sac quelconque de la taille d'un poing d'enfant, un timide accessoire de ce fibrome qui le parasite depuis si longtemps.

Une fois le col et l'utérus excisés, le vagin de Hope s'ouvre directement sur la cavité abdominale. Les chirurgiennes doivent donc le suturer. Le vagin n'est peut-être pas aussi sale que le dit la légende, mais c'est une ouverture et vous ne tenez sans doute pas à ce que le tout-venant vienne s'ingérer dans votre vie privée. Nicolette Horbach s'assure de ne pas avoir oublier une « saleté de fibrome » quelque part, un vestige de tumeur pouvant constituer un foyer d'infection. Les médecins finissent par laver la plaie béante à l'eau stérilisée. Avec le temps, les autres viscères se repositionneront d'eux-mêmes et rempliront la place occupée jadis par l'organe reproducteur. Les chirurgiennes sont sur le point de tout refermer. Quelqu'un change le disque et le tempo. « Le jazz, c'est pour le début, le rock, pour la fin », dit Nicolette. La chanson qui sort de la chaîne stéréo s'intitule « La femme enchaînée », comme par un fait exprès. Hope porte-t-elle encore ses chaînes, ou en a-t-elle été libérée ? Les chirurgiennes suturent les tissus qu'elles ont ouverts avec autant de délicatesse que d'assurance. C'est l'une des internes qui pose les points et elle aime visiblement ce qu'elle fait. Elle a les doigts qui volent. On dirait qu'elle joue d'un instrument de musique constitué de fils, de muqueuses, de graisse et de peau. Une fois l'épiderme recousu et l'organisme revenu à son état préféré de confinement solitaire, le ventre de Hope Philipps paraît étonnamment en ordre, sans que le mince trait sombre de la balafre laisse deviner l'assaut qu'il vient de subir. « Nous aimons réussir des cicatrices aussi discrètes que possible, parce que c'est là-dessus que les patientes nous jugent, remarque Horbach. Elles ne voient jamais tout le travail qu'on a pu faire à l'intérieur. » Le voir, bien sûr que non. Mais le ressentir – comment pourraient-elles l'éviter ?

Ce n'est pas la matrice qui définit la femme, pas plus philosophiquement que biologiquement, ni même étymologiquement. La femme n'a pas besoin de naître avec un utérus pour être femme, ni de le conserver pour le rester. Nous ne tomberons pas dans le culte de la matrice, et ne gratifierons pas les hommes d'une quelconque envie de l'utérus. Rares sont ceux qui nous jalousent pour cela. En tout cas jamais celui qui côtoie la femme enceinte. Et pourtant, la plupart d'entre nous ont grandi avec l'image d'anatomie familière du système reproducteur féminin, cette sorte de tête de bélier à la façon du peintre Georgia O'Keeffe avec sa face en forme d'utérus, le col pour barbichette et les trompes de Fallope en guise de cornes. Cette image évoque la parfaite configuration du pelvis féminin : un triangle au sein d'un autre triangle. L'utérus nous appartient en propre, du moins esthétiquement ; il nous va bien. Pendant près de trente-huit ans de notre existence, de douze à cinquante ans, nous vivons les déchirements ordinaires de l'utérus sous la forme de la menstruation. Alors, c'est quoi cet utérus ? En quoi consiste sa morphologie ? Pourquoi est-il si caractériel, enclin à ces excroissances faisant penser aux tubercules qu'on va déterrer dans le jardin ? Rendons-lui ce qui lui revient mais avec précision, sans obséquiosité. L'utérus, en dehors de la grossesse, est de la taille d'un petit poing ; examinons de plus près sa force de frappe.

En un sens, l'évolution se conforme à ces programmes d'entraînement ou de rééducation « en douze étapes » dont sont férus les Américains : à chaque jour sa peine. Elle ne se fatigue pas à rechercher la perfection ; en fait, elle ne se fatigue pas du tout. Il n'y a pas de progrès, ni grand dessein, ni échelons naturels, ni escalier de la nature qui rangeraient les organismes de l'inférieur au supérieur, du primitif à l'évolué. La mouche excelle en tant que mouche. N'aimeriez-vous pas, à l'occasion, être doté de sa vision multidirectionnelle ? Si les mammifères nous impressionnent plus que les insectes, si nous les plaçons plus haut, leur trouvons un charme irrésistible, rappelons-nous que ce préjugé n'est jamais, lui aussi, que le résultat de la sélection naturelle. Nous avons tendance à préférer ce qui nous ressemble, parce que la ressemblance implique une relation génétique et que nous avons un faible pour nos propres gènes. Ils nous donnent ce que nous sommes. Cette propension à privilégier sa mare génétique personnelle aux eaux venues d'ailleurs s'appelle la sélection familiale, ou domestique, laquelle touche à bien des sphères de l'existence. Cela signifie que nous aiderons plus volontiers un proche qu'un étranger, ressentons plus d'affinités avec le chimpanzé, voire le lion, qu'avec un organisme plus exotique pourvu d'un squelette externe, d'un plan corporel segmenté et d'appendices incurvés vers l'arrière. Mais ce n'est pas parce que nous nous identifions aux créatures à sang chaud couvertes de poils qui allaitent leurs petits que l'ordre des mammifères est plus proche de Dieu (fût-il une déesse).

Tout cela étant bien précisé, je prends la liberté d'affirmer que l'utérus est une invention magnifique, une révolution physiologique. J'ai expliqué plus haut que la conception et la gestation internes permettaient de protéger le fœtus, et qu'un fœtus à l'abri peut se payer le luxe de développer un système nerveux central élaboré. L'utérus et son serviteur, le placenta, cajolent la progéniture comme personne ne le fera jamais plus, même pas la mère après l'accouchement. Plus l'on materne un animal, plus il est apte à dominer son environnement. Pour l'heure, ce sont nous, les mammifères placentaires, les Euthériens, qui définissons la vocation de mammifère. Mais les mammifères marsupiaux ne s'occupent pas trop mal non plus de leur fœtus minuscule lové dans leur poche externe. Les kangourous sont les cerfs de l'Australie, les koalas ses écureuils. Aux États-Unis, les opossums sont la denrée de choix des banlieues – ou leur fléau – et il s'agit de marsupiaux. Cela dit, il existe beaucoup plus d'espèces de mammifères à placenta qu'à poche ventrale, et la sous-classe des Euthériens a conquis des habitats terrestres bien plus vastes. Un cerveau de type humain aurait-il pu évoluer chez une espèce dont la gestation a lieu dans une poche ventrale, voire dans un œuf à coquille ? Sans doute pas. L'utérus a trouvé dans la cage pelvienne carrossée d'os et de ligaments un abri incomparable, et le placenta constitue un formidable milieu nourricier. Si la matrice n'a sans doute rien à voir avec l'intelligence féminine, le cerveau fœtal lui doit tout.

Le fœtus apprécie les charmes de son existence. C'est certain. Il ne quitte pas la matrice sans y être contraint par la résorption progressive du placenta, par un diktat de l'organisme maternel. Cela suffit, j'en ai fait assez pour toi. Prends la porte, sale gosse ! Subodorant l'aridité imminente, le fœtus libère une série de signaux biochimiques qui aboutiront à son expulsion du seul paradis que l'être humain connaîtra jamais.

La topographie de l'utérus garde ensuite les stigmates de sa fonction de mère primordiale devant assurer vivre et couvert au fœtus. Pensez aux vertus contradictoires que la matrice se doit d'assumer. Il lui faut être souple tout en étant stable. Regorger de richesses tout en restant abordable. Croître dans des proportions écrasantes. Communiquer avec le reste de l'organisme, discerner les fluctuations qui séparent l'ovulation de la menstruation. L'utérus fait partie du système endocrinien, ce macramé de glandes, d'organes et de structures cérébrales libérant des hormones tout en réagissant à d'autres. Il est empêtré dans les filets des surrénales, des ovaires, de l'hypothalamus et de l'hypophyse. Dans le même temps ce doit être un lieu privilégié, un asile inaccessible à la xénophobie des cellules immunitaires, un havre de paix d'où le fœtus ne peut être expulsé.

La structure de l'utérus n'est pas compliquée. Chez la femme adulte qui n'est pas enceinte, il pèse autour de soixante grammes et mesure environ sept centimètres. Il comprend deux parties, de longueur à peu près égale : le corps (ou le fond) de l'utérus et son col qui débouche sur le vagin, lequel col s'ouvre légèrement pour laisser passer le sang menstruel et se dilate beaucoup plus à la naissance du bébé. Si vous observez le col de l'utérus de l'œil du gynécologue, vous voyez un beau beignet recouvert de sucre glace. Un médecin exerçant dans une clinique de santé pour femmes racontait que les examens gynécologiques lui donnaient la fringale. Ce n'était pas une plaisanterie douteuse. Elle adorait les beignets, tout simplement.

L'utérus, c'est un sandwich de bonne taille, avec des muscles en guise de pain. Le col comme le fond sont constitués de trois types de tissus. Au milieu la viande, enfin, le myomètre, bien épais, constitué de trois couches de muscles intriquées l'une dans l'autre. À l'extérieur du myomètre, un manteau luisant : la tunique séreuse, similaire par sa texture et sa fonction aux sacs qui entourent le cœur et les poumons (le péricarde et la plèvre). La séreuse utérine préserve de la même façon l'humidité et l'intégrité de l'organe.

De l'autre côté du myomètre, la muqueuse utérine, l'endomètre. L'organisme aime travailler par trois : l'endomètre est formé de trois couches épithéliales. Contrairement à la tunique séreuse, la membrane épithéliale respire, renifle et se mouche. Elle absorbe de l'eau, des sels et autres substances. Elle sécrète du mucus, un mélange aqueux de globules blancs, de protéines visqueuses connues sous le nom de mucines et de cellules tissulaires éparses. Le sang menstruel est constitué pour partie de ce mucus. Deux des enveloppes épithéliales se désintègrent au moment des règles, pour se reconstituer au début du nouveau cycle. À la façon des créatures touchées par la révélation, la troisième, la couche la plus profonde de l'endomètre, échappe à la roue de la mort et de la régénération : c'est à ce sol stable que le placenta s'amarre quand vient le moment de ménager un gîte au fœtus.

Hippocrate pensait que la matrice vagabondait, au sens propre du terme, en s'égarant jusqu'à la cage thoracique, voire jusqu'à la gorge, tenant d'autant moins en place qu'elle n'était pas régulièrement nourrie de semence masculine. (Il estimait que l'utérus d'une prostituée se tenait plus tranquille que celui d'une vierge.) Il avait tort, évidemment. Mais cela ne veut pas dire que l'utérus présente l'immobilité d'une pierre. En fait l'utérus est labile. Il est maintenu de façon assez lâche au sein de la ceinture pelvienne par six ligaments, des bandes élastiques de tissu fibreux qui contiennent aussi les vaisseaux sanguins qui l'alimentent. La position de l'utérus au sein de la ceinture pelvienne se modifie selon votre posture, couchée ou debout, selon que votre vessie est vide ou pleine et autres circonstances tout aussi prosaïques. Si vous vous asseyez, sans avoir de besoin pressant, sans être enceinte, il y a des chances pour que votre utérus pointe légèrement vers l'avant, le fond incliné vers un point situé à trois ou quatre centimètres au-dessus du pubis, l'os de l'entrejambe. Si vous vous levez, toujours la vessie vide, et rejetez les épaules en arrière en une crispation toute militaire, votre utérus prendra une position horizontale, comme une poire qu'on aurait renversée.

L'utérus connaît sa phase physiologique la plus flamboyante au moment de la grossesse. L'organe qui pesait soixante grammes avant la gestation passe à près de deux livres au terme de la grossesse, un gain de poids qui ne dépend pas de celui du fœtus ou du placenta. Il voit son volume multiplié par mille. Aucun organe ne connaît une croissance aussi spectaculaire à l'âge adulte, sauf hypertrophie pathologique. Six semaines après l'accouchement, l'utérus aura retrouvé ses proportions primitives, la taille d'un poing. Le myomètre est le théâtre des changements les plus importants. Les cellules musculaires se multiplient au début de la gestation, grossissent, puis s'hypertrophient au second trimestre à la façon de toute cellule musculaire soumise à un entraînement sportif intensif. Au dernier trimestre, lesdites cellules ne se multiplient et ne grossissent plus, mais l'ensemble de la paroi utérine s'étire, s'étire encore jusqu'à ce que, c'est rien de le dire, vous ayez l'impression d'être sur le point d'éclater. En réalité, c'en est étonnant, l'utérus se déchire rarement au cours de la grossesse. Les mammifères à placenta existent depuis quelque cent vingt millions d'années ; ils ont eu tout le temps de parer aux ratés de l'élasticité de la matrice.

Comme souvent dans la vie, ce problème de croissance se résout par équilibre des forces. Ah, la placide madone ! L'utérus, au cours de la grossesse, c'est un combat à bras-le-corps entre deux catcheuses de force égale bien musclées. Un bras chancelle puis se redresse, l'autre faiblit puis reprend l'avantage. N'oubliez pas que l'utérus grossit parce que vous êtes alors imprégnée d'œstrogènes. Il y a quatre mille ans, la femme qui voulait savoir si elle était enceinte mélangeait son urine à des grains d'orge ; si l'orge poussait plus vite que d'habitude, cela signifiait qu'elle était grosse. Même si personne ne savait alors pourquoi, la fiabilité du test tenait sans doute à ce que les œstrogènes stimulent le métabolisme de toutes sortes de cellules – qu'il s'agisse de cellules de mammifères, d'insectes ou de céréales. Les œstrogènes sont des accélérateurs biologiques très puissants, des signaux venus du fond des âges de la Babel organique, comme je l'expliquerai plus tard en détail. Pour l'heure il suffit de dire que les œstrogènes accélèrent la division et la croissance des cellules du myomètre.

Le schéma se heurte néanmoins à un problème. Les hormones induisent également chez les cellules musculaires un état d'excitation électrique. Elles les font se contracter. Et si l'utérus se contracte trop, il expulse le fœtus. C'est pourquoi le myomètre doit recevoir un tranquillisant au moment même où il lui faut prendre du volume. C'est le travail de la progestérone, dite hormone de grossesse (progestérone signifiant pro-gestation). La progestérone inhibe les contractions des cellules musculaires. Tout au long des neuf mois de couvaison du bébé, les œstrogènes et la progestérone mènent une négociation serrée. De légères contractions traversent la matrice en expansion comme autant d'orages locaux passant sur le désert. Plus la grossesse avance, plus ces contractions dites de Braxton Hicks se font insistantes. Déesse toute-puissante, il ne manquait plus que ça ! Vous avez le ventre qui gonfle, vous vous dites que vous allez exploser, que vous êtes une supernova... et voilà que les contractions vous prennent. Vous reconsidérez la situation : vous n'allez pas exploser, mais vous effondrer sur vous-même. Vous êtes un gigantesque trou noir.

L'utérus grossit. L'utérus se rétracte. On n'est pas si loin du cœur, ce grand muscle généreux qui gonfle, rétrécit, se contracte et se relâche comme s'il jouait du be-bop. Les oscillations et les rythmes profonds sont la source de la vie, le principe du vivant ; jusqu'aux cellules qui fonctionnent par pulsations. Quand les radioastronomes découvrirent pour la première fois des signaux réguliers en provenance d'une étoile à neutrons éloignée, ils crurent avoir détecté un message d'une lointaine civilisation. Qu'est-ce qui aurait pu émettre des signaux si rythmés sinon d'autres créatures vivantes ? Après examen, lesdits signaux se révélèrent trop réguliers, trop mécaniques pour avoir une origine vivante. Les scientifiques en localisèrent alors la source dans le noyau en rotation d'une étoile à neutrons particulièrement dense. Si nous réagissons viscéralement à la musique, c'est parce que nos viscères sont les percussionnistes originels : le cœur et l'utérus font partie de nos pacemakers naturels les plus remarquables.

Au-delà de leur rythmicité, le cœur et l'utérus partagent une autre caractéristique : la symbiose avec le sang. Toutes les femmes ne conçoivent pas, mais pratiquement toutes les femmes saignent, ou ont saigné. Jane Carden disait qu'elle regrettait bien plus de ne pas avoir de règles que de ne pouvoir être enceinte. En l'occurrence, elle avait le sentiment de passer à côté d'un des événements extraordinaires de l'odyssée féminine. Effectivement. Il n'existe pas de ligne de démarcation plus nette, de rituel de passage à l'âge adulte plus évident, que l'apparition des premières règles. Quand on veut donner un exemple de souvenir indélébile, on mentionne l'endroit précis où l'on se trouvait au moment de l'assassinat de Kennedy ou de l'explosion de la navette spatiale *Challenger*. Mais si la femme se souvient vraiment de quelque chose, c'est de ses premières règles ; le fer rouge de l'émotion en a définitivement imprimé le souvenir dans le cerveau. À quelques exceptions près, les filles sont ravies d'avoir leurs règles. Elles ont le sentiment d'avoir accompli quelque chose d'important, d'avoir réussi leur entrée dans l'existence. Emily Martin a interviewé beaucoup de femmes de tous milieux sociaux sur leur menstruation. Toutes avaient de bons souvenirs de leurs premières règles. L'une se rappelait s'être mise à chanter dans la salle de bains. Une autre s'était précipitée à la cafétéria pour annoncer la nouvelle à ses copines de classe, lesquelles avaient répondu par une petite ovation en lui offrant une glace. Celles qui sont trop timides pour célébrer l'événement en public se réjouissent intérieurement. Anne Frank, dans son journal, parle de ses premières règles – les seules que sa courte vie devait lui réserver – comme de son « merveilleux secret ». Si la jeune fille a des douleurs, il lui arrive même d'en éprouver du plaisir, du moins au début. Elles sont la preuve des pouvoirs de son corps, de ce jeu musculaire interne qui la propulse vers une destinée qui, pour l'heure, lui semble aussi dense et éclatante que le sang qu'elle perd.

Après la griserie des premières règles, nous commençons pour la plupart à considérer l'événement récurrent comme une corvée, une sujétion, une gêne. On se veut désinvolte, pragmatique, mais il n'empêche. On se sent toujours mal à l'aise quand il faut demander un paquet de tampons ou de serviettes hygiéniques à un vendeur. Les mythes et les tabous qui entourent la menstruation sont innombrables, dont bon nombre, ce n'est guère surprenant, viennent des grands noms de l'histoire de la médecine, des hommes évidemment : Hippocrate, Aristote et Galien. Hippocrate prétendait que c'était la fermentation du sang qui provoquait les règles, car la femme n'avait pas ce trait viril qui permet d'éliminer les impuretés du sang par la sueur ; le sang menstruel avait d'ailleurs une « odeur fétide », précisait-il. Galien croyait que les règles évacuaient le résidu sanguin de l'alimentation que l'organisme féminin, moins perfectionné que celui de l'homme, était incapable de digérer. Aristote quant à lui affirmait que les menstrues représentaient l'excès de sang non assimilé par le fœtus.

L'idée de la toxicité du sang menstruel a envahi la pensée planétaire, à l'Ouest comme à l'Est, au Nord comme au Sud. La femme qui a ses règles libère des émanations nocives. C'est pourquoi la viande s'avarie, le vin tourne à l'aigre, la pâte à pain ne lève pas, les miroirs s'obscurcissent et les couteaux s'émoussent en sa présence. On la confine donc dans une hutte, à la maison, où vous voulez à condition que ce ne soit pas ici. Certains anthropologues ont avancé que les sociétés de chasseurs mettaient les femmes rigoureusement à l'écart pendant leurs règles de peur que leur odeur n'attire les animaux. Même aujourd'hui on dissuade les femmes de camper au moment de leurs règles dans des régions où résident des ours, de peur que les grandes narines des ursidés ne captent leur odeur. Difficile de savoir si la mise en garde est justifiée. Des biologistes de Caroline du Nord ont récemment tenté de savoir ce qui pouvait attirer les ours le plus efficacement. Le sang menstruel s'est révélé un bien piètre appât. Certains hommes, à l'instar des ours ou autrement, prétendent qu'ils savent reconnaître à l'odeur si une femme a ses règles. Mais personne n'a jamais mené d'enquête vérifiant cette charmante conviction non exempte d'une certaine vanité. Pour avoir partagé le même toit que ses camarades au nez sensible, l'auteur féminin qui rapporte ces propos n'en a semble-t-il pas vérifié la véracité. Ce qui est sûr, c'est que les hommes qui tiennent à se préserver des émanations de la menstruation ne s'appuient guère sur leur sens olfactif pour distinguer la propreté de la saleté. Il n'est pas inhabituel, pour un juif orthodoxe par exemple, de refuser les soins d'une femme médecin sous prétexte qu'elle pourrait avoir ses règles et du même coup l'infester plus gravement que la maladie dont il souffre.

Soyons justes. Les vues sur la menstruation n'ont pas toujours été uniformément négatives. Il est arrivé que l'on considère que ces mêmes ingrédients prétendument charriés par le sang avaient un pouvoir thérapeutique. Les Marocains imbibaient les pansements destinés aux plaies et aux blessures de sang menstruel ; en Occident, on le préconisait pour le traitement de la goutte, du goitre, des vers et, en vertu de la théorie qui consiste à combattre le mal par le mal, des troubles menstruels. La vieille pratique de la saignée, qui a dominé la médecine pendant des siècles, s'inspire peut-être du phénomène des règles, bien qu'on n'ait pas épargné ces hémorragies provoquées aux femmes malades, elles qui pourtant saignent naturellement.

Les variations sur le thème du succube sanglant peuvent amuser ou irriter. Mais sommes-nous si dégagées de préjugés aujourd'hui ? Nous, les femmes modernes, ne pensons-nous pas que le sang menstruel est sale, plus dégoûtant en tout cas que le sang qui s'écoule d'une coupure sur le bras ? Lequel goûteriez-vous le plus volontiers ? Camille Paglia, la plus calamiteuse et la plus misogyne de nos féministes autoproclamées, exprime dans son livre *Sexual Personae* un point de vue sur la menstruation guère plus inspiré que celui d'Hippocrate, d'Aristote ou de Galien. « Le sang menstruel, écrit-elle, est la tache, la marque de naissance du péché originel, la souillure humaine que la religion transcendantale doit laver. S'agit-il d'une phobie, d'une assimilation misogyne ? Ou le sang des règles a-t-il quelque chose d'inquiétant justifiant le tabou dont il est l'objet ? À mon avis [...] ce n'est pas le sang menstruel proprement dit qui perturbe l'imagination – même si l'on ne peut étancher ce flux vermeil périodique – mais plutôt l'albumine qu'il contient, les lambeaux d'utérus, la méduse placentaire de la femme océan. Nous avons un dégoût inné pour la vase, le site biologique de nos origines. C'est le destin de la femme. Elle est confrontée chaque mois aux abysses du temps et de l'existence, c'est-à-dire à elle-même. » Une méduse placentaire ! Oubliez la hutte menstruelle des chasseurs-cueilleurs. On devrait reléguer cette femme dans un aquarium.

On fait également toute une histoire des inconvénients survenant au moment des règles et les jours qui précèdent : maux de tête, crise de larmes, seins douloureux, poussées d'acné. Le syndrome prémenstruel est devenu une catégorie taxonomique particulière de la psychiatrie, aux côtés des crises de panique et du comportement compulsif obsessionnel. On soupçonne les femmes d'être un peu moins performantes à l'arrivée de leurs règles, alors même qu'on observe parfois l'inverse. Comme le faisait remarquer Paula

Nicholson, le constat empirique des chercheurs laisserait penser que « la phase prémenstruelle du cycle s'accompagne souvent d'une hausse de l'activité, d'une plus grande clarté intellectuelle, d'un sentiment de bien-être et d'euphorie ainsi que d'une montée du désir sexuel ». Je peux en témoigner personnellement. L'un de mes plus beaux souvenirs d'étudiante fut ce jour où j'attendais mes règles. J'étudiais dans le salon et ressentis un incroyable accès d'euphorie. Je levai les yeux de mon livre et fus éblouie. L'air était si clair, si pur, si transparent, que les objets de la pièce s'en détachaient comme sur une eau-forte. Et pourtant, j'avais l'impression de percevoir l'air pour la première fois. Il m'était devenu visible, molécule par molécule. Ma concentration était extrême, sans la moindre trace d'anxiété. J'eus un instant l'impression d'avoir absorbé le parfait psychotrope, celui qui reste à inventer : disons le *liberitium*, ou le *creativil.*

Mon enthousiasme s'évanouit rapidement et je fus incapable de retrouver ces sensations lors des cycles qui suivirent. C'étaient les années soixante-dix, l'époque où les féministes voulaient créer une mythologie d'inspiration féminine et, entre autres, attribuer aux règles un nom plus seyant. Louable entreprise que j'accueillais, c'était plus fort que moi, par des sarcasmes peu amènes. Elles étaient – j'entends déjà ma fille me le dire un prochain jour – tellement *XXe siècle.* Lors d'un cours sur la femme, à l'université, une assistante nous suggéra de nous débarrasser les mois suivants de nos tampons hygiéniques pour revenir aux bonnes vieilles serviettes, histoire de mieux ressentir le phénomène des règles, de vivre vraiment le flux menstruel. Et quoi encore, m'étais-je dit. Cela fait au moins trois mille ans que les femmes se mettent des tampons ; les Égyptiens de l'Antiquité ont laissé des écrits évoquant quelque chose qui ressemble à l'ancêtre du tampon hygiénique. Le père de l'utérus à tentacules, Hippocrate, y fait lui aussi allusion. Je n'ai pas suivi le conseil du professeur, ni à l'époque ni par la suite. J'avais été enchantée quand ma mère m'avait autorisée à échanger mes serviettes contre des tampons – après qu'un médecin l'eut assurée que ces derniers n'offraient aucun risque pour l'hymen de la jeune fille – et je n'allais pas m'embarrasser à nouveau d'un ballon de foot en coton entre les jambes.

Cela dit, je crois qu'une mythologie féminine de la menstruation serait la bienvenue, une construction mentale centrée sur notre commune expérience périodique – quelque chose d'équivalent, qui sait, au rituel de la miction masculine. À l'évidence, les hommes trouvent leur façon de pisser debout virile, amusante et potentiellement séditieuse. On ne verrait pas sinon autant de scènes se déroulant dans des urinoirs publics au cinéma et à la télévision. Emily Martin a décrit en quoi l'existence des règles pouvait faciliter la révolte et la solidarité, en offrant une excuse aux femmes qui travaillent pour se retrancher dans le seul lieu où leur patron masculin ne peut les suivre. « On trouve dans les documents du début du XXe siècle toutes sortes de récits sur des groupes de deux ou trois filles surprises à “refaire le monde” dans les toilettes [...]. Ici, c'est une fille qui sanglote aux lavabos parce qu'on l'a volée sur sa paie ; là, ce sont des ouvrières d'une usine textile qui lisent des tracts qu'on y a affichés clandestinement afin de monter un syndicat. » Réunissons-nous à nouveau en catimini pour refaire le monde et fomenter la révolte. Libérons-nous des traditions, des inepties et autres pudibonderies à la Paglia visant la menstruation, et forgeons un paradigme qui se fonde sur la réalité. Comment et pourquoi saignons-nous ? Quel est le processus évolutif à l'origine de la mort et la régénération cycliques de l'endomètre ? Très curieusement, personne ne se posait cette question jusqu'à tout récemment, et l'on est toujours loin d'avoir une réponse. Mais c'est en explorant les origines que l'on retrouve souvent un sang neuf.

L'utérus se manifeste pour la première fois à nous avec la venue des règles. Chez la femme occidentale, peu prolifique, l'utérus donne de ses nouvelles disons entre 450 et 480 fois au cours de l'existence. Des règles moyennement abondantes libèrent environ six cuillers à soupe de substance, soit près d'un décilitre de liquide, dont la moitié se compose de sang et l'autre moitié de lambeaux de la muqueuse utérine sans oublier les sécrétions vaginales et utérines. On considère généralement les règles comme un phénomène passif, une désintégration tissulaire s'évacuant par le simple jeu de la gravité. La muqueuse utérine se construirait en attendant religieusement le blastocyste qui donnera un bébé ; si rien ne vient, la muqueuse se désintègre comme un papier mural atteint de moisissure. Le phénomène actif, pensons-nous, se limite à la phase du cycle qui précède les règles, une période d'anabolisme qui voit l'endomètre se gonfler de tissus et de nutriments au moment de la maturation ovulaire. En l'absence d'événement susceptible d'entretenir cet anabolisme, autrement dit en l'absence de fécondation et d'implantation embryonnaire, la muqueuse utérine n'a plus pour fonction de nourrir le futur bébé et l'activité cesse ; on retire la bonde et les eaux rougeâtres s'évacuent.

En fait, cela ne se passe pas ainsi. Rappelez-vous les enseignements de la biologie contemporaine : la mort est un processus aussi actif que la vie. Les ovules meurent par apoptose ou, si vous préférez, ils se suicident. Il en va de même de la menstruation : c'est une affaire dynamique, très orientée. La biologiste Margie Profet, qui exerce aujourd'hui à l'université de Washington, considère la menstruation comme une adaptation, autrement dit comme le produit d'un dessein dont l'auteur, en l'occurrence, est la plus formidable et la moins prétentieuse des divinités, la sélection naturelle. « Les différents mécanismes aboutissant collectivement au phénomène des règles révèlent leur caractère adaptatif par leur précision, leur économie de moyens, leur efficacité et leur complexité, écrit-elle. Si la menstruation n'était qu'un effet secondaire fonctionnel du cycle hormonal, elle ne se serait pas engendrée par des mécanismes physiologiques spécifiques. »

Le premier mécanisme tient à un système artériel particulier. Celui-ci, composé de trois artères spiralées (en forme de tire-bouchon), irrigue les deux couches superficielles de l'endomètre, celles qui se reconstituent chaque mois. Durant la grossesse, ces artères en spirale assurent l'irrigation sanguine du placenta. Mais leur fonction ne se limite pas à l'alimentation du fœtus. Quelques jours avant l'apparition des règles, les artères s'allongent en spirales plus compactes comme un collant qu'on étirerait en le tordant aux deux bouts. La circulation sanguine de l'endomètre ralentit – le calme avant la tempête. Vingt-quatre heures avant les premiers saignements, les spirales se contractent brutalement. Les robinets se ferment et le sang cesse de circuler. L'utérus fait une crise cardiaque. Les tissus de l'endomètre, privés de sang, donc d'oxygène, agonisent. Puis les artères se rouvrent provisoirement aussi soudainement qu'elles s'étaient fermées, libérant un flot de sang. Le sang s'accumule dans des poches situées sous l'endomètre nécrosé, ce qui fait gonfler et éclater les muqueuses. C'est alors que les règles apparaissent. Leur œuvre fatale accomplie, les artères spiralées se contractent à nouveau. (Les fibromes perturbent le rituel de la menstruation dans la mesure où leur irrigation sanguine parasite ne respecte pas l'alternance de contraction et de relaxation des artères spiralées.)

L'autre trait remarquable du phénomène des règles tient à la nature du sang menstruel. Le sang a généralement tendance à coaguler. À moins d'être hémophile, votre sang s'écoule brièvement puis coagule quand vous vous coupez, grâce aux plaquettes et à la viscosité de protéines plasmatiques comme la fibrine. Le sang menstruel ne coagule pas. Il a parfois une drôle d'allure, et les lambeaux de muqueuses qu'il charrie peuvent laisser passer des caillots – nos gluantes méduses – mais le sang proprement dit contient très peu de plaquettes et ne forme pas le réseau dense de coagulation propre au sang qui s'écoule d'une blessure. Si le sang des règles finit par cesser de s'écouler, cela tient uniquement à ce que les artères spiralées se contractent après la mort de l'endomètre.

Un tire-bouchon en guise d'artères, du vin en guise de sang : nous étions prédestinées à la menstruation, c'est clair. Mais ce n'est pas tout. Tout problème biologique, comme l'a souligné le théoricien de l'évolution Ernst Mayr, se résume à deux questions : le comment et le pourquoi, l'analyse immédiate et l'explication fondamentale. La menstruation doit avoir ses raisons, une cause qui a été à l'origine de l'évolution de ce système complexe et précis. Et l'on se heurte ici à bien des difficultés historiques. La recherche a été jusqu'à récemment le monopole de la gent masculine. Or les hommes n'étant pas soumis à la menstruation, les chercheurs ne se sont pas trop fatigués à rechercher l'origine de ce phénomène exclusivement féminin. Les gynécologues se sont contentés d'explorer certains détails de la physiologie des règles, autrement dit se sont limités au comment. Il a fallu attendre le début des années quatre-vingt-dix pour qu'on se mette à réfléchir sérieusement au pourquoi : dans une article publié par la *Quarterly Review of Biology,* Margie Profet présenta une hypothèse trop provocatrice pour qu'on l'ignore.

Margie Profet est une belle femme élancée proche de la quarantaine, toute de séduction mais d'une volonté de fer. Elle a de longs cheveux blonds, les yeux bleus, parle d'une voix mélodieuse et amicale, et arbore des tenues à la mode, style jupe de cuir noir à grosses fermetures Éclair avec petite veste assortie. Elle a été lauréate d'une des célèbres bourses de la fondation MacArthur sans se soucier par la suite d'obtenir son doctorat de peur de se noyer dans le conformisme professionnel. Politiquement, c'est une sorte de féministe libertaire, du genre à penser que Charles Murray, l'auteur du célèbre *The Bell Curve* (« La courbe en cloche » [1]) est quelqu'un

1. Dite aussi « courbe de Gauss », correspondant à une distribution statistique normative. *(N.d.T.)*

de bien et que la *Food and Drug Administration* constitue une menace pour les libertés. Intellectuellement c'est une contestataire, une vraie diablesse. Autrement dit elle pose des questions gênantes sur des évidences auxquelles personne n'avait réfléchi jusque-là.

En bonne théoricienne de l'évolution, Margie Profet pose le problème de la menstruation en termes d'économie comptable, d'analyse coûts-rendements. Le phénomène des règles, constate-t-elle, est extraordinairement dispendieux. La désintégration et la régénération mensuelles de la muqueuse utérine brûlent beaucoup de calories. Or chaque calorie comptait pour nos ancêtres du pléistocène qui frisaient constamment la malnutrition au cours de leur brève existence. En outre, quand vous perdez du sang, vous perdez du fer, un oligo-élément essentiel dont l'environnement de nos aïeules était plutôt chiche. Enfin, le cycle menstruel devait réduire la capacité reproductrice de la femme. L'édification et la destruction récurrentes de l'endomètre limitent également la période de fécondité féminine. Puisque l'évolution fait tant de cas de la reproduction, pourquoi consacre-t-elle tant d'efforts à la contrer ?

À trait dispendieux, justification haut de gamme. Margie Profet y a mis le prix. La menstruation, suggère-t-elle, n'est rien de moins qu'un mécanisme de défense de l'organisme, une extension du système immunitaire. Nous perdons notre sang pour débarrasser l'utérus des germes potentiellement pathogènes ayant pu s'introduire à la faveur du sperme. Réfléchissez à la situation. L'utérus est une cité brillante s'attendant à être mise à sac, et le sperme son cheval de Troie. Les bactéries, virus et autres micro-organismes peuvent accéder à la matrice en chevauchant leur monture génétique, et c'est effectivement ce que révèle le microscope électronique : une scène d'émeute de dessin animé montrant la cellule mâle en forme de têtard entourée d'une foule de parasites microbiens. S'il leur était permis de subsister au sein de l'utérus, les microbes pathogènes pourraient se déchaîner en provoquant maladies, ulcérations et pathologies fatales. Voilà à quoi sert la mort de l'endomètre, explique Margie Profet : à nous permettre de survivre.

Elle souligne également que le phénomène des règles n'est pas le seul type de saignement utérin susceptible d'expulser les germes pathogènes de la matrice. La femme saigne au moment de l'ovulation, de la conception, et perd beaucoup de sang à la suite de l'accouchement. En somme, le fait de saigner devrait être considéré comme la solution trouvée par l'utérus pour faire face aux périls de la fécondation interne.

Cette nouvelle caractérisation des règles comme mécanisme de défense physiologique éclaire sensiblement différents traits qui laissaient perplexe. Pourquoi, par exemple, la désintégration de l'endomètre devrait-elle s'accompagner d'une hémorragie ? L'organisme sait se débarrasser des tissus nécrosés sans appeler le sang à la rescousse. La muqueuse de l'estomac se renouvelle régulièrement, par exemple, sans qu'elle ait besoin de saigner. Selon Margie Projet, si nous saignons, c'est parce que le sang est porteur de cellules immunitaires – cellules T, cellules B et macrophages – qui contribuent à expulser tout intrus pathogène s'aventurant au sein de l'utérus. Pourquoi la muqueuse se désintègre-t-elle au lieu de se résorber dans l'organisme en suivant une logique plus sobre ? Afin d'éviter le recyclage de tissus malades. Et pourquoi saignons-nous généreusement par rapport aux autres mammifères femelles qui sont sans doute aussi vulnérables aux intrus indésirables ? Parce que nous sommes une espèce amoureuse. Nous ne nous contentons pas de faire l'amour à la saison de l'œstrus mais à de multiples fins étrangères à la procréation – sociales, vénales, apaisantes ou ludiques. Il nous faut donc saigner abondamment pour nous récurer à fond, autrement dit faire appel aux macrophages du péché. Cela dit, même si les règles de la femelle humaine sont relativement abondantes, Margie Profet pense également que la plupart des mammifères, sinon tous, connaissent une forme de saignement utérin protecteur. Les chercheurs découvriraient beaucoup plus d'exemples de menstruation animale, s'ils consentaient un effort d'observation. La plupart des espèces connues pour leurs hémorragies mensuelles sont nos sœurs primates, mais l'on a observé qu'il arrive aussi aux chauves-souris, aux vaches, aux musaraignes et aux hérissons de saigner du vagin.

Les réactions des états-majors professionnels à la thèse radicale de Margie Profet furent immédiates et massivement négatives. Voilà bien un point de vue de néophyte ! gloussèrent les gynécologues. Bien loin de constituer un mécanisme protecteur, expliquèrent-ils, la période des règles est celle du mois où la femme est la plus vulnérable aux infections bactériennes telles la blennorragie ou les *chlamydiae*. C'est le moment où la muqueuse cervicale s'amincit et permet aux microbes qui colonisent le vagin d'accéder plus facilement à l'utérus. Quant au cheval de Troie spermatique, parlons-en ! Les débris de la muqueuse utérine sont eux-mêmes fréquemment un agent pathogène contaminant les tissus fragiles de la cavité utérine et les trompes de Fallope. Avoir recours à la menstruation pour protéger l'utérus ? Autant embaucher un loup pour protéger un troupeau primé de moutons clonés ! s'exclamèrent les spécialistes.

D'autres firent remarquer que les règles régulières sont une invention récente. Nos aïeules du pléistocène n'avaient pas l'occasion de s'inquiéter chaque mois de leurs carences en fer, étant la plupart du temps enceintes d'un enfant ou en train de l'allaiter. Aujourd'hui même, dans certains pays sous-développés, les femmes peuvent ne pas avoir de règles plusieurs années de suite. Un anthropologue rapporta qu'il avait interviewé une femme indienne de trente-cinq ans qui non seulement n'avait jamais eu de règles mais n'avait même aucune notion de quoi il s'agissait. Mariée à onze ans, elle avait conçu son premier enfant avant ses premières règles pour ne plus cesser d'être enceinte ou d'allaiter depuis, donc en état d'aménorrhée.

Au bout du compte, ce qui irritait vraiment tout ce monde-là, c'est qu'il était pris au dépourvu. Nos experts n'avaient pas d'autre thèse à proposer. Après les premières dénégations dédaigneuses, certains chercheurs eurent la décence de vérifier la proposition de Margie Profet et d'envisager une alternative viable à sa théorie si cette dernière ne passait pas l'épreuve.

Berverly Strassmann, de l'université du Michigan, releva le défi avec un bel enthousiasme polémique, en publiant une longue exégèse dans la revue qui avait publié le travail de Margie Profet. Elle faisait remarquer que l'hypothèse de Profet conduisait à plusieurs pronostics : premièrement, que l'utérus devrait porter plus de germes pathogènes avant les règles qu'après ; ensuite que les moments du mois où la femme risque le plus une infection devraient avoir un rapport avec ceux de l'apparition des règles ; enfin, s'il fallait faire une comparaison entre espèces, que l'abondance des saignements menstruels chez les primates devrait dépendre d'une plus ou moins grande promiscuité – autrement dit que l'espèce présente des règles d'autant plus abondantes qu'elle est sexuellement active.

Berverly Strassmann concluait qu'aucun de ces pronostics n'avait été vérifié. Selon diverses études, les échantillons de prélèvements utérins ne présentaient aucune différence significative de charge bactérienne selon la phase du cycle au cours de laquelle ils avaient été obtenus ; tout au plus relevait-on une légère baisse de la concentration microbienne juste avant les règles. En fait, le sang est un excellent bouillon de culture pour toutes sortes de flores microbiennes, en apportant non seulement des protéines et des sucres mais également du fer. Ce n'est pas pour rien que Popeye mangeait des épinards (à supposer qu'ils soient riches en fer) ! Des chercheurs ont montré qu'on pouvait accélérer la prolifération du staphylocoque doré mis en culture en lui fournissant du fer, ce qui explique pourquoi un tampon hygiénique qu'on garde trop longtemps en place peut devenir un territoire idéal pour cet agent privilégié des chocs toxiques.

Strassmann a aussi vérifié si la date des règles et autres saignements utérins correspond au moment où la femme a besoin de passer au blanchissage ; ou pour prendre le problème par un autre bout, si la femme qui ne saigne pas – pendant la grossesse ou l'allaitement, par exemple – a moins besoin d'être protégée. Nos ancêtres se seraient-elles abstenues de tout rapport sexuel pendant leurs interminables périodes de gestation ou d'allaitement ? À en juger par les peuples de chasseurs-cueilleurs contemporains censés ressembler aux groupes humains des premiers temps de l'humanité, l'effort d'abstinence était mince. Les Dogons du Mali, par exemple, font l'amour pendant les premiers mois de la grossesse et recommencent un mois après l'accouchement. Et cela, en dépit du fait que les femmes ne retrouvent leurs règles qu'une vingtaine de mois après l'accouchement. En outre, les femmes de toutes cultures ont des rapports sexuels après la ménopause, sans que l'on constate une augmentation des risques d'infection.

L'analyse phylogénétique des autres primates n'a pas plus incité Strassmann à soutenir la thèse de la fonction anti-infectieuse. Ou, si vous préférez, elle n'a trouvé aucune corrélation entre l'abondance des menstrues d'une espèce et sa propension à faire le singe autour et alentour. Chez certains babouins particulièrement licencieux, par exemple, les femelles perdent peu de sang, voire pas du tout ; chez d'autres espèces de babouins affichant plus de retenue, où du moins la femelle ne s'accouple qu'avec un seul mâle, les menstrues sont abondantes. Chez les gorilles, monogames, la menstruation reste discrète. Chez les gibbons, également monogames, elle est bien visible.

Si nos hémorragies récurrentes ne nous protègent pas des microbes, à quoi servent-elles ? Pourquoi un mécanisme physiologique si dispendieux, au coût si extravagant ? Strassmann s'en prend ici au postulat central de Profet – à savoir que le coût de la menstruation exige une justification évolutionniste. Bien loin de coûter les yeux de la tête, la menstruation constitue une bonne affaire, explique-t-elle. Calorie pour calorie, l'approche reproductive façon Shiva, par mort et renaissance perpétuelle de la muqueuse utérine, revient moins cher que de maintenir l'utérus en état de fertilité constante. Prenez l'endomètre au meilleur de sa forme, juste après l'ovulation, quand il est susceptible de recevoir le blastocyste. Il est épais, riche, en plein dynamisme métabolique. Il sécrète des hormones, des protéines, des graisses, des sucres, des acides nucléiques. L'endomètre bien rebondi de la femelle humaine assure alors la fonction du jaune d'œuf, avec un coût énergétique très élevé. Strassmann a calculé que la muqueuse utérine dans sa phase de pleine maturation consomme sept fois plus d'oxygène que dans sa phase minimaliste, juste après les règles. Les besoins en oxygène se traduisent en besoins caloriques. En outre, les sécrétions de l'endomètre emballent le métabolisme de l'ensemble de l'organisme, dans la mesure où les hormones qu'il libère stimulent tous les tissus, du cerveau aux intestins. Encore une fois, un métabolisme plus élevé exige plus de calories. On peut comprendre qu'il faille restreindre une productivité exubérante au moment du mois où la conception est envisageable – c'est-à-dire au moment de l'ovulation. Si l'embryon ne se présente pas, la muqueuse et ses secrétions constituent une charge inutile. C'est le moment de se débarrasser du lot. De le liquider. On pourra toujours recommencer le mois suivant. Selon les estimations de Berverly Strassmann, la femme économise en quatre cycles menstruels l'équivalent énergétique de six jours de nourriture par rapport à ce qu'il lui aurait fallu si elle devait entretenir un endomètre en activité perpétuelle. Même chez les lézards les oviductes se ratatinent à la fin de la saison des amours.

L'utérus, donc, ressemble à un arbre à feuilles caduques, à un chêne ou un érable. L'endomètre joue le rôle du feuillage. Aux premiers beaux jours, à la chaleur de la lumière solaire, l'arbre se réveille et investit dans les feuilles. Son arborescence – tronc, branches, rameaux, ramilles – ressemble à celle de la vascularisation humaine, à la différence près qu'il s'agit de distribuer de l'eau et non du sang. L'analogie n'est pas fortuite. Eau bénite ou sang sacré, le phénomène est identique tant il est vrai que la structure arborescente figure la pompe hydraulique la plus efficace qui soit à partir d'une source centrale – cœur ou tronc d'arbre – vers les extrémités. Cette forme d'alimentation donne naissance aux bourgeons qui se déroulent en feuilles, qui elles-mêmes s'épaississent et s'assombrissent. Les feuilles sont des usines à photosynthèse qui transforment la lumière solaire en énergie consommable. Cette énergie permet à l'arbre d'engendrer des graines bien protégées, autrement dit des glands, les embryons des arbres futurs. Le coût d'entretien des feuilles est élevé – il faut les alimenter en eau, azote, potassium, autant de nutriments qui proviennent du sol. Mais elles paient l'arbre de retour en transformant les rayons du soleil en or. De la même façon la prodigalité accueillante de l'endomètre a-t-elle un coût métabolique assez salé. Il faut à la muqueuse de l'utérus de quoi alimenter l'embryon. Dans les deux cas, l'investissement n'en vaut la peine qu'à certains moments particuliers. Le moment opportun de l'apparition des feuilles chez les arbres se situe au printemps et en été, quand le soleil n'est pas chiche de sa lumière, l'eau disponible, les sols suffisamment meubles pour qu'on y puise ses nutriments. Ce n'est que par la suite que la feuille peut rembourser sa dette avec intérêts. Pour l'utérus, le moment critique correspond à celui où quelque chose mérite d'être nourri, après que l'ovule a convolé. À noter que la feuille tombe à l'automne à la façon dont la muqueuse de l'endomètre se délite à la fin d'un cycle en jachère : le corpuscule situé au bout de la ramille se resserre, coupe l'eau et laisse mourir la feuille qui dépend de lui.

Cela dit, la rentabilité putative de la mort cyclique de l'endomètre n'explique pas la nécessité du sang menstruel. Ne pourrions-nous pas couper dans les dépenses sans voir rouge ? Le sang, du point de vue de Strassmann, est à côté de la question. C'est un effet secondaire de la disparition de tissus fortement vascularisés. Leur liquidation fait forcément couler le sang. Alors quoi ? Ces belles artères en spirale qui détruisent l'endomètre et déclenchent l'hémorragie seraient-elles une preuve du caractère adaptatif de la menstruation, comme le croyait Profet ? Pas du tout. Elles ne sont là que pour l'amour du placenta, tranche Strassmann. C'est leur raison d'être – et avec la venue des règles, leur raison de ne pas être. Le placenta, c'est admirable, mais cela a des appétits de vampire. Il a soif de sang et ce sont les artères en spirale qui le lui procurent. Celles-ci propulsent chaque mois leurs tentacules torsadés au travers de l'endomètre ; pour peu qu'un placenta se constitue, elles l'abreuveront de sang. Quand l'endomètre se meurt, il emporte avec lui le réseau vasculaire, le bout des spirales artérielles, leurs doigts gorgés de sang. Chez la plupart des autres mammifères, l'architecture vasculaire de l'utérus présente moins de fioritures et leurs saignements menstruels sont moins manifestes. Les espèces qui présentent des artères en spirale – l'espèce humaine et certains autres primates – sont également celles qui perdent le plus de sang. C'est un phénomène structurel, explique Strassmann, un problème de plomberie plus qu'une question d'immunité. L'organisme pourrait résorber et recycler la muqueuse agonisante et le sang dont elle est imbibée : une stratégie parcimonieuse, un signe d'allégeance à la biologie de la misère, à la nature Harpagon. De fait, c'est ce que nous faisons, du moins jusqu'à un certain point. Seulement voilà : l'utérus humain est relativement grand par rapport au reste du corps, et l'organisme est tout simplement incapable de tout digérer. Pas plus que chez les autres espèces de primates dotées de matrices imposantes. Or les femelles de ces espèces sont aussi, en règle générale, nos sœurs de misère menstruelles.

Au bout du compte, que conclure ? À quoi rime cette dimension extraordinaire et prosaïque de la féminité qui nous fait perdre quelque quarante litres de sang au cours de notre existence hormonale active ? Qui doit-on croire ? Margie Profet, Beverly Strassmann, les gynécologues ? Faut-il se rabattre sur une théorie de son propre cru, à supposer qu'on en ait une ? En fait, nous ne sommes pas contraintes de choisir. Si j'ai appris quelque chose dans le domaine de la biologie, c'est que rien n'est univoque chez un organisme vivant. L'économie de la nature repose avant tout sur l'art d'utiliser tout ce qui se présente, une stratégie que nous pourrions appeler pléaptation[1], l'adaptation d'un organe ou d'un système à de multiples usages. Le foie, simple exemple, notre organe physiologique le plus impressionnant, accomplit plus de cinq cents tâches dont, entre autres, la transformation du glucose, des protéines, des graisses et autres éléments nécessaires à l'organisme, sans oublier la synthèse de l'hémoglobine – l'âme de nos globules rouges – ni l'élimination des toxines que nous ingérons en buvant du vin ou simplement en mangeant ces paquets de fibres de toxines naturelles que nous appelons légumes. Dirions-nous que le foie n'a qu'une fonction et n'exerce les autres qu'incidemment ? Non. Quelle que fût la fonction originelle du foie – et l'organe est apparu sous une forme primitive chez les invertébrés il y a des centaines de millions

1. Du grec *pleistos* : multiple, nombreux. *(N.d.T.)*

d'années –, il a assumé depuis toujours toutes sortes de rôles essentiels, étant sélectionné justement pour l'universalité de ses fonctions. De la même façon, la sueur nous protège contre la chaleur excessive, mais l'anxiété ou la consommation de mets épicés déclenchent également des suées qui permettent à l'organisme d'évacuer les substances chimiques nocives contenues dans les hormones du stress ou le curry. Et puis, il y a cette paire de glandes sudoripares modifiées qu'on appelle les seins, qui sécrètent une forme inhabituelle de sueur intéressant au plus haut point les nouveau-nés.

Les règles, en somme, sont peut-être une pléaptation. Elles présentent un intérêt énergétique, et elles protègent des infections. Félicitons-nous de pouvoir user de ces atouts au gré des besoins. L'un conditionne le bien-être de l'espèce, l'autre nous concerne en tant qu'individu. Prenez la thèse du saignement menstruel comme effet secondaire de l'hypervascularisation de l'utérus. Pourquoi tout ce réseau artériel, cette armée de séductrices ondoyantes ? Les artères en spirale alimentent un énorme placenta digne de Dracula. Il faut que le placenta soit grand et généreux pour alimenter lui-même la croissance du cerveau fœtal. Le tissu cérébral est insatiable. Il exige dix fois plus d'apports énergétiques que tout autre tissu de l'organisme. Au cours des trois derniers mois de la grossesse, le cerveau du fœtus grossit à une telle vitesse qu'il consomme les trois quarts de tout l'apport énergétique passant par le cordon ombilical. Pas étonnant que le cordon soit si épais et qu'il fasse penser à une longue saucisse ; pas étonnant que l'expulsion des chairs du placenta à la suite de la mise au monde du bébé soit considérée comme un événement en soi, méritant d'être catalogué comme la troisième phase du travail (la première étant la dilatation du col de l'utérus, la deuxième la délivrance du nouveau-né). Le cerveau du bébé doit s'alimenter, et il s'abreuve de sang.

Pourquoi saignons-nous ? Tout simplement parce que nous, humains, sommes sacrément intelligents [1], pourrait-on répondre.

Certes, cette façon de présenter les choses nous pose un peu en martyres. Si nous perdons notre sang, c'est pour que nos fils réfléchissent mieux. Nos filles aussi bien sûr, mais du moins en paieront-elles vite le prix dès la première chute des feuilles de leur

1. *Bloody smart,* écrit Natalie Angier qui n'a pas résisté au jeu de mots – intraduisible (*blood* : le sang ; *bloody* : sacré, fichu, en parler argotique). *(N.d.T.)*

utérus. Camille Paglia prétend que la menstruation fait « porter à la femme le fardeau symbolique des imperfections humaines, son enracinement dans la nature ». Nous parlons quant à nous d'autre chose : la femme porte le poids du cerveau humain, l'organe qui permet ne serait-ce que l'illusion de la liberté, de la transcendance, de l'émancipation des contraintes naturelles. Toujours est-il qu'il est bien ennuyeux que la charge de cultiver la conscience humaine soit si mal partagée.

Prenez maintenant la thèse de la fonction anti-infectieuse des règles, du rôle purificateur et guerrier de la matrice. Il s'agit là d'une explication égocentrique de la menstruation, revendicative et érotique, reconnaissant que les créatures charnelles que nous sommes déploient une activité amoureuse dépassant de loin tout besoin reproductif. Si nous saignons pour nous défendre, ce n'est pas pour aider notre progéniture, nos conjoints ou toute l'espèce ; c'est pour nous aider nous-mêmes.

Tant qu'à faire, aidons aussi les autres. Si votre fille, votre nièce ou votre petite sœur se précipite sur vous en s'écriant fièrement « Ça y est ! », emmenez-la manger une glace ou un gâteau au chocolat, et brandissez un verre de lait à la nouvelle vie qui s'annonce par son sang.

6

HYSTÉRIE COLLECTIVE

La perte de l'utérus

Bon. On ne connaît toujours pas la raison fondamentale de la menstruation. Mais il faut croire que le mystère aime la compagnie, car, deux mille ans après qu'Hippocrate eut doté l'utérus de cornes et de tentacules, l'organe féminin résiste toujours à l'analyse exhaustive. Il continue de vagabonder, métaphoriquement parlant du moins, et nous n'avons toujours pas réussi à le cerner. Ce n'est que ces toutes dernières années, par exemple, que les chercheurs ont découvert les capacités productives de l'endomètre. Nos petites poires musculaires renversées, semble-t-il, sont les laboratoires d'une admirable industrie pharmaceutique qui nécessiterait, une fois de plus, un nouveau paradigme. L'on a considéré pendant des années l'utérus comme le simple réceptacle de messages biochimiques, la cible d'une activité endocrinienne engendrée par ailleurs. On n'imaginait pas qu'il pût lui-même élaborer des substances essentielles ou des messagers moléculaires. Les ovaires demandaient à la muqueuse de l'endomètre de s'épaissir ? Miracle, celle-ci s'épaississait. L'ovule fécondé lui commandait un peu de sang ? Donneuse de sang elle devenait.

Ces derniers temps, toutefois, l'utérus s'est révélé faiseur autant que preneur. Certes, il réagit aux hormones stéroïdes en provenance des ovaires et autres organes, mais il en élabore également et les livre sur le marché international de l'organisme. Il synthétise des protéines, des sucres, des graisses, tout ce qui figure au débit métabolique de la menstruation dans l'analyse comptable de Berverly

Strassmann. Il fabrique des prostaglandines, substances aux multiples effets, dont le plus notable consiste à déclencher la contraction des muscles lisses de l'organisme. Un muscle lisse, c'est un muscle non strié. Les muscles qui s'insèrent sur les os du squelette, comme ceux du bras, de la jambe, du visage ou du vagin, sont striés, constitués de faisceaux de fibres très serrées ; les muscles striés peuvent se fléchir volontairement. Les muscles lisses, quant à eux, entourent les viscères. Ils présentent un aspect doux et lisse à l'examen microscopique et s'activent aussi en douce – sans que vous ayez votre mot à dire. (Le muscle cardiaque fait exception à ce système bipartite ; il s'agit d'un muscle strié qui, c'est heureux, émet ses battements sans vous demander votre avis.) Le muscle de l'utérus, c'est la quintessence du muscle lisse. À moins d'être yogi et de savoir se brancher sur le subconscient, vous ne pouvez contracter l'utérus sur commande – ce dont sont capables les prostaglandines. La production utérine de prostaglandines est en partie « autocrine », c'est-à-dire qu'elle se régule elle-même en provoquant la compression de l'organe producteur. L'utérus fabrique des prostaglandines pour expulser la muqueuse caduque au cours des règles, induisant les contractions qui provoquent nos bonnes vieilles douleurs. Il en fabrique pendant l'accouchement pour dilater le col et expulser le bébé. Mais les prostaglandines utérines n'ont pas l'esprit de clocher et agissent également sur d'autres muscles lisses. Il semble bien qu'elles affectent la paroi des vaisseaux sanguins en améliorant leur tonicité et en empêchant leur durcissement pouvant conduire à l'hypertension et aux maladies cardiaques.

L'inventaire n'est pas exhaustif. L'organe élabore également des drogues qui dans un autre contexte seraient illégales. Il synthétise deux types d'endorphines, deux substances opiacées apparentées à la morphine et l'héroïne. Il fabrique de l'anandamide, une molécule quasiment identique à l'élément actif de la marijuana. L'on croyait jusqu'ici que la synthèse de ce type de substances était l'apanage du système nerveux central – le cerveau et l'épine dorsale. Après tout, on a compris le mode d'action des opiacés et de la marijuana endogènes en étudiant les effets de leurs équivalents végétaux sur le cerveau. On pensait que le cerveau les élaborait en cas de besoin, pour, qui sait, soulager la douleur ou accroître la sensation de plaisir. Il semble bien désormais que le cerveau n'ait pas le monopole de la production d'analgésiques. L'utérus élabore au moins autant d'opiacés que le tissu nerveux et produit dix fois plus de pseudo-cannabis que tout autre organe. Nous ne savons toujours pas pourquoi, bien qu'on puisse facilement spéculer à ce sujet. La femme enceinte vous expliquera sans l'ombre d'une hésitation à quoi peut bien servir un flux constant de calmants endogènes. Puisque la matrice se donne si volontiers en spectacle, le moins qu'elle puisse faire est de rendre son hypertrophie confortable. Les opiacés et analogues du cannabis qu'elle élabore sont peut-être destinés à ce que sa distension ne soit pas trop douloureuse. À moins que la cible privilégiée de la pharmacopée utérine ne soit le fœtus. On est un peu à l'étroit là-dedans, après tout.

Mais tout ne se résume peut-être pas à calmer la douleur, si tant est qu'il en soit question. Selon toute vraisemblance, les opiacés utérins et leurs précurseurs influent sur la structure et l'efficacité d'autres systèmes physiologiques, à commencer par la vascularisation de l'utérus. Les anandamides, quant à eux, semblent participer au mécanisme qui contrôle la communication entre l'endomètre et l'embryon en quête de logement. Selon ce scénario, l'utérus produirait la dose voulue de pseudo-marijuana à l'instant de l'implantation. L'embryon présente en effet à sa surface des récepteurs aux molécules apparentées à celles de la marijuana. Lorsqu'il est âgé de quelques jours, prêt à s'amarrer à l'utérus, il se dirige vers le site d'implantation en devenant franchement accro, tous ses récepteurs prêts à se refermer sur les protéines à effet cannabis. L'embryon peut alors investir la paroi de l'utérus. Il peut se ménager un placenta qui va le nourrir pendant neuf mois. À ce stade, la blastula est toujours anencéphale. Pas la moindre trace d'une activité psychique ; la fonction signalétique de la molécule d'anandamide est une simple coïncidence ; il s'agit d'une pléaptation moléculaire. Une sacrée coïncidence en vérité. Ce cousin du cannabis offre en espèces sonnantes et trébuchantes à l'embryon ce que la récréation mystique ne cède qu'à titre de fantasme : la voie vers la lumière, vers des yeux pour voir et un cerveau qui façonnera le spectacle à sa guise.

En réalité, nous avons peu de lumières sur la fonction des différents opiacés, hormones et précurseurs hormonaux secrétés si vigoureusement par l'utérus. Nous n'en connaissons pas les effets sur la santé et l'équilibre féminins, ni ne savons si cette capacité sécrétoire subsiste après la ménopause. Quand l'endomètre cesse de croître et décroître, le programme sécrétoire entre-t-il en dormance ? Certains spécialistes disent que oui, d'autres que non, tout en s'accordant sur leur commune ignorance. Le seul fait qu'on n'ait découvert des concentrations spectaculaires d'anandamide dans l'utérus qu'à la fin des années quatre-vingt-dix nous incite à l'humilité. Ce qui devrait susciter en retour la plus grande circonspection et ne faire envisager l'ablation de l'utérus que comme une solution de tout dernier recours.

L'hystérectomie est l'une des interventions chirurgicales les plus anciennes. La première dont on trouve une trace écrite, dans la Rome du Ier siècle après Jésus-Christ, fut réalisée par le médecin grec Archigènes. Aujourd'hui, c'est la routine, comme l'extraction d'une dent ou l'opération de la cataracte. Au bas mot, 560 000 femmes subissent une ablation de l'utérus chaque année aux États-Unis. Un chiffre énorme, qui fait mal. Cela signifie qu'une femme se voit privée de son utérus, parfois par voie abdominale, comme pour Hope Philipps, parfois par voie vaginale ou par une petite incision dans l'estomac, toutes les minutes, nuit et jour, tout au long de l'année. Le chiffre n'a pas beaucoup diminué d'une année sur l'autre en dépit du tollé que suscite cette pratique depuis deux ou trois décennies. Le taux des interventions avait quelque peu plongé au début des années quatre-vingt, sans doute à la faveur d'un regain de militantisme pour l'amélioration de l'état de santé des femmes, pour stagner à un niveau constant depuis. Certaines régions affectionnent plus l'hystérectomie que d'autres. Le taux d'interventions est plus élevé dans le Sud et les zones rurales que dans les grandes villes. En dépit des disparités locales, les États-Unis sont le champion mondial de l'hystérectomie, dépassant de deux à six points les pourcentages européens et des autres pays développés. Seuls le Japon et l'Australie sont d'aussi bons extracteurs de matrices que nous.

Les raisons, disons les « indications », de l'hystérectomie sont nombreuses : 10 % seulement des interventions sont prescrites en cas de maladie mortelle comme le cancer du col ou de l'utérus. Les 90 % restantes ont trait à des affections dites bénignes, bien que les femmes qui en souffrent puissent les ressentir comme passablement malignes. Il s'agit le plus souvent d'un fibrome. L'enfer de Hope : 40 % de la totalité des hystérectomies. Parmi les autres indications classiques : l'endométriose, qui voit des morceaux de muqueuse utérine se détacher de la paroi pour se développer là où ils ne devraient pas, à l'extérieur de l'utérus par exemple ou autour des trompes de Fallope ; les hémorragies inexpliquées ; les douleurs pelviennes sans cause identifiée, ainsi que la chute d'organe, ou prolapsus, qui voit l'utérus descendre dans le vagin. La quarantaine est pour l'utérus l'époque de tous les dangers. Les règles deviennent irrégulières, souvent plus abondantes qu'avant, un fibrome peut se développer avec la vitalité d'un fœtus et la femme se sent assez âgée pour se dire : Qu'on en finisse, de toute façon je ne veux plus d'enfant ; ou Je n'ai plus besoin de m'en prémunir ; Je pourrais peut-être bien me passer de cette saleté de petit sac. La femme qui aborde la ménopause avec son utérus, quant à elle, a de bonnes chances de le garder jusqu'à la fin de sa vie.

L'histoire de l'hystérectomie est particulièrement lourde ; c'est la moindre des choses vu les chiffres que nous venons d'évoquer. On a écrit beaucoup de livres à ce sujet, certains pour attaquer ce qu'on appelle l'industrie de l'hystérectomie, d'autres étant des guides pratiques dispensant des conseils d'amies à celles qui envisagent l'opération. La question a soulevé un déchaînement de fureur – pas tout à fait autant que celle de l'avortement, certes ; personne n'a traité quiconque d'assassin, ni brandi des pancartes représentant un utérus sanguinolent, mais tout le monde a un avis péremptoire et les invectives volent bas. Pour peu que vous vous penchiez sur le problème en détail, vous en conclurez sans doute comme moi que – surprise – cela ne se règle pas en trois coups de cuiller à pot. Il n'y a pas de solution générale ni d'explication simple au fait qu'une intervention de cette gravité soit devenue si banale. Il serait réconfortant de pouvoir confondre un quelconque Belzébuth, un méchant docteur « Oui » qui haïrait les femmes et ne penserait qu'à leur faire la totale. Seulement, un tel monstre n'existe pas. Il ne se cache nulle part, ni dans les professions de foi du patriarcat ni dans le caducée de la médecine officielle.

La fréquence de l'hystérectomie tient en partie à l'organe lui-même. Comme nous l'avons déjà remarqué, l'utérus est remarquablement labile. Il prend des proportions grotesques au cours de la grossesse. Sa muqueuse s'épaissit et s'amincit des centaines de fois au cours de l'existence. Pas étonnant qu'il puisse finir en jardin de curiosités botaniques : navets fibromateux, polypes gros comme des cèpes, adhérences, feuilles mortes utérines. Personne ne sait ce qui provoque un fibrome ni pourquoi tant de femmes en souffrent. L'alimentation y a sans doute sa part. Nous consommons trop de graisses, lesquelles entraînent une production excessive d'œstrogènes qui eux-mêmes favorisent la croissance des fibromes. Mais même les femmes végétariennes, fières de leur ligne et de leur forme, ont des fibromes ;

les graisses ne font qu'accroître le risque. Certaines femmes ont une prédisposition génétique aux fibromes. On en trouve systématiquement chez certaines familles, et les femmes noires y sont plus sujettes que les autres. Il est possible que des œstrogènes naturels de l'environnement en soient en partie responsables. Quelles qu'en soient les raisons, l'utérus est enclin aux affections locales. C'est un fait, pas un complot. En outre, il se trouve que bon nombre de femmes saignent plus abondamment à la quarantaine, à cause de la présence d'un fibrome ou des fluctuations hormonales précédant la ménopause. L'utérus aime faire des siennes à l'âge mûr. Cela aussi, c'est un fait.

Trouver la réponse aux troubles et modifications du statu quo physiologique est une autre affaire, beaucoup plus subjective. La femme qui commence à saigner abondamment à la quarantaine après trente-cinq ans de règles sans histoires sait rarement qu'elle n'est pas la seule dans son cas, et que c'est en fait un phénomène normal dans les années de préménopause. Au lieu de quoi elle se dit que c'est affreux, qu'elle fait des hémorragies, qu'elle va s'anémier, qu'il y a quelque chose qui ne tourne pas rond, et elle appelle au secours. Elle va chez son gynécologue et s'expose du même coup aux us et coutumes du corps médical de la localité. Quand elle réside dans une grande ville fourmillant d'intellectuels, où les médecins, par conviction personnelle ou par peur de poursuites judiciaires, évitent autant que faire se peut les interventions lourdes, il y a des chances pour qu'on lui dise : attendez que ça se passe, et prenez du fer et de l'extrait de foie en attendant. Si elle habite une petite ville du Middle West que le vent du militantisme n'a pas encore atteinte, elle peut avoir franchi, dès la première consultation, le premier pas vers l'éradication totale de son utérus. La gent médicale aime ses habitudes et l'hystérectomie est un acte chirurgical vénérable. L'opération est simple, et c'est le moyen le plus sûr d'en finir avec les saignements utérins. « Les gens qui se spécialisent dans ce type d'intervention ne se posent pas de questions et gagnent bien leur vie. Les gynécologues n'ont pas forcément la formation ni l'état d'esprit leur permettant d'agir à bon escient. Ils font ce qu'ils savent faire et ce qu'ils ont toujours fait », remarque le gynécologue new-yorkais Ivan Strausz, grand pourfendeur du scalpel et auteur de *You Don't Need a Hysterectomy* (« Ne vous faites pas enlever l'utérus »).

Il faut reconnaître qu'à partir du moment où la femme a besoin de consulter, elle risque l'opération. D'où la question intéressante :

pourquoi les femmes européennes se font moins souvent opérer, et de loin, que les femmes américaines ? Personne n'a jamais fait l'effort de se pencher sérieusement sur le phénomène. Certains invoquent des raisons socioculturelles, une différence dans la façon d'aborder le vieillissement. Pour les Américains, l'expression Nouveau Monde représente moins un détail historique qu'un commandement perpétuel. La génération du baby-boom, en dépit de son poids démographique, n'a elle-même pas fait grand-chose pour valoriser l'image de l'âge mûr, mis à part le fait d'avoir rendu la chirurgie esthétique socialement plus acceptable. Catherine Deneuve, dont la beauté a sans doute permis de battre tous les records historiques de ventes de parfum, expliquait dans une interview qu'il est difficile de vieillir partout, mais qu'aux États-Unis c'est insupportable. On ne peut pas considérer la femme américaine entre deux âges comme finie et s'attendre à ce qu'on respecte un tant soit peu les fragilités de sa physiologie individuelle.

Soit. C'est une explication. Mais il y a peut-être plus intéressant. Nora Coffey, la fondatrice de l'association Hysterectomy Education Resource Services (Pour une meilleure information sur l'hystérectomie), en abrégé HERS [1], l'une des plus ferventes opposantes à l'hystérectomie, m'a suggéré que les Européennes gardaient leurs organes pour la bonne raison qu'elles s'en chargeaient elles-mêmes. C'est bien simple : elles vont moins souvent chez le médecin que les Américaines. Elles se réservent cette ineffable expérience pour de véritables maladies. Nous, les Américaines, aimons fréquenter le corps médical même quand nous sommes en bonne santé. Cela fait partie des gaietés de notre tempérament. Les femmes, en particulier, sacrifient chaque année au rite sacré de la visite de contrôle chez le gynécologue. Nous y allons pour le frottis cervico-vaginal et se faire palper la région pelvienne : tout est-il bien en place ? Nous considérons la chose comme une preuve de sagesse, un acte de prévention médicale. Seulement, un médecin, ça ne se refait pas. C'est à l'affût de ce qui ne va pas, du moindre mauvais signe, de l'anomalie. Et pour peu qu'il tombe sur quelque chose qui s'écarte de la norme, quelle que soit la norme en question, il (ou elle) considère comme son devoir d'en informer la patiente. En la

1. *Hers,* qui au-delà de l'acronyme signifie également « le sien », « la sienne », « ce qui lui appartient [à elle] ». *(N.d.T.)*

circonstance, il peut conseiller de ne rien faire, sinon surveiller la chose, mais c'est trop tard : la blastula de l'inquiétude est bien arrimée. La femme va se demander désormais si cela va s'aggraver. Et si mon épuisement, mes douleurs, venaient de là ? À qui la faute, si je ne conserve pas ma forme de déesse ?

Je peux moi-même témoigner des effets délétères de la découverte d'une anomalie. Lors d'une échographie prénatale, destinée à vérifier si le fœtus de ma fille ne présentait pas de déviances, on m'annonça que je faisais des fibromes.

J'eus un réflexe de peur primitive.

– Cela pose un problème ? demandai-je. Ils sont gros ? Peuvent-ils handicaper le bébé ? Provoquer une fausse couche ?

– Mais non, rassurez-vous, me dirent les radiologues. Il n'y en a que deux, des petits, de deux ou trois centimètres. Ils peuvent grossir, mais ce n'est pas sûr.

– Et s'ils grossissent ?

– Vous les ressentirez probablement. Cela peut faire mal. Ou pas. Ne vous inquiétez pas. Nous voulions seulement vous mettre au courant.

J'ai donc des fibromes, je le sais. Un pincement au bas-ventre ? Ça y est. Ils se mettent à grossir. Ils prennent le pouvoir. Je vois le fibrome violacé de Hope Phillips écrasant l'utérus qui l'a nourri. Je pense au record des fibromes, une masse de soixante-dix kilos enlevée à une femme en 1888. La femme est morte après l'opération, pas étonnant ! Mes appréhensions ne m'ont toutefois pas amenée à aller soumettre mes fibromes à un audit. C'est que je bats les Européennes sur leur terrain : je suis la fille d'un scientiste chrétien. Bien des années après s'être détourné de l'Église, mon père en avait gardé une solide aversion pour les médecins. J'ai hérité de sa phobie (je me garderai bien toutefois de faire du prosélytisme pour la philosophie de la famille Angier : la première fois qu'un grain de beauté suspect est apparu sur le dos de mon père, il a refusé tout net de consulter jusqu'à ce que le grain atteigne la taille d'une pièce d'un dollar et qu'on diagnostique un mélanome malin avant excision – trop tard. Ce cancer qu'il est facile de soigner à ses débuts avait eu le temps de s'étendre jusqu'au cerveau. Mon père est mort de ses métastases à l'âge de cinquante et un ans).

En fait, nos sœurs d'outre-mer n'ont peut-être pas raison, après tout. Le docteur Joanna M. Cain, de la faculté de médecine de l'université de Pennsylvanie, avance que les femmes européennes en viendraient plus souvent à l'hystérectomie si on leur laissait le choix. Le taux de recours à l'acte chirurgical serait-il trop bas en Europe, et non pas le nôtre trop élevé ? « C'est facile d'incriminer l'hystérectomie, dit-elle, de déplorer sa fréquence et de prétendre que la cupidité de chirurgiens bornés fourvoie la gent féminine. Mais n'est-ce pas faire injure aux femmes que de leur prêter naïveté et crédulité ? Quand la femme passe des années à souffrir, déclare Joanna Cain, à être malade, à saigner, à se consumer pour douze centimètres de chair, au nom de quel principe faudrait-il qu'elle renonce, ou qu'on lui conseille de renoncer, à l'hystérectomie ? On ne tient pas assez compte de la souffrance féminine, ajoute-t-elle. On la sous-estime, on la déprécie, et pour finir on ne la soigne pas. »

Les femmes en ont assez qu'on leur fasse la leçon. Je me suis entretenue avec bien des femmes intelligentes qui ne négligeaient pas de s'informer. En patientes averties et éclairées, elles avaient lu tout ce qui se présentait sur l'hystérectomie. Elles avaient fait leur choix en connaissance de cause et la plupart avaient tenté d'autres traitements avant de se résoudre à l'ablation de l'utérus. Ce qu'elles ressentaient, c'était la tartufferie des diktats de la matrice. Elles se plaignaient de devoir se sentir coupables de leur choix. Elles considéraient la levée de boucliers contre l'hystérectomie comme une nouvelle forme d'obscurantisme consistant à définir la femme par son utérus sanctifié. C'est du paternalisme, tout simplement, affirmaient-elles, ce qu'il y a de pire quand cela vient de bouches amies. Quand quelqu'un se fait opérer de l'appendicite, remarquaient-elles, faut-il lui reprocher d'avoir manqué de respect à l'appendice ?

Bon nombre de femmes disent qu'elles se sentent beaucoup mieux après une hystérectomie. Elles se sentent plus légères, plus libres – elles se sont débarrassées des chaînes de l'utérus et peuvent enfin vagabonder. Dès lors, elles veulent éviter aux autres les souffrances interminables qu'elles ont endurées. Elles veulent en finir avec l'opprobre qui entoure l'opération. Au cours des interviews j'ai entendu des variations infinies sur un même thème : « Ce que je regrette le plus, c'est de ne pas l'avoir fait plus tôt ! »

Revenons à la question du choix, de ce merveilleux choix. Quel bonheur de vivre dans un monde qui vante les mérites du libre arbitre ! La femme devrait pouvoir choisir l'hystérectomie sans se sentir coupable ni diminuée. La cause est entendue, facile à plaider. Dans le même temps, le choix n'a de sens que s'il est librement consenti, s'il s'exerce en connaissance de cause : il faut expliquer honnêtement à celle qui choisit les différents risques, avantages et solutions de rechange. Il n'est facile pour personne d'atteindre un tel niveau de conscience éclairée. Or nous discutons ici de la nécessité d'informer correctement 500 000 femmes par an. Revenons par exemple à la question des fibromes. Le médecin exerçant dans une grande ville expliquera généralement à la femme qui présente des fibromes asymptomatiques que le mieux est de ne rien faire, que tout le monde en a, qu'ils se résorbent à la ménopause et ainsi de suite. Tout cela est vrai. Mais si la patiente perd beaucoup de tissus sanguinolents, si elle est malade, si elle souffre terriblement, s'il faut vraiment faire un sort à ses fibromes, le médecin le plus courtois, le plus civil, en viendra lui-même à conseiller l'innommable. La femme qui compte encore avoir des enfants se verra prescrire une myomectomie, l'ablation exclusive des fibromes. Mais si elle n'est plus en âge de procréer ou si elle ne désire plus d'enfants, on lui décrit la myomectomie en termes terrifiants. Un vrai panneau de signalisation avec tête de mort entre deux fémurs. On lui explique que la myomectomie est plus dangereuse, présente plus de risque d'hémorragie que l'hystérectomie, avec un taux de complications et d'infections postopératoires plus élevé. J'ai interviewé des dizaines de femmes de la quarantaine ou du début de la cinquantaine qui avaient consulté pour un fibrome et à qui l'on a prescrit une hystérectomie, point final. Quand elles parlaient de myomectomie, leur médecin les en dissuadait. Mais la myomectomie est-elle aussi dangereuse et sanglante qu'on veut bien le dire ? Dans bien des cas, les fibromes qui mettent la femme en difficulté peuvent être enlevés sous hystérographie, par une canule faisant fonction de périscope qu'on introduit dans le vagin puis dans l'utérus. Le médecin fixe un instrument sur la canule, lequel décortique les tumeurs indésirables, les vide de leur substance jusqu'à ce qu'il n'en reste que les cosses. Ce type de myomectomie sous hystérographie peut se pratiquer en cabinet, et n'est même pas considéré comme un acte chirurgical véritable. Adieu le film d'horreur ! Si peu de femmes en entendent parler, c'est que cela demande un savoir-faire que tous les gynécologues ne maîtrisent pas. Si votre médecin ne sait pas faire la myomectomie sous hystérographie, adressez-vous à quelqu'un qui en a l'expérience ; c'est la meilleure intervention qui soit en première approche contre les fibromes présentant des symptômes.

Quand le fibrome est inaccessible à l'ablation sous hystérographie, on peut l'enlever par l'abdomen en ouvrant l'utérus et en recousant celui-ci après l'excision. Il s'agit cette fois de chirurgie lourde, mais si vous jetez un coup d'œil dans la littérature médicale, vous découvrirez que la myomectomie abdominale est de meilleur pronostic que l'hystérectomie pour ce qui est de la perte de sang, des complications et infections postopératoires et de la convalescence. J'ai assisté à une myomectomie abdominale pratiquée à l'hôpital Bryn Mawr par le docteur Michael Toaff, spécialiste de l'intervention. C'était impeccable. La patiente a perdu tout au plus vingt à trente centilitres de sang, pas plus que pour des analyses de routine. Comme toutes celles qui ont subi ce type d'opération et que j'ai interviewées, elle s'est rétablie en une quinzaine de jours en se sentant euphorique, libérée, ressuscitée – exactement ce que disent les femmes après une hystérectomie.

Ah, peuvent toujours rétorquer les médecins, vous vous sentez peut-être bien aujourd'hui, mais rappelez-vous qu'un *fibrome, ça repousse.* Et dans ce cas, qu'est-ce que vous ferez, madame-je-veux-garder-ma-matrice ? Une autre myomectomie ? Ou consentirez-vous enfin à l'hystérectomie ? En fait, s'il est vrai que la femme qui a eu des fibromes est susceptible d'en avoir d'autres, la plupart de ces tumeurs bénignes sont totalement inoffensives, et le fibrome qui se développe à la suite d'une myomectomie a de grandes chances d'être anodin. Ce n'est pas parce qu'un fibrome vous fait des misères que le prochain en fera autant. Toujours est-il qu'il est difficile de remettre en cause les idées reçues : les prétendus dangers comme l'inefficacité supposée de la myomectomie continuent de peser sur l'attitude des médecins et les conseils qu'ils dispensent. C'est vrai, les femmes devraient pouvoir choisir, y compris l'hystérectomie. Mais il n'est pas facile de faire le bon choix quand les meilleurs plats ne figurent pas au menu.

Pour étayer notre liberté de choix, il faudrait que nous ayons la langue bien pendue, que nous exprimions sans détour nos besoins et nos désirs, bien sûr, mais aussi que nous sachions river leur clou aux médecins qui nous assènent leurs vérités péremptoires sans savoir de quoi ils parlent. Pour le meilleur ou pour le pire, nous nous faisons toutes petites quand nous allons voir un médecin. Or celui-ci a le même pouvoir que nos parents : il peut nous blesser aisément. Les médecins ne devraient jamais dire à une patiente qu'elle n'a plus besoin de son utérus, que l'utérus « ce n'est qu'un sac vide, pourquoi vous voulez le garder ? ». Mais oui, c'est ce qu'ils disent. On fait toute une campagne sur la manière de bien se conduire envers les malades, mais les clichés et la muflerie des propos continuent de faire florès. Une femme m'a confié ce qu'il lui a fallu entendre de son gynécologue. Elle avait cinquante-huit ans et elle souffrait d'un prolapsus.

« Faites-vous faire une hystérectomie, lui a-t-il dit.

– Je ne veux pas d'hystérectomie, a-t-elle répondu. Je ne veux pas d'une ménopause précoce. Je n'y suis pas prête. N'y a-t-il pas d'autre solution ?

– Une ménopause précoce ? fit le médecin, incrédule. Mais vous avez cinquante-huit ans. Vous êtes en postménopause.

– Croyez-moi ou non, mais j'ai encore mes règles.

– Ah, je vois, a-t-il répliqué. Et qu'est-ce que vous voulez ? Une médaille ? »

Cet homme devrait s'assurer contre les bavures médicales verbales. Cette femme a eu son hystérectomie. Aujourd'hui, elle a d'autres problèmes. Au lieu d'un prolapsus de l'utérus, elle souffre d'une descente de la vessie. Que son malheur serve au moins à quelque chose. Quand un médecin profère une ineptie, une méchanceté, ou fait preuve de désinvolture lors d'une consultation gynécologique, allez voir quelqu'un d'autre. Homme ou femme, n'en attendez pas de conseils judicieux. Qu'il réserve son sens de la répartie aux séries télévisées ou à Mohammed Ali.

Pour choisir à bon escient, il faut vraiment savoir de quoi il retourne. Une gageure, tant il est vrai, nous l'avons vu, que l'utérus recèle toujours bien des inconnues. Sa connaissance a bien progressé récemment, mais il faut rassembler les informations, les digérer, les personnaliser, ce qui n'est pas une mince affaire. La femme doit prendre conscience des particularités de sa vie sexuelle et émotionnelle. Si sa vie érotique compte beaucoup, si par exemple elle éprouve des orgasmes intenses et répétitifs, elle tentera tout avant de renoncer à son utérus. L'on nous a enseigné que le clitoris dominait la sexualité féminine, mais ce sont les contractions de l'utérus et du col qui donnent à la jouissance son vibrato, sa résonance profonde. La femme, même bien préparée, doit savoir qu'il peut y avoir des suites imprévues à l'hystérectomie. Elle s'est peut-être décidée pour une opération « conservatoire » qui ôte l'utérus mais préserve les ovaires. Elle s'imagine alors avoir protégé son équilibre biochimique et échappé à tout ce qui menace le cœur, les os et le cerveau suite au brusque tarissement de la production hormonale ovarienne. Malheureusement, ce n'est pas garanti ; on constate dans le tiers des cas que les ovaires ne se remettent pas du traumatisme chirurgical et qu'ils s'éteignent *in vivo*, par simple inertie. En outre, même quand les ovaires continuent de fonctionner, le risque d'hypertension et de maladie cardiaque reste accru, peut-être parce que l'ablation de l'utérus fait disparaître l'une des sources de production des prostaglandines dont on sait qu'elles contribuent à la protection vasculaire.

Les suites de l'hystérectomie peuvent être affreuses, merveilleuses ou banales. On trouve autant de femmes qui peuvent attester de chacune de ces éventualités (il faudrait plutôt dire « ovarifier », vu l'étymologie de « attester », *testis*[1], faisant référence à la manie des hommes de jurer par ce qu'ils ont de plus sacré – « par mes couilles... »). Certaines femmes affirment qu'elles sont devenues dépressives et fatigables à la suite d'une hystérectomie, qu'elles ne s'en sont jamais remises. Certaines constatent que leur sentiment maternel a diminué, comme si elles avaient perdu, avec leur utérus, le bas-relief émotionnel des bambins que l'organe porta jadis. Il y a celles qui se sentent en pleine forme et regrettent de ne pas l'avoir fait plus tôt. Celles qui n'applaudissent pas à l'opération, mais qui n'avaient guère le choix et s'en accommodent. Beth Tiner, de Los Angeles, a monté une association de soutien sur Internet intitulé *Sans Uteri,* à l'intention des femmes ayant subi une hystérectomie ou qui l'envisagent. Les membres de l'association n'émettent pas de jugement. Elles ne se prononcent ni pour ni contre. Beth Tiner, quant à elle, a subi un hystérectomie à l'âge de vingt-cinq ans afin de se débarrasser d'une endométriose qui la faisait souffrir depuis ses dix-sept ans. Elle ne regrette pas l'intervention chirurgicale. Elle n'a plus mal. Cela dit, elle préfère anticiper sur les problèmes qui surviendront suite à une ablation des ovaires et de l'utérus aussi précoce. Certaines femmes s'entraînent à retrouver leur vivacité et leur libido après l'opération. Dans un récit romancé acerbe et émouvant, l'écrivain Lynne Sharon Schwartz relate les efforts qu'elle a consentis pour se remettre de l'opération, un programme libre comprenant le largage de son gynécologue insignifiant, une aventure avec un vieil amant expert – et de toute confiance – et l'entraînement intensif à la course à pied autour du réservoir de Central Park. Un an après l'opération, elle se sentait beaucoup mieux, très satisfaite de sa nouvelle anatomie, « acceptant le vide de ses entrailles sinon

1. *Testis :* « témoin », mais aussi « testicule ».

avec sérénité, du moins avec philosophie ». Cela dit, elle éprouvait comme « une légère impatience », pareille à celle que ressentirait quelqu'un qui se serait attardé trop longtemps au bord d'une falaise. Ce qu'elle attendait au juste, elle n'en avait aucune idée.

Dix-huit mois après son hystérectomie, Hope Phillips va bien, elle aussi – sans euphorie, juste bien. Elle se félicite d'avoir eu une hystérectomie et non une myomectomie pour la simple raison qu'elle a une peur bleue de passer sur le billard et qu'elle ne voulait surtout pas prendre le risque d'y retourner. Dans un premier temps, l'intervention lui avait tellement affaibli les muscles abdominaux qu'elle eut le plus grand mal, lors d'un voyage de trois mois en Afrique, à supporter les cahots d'un prétendu véhicule tout-terrain sur des routes impossibles. Son dos finit par la lâcher. À son retour elle entreprit un entraînement physique intensif et les douleurs de son ventre comme l'engourdissement abdominal disparurent. La perte de l'utérus n'a pas affecté sa vie sexuelle. Sa relation avec l'homme qu'elle avait rencontré a survécu à la crainte de ressembler aux amies de sa mère. Ils ont convolé en justes noces en 1997, c'est le moins qu'on puisse dire : il y eut un mariage en Californie, et un autre au Zimbabwe. Hope Philipps se sent à nouveau chez elle sur la route, maintenant que sa valise ne contient que ce qu'il faut – autant dire, pour ce qui est de cette incorrigible vagabonde, pratiquement rien.

7

SOPHISMES

L'histoire des seins

Nancy Burley, professeur de biologie évolutive et d'écologie à l'université californienne d'Irvine, joue à Halloween avec les oiseaux. Elle s'amuse à déguiser les pinsons zébrés mâles. Avant l'ère Burley, ce pinson était un bel animal au bec rouge et aux joues fauves, le poitrail strié de zébrures, les ailes postérieures constellées de pois orange, les yeux maquillés de grosses rayures noires et blanches verticales à la façon d'un mime. En revanche, le pinson zébré n'a pas de crête, à la différence d'autres espèces. Nancy Burley a donc voulu doter le mâle d'une crête. Soit elle lui fixait sur le crâne une grande toque blanche de plumes en le métamorphosant en star de la gastronomie aviaire, soit elle l'affublait d'un haut-de-forme rouge. Les pattes de l'oiseau étant normalement d'une teinte gris beige, assez neutre, elle les a pourvues de bagues voyantes, rouges, jaunes, lavande ou bleu pastel. L'apparence du pinson fut changée, sa carte d'identité visuelle modifiée, et la vie de l'animal en fut bouleversée. C'est que, comme Nancy l'a montré par une série de magnifiques expériences au demeurant très drôles, les pinsons zébrés femelles ont des idées très arrêtées sur la tenue vestimentaire. Ces dames apprécient beaucoup la grande toque blanche de chef cuistot et se bousculent pour obtenir les faveurs du mâle ainsi accoutré. Les pinsons zébrés vivent en couple et s'occupent des petits à tour de rôle ; mais qu'une femelle devienne la compagne d'un mâle à coiffe blanche, et l'énamourée de prendre volontiers plus que sa part aux corvées familiales en autorisant le mâle à paresser – enfin, paresser, c'est une façon de parler quand il passe son temps à courir le guilledou. En somme, l'épouse trompée est un oiseau qui prend son mâle pour un chapeau.

Mettez maintenant un couvre-chef rouge au mâle : les femelles détournent le bec. Personne ne court après. Sœurette, c'est une occase, il est à toi. Quand le mâle à gibus rouge réussit à trouver une compagne, il est tellement absorbé par les tâches domestiques qu'il n'aura plus le temps d'aller musarder ailleurs, et de toute façon personne ne songe au clair de lune en sa compagnie. Pour les bagues aux pattes, c'est le contraire. Blanches, séduction zéro. Rouges, vous avez un bourreau des cœurs.

Vous chercherez en vain pourquoi une toque blanche et des bas rouges présentent un tel attrait chez les pinsons zébrés. On ne peut pas interpréter les expériences de déguisement de Nancy Burley en se disant : ah oui, les femelles voient dans la crête blanche la fibre paternelle, la marque d'une solide constitution héréditaire, donc un beau parti. Difficile de prétendre que le pinson à crête blanche possède de meilleurs gènes de pinson quand l'espèce n'est pas censée avoir de crête. En revanche, ces résultats imprévus étayent ladite théorie de l'exploitation sensorielle en matière de choix du partenaire. Selon cette thèse, les plumes blanches profitent d'un processus neurophysiologique cérébral visant un autre objectif, de nature inconnue, mais qu'il est facile d'exciter et de coopter. La vue du couvre-chef stimule une voie nerveuse étendue qui piège la femelle : celle-ci sait ce qui lui plaît, même si elle ne sait pas pourquoi. Ce n'est pas nous, humaines créatures, qui pouvons prétendre ignorer ce type d'inclination, cette attirance pour ce qui nous paraît beau. « Les êtres humains ont un sens esthétique subtil qui a sa justification en lui-même. On ne peut pas dire que notre aptitude à apprécier la peinture impressionniste soit fonctionnelle. À mon sens, nous assistons au même phénomène chez les pinsons zébrés. La préférence est d'ordre esthétique, non fonctionnel. Elle n'a pas de rapport avec un quelconque objectif pratique », explique Nancy Burley.

En tout état de cause, l'expérience laisse penser que, s'il prenait un jour la fantaisie à un pinson mâle de venir au monde avec une mutation le dotant d'une huppe blanche, la mutation se répandrait rapidement chez l'espèce, s'accusant peut-être avec le temps jusqu'à ce que l'oiseau l'acquière naturellement sans rien devoir aux machinations de Nancy Burley. Nul doute que certains chercheurs expliqueraient alors que la huppe blanche du pinson zébré a une finalité évolutive, qu'elle est la marque de l'intrépidité, et de spéculer à l'avenant sur l'épistémologie de ce trait.

Ma thèse, c'est que le sein de la femme, c'est la même chose que la crête blanche des pinsons de Nancy Burley. C'est joli, ostentatoire, irrésistible. Mais cela a quelque chose de fortuit, d'arbitraire. Le sein est bien moins significatif qu'on ne le croit. Ce point de vue est contrariant, je sais. Les théoriciens de l'évolution ont proposé bien des explications à l'existence des seins, en leur accordant le plus souvent une valeur symbolique ou pratique, une fonction de signal donnant aux hommes les informations qu'ils recherchent sur leur partenaire éventuelle. Comment ne pas accorder à la poitrine féminine un atout évolutif quand elle s'offre ainsi aux regards et aux louanges ? « Peu de questions ont fait l'objet d'autant de spéculations fondées sur des faits aussi minces que l'origine évolutive et la fonction physiologique des seins », écrivait la biologiste Caroline Pond. Les histoires qu'on raconte sur le sein sonnent vrai et emportent facilement la conviction – et ont peut-être toutes un semblant de justification, tant il est vrai que nous ne pouvons nous empêcher de donner un sens à tout ce qui se présente. C'est un des péchés mignons de l'être humain.

Cela dit, je prétends que, pour l'essentiel, l'existence des seins est parfaitement contingente. Ce sont des exploiteurs sensoriels. Ils disent peu de chose, voire rien du tout, sur l'état physiologique d'une femme, sur sa santé, sa fécondité. Ce ne sont jamais que des accessoires. Quand nous les valorisons, les mettons en vitrine, quand nous jouons les poupées Barbie et poussons le ridicule jusqu'à les darder comme des têtes de missile, nous ne faisons jamais que ce que les seins ont toujours fait : nous en appelons à un sens esthétique irrationnel qui n'a d'autre fonction que d'attirer le chaland. La poitrine féminine idéale est, et a toujours été, très stylisée. Les seins de la femme se prêtent à l'illusion et l'imagination vestimentaire. On peut les mettre en évidence ou les cacher, selon son gré, mais leur texture est par elle-même suggestive : ils sont doux, flexibles... de la pâte à modeler. Ce sont de drôles de choses, vraiment, et nous gagnerions à savoir en rire, ce qui serait plus aisé si nous commencions par les prendre au sérieux.

La première observation à faire est que le sein humain n'a pas d'équivalent chez les autres primates. Les seins d'un singe femelle ne gonflent qu'au moment de la lactation, et le changement est si discret qu'on le discerne difficilement sous la fourrure corporelle.

Une fois le petit sevré, les seins de la mère s'aplatissent à nouveau. Ce n'est que chez l'espèce humaine que les seins grossissent à la puberté, avant la première grossesse, avant même qu'elle soit possible, et qu'ils restent engorgés tout au long de l'existence. En fait, le gonflement des seins chez la femme enceinte ou qui allaite est un phénomène tout à fait indépendant de la croissance mammaire à la puberté. Ce gonflement provisoire présente d'ailleurs une grande uniformité : la femme aux appas discrets verra ses seins augmenter de volume pendant sa grossesse quasiment autant, en valeur absolue, que ceux de la femme généreusement pourvue. C'est la raison pour laquelle le changement se remarque beaucoup plus chez les femmes à poitrine menue. La croissance mammaire due à la maternité tient à la prolifération et à l'hypertrophie des cellules des canaux galactophores et des lobules (le système permettant la lactation), à l'augmentation de l'irrigation sanguine, à la rétention d'eau et au lait lui-même. Les femmes à petits seins ont la même quantité de tissus lactogènes que les femmes à forte poitrine – l'équivalent du contenu d'une petite cuiller dans un sein qui n'allaite pas – et elles produisent autant de lait quand elles allaitent. La lactation doit son mode passablement standardisé à ce que cette fonction obligée a subi la pression de la sélection naturelle.

La croissance esthétique des seins tient à un tout autre processus. C'est cette fois le développement des tissus conjonctifs et adipeux qui conditionne la masse de l'organe. Comme tout tissu sans vocation cellulaire précise ni contraintes fonctionnelles, le tissu adipeux et son réseau de collagène peuvent suivre les caprices de la mode et les lubies de l'exploitation sensorielle. Il peut croître, grossir, s'hypertrophier sans coûter beaucoup à sa propriétaire, du moins jusqu'à un certain point. Dans le roman de Philip Roth, *Sabbath's Theater*, on peut lire l'échange de propos suivant entre Mickey Sabbath, le personnage qui donne son titre au livre, et la patiente aux seins menus d'un hôpital psychiatrique.

« Les nichons ! Les nichons, ça me connaît. Je me penche sur la question depuis que j'ai treize ans. Il n'y a pas d'autre partie du corps dont la taille varie autant d'une femme à l'autre.

– *Je sais,* répondit Madeline dont le visage s'éclaira soudain. Elle se mit à rire. Et pourquoi, je te le demande ? Pourquoi le bon Dieu accepte-t-il que la taille des seins soit si différente ? C'est bizarre, non ? Il y a des femmes qui ont des seins dix fois plus gros que les miens. Et même plus. Pas vrai ?

– C'est vrai.

– Il y a des gens qui ont de grands nez, continua-t-elle. Moi, j'en ai un petit. Mais des gens avec un nez dix fois comme le mien ? Non. Quatre ou cinq fois, d'accord, au maximum. Je ne sais pas pourquoi le bon Dieu a fait ça aux femmes... En fait, je ne crois pas que la taille a quelque chose à voir avec la quantité de lait, ajouta Madeline. Non. Ce n'est pas de ce côté-là qu'on peut comprendre *pourquoi* il y a de telles différences. »

Cette folle de Madeline a raison. Le sein mis à l'étalage, si sujet aux variations de taille, n'est pas la glande mammaire physiologiquement fonctionnelle, un morceau indispensable de notre anatomie. Tout au contraire. La poitrine de nos rêves est si peu fonctionnelle qu'elle est plutôt handicapante, ce qui la rend à nos yeux d'autant plus belle. Ce n'est pas le côté pratique des choses qui nous attire. Nous en comprenons la valeur, mais y voyons rarement de la beauté. Les beaux seins d'une femme qui n'allaite pas ont un tel attrait intrinsèque, irrationnel, que c'en est presque du sabotage. Nous vouons un culte à l'hémisphère mammaire pour lui-même, indépendamment de sa fonction glandulaire, voire à son détriment. Il exerce sur nous une telle fascination que le seul spectacle d'une femme qui allaite peut inspirer du dégoût. Ce n'est pas de voir un sein dénudé en public qui met mal à l'aise. Sinon les décolletés les plus audacieux n'attireraient pas autant les regards. Ce n'est pas non plus le rappel de notre essence animale ; on mange toutes sortes de choses en public et l'on n'hésite pas à introduire de la nourriture dans la bouche d'un bébé – ou en la circonstance un biberon de lait maternisé – sans craindre que le spectacle patent de la satisfaction de ce besoin physiologique ne suscite de la gêne chez les témoins. En fait, c'est la confusion de l'esthétique et de la fonctionnalité qui nous trouble et nous irrite. On n'apprécie le spectacle de la femme qui allaite qu'en occultant mentalement son attrait érotique et en centrant l'attention sur la relation de tendresse entre la mère et l'enfant, sur les vertus miraculeuses que l'on prête au lait humain, ou en se laissant aller à la nostalgie des doux instants de la petite enfance. Le sein maternel nous apaise et nous invite au repos. Le sein plastique nous provoque, nous attrape par le col de la chemise ou du chemisier, et c'est pourquoi il s'étale sur les affiches publicitaires et à la une des magazines. Les deux concepts de seins activent deux réseaux cérébraux distincts. Le plus ancien a sa logique. C'est celui qui fait aimer sa maman et ses attributs mammaires. (Sarah Blaffer Hrdy a écrit : « Le terme latin qui désigne les seins, *mammae,* dérive du cri plaintif “mama”, émis spontanément par les jeunes enfants de la plupart des groupes linguistiques, lequel véhicule le plus souvent un seul message à caractère d'urgence : *donne-moi le sein.* ») La seconde voie neuronale est beaucoup plus récente, spécifique à notre espèce, aussi tapageuse que gratuite. Propre à la créature humaine, le sein érotique ne se sent plus de joie et se dit divin.

L'étalage agressif de poitrines aguichantes est devenu un tel phénomène de société aux États-Unis qu'on dit des Américains qu'ils sont des obsédés de la mamelle, à un point pathologique. Ailleurs, en particulier chez certains peuples d'Afrique et d'Asie, on considère le sein de façon plus prosaïque. « Au cours de mes travaux de recherche en Chine, j'ai constaté que les seins ont là-bas bien moins de valeur érotique qu'en Amérique. Les vêtements et sous-vêtements féminins ne les cachent pas plus qu'ils ne les mettent en valeur. À la campagne, les femmes s'assoient volontiers au soleil les seins dénudés, et les plus âgées d'entre elles n'hésitent pas à laver le linge dans la même tenue. Rien d'érotique dans tout cela », m'expliquait Emily Martin. Même si l'obsession du sein varie en intensité d'un pays et d'une région à l'autre, la récurrence du phénomène est remarquable, d'autant qu'elle n'est pas propre aux hommes et ne se limite pas aux scènes érotiques. « Tout le monde éprouve une fascination pour le sein. Les bébés, les hommes, les femmes. Tout le monde, partout, sait que le sein est une machine à plaisir. Cela fait partie des trésors de l'espèce humaine, et personne n'y est indifférent », m'a déclaré l'historienne Anne Hollander, spécialiste du costume. Quand les femmes du XIVe siècle se libérèrent des draperies informes de l'ère chrétienne, elles s'empressèrent d'exposer leurs seins aux regards. Les hommes ont raccourci leur tenue et montré leurs jambes, les femmes se sont décolletées et ont resserré leur corsage à la taille. Elles ont surélevé leurs atouts, en ont modelé le tissu malléable avec force corsets et baleines. Les délicieux globes se sont retrouvés au balcon. « Avec les seins, on ne se trompe jamais. Ils s'adaptent à tous les caprices de la mode, explique Anne Hollander. Ils peuvent s'éclipser pendant une courte période, comme ce fut le cas au XVIe siècle où il était de bon ton d'arborer une poitrine menue et une taille épaisse, de même qu'en 1920, à l'époque des Années folles. Mais ils réapparaissent toujours, on les aime trop. »

Ce n'est pas le sein en soi que nous aimons, mais le fantasme du sein, le sein érotique sans valeur pratique. Lors d'une récente exposition sur la sculpture cambodgienne du VIe au XVe siècle, j'ai remarqué que les gros seins ronds et fermes des déesses auraient pu servir de modèles aux chirurgiens plasticiens contemporains. Les seins d'Hélène de Troie étaient d'une courbe, d'une facture si parfaite, paraît-il, qu'ils auraient pu servir de moule à une coupe, comme nous l'explique Ezra Pound dans son *Canto* 120 : « L'art de gouverner vient du Kuan Tze / mais la coupe d'or blanc de Pétra / C'est le sein d'Hélène qui l'a modelée. » L'art de l'antiquité indienne, tibétaine ou crétoise et d'ailleurs ne montre jamais des coupes qui débordent, mais des femmes qui arborent des seins célestes, des seins en apesanteur, des seins que je n'ai jamais eu l'occasion d'observer en plusieurs années de fréquentation de clubs de mise en forme. Sur les femmes réelles, j'ai vu autant de sortes de seins que de visages : des seins en forme de tube, de larme, des seins tombants, des seins dressés ; des seins au téton arrogant, à l'aréole sombre et dominatrice, des seins aux bouts si pâles et si petits qu'on les aurait dits passés au pulvérisateur. On associe à tort les seins tombants à la vieillesse, alors qu'en fait la ptose mammaire peut survenir à n'importe quel âge ; certaines femmes ont les seins à l'attache basse dès le début. Le sein idéalisé, haut dressé, qui se passe de soutien, n'est jamais qu'une autre forme du culte de la jeunesse.

Nous ne savons pas pourquoi la taille des seins varie autant d'une femme à l'autre, ni ce qui au juste conditionne le développement de la poitrine, en particulier du tissu adipeux qui donne au sein humain son volume. En tant que glande mammaire, le sein humain suit le schéma standard des mammifères. La glande mammaire est une glande sudoripare modifiée, le lait n'étant que de la sueur hautement enrichie. La prolactine, l'hormone responsable de la lactation, a précédé l'évolution des mammifères. Elle servait à l'origine à maintenir la proportion requise d'eau et de sel chez les vertébrés primitifs comme les poissons – en somme à permettre aux poissons de transpirer. Chez les monotrèmes, les ornithorynques et les échidnés, que l'on considère comme les plus primitifs des mammifères actuels, les petits lèchent le lait qui suinte et transpire à la surface de l'abdomen sans mamelons de leur mère.

Le tissu mammaire se développe précocement, vers la quatrième semaine de la vie fœtale. Il prend la forme de deux conduits lactaires parallèles, des structures qui chez les anciens mammifères s'étendaient de la zone axillaire à la zone inguinale (de l'aisselle à l'aine quand on parle des humains). Les fœtus des deux sexes présentent des conduits lactaires qui plus tard reçoivent chez la femme suffisamment de stimulation hormonale pour se développer en poitrine véritable. Si nous étions des rats ou des cochons, nos conduits jumeaux formeraient huit tétines afin de satisfaire les besoins de la portée. Les mammifères tels que les éléphants, les vaches, les chèvres ou les primates, qui ne mettent au monde qu'un ou deux petits à la fois, n'ont besoin que de deux glandes mammaires : leurs conduits lactaires régressent au cours du développement du fœtus. Chez les quadrupèdes herbivores les mamelles sont situées sous l'arrière-train, là où le petit peut téter bien à l'abri entre les puissantes pattes arrière et la cage thoracique de sa mère. Chez au moins un primate primitif, le aye-aye, les tétines sont également situées sous l'arrière-train de la mère. Mais chez les singes et les humains qui portent leurs petits ou les tiennent agrippés contre la poitrine (la façon la plus commode de se déplacer dans les arbres), ce sont les deux mamelons supérieurs qui donnent du lait, les plus proches des aisselles.

Nos seins potentiels ne régressent néanmoins pas totalement. Le canal galactophore nous rappelle notre filiation par sa structure sous-cutanée : le tissu mammaire occupe beaucoup plus de place que nous ne le croyons généralement, s'étendant de la clavicule aux deux dernières côtes et du sternum (au milieu de la poitrine) jusqu'à l'arrière des aisselles. Les conduits lactaires se manifestent chez certaines personnes sous forme de mamelons, voire de véritables seins surnuméraires. Janifer Dumas, essayiste au *New York Times Magazine,* raconte ainsi un épisode de sa vie de vendeuse dans une boutique de lingerie féminine. Une cliente cherchait un soutien-gorge qui pût convenir à sa silhouette peu ordinaire. Elle se dénuda la poitrine devant Janifer et découvrit une morphologie digne d'Artémis, la déesse de la chasse qu'on représente souvent pourvue de seins multiples. En l'occurrence, Artémis arborait trois seins de taille égale, les deux habituels de chaque côté du thorax et le troisième juste au-dessous du premier sein gauche. Notre vendeuse trouva l'article *ad hoc,* un demi-soutien-gorge rappelant ceux des sportives mais sans armature et pourvu d'une large bande élastique destinée à envelopper la cage thoracique. « C'était un article de lingerie confortable que je vendais aux femmes venant de subir une mastectomie. L'article fit grosso modo l'affaire », raconte l'essayiste.

Le tissu mammaire initial apparaît très tôt au cours de l'embryogenèse, et garde son caractère primitif jusqu'à la puberté, voire plus tard, un phénomène physiologique inhabituel. Mis à part l'utérus, aucun autre organe ne change de taille, de forme et de fonction de façon aussi spectaculaire que la poitrine féminine au cours de la puberté, de la grossesse et de la lactation. C'est parce que le sein est destiné à changer de morphologie à plusieurs reprises au cours de la vie adulte, qu'il gonfle et rétrécit à chaque nouvelle bouche à nourrir, qu'il est sujet à cancérisation. Le mécanisme génétique qui contrôle la croissance des cellules dans le reste de l'organisme lève un peu le pied dans le cas du sein, offrant un tremplin commode à une croissance maligne éventuelle.

Le sein plastique se développe avant le sein glandulaire. Au début de l'adolescence, le cerveau commence à sécréter des bouffées d'hormones qui stimulent les ovaires libérant à leur tour des œstrogènes, lesquels incitent l'organisme à accumuler des « réserves » de graisses dans le tissu mammaire. Ce tissu adipeux est maintenu par une matrice gélatineuse de fibres conjonctives qui s'étend du muscle pectoral à la face interne du derme mammaire. Le tissu conjonctif peut se distendre *ad libitum,* en fonction de l'accumulation d'adipocytes. L'élasticité du tissu conjonctif donne son volume au sein. Le sein plastique a besoin d'œstrogènes, mais ce n'est pas suffisant ; ce n'est pas seulement les hormones qui expliquent la grande variabilité de la taille des seins d'une femme à l'autre. La femme à forte poitrine ne sécrète pas forcément plus d'œstrogènes que la femme à poitrine menue. En fait, c'est plutôt la sensibilité du tissu mammaire aux œstrogènes qui varie, une sensibilité qui tient en partie à des caractéristiques génétiques. Une très faible quantité d'œstrogènes suffit alors à doter la femme d'une poitrine impressionnante. La femme particulièrement sensible aux œstrogènes qui prend la pilule devra peut-être changer de taille de soutien-gorge, quand celle qui y est peu sensible pourra en avaler tant qu'elle voudra sans que ses seins bougent d'un iota. Certains enfants sont extrêmement sensibles aux œstrogènes. Berton Roueche, le grand écrivain médical, relate le cas d'un jeune garçon de six ans dont les seins s'étaient mis à pousser. Au bout du compte on s'est aperçu que cela venait des vitamines qu'on lui faisait prendre. On avait utilisé la même machine à poinçons pour les comprimés de vitamines et les comprimés d'œstrogènes. « Il a suffi d'une quantité infime d'œstrogènes transférée dans les vitamines pour provoquer un tel effet », écrit Roueche. Les seins de l'enfant se sont résorbés à l'arrêt de la prise de vitamines et ses parents ont pu à nouveau respirer.

Inversement, des androgènes comme la testostérone peuvent inhiber la multiplication des adipocytes mammaires. Nous l'avons vu, les femmes génétiquement insensibles aux androgènes peuvent être pourvues de poitrines imposantes. Les hommes dont les gonades ne produisent plus assez de testostérone souffrent parfois de gynécomastie. En l'absence de la testostérone qui empêche la poitrine de se développer, le peu d'œstrogènes circulant dans l'organisme masculin se dépêche d'accumuler certains types d'adipocytes, montrant une fois de plus que la frontière entre la virilité et la féminité est mince – aussi mince que la crête génitale ambivalente du fœtus, aussi ténue que la crête mammaire dont nous sommes tous et toutes dotés. Cela dit, les androgènes n'expliquent pas entièrement la disparité de la taille des seins d'une femme à l'autre. Bon nombre de femmes au taux de testostérone relativement élevé, pourvues de moustache et de poils abondants sous les bras, sont à l'évidence sensibles aux androgènes de leur organisme tout en étant dotées de généreux appas. Hormones thyroïdiennes, du stress, de croissance, insuline – toutes ont leur part plus ou moins identifiable dans le développement des seins. En somme, nous ne savons pas trop ce qui façonne la plastique du sein. Nous n'avons pas la panacée hormonale du sein de Mae West. Mais rassurons-nous. Si l'on en croit les séries télévisées de science-fiction, la fatalité des petits seins – de l'hypotrophie mammaire, comme disent les chirurgiens plasticiens – sera surmontée dans l'avenir : nous aurons de gros seins à défaut d'avoir de gros cerveaux. Aujourd'hui, le sein moyen qui n'allaite pas pèse environ trois cents grammes, mesure dix centimètres de diamètre et près de quatre centimètres de la cage thoracique au bout du mamelon. Il lui faut du 85B, depuis que le soutien-gorge moderne a été inventé il y a près de quatre-vingt-dix ans. Mais dans *Star Trek,* ou d'autres séries du même style, la femme, quelle que soit son espèce, humaine, vulcanienne, kligonienne ou borgienne, a le buste aussi intrépide que l'esprit, et il lui faut toujours du C, pour le moins.

Les œstrogènes contribuent également à l'élaboration du sein fonctionnel, le tissu glandulaire qui devra bientôt libérer sa sueur sacrée, son blanc nuage de miel. Une série de lobes et de conduits, fermes et caoutchouteux, se frayent un chemin au travers du gel adipeux et conjonctif. Chaque sein finit par être doté de cinq à neuf lobes où s'élabore le lait, chaque lobe ayant son propre conduit qui achemine la divine sueur jusqu'au téton. Les lobes sont subdivisés en une douzaine de lobules qui ressemblent à de minuscules grappes de raisin. Lobes et lobules se disséminent de façon homogène au travers du sein, mais les différents canaux (dits galactophores) conduisent à une seule destination, le mamelon. Au fur et à mesure qu'ils convergent vers le bout du sein en de multiples méandres d'ivoire, leur diamètre s'élargit. Le circuit de la lactation suit le même schéma hydrodynamique que nous observons chez l'arbre, les nervures de la feuille ou les vaisseaux sanguins. Lobes et lobules sont le feuillage et les fruits ; les canaux galactophores sont les branches s'épaississant en une natte qui forme le tronc. Mais tandis que l'arbre ou le système vasculaire pompe le liquide de la vie du conduit le plus large aux artères ou aux veines les plus étroites, ici, c'est chacun des minuscules fruits lobulaires qui produit le lait et le propulse dans le grand pipe-line situé en aval. Les canaux perforent la peau du mamelon : en temps normal, les ouvertures sont cachées dans les plis variqueux du mamelon ; mais dès que la femme allaite, le bout de son sein se gonfle et fait apparaître nettement les différents orifices d'où le lait suinte.

Les canaux et les lobules ne parviennent à pleine maturité qu'au cours de la grossesse où ils prolifèrent, s'épaississent et se différencient. Les bouchons granuleux de la consistance du cérumen, qui normalement bloquent l'évacuation des canaux, se désintègrent. Les lobules laissent échapper des micro-lobules, les alvéoles. Les producteurs de lait réquisitionnent le sein. Ils écartent le tissu adipeux pour se faire de la place. Le sein s'alourdit d'une bonne livre au cours de la lactation. L'aréole, l'œil de bœuf pigmenté entourant le mamelon, se modifie elle aussi sensiblement pendant la grossesse. Elle s'assombrit et semble dévaler du haut de la colline mammaire comme une coulée de lave se répandant lentement du sommet d'un volcan. L'aréole est elle aussi parsemée d'un autre type de glandes sudoripares modifiées lui donnant l'aspect de la chair de poule, les glandes de Montgomery, lesquelles se multiplient et excrètent un gel lubrifiant permettant de supporter la succion du bébé. À la suite du sevrage, les lobules s'atrophient, les canaux régressent, les aréoles se résorbent et le tissu adipeux repart à la conquête du sein – enfin, plus ou moins. Les femmes qui allaitent au sein se plaignent souvent de ne pas retrouver leur galbe antérieur. Le tissu adipeux paresse et ne parvient pas à occuper à nouveau l'espace dont il a été expulsé par la glande. C'est que le sein érotique est un *bon vivant*[1], il aime faire la fête. Pour les choses sérieuses, il faut vous en remettre aux canaux galactophores et aux lobules. Eux reprendront du service quand il le faut et ne ménageront pas leur sueur.

Le sein ne pèse que quelques dizaines de grammes et une tonne de métaphores. Comme Marilyn Yalom le décrit merveilleusement dans son *History of the Breast* (« L'Histoire du sein »), le sein est un téléphone public qui reçoit les déclarations les plus excentriques, les exhortations d'aujourd'hui cachant mal les préjugés d'hier. Les seins flétris des sorcières et autres diablesses sont le prix de la débauche. Les statues de l'art minoen de 1600 avant Jésus-Christ représentaient des prêtresses aux seins nus et dominateurs, un serpent autour de chaque bras. Les serpents dardaient leur langue vers le spectateur comme pour prévenir que les beaux tétons pointant dans la même direction pouvaient dispenser du poison comme de l'amour. Le sein s'adapte, vaille que vaille, comme le soutien de gorge à gousset unique des opérées. Les déesses aux seins multiples de bien des civilisations projettent une force incroyable. Les Amazones également, ces guerrières qui vivaient séparément des hommes, ne consentaient à les rencontrer qu'une fois par an pour se faire engrosser, élevaient leurs filles mais tuaient, estropiaient ou abandonnaient leur fils. Les Amazones doivent leur célébrité à la mastectomie qu'elles s'infligeaient, cette amputation d'un sein leur permettant de mieux tirer à l'arc contre les hordes masculines qui les cernaient. « Les hommes, écrit Yalom, voient les Amazones comme des monstres, des viragos, des femmes dénaturées qui ont usurpé l'art viril de la guerre. Le sein manquant crée une asymétrie terrifiante : celui qui reste sert à nourrir le rejeton femelle, l'autre a été amputé pour s'armer contre les hommes. » L'Amazone représente une aspiration féminine fruste et nostalgique. « L'amputation du sein et l'acquisition de traits "virils" évoquent l'envie mythique de la bisexualité unissant en une même créature la femme maternelle et le mâle agressif : sa tendresse s'adresse uniquement aux femmes

1. En français dans le texte.

et son agressivité vise exclusivement les hommes. » Une variante atténuée de l'image de l'Amazone apparut à la fin du XVIIIe siècle en France avec l'emblème de la Liberté que l'on montrait le plus souvent un sein voilé, l'autre dénudé. L'ostentation de cette nudité (ou du moins l'indifférence pour le négligé de la tenue) témoignait de la ferveur de l'engagement. Plus récemment, les femmes qui avaient subi une ablation d'un sein à la suite d'un traitement contre le cancer ont endossé la tenue de combat de l'Amazone en dévoilant fièrement, agressivement, leur torse asymétrique à la une des magazines ou sur des affiches publicitaires. À la place du sein, une cicatrice en diagonale balafrant la poitrine à la façon d'un arc ou d'une cartouchière : inquiétante, effrayante, d'une belliqueuse beauté.

On a utilisé le sein comme un titre de propriété. Dans le célèbre portrait de Rembrandt *La Mariée juive,* le mari, de loin le plus vieux du couple, est représenté la main droite sur le sein gauche de la mariée pour signifier qu'elle est désormais sous sa clémente juridiction patriarcale. L'épousée effleure la main baladeuse – en un geste merveilleusement ambigu de modestie, de rébellion et d'hésitation. Dans l'Amérique du XIXe siècle, les esclaves noires que l'on vendait aux enchères étaient photographiées la poitrine dénudée pour bien montrer qu'on proposait à la vente une créature à statut d'animal. Histoire de bien enfoncer le clou, on battait, on torturait, on mutilait les seins. Au XVIIe siècle, on coupait souvent les seins aux femmes accusées de sorcellerie avant de les envoyer au bûcher. Lorsque la Bavaroise Anna Pappenheimer, fille d'un fossoyeur et d'une laveuse de latrines, fut condamnée comme sorcière, on ne se contenta pas de lui couper les seins, on les lui enfourna dans la bouche puis dans celle de ses deux grands fils afin de tourner en dérision sa maternité.

Les premiers savants eurent également leur mot à dire sur le sein. Au XVIIIe siècle, Linné, le naturaliste suédois haut en couleur, lui rendit un hommage douteux en donnant son nom à toute une classe taxonomique, celle des mammifères, littéralement les « animaux à mamelles », un terme de son invention. Comme l'explique Londa Schiebinger, Linné aurait pu choisir un autre trait commun à ladite classe des mammifères. Nous aurions pu être classés dans les Pilosa, les animaux à fourrure, ou les Aurecaviga, les animaux à oreilles creuses (se référant à la structure en trois os de l'oreille moyenne propre aux mammifères), ou dans la classe des animaux à cœur à quatre cavités (dont il n'existe pas de terme scientifique, sans doute trop difficile à forger). Les contemporains de Carl Linné n'ont pas ménagé leurs sarcasmes. Il n'empêche. Nous et toute la famille des vivipares sommes devenus des mammifères. C'était l'époque des Lumières, et Linné devait en tenir compte. C'est ainsi qu'on appela une fois de plus le sein à la rescousse. Les zoologistes considéraient alors les humains comme une espèce animale, même si la notion, comme aujourd'hui, avait du mal à passer. Il fallait un taxon qui relie les êtres humains aux autres espèces. Quel que fût le trait que Linné ait pu choisir pour mettre en lumière ce qui nous unissait aux animaux, celui-ci devait fatalement symboliser notre bestialité. Tous les mammifères sont velus, mais les hommes étant plus velus que les femmes, *Pilosa* ne faisait pas l'affaire. La structure de l'oreille n'était pas assez évocatrice pour mériter l'immortalité de la nomenclature. Mais le sein ! Cela sonne comme un roman, cela a de la résonance. Mieux, c'est chez la femme que cet attribut animal prend toute sa dimension. Linné introduisit le terme *Mammalia* dans l'ouvrage même où il baptisa notre espèce *Homo sapiens,* « l'homme sage », la catégorie qui distingue les êtres humains des autres espèces animales. « C'est ainsi que, selon la terminologie de Linné, une caractéristique femelle (la mamelle qui donne le lait) relie la créature humaine à la brute, tandis que le trait viril traditionnel (la raison) marque notre originalité », écrit Schiebinger. Les penseurs du siècle des Lumières défendaient l'égalité des droits naturels de tous les hommes. Certaines femmes de la même époque, dont Mary Wollstonecraft et Abigail Adam, la femme de John, expliquaient qu'il fallait donner au sexe féminin les droits qui lui revenaient – le droit de vote par exemple, le droit de propriété ou le droit de divorcer d'un époux brutal. Les maris du siècle des Lumières souriaient avec indulgence et sympathie, mais n'étaient pas encore préparés à de telles audaces politiques. Or la zoologie et la taxonomie confirmaient la nature terre à terre de la femme. Cela tombait bien. Nos hommes de raison pouvaient remettre à plus tard la question des droits de la femme, quand on aurait pleinement établi l'existence de la raison, de la *sapientia* féminine. (Curieusement, cela n'a pas empêché que l'on considère souvent le lait humain comme le liquide le plus pur et le plus éthéré de l'organisme, l'attribut le moins bestial de la femme, comme nous le verrons dans le prochain chapitre.)

Au XIXe siècle, des scientifiques eurent recours au sein comme ils avaient eu recours au crâne pour distinguer et hiérarchiser les différentes races humaines. Certains seins furent décrétés plus égaux que d'autres. On décrivit le sein européen comme un hémisphère au garde-à-vous – c'était le sein intelligent, civilisé. Le sein de la femme africaine se devait d'être mou, pendouillant, comme la mamelle d'une chèvre. La littérature abolitionniste quant à elle dotait les esclaves de seins haut placés, ronds et sympathiques – une revanche bronzée sur les artifices corsetés des maîtresses d'esclaves.

Linné nous rattache aux autres mammifères par les tétons. Soit. Mais nous savons bien que le sein nous appartient en propre. Les théoriciens de l'évolution le savaient aussi et ont proposé tout un éventail de justifications à l'existence du sein humain. Comme le remarque Caroline Pond, la base factuelle de ces théories est mince. Nous n'avons aucune idée de la date d'apparition des seins au cours de l'évolution humaine. Les seins ne se fossilisent pas. Nous ne savons pas s'ils sont apparus avant que nous ayons perdu notre fourrure ou après, et de toute façon nous ne savons pas quand, ni pourquoi, nous avons perdu nos poils. Mais le sein est un trait si remarquable de l'anatomie féminine que les chercheurs ne peuvent s'empêcher de le regarder, d'en rechercher la trace. Le sein les trouble, les déconcerte, et cela se comprend.

Les hommes n'ont pas de seins mais aiment spéculer dessus, mettre la main sur ceux de leur épouse et avoir le sentiment qu'ils ont participé à leur invention. Pas étonnant que la plupart des théories prétendent que le sein est apparu à l'intention de l'homme. La thèse de loin la plus célèbre du genre vient de Desmond Morris, le zoologiste britannique qui a publié en 1967 un livre à grand succès, *Le Singe nu,* dans lequel, métaphore ineffable, il présente les seins comme un mimétisme des fesses. Vous connaissez sans doute l'histoire, sous une forme ou une autre. On y échappe difficilement. Comme les Rolling Stones, elle a du mal à prendre sa retraite. Dans sa forme première, la théorie repose sur une série de postulats, le premier étant que les hommes et les femmes ont besoin de former une « relation binaire » – phénomène mieux connu sous le terme de mariage – pour élever les enfants. La relation à deux impliquant une certaine intimité entre les partenaires, on suppose que l'accouplement devait être plus satisfaisant face à face qu'à la chien, posture anonyme s'il en est que l'on prête à nos ancêtres préhumains. Pour accomplir ce pas vers l'humanité, le clitoris dut migrer vers l'avant afin d'inciter les premières femmes à faire l'amour de face. L'apparition des seins invita nos gentilshommes à modifier leur technique, en leur offrant par-devant un résumé de la partie de l'anatomie féminine qu'ils convoitaient par-derrière. Dans ses livres ultérieurs,

Morris a illustré sa théorie par des photos comparant une belle paire de miches féminines à une belle paire de roberts.

Il n'a peut-être pas tort de prétendre que les seins ressemblent aux fesses ; mais qui dit que la rondeur des fesses n'a pas été acquise par imitation des seins, ou que les deux n'ont pas évolué en parallèle pour leur attrait plastique intrinsèque ? La fesse humaine, ronde et haut placée, ne ressemble pas à la croupe plate et étroite de la plupart des primates. Morris comme d'autres expliquent que l'hémisphère fessier apparut sans doute en premier, car l'évolution de la posture debout exige une plus forte musculature de la croupe. La morphologie verticale crée également une zone où l'on peut stocker l'énergie sous forme de graisse sans gêner les mouvements, écrit Timothy Taylor dans *The Prehistory of Sex*. En outre, la posture verticale présente un nouvel attrait, explique Taylor : vous pouvez voir la vulve de la femme qui se tient debout. Or la présentation de la vulve est un signal sexuel majeur chez beaucoup de primates. Par ailleurs, comme la femme ne peut exhiber son vagin, ce sont les fesses qui ont joué le rôle de signal sexuel... de derrière. Pour s'assurer qu'elle capte bien l'attention masculine, la femme a vu bientôt ses seins prendre les mêmes rondeurs. Ce qui est parfait, sauf que la femme apprécie autant les rondeurs fessières de l'homme que l'inverse, qu'elle les remarque tout autant chez les autres femmes, comme les hommes chez les autres hommes. Une belle croupe, cela ne passe pas inaperçu, sans pour autant impliquer une puissante musculature. En réalité, la rondeur du postérieur humain des deux sexes pourrait n'être qu'une nouvelle illustration de l'exploitation sensorielle, le résultat de notre goût pour les formes rondes et généreuses. Ce n'est pas tant le sein qui aurait imité la fesse, que ces deux parties de l'anatomie humaine qui auraient convergé vers le même thème.

Le sein, une incitation à faire l'amour de face ? La thèse a de quoi rendre sceptique pour d'autres raisons. Plusieurs espèces de primates, dont les bonobos et les orangs-outangs, copulent également de face sans que les femelles aient besoin d'arborer des badges sexuels à la poitrine, ni autres répliques astucieuses de leur croupe étroite ou de leur vulve épanouie. Ce qui ne les empêche pas de se courir après – et dans le cas des bonobos, plusieurs fois par jour. Le *Pongo Paniscus* femelle aurait-elle un secret ? L'aurait-elle en catalogue ?

Comme les seins, en dehors de leur attrait visuel, jouent un rôle essentiel dans la reproduction, bon nombre de théoriciens en ont conclu qu'ils ont évolué pour donner à l'homme des informations sur certains aspects de la fécondité de la femme. Certes, le développement de la poitrine montre que la femme est en âge de procréer, mais comme d'autres caractéristiques – les poils pubiens, l'élargissement du pubis, les effluves corporelles sous dépendance hormonale. La femme a besoin d'une certaine quantité de tissu adipeux pour mener à bien une grossesse. Les seins ne sont jamais que deux morceaux de graisse. Ils annoncent peut-être ainsi qu'elle a suffisamment de réserves nutritives et qu'elle peut porter et allaiter des enfants, information que l'homme préhistorique, face à différentes femmes au bord de la carence calorique, n'aurait peut-être pas négligée. Seulement les seins, en dépit de leur volume, ne représentent qu'une faible part du total des graisses de l'organisme – 4 % en moyenne – et leur taille dépend moins des variations de poids que celle des autres réserves adipeuses, des cuisses, des fesses et de la partie supérieure des bras ; les rondeurs du sein ne révèlent pas grand-chose sur l'état nutritionnel et sanitaire de la femme. En outre, comme nous l'avons vu plus haut, la taille des seins n'ayant rien à voir avec les capacités de procréation ou de lactation, elle est un piètre révélateur de l'aptitude à devenir mère. D'autres ont suggéré que l'apparition des seins au cours de l'évolution visait à masquer le stade ovulatoire de la femme et une grossesse éventuelle, la meilleure façon d'occulter les problèmes de paternité et d'inhiber la propension de l'homme à pratiquer l'infanticide sur les enfants qui ne sont pas de lui. Mais alors, où réside l'attrait de cet article si sournois ? Ce n'est pas très clair, à moins de penser que la fascination masculine pour le sein vienne d'autre chose.

Les femmes ont également chanté les mérites du sein. Meredith Small réactualise l'idée du garde-manger mobile, tout en considérant que le sein est destiné à aider la femme elle-même plutôt qu'à témoigner de sa fécondité auprès de l'homme. « Une forte poitrine servait peut-être simplement de chambre de stockage aux femmes soumises au stress alimentaire, écrit-elle. Les humains primitifs se déplaçaient très loin à la recherche de nourriture, et il leur fallait des réserves de graisses pour assurer des années d'allaitement. » Seulement, encore une fois, ce ne sont pas les seins qui donnent le plus volontiers de l'argent liquide, disons qui se délestent de leurs réserves de graisse à la demande ; ils sont d'une étonnante avarice à cet égard. Au cours de la lactation, les lipides des cuisses et des hanches sont bien plus mobilisables que ceux des seins, même si la réserve adipeuse mammaire est bien plus proche des moyens de production laitiers. Selon Helen Fischer, les seins sont la caisse à outils de plaisir de la femme, donnant la garantie aux tétons érogènes qu'ils seront dûment caressés, sucés et pressés en vue de la stimulation maximum. Encore que toutes les femmes n'aient pas les seins sensibles et n'apprécient pas forcément les caresses réitérées. « J'ai une grande expérience de la vie, expliquait une vieille femme de soixante-quinze ans. J'en suis venue à la conclusion que les femmes attrapaient le cancer du sein parce que les hommes leur pelotaient *beaucoup trop* la poitrine. » Dans le même temps, bien des hommes ont les mamelons très sensibles et aimeraient bien que les femmes ne dédaignent pas de leur donner un petit coup de langue de temps de temps.

Ce n'est peut-être pas la femme, l'enjeu, mais l'enfant. Elaine Morgan, théoricienne originale et courageuse qui continue de défendre pratiquement seule que l'être humain a pour origine un singe aquatique, a proposé plusieurs pistes. Elle pense que les hominidés ont vécu une partie de leur parcours évolutif immergés dans l'eau, que nous sommes apparentés pour moitié aux pinnipèdes – morses, phoques, otaries et autres petits mammifères marins –, pour moitié aux grands singes. Dans ce cas, les seins auraient été des Mae West, le nom que les soldats britanniques de la Seconde Guerre mondiale avaient donné à leurs gilets de sauvetage – autrement dit des attributs flottants auxquels les petits pouvaient s'accrocher en tétant. Plus récemment, Elaine Morgan a suggéré que l'absence de poils, un héritage présumé de notre phase aquatique, aurait permis l'apparition des seins. Les jeunes singes s'accrochent à la fourrure dont est pourvue la poitrine de leur mère pendant qu'ils tètent, dit-elle. Les petits d'humains ne peuvent s'agripper à rien. En outre, ils sont si vulnérables qu'ils ne peuvent même pas dresser leur tête jusqu'au téton. C'est le téton qui doit venir à eux. C'est ainsi que le mamelon du sein humain est situé plus bas sur la poitrine que celui du singe, et qu'il n'est plus étroitement rivé aux côtes. « La peau qui entoure le mamelon a plus de jeu, est plus maniable et laisse de la place au tissu glandulaire et adipeux, conclut Elaine Morgan. Les mâles adultes apprécient l'attrait sexuel de cette caractéristique de l'espèce, mais l'instigateur du changement, et son premier bénéficiaire, a été l'enfant. » C'est la théorie du placard vide : dès lors qu'il existe, il suffit de le remplir. Indépendamment du fait que la théorie du singe aquatique ne s'appuie sur aucune preuve, les avantages du mamelon manipulable pour le jeune enfant ne sont pas évidents. La femme doit tenir son bébé contre le sein, le surélever avec un coussin, ou le tenir contre elle à l'aide d'une bande de toile (ce que font la majorité des femmes du monde en développement). Si la mère devait passer son temps courbée au-dessus du bébé à la façon de la vache Daisy, la mamelle balançant dans la bouche de l'enfant, elle éprouverait peut-être quelque difficulté à recouvrer la posture bipède.

Décidément, le sein érotique met beaucoup de mauvaise volonté à s'expliquer.

Platon disait que l'esprit était une sphère. Selon Carl Jung, le cercle symbolisait le soi. Bouddha était assis sur une fleur de lotus de huit pétales à symétrie radiale. Le mandala circulaire désigne l'unité de la conscience et de l'inconscient. Les vitraux des cathédrales gothiques européennes exposent aux regards les larmes et les espoirs des croyants et non-croyants, et le plus beau d'entre eux, à l'expression artistique la plus achevée, la rosace centrale, symbolise le cercle du paradis. La coupole de Florence, chef-d'œuvre de Filippo Brunelleschi, le père de la Renaissance, a redonné au monde la joie oubliée du dôme qui unifie l'univers du sacré et de l'humain. Ceindre, c'est aimer et posséder, comme nous en convenons aujourd'hui en nous passant la bague au doigt le jour de notre mariage. Le théâtre de Shakespeare était édifié autour d'une scène circulaire ; on l'appelait le Globe.

Nous vivons vertigineusement, en étant attentif à tout ce qui est rond. Pourquoi ? Peut-être parce que tout commence par un visage. La première chose que voit le nouveau-né n'est pas le sein, qui n'entre pas dans son champ visuel, mais le visage de sa mère. Le visage humain est rond, beaucoup plus rond que celui des autres grands singes adultes. Le blanc des yeux humains, qui n'existe pas chez nos cousins simiesques, contribue à exagérer la rondeur de l'iris. Le sourire arrondit les joues ; les coins de la bouche se relèvent, ceux des sourcils se baissent, et l'ensemble figure un cercle au sein d'un autre cercle. Seuls les humains considèrent universellement le sourire comme un geste amical. Chez la plupart des primates, le sourire est une grimace qui exprime la menace ou la crainte.

À moins que tout n'ait commencé par le fruit, la référence suprême de notre passé de cueilleurs, sa monnaie d'échange, son symbole d'abondance. Le fruit est arrondi, comme l'amande, la noix, le tubercule et autres parties comestibles des plantes. À moins que nous n'ayons commencé par vénérer la lumière ? Les sources de lumière, le soleil et la lune, sont rondes, et plus elles sont rondes, plus elles brillent. Leur mort cyclique survient avec la dégradation de leur géométrie céleste. Depuis que nous sommes humains, nous privilégions le cercle. Nous nous définissons en fonction de ce qui est rond. Le cercle illumine et délimite. Nous ne pouvons lui échapper. Nous n'en sommes jamais rassasiés.

Le sein est l'hommage du corps à la sphère. Le meilleur qui soit. On l'a comparé au cours des siècles à toutes les rondeurs qui nous séduisent et nous fascinent – pommes, melons, soleils, lunes, cerises, yeux, visages, perles d'Orient, globes, mandalas, univers d'univers. À s'obnubiler sur le sein, il ne faudrait pas négliger nos autres rondeurs. Celles des fesses, bien sûr, si remarquables. Mais aussi la courbe de l'attache du long cou humain à l'épaule, cette parabole toute de grâce quand on la contemple de dos. La saillie des muscles témoigne elle aussi des rondeurs caractéristiques de notre espèce. Les autres animaux sont pourvus d'une musculature très dense et développée, sans pour autant arborer les courbes provocantes des athlètes humains. Bien des créatures nous battent à la course sans qu'aucune n'ait besoin de nos mollets qui, comme les fesses, sont aussi ronds chez la femme que chez l'homme. Les biceps peuvent prendre l'allure de véritables seins. Comme les deltoïdes, les muscles des épaules. Des pectoraux très développés peuvent donner l'impression de la naissance des seins. La sensualité athlétique masculine était très appréciée des Grecs comme de Michel-Ange. Du photographe Bruce Weber, également, dont les clichés pour les sous-vêtements Calvin Klein présentent de mâles poitrines aussi aguichantes que la vue plongeante traditionnelle sur le décolleté féminin. La musculature épurée des danseurs des deux sexes célèbre la courbe par le mouvement. Relever le défi de la rondeur chorégraphique, c'est renoncer à la joliesse, c'est la braver, la pousser jusqu'à la caricature.

Les courbes bien définies nous fascinent. L'on a pu dire que l'épilation corporelle visait à mieux mettre en valeur les seins et les hanches féminines ; mais pourquoi, si c'est le cas, l'épilation n'est-elle pas réservée à ces seules zones ? En fait, son effet esthétique est global. C'est le corps tout entier qui met en valeur la moindre de nos courbes. Nos préférences sont en partie déterminées par notre physiologie et notre équilibre hormonal. La femme est imprégnée d'œstrogènes, les hormones qui permettent chaque mois la maturation et la libération de l'ovule tout en déployant beaucoup de talent à accumuler les graisses. La poitrine des primates était toute disposée à prendre de l'ampleur ; la courbe lui était destinée. L'homme est nanti de testostérone, laquelle permet la production de sperme et favorise la musculature. Dans un cas comme dans l'autre, les rondeurs n'ont rien d'indispensable. Force, fécondité, vitalité et lactation n'ont rien à y voir. Et pourtant, mystérieusement, tout chez nous évoque la courbe, jusqu'à nos expressions. Courbe des seins, des muscles. Et la courbe des pommettes, que figure-t-elle ? Les seins, les fesses de la face ? De mini-biceps, des pommes, ou des visages dans le visage ?

Je dois noter ici que la séduction ne vise pas seulement à piéger l'autre sexe. Elle permet de se faire des ami(e)s. Notre espèce est très sociable, sa survie dépend du groupe, et nos atouts comme ceux de notre descendance peuvent s'accumuler en une série d'harmoniques qui se renforcent et s'amplifient les uns les autres. Quand vous avez des amis, vous avez des protecteurs, et vos enfants aussi. La séduction vise autant les individus de son sexe que ceux du sexe opposé. On se pare pour damer le pion aux copines, ou pour solliciter leurs faveurs. Les femmes s'apprêtent et s'habillent pour les autres femmes, s'inquiètent de ce que leurs rivales et néanmoins amies pensent de leur apparence. On considère généralement la coquetterie comme une forme de compétition, non exempte de rosserie, dont l'objectif final consiste à rafler la mise du côté des garçons. Mais la parure féminine peut également avoir une fonction sociale impliquant des alliances. De ce point de vue, le sein a peut-être autant été « choisi » par les femmes que par les hommes. Et le sein de parade, de persuasion, ce n'est pas un doux sein maternel qui pique du nez, ni un bouton de rose virginal ; c'est un gros sein, un sein arrogant, un sein qu'on peut quasiment tendre comme un muscle, en un mot un sein que tout le monde remarque.

Le pinson zébré est un esthète de la nature, avec ses limites structurelles et intellectuelles. Il ne peut pas se fabriquer de couvre-chefs. S'il le pouvait, il friserait la témérité. Il se confectionnerait des coiffures aussi risquées que celles de Marie-Antoinette, ou se rehausserait la crête de fils de Lycra dont les frétillements au moindre sautillement ne laisseraient inexploité aucun recoin du cortex visuel de ses congénères. La crête est un attribut idéal, le type même du trait corporel que l'on peut mettre en valeur. Les bandes aux pattes, cela ne va pas très loin. Mais une toque de plumes, cela parle haut et fort : regardez-moi ! Non, mieux : c'est *moi* que v'là !

Le sein ne se contente pas de nous plaire. Il se plie à nos caprices, à nos fantasmes, à nos pulsions. Comme la crête, il se prête aux manipulations. C'est un accessoire idéal, un exploiteur sensoriel que nous savons exploiter. C'est la partie du corps la plus facile à façonner. C'est mou, compressible. On peut relever les seins, les presser l'un contre l'autre, les faire dresser, les rembourrer, leur mettre des prothèses. On peut aussi s'affiner la taille, mais c'est un art difficile que les femmes ont payé de leurs vapeurs, voire de leur vie ; se remonter les seins, cela ne fait pas vraiment mal. Le fétichisme du sein accompagne notre statut de singe habillé. Le XIVe siècle ne s'est pas contenté d'inaugurer les décolletés plongeants, mais, tant qu'à faire, a inventé le corset qui rehaussait le sein enfin dévoilé. Le plus souvent, le sein idéal est un sein fictif. Le décolleté, le sein de rêve, est un artifice vestimentaire. Les seins nus ne dansent pas joue contre joue mais regardent chacun de leur côté. Le volume et la forme naturelle des seins varient à un point étonnant, mais on peut parfaitement en uniformiser l'apparence, ce dont l'être humain, qui ne laisse rien en paix, ne s'est pas privé. Nous avons joué de notre attrait visuel pour les rondeurs et nous avons exalté le sein, nous l'avons chouchouté.

On peut se rassurer en se disant que les rondeurs masculines sont également sujettes à toutes les exagérations. Les appareils de musculation sont apparus à l'ère du vulnérable David. On peut toujours jouer les hypocrites et déplorer le culte de l'apparence physique et l'uniformité des canons actuels de la beauté ; mais, si les technologies sont nouvelles, l'obsession est congénitale. On a toujours tancé la vanité humaine depuis que Narcisse a découvert les vertus réfléchissantes de l'eau. Pauvres de nous, malheureuses coquettes qu'on effraie avec des images de sorcières aux seins flétris pour la seule raison que nous ne pouvons nous empêcher de comparer nos atouts aux lunes et aux melons des autres pécheresses.

On peut toujours prétendre que nous avons toutes de beaux seins, de la même façon que chacun, à sa façon, a un beau visage. C'est vrai. Mais c'est faux. Certes, nous avons tous et toutes nos charmes particuliers, un physique et une hérédité qui nous sont propres, et l'unicité a ses mérites. Cela dit, nous reconnaissons tout de suite la beauté qui s'offre aux regards. La beauté est injuste, despotique. Et alors ? L'erreur, c'est d'ajouter du pouvoir au pouvoir dont bénéficie déjà la silhouette de rêve. C'est très bien d'avoir la pommette saillante, le sein dressé et la fesse impertinente, mais pas la peine d'en faire l'alpha et l'oméga de la féminité. Si le sein avait un message fondamental à faire passer, il mettrait moins de malice à changer d'apparence d'une femme à l'autre. Il ne serait qu'une glande mammaire ne tenant pas plus de place que le contenu d'une cuiller à café. Si le sein pouvait parler, il aimerait raconter des histoires drôles et donner son avis, qui sait, sur les plaisanteries de l'évolution dont il est question dans ce livre.

8

L'EAU BÉNITE

Le lait maternel

La Vierge Marie, mère du Christ, n'a pas connu les douleurs de l'enfantement. Elle a gardé sa virginité toute sa vie et a sans doute également préservé son hymen. Ayant échappé au destin d'Ève, elle n'était sans doute pas réglée et, dans le même ordre d'idées, ne devait ni déféquer ni uriner. À sa mort son corps ne s'est pas décomposé mais a dû gagner intact le paradis. Elle défiait les lois de l'anatomie, de la biochimie et de la thermodynamique. Elle ne ressemblait guère aux autres femmes dont les attributs animaux, selon Linné, reliaient l'*Homo sapiens* aux autres mammifères. Marie, néanmoins, exprimait sa féminité et son appartenance à la classe des mammifères par un trait exempt de toute ambiguïté : elle se servait de ses glandes mammaires. Elle allaitait le petit Jésus. La *Maria Lactans* ou *Madonna del Latte* est l'une des figures les plus représentées de l'art occidental. Depuis le début de la Renaissance, on représente souvent la Vierge un sein dénudé avec l'Enfant Jésus sur le point de téter ou les lèvres déjà agrippées au mamelon. Le sein exposé est ordinairement un objet étrange, une sorte de boule de billard à peine attachée au reste du corps, souvent située plus près de la clavicule que de la cage thoracique. Il s'agissait moins d'une maladresse d'artiste que de la représentation conventionnelle du sein dénudé. Il ne fallait pas que le spectateur prît en compte l'aspect charnel du sein de Marie mais en admirât la pureté et l'extraordinaire prodigalité. Les pouvoirs du sein qui nourrissait le Tout-Puissant étaient sans limites ; il donnait la vie à celui qui donne à tous la vie éternelle. De la même façon que le sein de la femme ordinaire est stimulé par la voracité de son petit et donne d'autant plus de lait qu'on le tète, le sein de Marie était fortifié, sanctifié par le contact de la plus sainte des bouches : il donnait autant qu'il absorbait. Les tétons de la mère de Dieu ne souffraient certainement pas de crevasses ni d'inflammations.

Le lait de la Vierge, dans le rang des fluides sacrés, vient juste après le sang qui s'écoule des blessures du Christ. Si les fragments de la Vraie Croix entassés dans les reliquaires du monde chrétien suffiraient à construire une cathédrale, les fioles du lait de Marie permettraient de nourrir toute une congrégation, ce qui inspirait à Calvin, le réformateur protestant du XVIe siècle, cette remarque quelque peu cynique : « Comment a-t-on recueilli ce lait... et pu le conserver jusqu'ici ? » Autant se dire que le sein de Marie ne s'est tout simplement jamais tari, et qu'il abreuvera l'humanité jusqu'à sa fin dernière. Une fresque du XVe siècle d'un peintre anonyme représente la Vierge soutenant son sein d'une main et demandant au Christ adulte la grâce d'un groupe de pécheurs agenouillés à ses pieds. On lit sur l'inscription : « Mon fils chéri, par le lait que je t'ai donné, aie pitié d'eux. »

Le lait de la Madone n'est pas le premier à avoir été exalté, ni le dernier. Le lait des déesses grecques avait la réputation de donner la vie éternelle à ceux qui s'en abreuvaient. Quand Zeus voulut élever au rang des dieux son fils Hercule, fruit de son aventure avec la mortelle Alcmène, il introduisit subrepticement le bébé dans la chambre d'Héra, son épouse légitime, et le plaça sur son sein afin qu'il pût goûter à l'éternité. Le petit Hercule, déjà une force de la nature, se mit à téter si vigoureusement qu'Héra se réveilla, le repoussa d'un geste d'indignation en éclaboussant les cieux de son lait – ce qui donna naissance à la Voie lactée. Hercule en avait bu assez, toutefois, pour rejoindre les rangs des immortels.

Contrairement au sang menstruel que l'on considère souvent comme souillé, le lait maternel a une réputation de pureté. Dans son ouvrage désormais classique, *Breasts, Bottles and Babies* (« Le Sein, le biberon et le bébé »), Valerie Fildes rapporte que le papyrus Ebers, datant du XVIe siècle avant Jésus-Christ, prescrivait le lait contre la cataracte, les brûlures et l'eczéma sans oublier les intoxications de l'abdomen car « il permettait d'évacuer les substances nocives ». On vénérait les nourrices de l'Égypte ancienne, ces servantes au statut si particulier. La nourrice royale était invitée aux funérailles du roi.

Ses enfants étaient considérés comme les frères ou les sœurs de lait du roi. Deux personnages reconnurent Ulysse sous ses hardes après ses vingt ans d'absence : Argos, son chien fidèle (qui mourut de bonheur après avoir revu son maître), et Euryclée, sa nourrice. Son sein s'était tari depuis longtemps mais gardait la trace de la pureté qui l'avait un jour irrigué. Or la pureté, comme la fidélité, résiste au temps. Le lait a des vertus homéopathiques : il se souvient de toutes les bouches qu'il a nourries.

Le sein alimentaire est une glande sudoripare modifiée qui doit fonctionner, comme le pancréas, le foie ou le côlon. La lactation est un phénomène physiologique de base. Le lait est un fluide corporel. Ce qui n'empêche pas la lactation et le lait maternel d'avoir accédé à un statut particulier qui transcende celui de la physiologie. On leur a attribué des caractéristiques magiques, impérieuses, absolues, hors du commun. La lait et l'allaitement maternels sont l'objet d'une vénération inépuisable qui dispense autant de joie que de souffrance, de bonheur que de culpabilité. L'allaitement nous semble naturel et bienfaisant, merveilleux, mais il a connu au cours du temps toutes sortes de péripéties souvent douloureuses. Les battements du cœur, la connexion des neurones ou la venue des règles n'ont pas besoin d'exhortation. La lactation, c'est une autre histoire. Il est peut-être naturel que la femme allaite son enfant, mais ce n'est pas garanti, et c'est pourquoi les prophètes et les législateurs se sont emparés de la question, ont élevé un piédestal sociomédical à l'allaitement maternel ne tolérant ni protestations ni excuses. Il n'a pas été permis à la lactation de n'être que ce qu'elle est, une question physiologique. La glande mammaire a souvent été dépréciée et c'est ainsi qu'au milieu du XXe siècle le lait maternisé était non seulement considéré comme un substitut acceptable au lait maternel, mais comme un véritable progrès. Aujourd'hui, la glande est surévaluée. On n'est pas loin de penser que le lait maternel va faire de nos bébés des Isaac Newton et des Jane Austen. On le considère comme l'élixir féminin par excellence. Notre lait transmet plus qu'un peu de nous-mêmes, il transmet ce que nous avons de plus pur, de meilleur. Notre lait vaut mieux que ce que nous sommes.

Chacune de nous se connaît – trop bien, hélas – mais le lait, que savons-nous de lui ? Mystère. Les chercheurs ne se lassent pas de l'analyser et lui trouvent toujours de nouveaux ingrédients. S'améliorerait-t-il avec le temps ? Évoluerait-il plus vite que nous ? C'est ce qu'on pourrait croire à la lecture de la littérature éditée par ceux qui militent pour l'allaitement au sein. C'est la « substance miracle », selon les termes de Le Ann Deal, directrice de la *Leche League* (ligue pour l'allaitement maternel). Jusqu'aux scientifiques qui renoncent à leur circonspection d'usage pour vanter les mérites du lait maternel, n'hésitant pas à parler de « liquide physiologique suprême », de « cocktail de virilité », de « fluide franchement fascinant », mieux, d'un véritable « droit humain ». Le lait, c'est « plus, beaucoup plus qu'un simple aliment ». En accordant au lait maternel des vertus presque surnaturelles nous accréditons les vieilles autorités médicales qui, jadis, affirmaient que la femme transmettait sa personnalité et ses humeurs aux enfants qu'elle allaitait. On se référait à des exemples illustres, celui de l'empereur Tibère, par exemple, dont l'ivrognerie serait venue d'une nourrice portée sur la bouteille, ou du cruel Caligula dont la mère de substitution se serait frictionné les mamelons avec du sang.

Et vous-mêmes, que vous inspire le lait maternel ? Si vous avez allaité, vous avez probablement goûté à votre propre lait, suffisamment en tout cas pour vous rendre compte qu'il est plus aqueux et sucré que le lait de vache. Mais vous désaltéreriez-vous d'un verre de lait humain trouvé dans le réfrigérateur ? Cette seule idée met mal à l'aise, un peu comme s'il s'agissait d'un acte de cannibalisme. Ses ingrédients, pour la moitié d'entre eux, nous sont inconnus, comme les raisons de leur combinaison. Le lait humain a moins de goût que le lait de vache, mais il est si riche de significations et de pouvoirs qu'il crépite de vie – celle d'ici-bas et de l'au-delà – comme la mixture bouillonnante des cornues d'un savant fou. Qui sait si l'adulte qui ingurgiterait du lait de femme tous les jours ne se mettrait pas à grandir indéfiniment comme Alice quand elle grignote la partie gauche du champignon, à moins qu'il ne devienne immortel comme Hercule, ou, disons, Nosferatu le vampire.

Examinons maintenant le phénomène de la lactation à la lumière limpide du matin. J'ai déjà décrit la glande mammaire comme une glande sudoripare modifiée, mais on peut également la considérer d'une autre façon : comme un placenta modifié. Le placenta et la glande mammaire ont beaucoup de choses en commun. Ce sont à la fois des spécialistes et des travailleurs précaires. Ils ont pour fonction d'alimenter le bébé. Rien de plus fugace et énergique que ce tandem nourricier. Ces deux fonctions n'existent que pour l'enfant et s'escamotent dès que celui-ci ne les sollicite pas. Elles sont coûteuses et ne persévèrent qu'en cas d'absolue nécessité. Cela explique pourquoi le bébé doit commencer à téter pour que la glande mammaire se mette à produire. Pas de lactation sans la sensation mécanique de la succion informant la glande que la production de lait est attendue. Du point de vue de l'évolution, cela signifie que les nouveau-nés meurent trop souvent pour que la production automatique de lait soit une bonne stratégie. Quel gâchis si à la naissance de chaque enfant mort-né l'organisme féminin devait automatiquement produire du lait à 600 calories la journée. La lactation est une fonction contingente et un réflexe conditionné : sa mise en route comme sa persistance ne sont pas acquises d'avance, et le processus peut occasionner bien des déconvenues. Donner du lait, arrêter d'en donner : l'organisme doit trouver un équilibre entre les deux. D'une certaine façon, la lactation fait penser à l'écoulement du sang. Celui-ci doit s'écouler continuellement dans les veines tout en étant prêt à coaguler à la moindre écorchure, sous peine de nous vider de notre sang au contact de la première épine. Le lait doit lui aussi être prêt à s'écouler, mais ce cocktail divin est si précieux que le bébé doit se faire suppliant et sucer avec les lèvres d'un prétendant à l'immortalité.

La production de lait commence au milieu de la grossesse. Les lobules foliés qui le contiennent s'épaississent, prolifèrent et entourent les canaux jusqu'à ce qu'on ne puisse plus les discerner. Au bout des lobules, les cellules alvéolaires frémissent et se distendent en commençant à sécréter un fluide jaunâtre composé de protéines et d'hydrates de carbone, le colostrum. Une partie de celui-ci s'achemine jusqu'au mamelon et se met à suinter, mais l'essentiel est réabsorbé dans les canaux ; rien ne justifie encore son évacuation. Les alvéoles se contentent d'un galop d'essai. De multiples hormones contribuent à l'expansion glandulaire et à la sensibilité de toute la séquence. La progestérone stimule la division et la maturation des cellules alvéolaires tout en les empêchant de prendre trop d'avance. Sans les forts taux de progestérone (et d'œstrogènes, mais dans une moindre mesure) qui caractérisent la grossesse, les cellules alvéolaires seraient réceptives à une autre hormone, la prolactine, la meilleure amie de l'allaitement au sein. Durant la grossesse, l'hypophyse, à la base du cerveau, commence à libérer de grosses quantités de prolactine, laquelle permet aux cellules alvéolaires de synthétiser le lait. La progestérone plaide pour un moratoire. Et tant que dure la gestation, c'est la progestérone qui l'emporte.

Après la délivrance, les niveaux de progestérone et d'œstrogènes tombent rapidement. Chez certaines femmes, ce tarissement hormonal provoque une dépression et une prostration temporaire, tout en tonifiant, en revanche, les glandes mammaires. Les cellules alvéolaires peuvent désormais avoir accès librement à la prolactine circulante qu'elles engloutissent voracement. Au début elles fabriquent ce qu'elles savent déjà faire : le colostrum, ce liquide visqueux composé de protéines, d'hydrates de carbone et autres ingrédients. Mais pas de lipides, qui viennent plus tard. Le colostrum doit sa couleur jaune à sa richesse en carotène, la substance qui donne aux carottes et aux citrouilles leur couleur jaune orangé tout en étant un précurseur des vitamines A et B. Le colostrum est dix fois plus riche en carotène que le lait véritable à venir. Il a l'apparence du pus, et de fait agit comme tel : il comprend beaucoup de globules blancs et d'anticorps, comme le pus, et permet au nouveau-né, dont le système immunitaire n'est pas encore mature, de résister à tous les agents pathogènes qui se feraient un plaisir de l'attaquer. Le colostrum est également riche en ces cellules épithéliales qui servaient de bouchons aux canaux galactophores.

Le bébé commence par téter le colostrum. Il veut plus que ce léger gruau de carottes. Il tète, tète encore. Le va-et-vient de la succion sur le mamelon est en quelque sorte traduit en un message neuronal qui commande l'arrêt de la production cérébrale de dopamine. Moins il y a de dopamine, plus l'hypophyse peut envoyer de prolactine. Les cellules alvéolaires se convertissent dès lors en sorcières qui mijotent la synthèse de ce lait fascinant, d'un blanc virginal, cette ardoise immaculée où tous les espoirs peuvent être inscrits. Les cellules regorgent de lait. Le nouveau-né suce et stimule l'hypophyse qui sécrète une autre hormone, l'ocytocine. C'est l'instant du grand dénouement. Au signal de l'ocytocine, le tissu musculaire entourant les alvéoles engorgées se contracte, en expulse le lait dans les canaux vers les pores du mamelon, puis dans la bouche affamée qui s'est évertuée à convaincre la glande de lui acheminer ce qu'il faut là où il faut.

Qu'est-ce que le lait ? Comment le liquide mammaire gagne-t-il ses galons ? Par définition, le lait est le produit de la glande mammaire, comme le jus gastrique est le produit de l'estomac ou la salive celui des glandes salivaires. Mais le lait, eu égard à sa fonction, a une composition chimique autrement plus complexe que la plupart des sécrétions de l'organisme. La glande mammaire en accumule les ingrédients par trois voies. Certains proviennent directement de la circulation sanguine maternelle, sans modification. D'autres ont également une origine sanguine mais subissent une transformation avant d'être incorporés au lait. D'autres encore sont engendrés par les cellules alvéolaires elles-mêmes.

Le lait a la réputation d'être « l'aliment naturel parfait », et en l'occurrence il ne s'agit pas d'une publicité mensongère. Il comprend tout ce dont le mammifère qui vient de naître a besoin pour survivre. La nouvelle créature n'aura jamais accès à un menu aussi parfaitement équilibré de toute sa vie. Chaque espèce de mammifère forge sa propre définition, toujours un peu différente, de l'aliment parfait. Chaque lait doit donner les éléments de base nécessaires à la survie et la croissance du nouveau-né. Qu'il s'agisse d'un porcelet, d'un veau, d'un kangourou ou d'un être humain, l'organisme a besoin d'eau, de lipides, d'hydrates de carbone et de protéines, autant d'éléments entrant dans la composition du lait. Mais la quantité et la qualité de chacun des ingrédients varient d'un animal à l'autre. Les animaux qui grandissent rapidement ont besoin d'un lait riche en acides aminés – les constituants des protéines. Le lait de carnivores comme le chat, la hyène et le chien est très riche en acides aminés. Si Remus et Romulus, les fondateurs de Rome, ont bu le lait d'une louve, comme le veut la légende, c'est qu'ils ont bu de la viande en solution. Les animaux qui doivent accumuler de la graisse en un court laps de temps boivent du lait riche en lipides. Le lait naturel le plus gras est sans doute celui de l'éléphant de mer, plus riche en graisses que le beurre. Un bébé éléphant de mer ne tète que pendant quatre semaines, de quoi passer de 38 kilos à la naissance à 150 au moment du sevrage. De son côté, la mère ne mange rien pendant la lactation et perd quelque 300 kilos sur les 750 de son poids normal. Comme disait un chercheur, elle passe son temps à débiter sur elle-même de grosses tranches de lard pour en tartiner son petit.

Le lait des animaux à croissance lente est relativement moins riche en acides aminés. Les êtres humains grandissent lentement et leur lait est particulièrement pauvre en protéines. Le lait de souris est douze fois plus riche en acides aminés que le lait humain. Le lait de vache, quatre fois plus, la première raison pour laquelle vous ne pouvez donner du lait de vache à votre bébé sans l'avoir « maternisé ». Les reins immatures du nouveau-né n'ont pas de quoi traiter le trop-plein de protéines du lait de vache. L'enfant humain pourrait toutefois s'accommoder de lait de gorille, de chimpanzé ou d'orang-outang. Le lait des grands singes est à tous égards très semblable au nôtre.

Le lait humain (ou de grands singes) compense sa carence en protéines par du lactose, l'hydrate de carbone (le sucre) spécifique du lait. Le lactose vient au deuxième rang (après l'eau) des constituants du lait humain. Celui-ci comprend deux fois plus de lactose que le lait de vache. Nous nous reprochons notre goût pour les sucreries et nous demandons pourquoi les gosses aiment tant bonbons, glaces et sucettes. Rien d'étonnant à cela. Le lait que nous a accordé l'évolution est aussi sucré qu'un caramel. Mais le lactose n'est pas de la « sale bouffe ». Ce n'est pas tout bêtement du sucre. Il est synthétisé dans les cellules alvéolaires à partir du glucose et du galactose, deux sucres simples provenant du sang maternel, ce qui donne un composé deux fois plus énergétique que le glucose. Le lactose joue également un rôle essentiel dans l'assimilation d'autres éléments du lait en permettant aux intestins du bébé d'absorber au mieux leur ration de calcium et d'acides gras. Le lait de vache et le lait humain contiennent à peu près le même taux de graisses, mais de types très différents. Le lait humain comprend relativement plus d'acides gras essentiels, de longues chaînes de graisses insaturées que l'organisme est incapable de produire lui-même mais qu'il puise dans l'alimentation – autrement dit, pour ce qui est du bébé, le lait maternel. Les acides gras essentiels sont impliqués dans la formation des yeux, du cerveau et du système nerveux périphérique. Les fabricants de lait maternisé se demandent aujourd'hui s'il faut y ajouter certains acides gras, en particulier de l'acide linoléique. Mais, comme toujours, il peut y avoir des effets imprévus. Selon une étude, les nouveau-nés à qui l'on a donné du lait maternisé enrichi en huile de poisson, une bonne source d'acide linoléique, ont montré un développement plus rapide de l'acuité visuelle, mais d'autres tests montraient que leur psychomotricité retardait sur celle des bébés nourris au lait maternel ou au lait maternisé standard. Quelle quantité d'acide gras faudrait-il donc ajouter ? Le lait de la femme qui consomme beaucoup de poisson aura vingt fois plus de certains acides gras à longue chaîne que celle qui vit au Sahara. Que faut-il imiter ? Les lipides du lait d'une mangeuse de poisson, d'une végétarienne ou d'une femme américaine omnivore ?

Mis à part quelques différences dans certains acides gras et quelques autres nutriments, la composition du lait humain est remarquablement stable quelles que soient les différences du statut nutritionnel de la femme. La femme d'un pays du tiers-monde qui souffre de malnutrition donne un lait étonnamment nutritif, et celle du Midwest américain, en dépit de ses rondeurs, ne donne pas un lait plus riche en calories. Comme le remarque Peter Reeds, professeur de médecine pédiatrique à la faculté de médecine de Baylor, « ce qui fascine toujours ceux qui étudient la lactation, c'est l'aptitude remarquable des mammifères, humains compris, à produire un lait dont la composition ne varie pratiquement pas, même en cas de régime alimentaire défavorable ». Quand la femme ne consomme pas les nutriments nécessaires au lait parfaitement équilibré, les glandes mammaires puisent dans les réserves de l'organisme, dans ses magasins toujours ouverts. D'ailleurs, la femme n'a pas à se sacrifier autant qu'on pourrait le croire, tant il est vrai que le lait est un compromis de l'évolution. C'est la mère qui donne, mais pas au point de compromettre sa santé et sa fécondité. Le lait est conçu de façon à pouvoir être exploité au maximum, mais sans exploitation outrancière. La femme qui allaite n'a pas besoin de perdre ses dents ou de voir sa colonne vertébrale se tasser pour donner suffisamment de calcium à son bébé ; le lactose contenu dans le lait garantit que chaque ion de calcium sera assimilé et non simplement évacué par les urines comme c'est le cas pour l'essentiel du calcium des boissons telles que, disons, le jus d'orange enrichi. Le bébé digère toutes les protéines du lait, jusqu'au dernier acide aminé, et c'est pourquoi les couches souillées d'un enfant qui tète au sein ne sentent guère : rien ne se perd ; il n'y a quasiment pas d'excréments de protéines, donc pas d'odeurs nauséabondes. La femme qui allaite n'a pas besoin de s'anémier pour donner du fer à son bébé. Le lait humain comprend très peu de fer, mais détient de la lactoferrine, une protéine qui permet l'assimilation quasi totale du fer. Il en va de même pour d'autres oligo-éléments comme le zinc ou le cuivre ; on en trouve peu dans le lait maternel, mais il suffit qu'il y en ait en très petite quantité pour que la série de protéines et de sucres du lait les utilise et ne les laisse pas échapper. En outre, les bébés humains devaient sans doute jadis passer un certain temps à se rouler par terre et à porter à leur bouche du fer et bien d'autres choses. Les bébés portent n'importe quoi à la bouche et tentent de lécher tout ce qu'ils peuvent. On y voit aujourd'hui une petite manie dangereuse, mais l'enfant humain avait peut-être une bonne raison de se livrer à ce manège : lécher l'éventuel oligo-élément nécessaire à la croissance et à la division de ses cellules.

Le lait maternisé ne peut imiter le lait maternel, avons-nous appris. C'est ce que les autorités médicales expliquent aux nouvelles mères, ce qui est inscrit par obligation légale sur les boîtes de lait maternisé, de la même façon qu'un paquet de Marlboro doit mettre en garde contre les dangers de la cigarette. Le lait humain comprend plus de deux cents ingrédients dont les multiples fonctions ne sont toujours pas entièrement élucidées. Pas un qui ne fasse qu'une seule chose. Les sucres du lait donnent des calories et permettent aussi le métabolisme complet des autres nutriments. Les sucres du lait maternel et du lait maternisé sont similaires d'un point de vue quantitatif, mais sont qualitativement différents. La lactoferrine permet aux traces de fer présentes dans le lait de jouer leur rôle biologique, tout en empêchant les bactéries pathogènes de s'en délecter. Il n'y a pas de lactoferrine dans le lait maternisé. Les propriétés immunitaires du lait maternel sont légion, mais la plupart sont absentes du lait maternisé, ne serait-ce que parce que son élaboration détruit les propriétés équivalentes du lait de vache. Le lait maternel contient des cellules B, T, des macrophages et des neutrophiles, des anticorps et de l'interféron gamma qui stimule les cellules immunitaires. Les acides gras du lait maternel désintègrent les membranes des virus, et le lysozyme détruit les parois des bactéries. Le facteur bifidus favorise la prolifération d'une flore bénigne intestinale battant en brèche les souches délétères.

Ces dix dernières années, la recherche sur le lait maternel a surtout porté sur les hormones et les facteurs de croissance. On y décrit la glande mammaire comme une sorte d'encéphale capable de s'autoreproduire, alimentant le cerveau en développement du nouveau-né en ces protéines dont les neurones ont besoin pour se différencier. La glande mammaire synthétise de la gonadotrophine, par exemple, qui s'accumule dans le lait. La gonadotrophine est une hormone bien connue pour être sécrétée par l'hypothalamus, situé au milieu du cerveau. Chez l'adulte, elle stimule les gonades et joue un rôle dans le comportement sexuel. Nous n'avons aucune idée de son rôle, à supposer qu'elle en ait un, chez le bébé qui tète, mais elle est bien là, dans le lait, à un taux de concentration dix fois plus élevé que celui du sang maternel. Le lait maternel contient également un facteur de croissance neurale, une hormone thyroïdienne, et différents facteurs aux noms peu précis du style « peptide mammotrope de différenciation ». Le nouveau-né humain est un prématuré vulnérable, un fœtus prolongé. Il est donc possible que certains facteurs du lait maternel soient des « facteurs de différenciation obligés », nécessaires à la maturation du cerveau et des autres organes du bébé. Le lait maternisé contient certains de ces facteurs, mais, encore une fois, la plupart des peptides analogues du lait de vache sont détruits au cours du processus de transformation qui le rend digeste. En l'absence de ces facteurs, le bébé pourra-t-il être heureux, en bonne santé, et réaliser des prouesses intellectuelles ? Nous ne le savons toujours pas. Nous ne savons pas à quoi servent ces facteurs dits de différenciation et les neuropeptides qui leur correspondent. Il est assez logique de partir du principe qu'ils servent à quelque chose, ou du moins qu'ils font du bien à l'enfant, mais la logique n'a pas valeur de preuve et la biologie n'est pas toujours logique.

Plus on se penche sur le lait maternel, plus on lui trouve d'ingrédients, plus on a tendance à s'émerveiller qu'on puisse survivre, sinon s'épanouir, à l'aide de son pauvre substitut artificiel. Et pourtant, c'est ce que font beaucoup d'êtres humains. La génération du baby-boom, pour l'essentiel, a été nourrie exclusivement au lait maternisé, et elle nous cerne tous. C'est de nous qu'il s'agit, nous qui occupons l'espace et toutes les fonctions. Aujourd'hui, près de 40 % des nouveau-nés de ce pays sont encore nourris au biberon à la naissance. Et parmi les bébés américains qui sont nourris au sein, la moitié seulement tètent encore le lait maternel à six mois. Les chercheurs ne savent qu'en penser. Ils se demandent s'ils ne se posent pas de faux problèmes, s'ils négligent des questions subtiles, ou s'il s'agit simplement d'une ignorance générale en matière de croissance et de développement qui se reflète dans l'incapacité des scientifiques à analyser et identifier les carences des bébés nourris au biberon. « En tant que chercheur, explique le docteur Reeds, je ne peux m'empêcher de remarquer que des millions d'enfants n'ont jamais vu la couleur du lait humain, et qu'apparemment ils ne s'en portent pas plus mal. Dans le même temps, c'est plus fort que moi, j'ai le sentiment que la nature a mis un temps fou à mettre au point cet aliment particulier, et que cela doit bien signifier quelque chose. »

Dans le tiers-monde où l'allaitement au sein est souvent la seule façon de donner à l'enfant un liquide aseptique, l'allaitement maternel peut être une condition impérative à la survie du nouveau-né. Dans les pays industriels, les avantages de l'allaitement maternel sont moins évidents, mais ils existent. Les enfants nourris au sein font moins d'infections de l'oreille interne, du tractus gastrointestinal et des voies respiratoires supérieures que les bébés nourris au biberon. Ils souffrent moins de diarrhée et de constipation. L'enfant malade nourri au sein se rétablit plus rapidement que celui nourri au biberon.

Mais nombre des mérites imputés à l'allaitement maternel ne s'appuient sur aucune preuve. On lui prête un pouvoir préventif sur l'obésité enfantine, mais les données d'observation sont ambiguës et liées aux conditions socio-économiques. Il ferait baisser les risques d'allergie et d'asthme chez l'enfant, mais l'incidence des maladies chroniques respiratoires a augmenté ces dernières années en même temps que la pratique de l'allaitement. Certaines enquêtes suggèrent que les enfants nourris au sein ont un meilleur quotient intellectuel que ceux nourris au biberon, mais d'autres études prenant en compte le quotient intellectuel de la mère n'ont observé aucune corrélation entre l'allaitement au sein et l'intelligence. Il aurait en outre un effet bénéfique sur le lien affectif entre la mère et l'enfant. C'est son mérite présumé le plus contesté, en tout cas le plus dérangeant philosophiquement. Non seulement il est impossible de quantifier le lien mère-enfant, mais si l'allaitement au sein le renforçait vraiment, cela découragerait les pères de bonne volonté de participer pleinement aux soins des enfants. S'il faut qu'on vous tète pour éprouver un amour intime et profond pour votre bébé, l'homme armé d'un biberon – même rempli de lait maternel – est disqualifié d'avance : il fait figure d'aussi piètre substitut que le lait maternisé.

Les femmes savent qu'elles devraient nourrir leur enfant au sein, et la plupart ne demandent pas mieux que de choisir cette solution. Mais les autres ? En Scandinavie, c'est quasiment faire acte de maltraitance que de donner à son enfant autre chose que du lait humain. La population dispose de banques de lait pour les enfants des mères qui n'en ont pas ou ne veulent pas allaiter. Aux États-Unis, la crainte d'une contamination virale a fait obstacle à la mise en place d'un réseau analogue de banques de lait. Les virus comme celui du sida peuvent se transmettre par le lait. Certes, on peut dépister les virus du lait comme ceux du sang. Mais l'existence d'un substitut raisonnable au lait maternel – le lait maternisé – a limité la demande de lait humain et enrayé la mise en place d'un système qui exigerait toute une série de tests très coûteux.

On considère l'allaitement au sein comme un acte naturel, un prolongement de la grossesse. La glande mammaire, en quelque sorte, est une extension du placenta. Tous les ingrédients du placenta réapparaissent dans le lait maternel, y compris les facteurs immunitaires, les facteurs de croissance et les hormones. Mais si la grossesse prend soin d'elle-même, ce n'est pas le cas de la lactation. Une grossesse dure 240 jours. Vous pouvez donner le sein aussi peu de temps ou aussi longtemps que vous le voulez, à votre gré... ou celui des autres. Diverses autorités ont voulu déterminer la bonne durée de la lactation humaine, sa durée naturelle ; mais il se trouve que cet animal n'existe pas et n'a sans doute jamais existé. Le Coran demande à la femme d'allaiter son enfant pendant deux ans, tout en ajoutant que, si les époux souhaitent sevrer l'enfant plus tôt, ils en ont le droit, ce qui laisse penser que la pratique devait être fréquente. L'Organisation mondiale de la santé et l'Unicef ont récemment conseillé aux femmes d'allaiter leur enfant pendant deux ans « et au-delà ». L'« au-delà » en question, on ne le trouve que chez les chasseurs-cueilleurs contemporains tels que les !Kung où les femmes, en moyenne, nourrissent leur enfant au sein pendant près de trois ans (2,8 ans).

L'allaitement est également un comportement appris, pas toujours facile à maîtriser. Les grands singes, dont le lait a pratiquement la même composition que le nôtre, doivent comme nous s'initier par l'observation à la bonne technique de tétée. Mais, comparés aux gorilles, les humains sont de véritables cancres. Nous avons besoin des conseils de l'obstétricien, de la sage-femme et des différentes personnes qui nous préparent à la naissance du bébé. Il nous faut des spécialistes de la lactation, rien de moins, et même, à l'occasion, nous en remettre au conseil de crise de la Leche League. Rester assise tranquillement, sans bouger, n'est pas notre fort, or l'allaitement demande patience et relaxation. Les hormones du stress peuvent stopper la lactation. Le bébé tire si bien sur les mamelons qu'il nous arrive d'avoir des crevasses ou de saigner. La souffrance disparaît en principe en quelques jours, mais elle peut aussi se prolonger. Certaines femmes adorent allaiter leur enfant. Elles parlent du plaisir qu'elles en ressentent, d'une sensation proche de l'orgasme. Même loin de leur enfant, la simple évocation de la succion leur envoie une bouffée de chaleur à travers le corps et provoque l'écoulement du lait – ce qui les emplit de confusion si cela leur arrive au travail ou en réunion. Elles sont amoureuses du petit qui tète et ne pensent qu'à lui, qu'à cela.

D'autres n'ont jamais eu la révélation de ce plaisir. L'enfant pleure, repousse le sein. La femme s'accroche, mais ne trouve pas le rythme. Elle ne ressent pas l'écoulement de son lait. Le bébé prend du poids trop lentement. Les pédiatres se demandent aujourd'hui si les indications de prise de poids rapide affichées sur les biberons correspondent aux normes naturelles. Toujours est-il que le bébé semble sans cesse affamé et que la mère ne se sent pas à la hauteur. Elle doit reprendre le travail sans avoir maîtrisé l'allaitement au sein ni le recours au tire-lait, sans que le bébé ni elle-même soient satisfaits. Elle n'aime pas et ne veut pas allaiter, mais éprouve un sentiment de culpabilité insondable à l'idée de ne pas nourrir son enfant au sein. Et comment pourrait-elle avouer ce qu'elle ressent ? Son lait ne contient-il pas des neuropeptides, des cellules immunitaires, de la lactoferrine ? Devrait-elle priver son enfant de l'aliment parfait, de la meilleure part d'elle-même ? Impossible d'apaiser la culpabilité maternelle. Jusqu'à cette biologiste, spécialiste des primates, qui m'expliquait être responsable des allergies de son enfant pour ne l'avoir allaité que pendant six mois !

« L'allaitement, écrivait Adrienne Rich, comme l'acte sexuel, peut être éprouvant, physiquement douloureux, entaché de considérations culturelles, de sentiment de culpabilité et d'incompétence. Mais, tout comme l'acte sexuel, il peut donner un plaisir physique indicible, une merveilleuse sensation de plénitude empreinte de tendresse et de sensualité. »

Il est naturel de nourrir l'enfant au sein, même si les femmes se sont longtemps débrouillées autrement, sans qu'on sache vraiment si c'était un choix de leur part ou une solution imposée. La profession de nourrice est très ancienne, l'une des rares exclusivement accessibles aux femmes. À certaines époques les nourrices à gages étaient si nombreuses qu'elles se faisaient concurrence et devaient faire leur propre publicité. Dans la Florence de la Renaissance, elles se rassemblaient les jours de fête ou de marché pour chanter des couplets vantant leurs mérites : « Dès que bébé pleure / Le lait monter nous sentons, / Vite et bien nous agissons, / Et notre devoir accomplissons. » Les parents qui attendaient un enfant consultaient des manuels pour savoir quels étaient les traits de caractère souhaités chez une nourrice. Selon un traité anglais du XVIe siècle, « la nourrice idéale doit être aimable, gaie, vive et de bonne humeur, les nerfs solides ; elle ne doit pas être maussade, grincheuse, querelleuse ; elle ne doit être ni triste, ni timorée, ni sujette à des passions, ni accablée de soucis. Enfin, la nourrice potentielle doit aimer les enfants. » Bien qu'au cours de l'histoire seuls les riches aient pu s'offrir les services de nourrices, les mœurs de l'aristocratie se sont transmises aux classes populaires et au XVIIe siècle plus de la moitié des femmes expédiaient leur nouveau-né vers d'autres seins que les leurs. Les nourrices très cotées confiaient leurs propres bébés à des nourrices meilleur marché afin de garder leur lait à des fins professionnelles. Selon Marilyn Yalom, dans le Paris de 1780, seuls 10 % des bébés étaient nourris par leur mère.

La nourrice n'était pas la seule solution de rechange à l'allaitement maternel. Le lait maternisé a la réputation d'être une invention relativement récente, un fléau de plus engendré sur le tard par la société capitaliste, mais cela fait belle lurette que les hommes nourrissent leurs petits au lait d'autres mammifères, au gruau liquide ou aux aliments pour adultes pulvérisés. Selon certains anthropologues, les animaux laitiers comme la vache ou la chèvre auraient à l'origine été domestiqués pour donner du lait aux bébés. Il pouvait arriver que les bébés tètent directement l'animal, mais on devait sans doute également les faire boire à l'aide de coupes de sevrage, de cornes de vache ou de tétines de cuir. En divers endroits de l'Europe, on a retrouvé de petites bouteilles d'argile en forme de sein datant de 3 500 ans avant Jésus-Christ, la fin du néolithique. La plupart des nouveau-nés nourris de substituts de lait humain mouraient, soit parce qu'ils étaient incapables de digérer le lait de vache, soit parce qu'ils étaient contaminés directement par l'animal. Les archives de l'Église et des municipalités du XVIIIe siècle montrent que les bébés de certaines régions d'Allemagne et de Scandinavie nourris au lait de vache à l'aide d'une corne mouraient plus souvent de diarrhée que les enfants nourris au sein. Toujours est-il qu'on n'a pas attendu le lait maternisé commercialisé par Nestlé ou les laboratoires Ross pour se passer de l'allaitement maternel et débarrasser la femme de ses hardes de mammifère.

La question véritable est la suivante : qui, précisément, cherchait à dégager les femmes de l'allaitement ? Dans certains cas, c'était le mari qui ne voulait pas que sa femme nourrisse son enfant au sein, car l'allaitement abîme la poitrine. Or le sein de la nourrice, lui, n'est pas celui... du mari. Et puis, celui-ci voulait que sa femme revienne tout de suite à ses devoirs d'épouse, autrement dit couche avec lui. Les épouses pas plus que les nourrices n'étaient censées avoir de rapports sexuels pendant l'allaitement, car l'on croyait que le lait maternel se formait dans l'utérus à partir du sang menstruel ;

les documents du Moyen Âge et de la Renaissance montrent un canal galactophore partant de l'utérus jusqu'au sein. On pensait que le coït provoquait les règles, ce qui aurait souillé et gâté le lait destiné à l'enfant. En outre, on avait bien remarqué que la femme qui n'allaitait pas pouvait entamer une nouvelle grossesse plus rapidement. Les hommes qui se préoccupaient de leur descendance voulaient des femmes fécondes, et moins celles-ci allaitaient, plus elles étaient prolifiques. En la circonstance, le recours aux nourrices ne contribuait en aucune façon à libérer la femme ou à satisfaire ses caprices, mais avait pour résultat de lui faire accumuler les grossesses.

Pourtant, lorsque, à la faveur d'un changement de mentalité politique et médicale, on lança des campagnes en faveur de l'allaitement maternel, ce sont aux femmes, pas aux hommes que l'on fit des sermons. En 1694, Mary Astell écrivit un ouvrage intitulé *A Serious Proposal to the Ladies* (« Une proposition sérieuse faite aux femmes ») où elle expliquait que l'allaitement au sein était un antidote à l'orgueil féminin. La femme ne devait pas « se croire trop *bien* pour accomplir ce que la nature exige d'elle, ni invoquer sa fierté et sa délicatesse pour reléguer son pauvre petit aux bons soins d'une famille d'emprunt », affirmait-elle. À la fin du XVIIIe siècle, l'Europe se prit d'engouement pour l'allaitement au sein. Jean-Jacques Rousseau accusait les femmes qui ne voulaient pas allaiter d'être égoïstes, insensibles, et – encore une fois – de tromper la nature. Linné, grand zélateur de la glande mammaire s'il en fut, fustigeait le recours aux nourrices en affirmant que l'allaitement au sein profitait autant à la mère qu'à l'enfant. Les autorités médicales mirent en garde contre le fait de confier un nouveau-né à un sein étranger devant sans doute nourrir plusieurs bouches et n'en rassasier aucune ; de fait, le taux de mortalité des enfants confiés à des nourrices était très élevé. Ces traités avaient un ton édifiant et moralisateur. « Il ne faut pas décevoir les maris, écrivait William Buchan dans son *Advice to Mothers* ("Conseils aux mères") paru en 1769. Ils n'ont aucune affection à attendre de la femme qui néglige d'allaiter son enfant et déchire ainsi le lien le plus fort de la nature. » La femme qui ne veut pas « s'acquitter de ses devoirs de mère » en donnant le sein à son enfant « n'est pas digne d'être femme », continuait-il. L'ouvrage de William Cadogan publié en 1748, *Essay upon Nursing* (« De la façon d'élever son enfant »), eut un plus grand retentissement et connut plusieurs éditions en Europe et en Amérique. L'auteur incitait les femmes à suivre les lois de « l'infaillible nature » et affirmait que l'allaitement au sein exigeait seulement « d'être pratiqué selon la bonne méthode ; dans ce cas on en retire beaucoup de plaisir ; il suffit que la femme consente à sacrifier un peu de la beauté de son sein pour nourrir son enfant ». Les mères avaient besoin des conseils de médecins masculins comme lui, disait-il. « À mon avis, on a trop longtemps laissé cette affaire à la discrétion de femmes qui n'ont pas l'instruction leur permettant de remplir correctement leur tâche. » Mary Wollstonecraft elle-même, dans *A Vindication of the Rights of Women* (« Défense des droits de la femme »), recommandait l'allaitement au sein en expliquant que « l'époux prendrait plus de plaisir à contempler son enfant en train de téter sa mère que l'artifice impudique le plus habile », l'artifice impudique en question étant l'étalage d'un sein inutile. Les exhortations des philosophes et des médecins reçurent le soutien du pouvoir étatique. En 1793, le gouvernement français décréta que la femme qui n'allaiterait pas son enfant n'aurait pas droit à ce qui faisait alors fonction de prestations sociales. Un an plus tard, le gouvernement allemand alla plus loin en exigeant que toutes les femmes en bonne santé allaitent leurs enfants. Au début du XIXᵉ siècle, on avait fait de l'assistance maternelle un véritable culte et les dames de l'aristocratie militaient ostensiblement pour l'allaitement au sein.

Certaines femmes, toutefois, exprimèrent quelques réserves sur cet engouement pour le sein maternel. Dans *Belinda,* le roman de l'écrivain britannique Maria Edgeworth publié en 1801, un personnage dénommé Lady Delacour raconte son histoire à l'héroïne. Son premier enfant était mort à la naissance, disait-elle, parce qu'elle n'avait pas voulu se résigner à une vie de prisonnière durant sa grossesse ni renoncer aux plaisirs de l'existence. Le second mourut de faim en bas âge : « À cette époque, une bonne mère devait allaiter elle-même son enfant. C'était la mode... On en faisait toute une histoire ; un déluge sentimental qui faisait s'attendrir, s'informer, se répandre en compliments. Mais une fois passé la nouveauté, j'en eus par-dessus la tête ; au bout de trois mois – je n'aime pas trop y penser – mon malheureux enfant aussi. Il en est mort. »

On n'est jamais revenu à la mode des nourrices, comme au XVIIIᵉ siècle, mais les mêmes thèses et antithèses ont fait florès au XXᵉ siècle. À l'apparition du lait maternisé, la glande mammaire a vu son prestige sombrer puis renaître. Une fois de plus, c'est le corps médical et les femmes de milieux aisés qui ont donné le la à chaque revirement, d'abord en présentant le lait maternisé comme un produit scientifique qui valait et même surpassait le lait maternel par ses vertus alimentaires et sa pureté, pour ensuite le rejeter comme pâle substitut au lait humain, potentiellement dangereux. En Amérique, l'oscillation a été vertigineuse. Avant 1930, la plupart des femmes nourrissaient leur enfant au sein. En 1972, il n'y en avait plus que 22 % qui d'ailleurs n'allaitaient leur bébé que les premières semaines de son existence. Les fabricants de lait maternisé sont en partie responsables de l'engouement général pour leur produit. Ils n'ont eu de cesse de promouvoir leurs boîtes de lait en poudre, et l'ont fait sans états d'âme. Encore aujourd'hui, il distribuent leurs échantillons de lait dans les maternités, même quand les infirmières hospitalières tentent d'enseigner l'art de l'allaitement au sein aux nouvelles mères.

Mais dire que les femmes ont été les dupes de l'industrie du lait maternisé, c'est partir du principe qu'elles sont stupides, passives et crédules, et qu'elles préféreraient d'emblée allaiter pendant des mois, voire des années pour peu qu'on leur permette de faire leur choix librement. Ma mère a nourri au biberon ses quatre enfants après avoir essayé de les nourrir au sein, ce qu'elle avait en horreur. Cela lui faisait trop mal. Si on l'avait plus encouragée et mieux informée, dit-elle aujourd'hui, elle aurait tenté de persévérer. Mais ma belle-mère, directrice d'université à la retraite ayant également nourri au biberon ses trois enfants, explique qu'elle ne se voyait pas comme une paire de mamelles, et qu'elle ferait de même aujourd'hui. « L'allaitement au sein, dit-elle, ce n'est pas pour moi. »

Les partisans de l'allaitement au sein ont marqué des points spectaculaires, en particulier chez les femmes ayant un haut niveau d'instruction, 75 à 80 % d'entre elles allaitant désormais leur enfant. Bon nombre d'hôpitaux offrent aujourd'hui une formation à l'allaitement après l'accouchement. Une poignée d'entreprises éclairées réserve à ses salariées des installations où elles peuvent donner le sein ou utiliser un tire-lait. Donner le sein, cela fait chic, c'est même sexy. Susan Molinari, une ancienne députée au Congrès, s'est fait filmer en train d'allaiter son enfant tout en continuant à traiter ses affaires au téléphone. En 1998, lors de la fête des Mères, le *New Yorker* [1] a représenté en couverture une ouvrière en bâtiment d'allure

1. La prestigieuse revue littéraire des intellectuels new-yorkais. *(N.d.T.)*

impressionnante, dûment bottée et casquée, donnant le sein à son bébé à califourchon sur une poutrelle dominant la ville.

Ce dernier mot de l'élégance va incontestablement dans le bon sens, tant il est vrai que le lait maternel réussit aux enfants. Et il vaut mieux donner le sein de temps en temps que pas du tout. Il n'empêche que le style Leche de certains écrits rappelle fâcheusement le ton moralisateur et despotique des traités de Cadogan ou Rousseau. Hiromo Goto, romancier japonais installé au Canada, a écrit une nouvelle parue dans la revue *Ms* à l'automne 1996 où il est question d'une mère qui n'aime pas allaiter. Le personnage décrit les semaines de souffrance incessante, le saignement et l'engorgement de ses mamelons et les pressions de son mari et de sa belle-mère : cela va aller mieux, ce sera plus facile, merveilleux. Je le ferais moi-même si je pouvais, s'offusquait son mari. Dans la scène finale fantasmagorique, elle s'éveille à 3 heures du matin, tranche ses seins gonflés et les attache à la poitrine de son mari, se retourne et se rendort, heureuse. Les lecteurs de la revue *Ms* ont réagi à la nouvelle avec indignation. Ils ont menacé de résilier leur abonnement. « La société n'encourage déjà guère l'allaitement au sein, et il est un peu fort de le voir présenter dans une revue "féministe" sous un jour aussi négatif », écrivait une lectrice. « Je suis pour le droit des femmes à disposer de leur propre corps, expliquait une autre, mais leurs choix doivent se fonder sur une information exacte et complète. Les femmes n'ont pas beaucoup l'occasion de s'initier à cet art féminin (de l'allaitement) dans une culture où l'on dissuade de donner le sein à son enfant. » Autrement dit, la femme peut agir comme elle l'entend à condition de faire le bon choix – c'est-à-dire de donner le sein indéfiniment, à n'importe quel prix.

Et si l'on renonçait à la polémique et montrait en la circonstance un peu plus de compassion à l'égard des mères ? Dans l'univers familial réel où les deux membres du couple travaillent, la plupart des femmes donnent le sein à leur bébé les premières semaines puis complètent son alimentation par du lait maternisé, quand celui-ci ne remplace pas entièrement le lait maternel. Comme par le passé, la femme fera de son mieux en fonction de ses contraintes professionnelles, l'idée qu'elle se fait de son devoir, et ses envies. Elle sera généreuse et égoïste, mammalienne et magicienne, elle fera couler son lait et arrêtera de le faire couler. Quoi qu'elle fasse, elle se sentira coupable de ne pas en faire assez, et rêvera de s'abreuver, elle aussi, au sein de Marie ou d'Héra pour devenir la mère immortelle dont l'enfant ne meurt jamais.

9

LE PANIER GRIS ET JAUNE

Un ovaire bien rempli

L'ovaire n'est pas beau. La plupart des viscères brillent, frémissent et arborent une belle couleur rose. L'ovaire est terne, gris. Même sain, il a l'air souffreteux, exsangue, comme s'il avait renoncé à tout espoir. Il a la forme et la taille d'une amande décortiquée, mais irrégulière et bosselée. Il est parsemé de cratères et de cicatrices, chaque cycle ovulatoire laissant derrière lui une meurtrissure blanche à l'endroit où le follicule s'est vidé. Plus la femme prend de l'âge, plus ses ovaires sont marqués. On peut toujours se dire que les ovaires ne sont pas moins présentables que leurs équivalents masculins, les testicules, mais l'éloge est mince ; comme disait Sylvia Plath, dans *The Bell Jar* (« Le Son de la cloche »), les testicules, cela ressemble à des gésiers de volaille.

L'ovaire, donc, n'est pas beau. Gris, parsemé de cratères, il est aussi grumeleux qu'un plat de flocons d'avoine. On n'en espère pas moins d'un organe qui travaille aussi dur, qui veille si bien aux aspirations disparates et néanmoins convergentes du connu comme du possible. L'ovaire est un tégument qui abrite toute une population d'ovules sédentaires dont vous êtes censée prélever quelques-uns, tant que la vie du moins s'efforce de se perpétuer. L'ovaire doit sa couleur muraille au fait qu'il est le seul habitant de la cavité pelvienne dépourvu de péritoine, cette membrane souple de couleur rose qui recouvre et protège les autres viscères. L'ovaire n'a pas d'enveloppe parce qu'il lui faut régulièrement se délester d'une partie de ses biens. Il relâche des ovules, certes, mais offre aussi plus que cela. Il libère une sorte de pudding, un tapioca jaunâtre d'hormones qui alimentent le cycle reproductif et tout ce qui nous appartient. L'ovaire fait fonction de passerelle physiologique et allégorique entre le repos sexuel et l'activité amoureuse, entre l'anatomie et le comportement. Il se manifeste à nous par ses émissions hormonales périodiques. Nous avons déjà examiné les œufs, enfin, les ovules. Voyons maintenant à quoi ressemble le panier.

Comme Freud et bien d'autres l'avaient remarqué, les très jeunes enfants ont une sexualité plus affirmée que ceux d'âge scolaire. La fillette de trois ou quatre ans adore fourrer ses doigts dans tous les recoins de son corps et celui des adultes. Elle explore son vagin, son clitoris, son anus, tous les orifices et saillies qui se présentent ; il lui arrive même de vouloir toucher le pénis de son père, au grand dam des parents à la pudeur à fleur de peau. C'est une perverse polymorphe, pour reprendre l'expression sympathique de Freud. Si elle doit éprouver le complexe d'Électre, l'équivalent du complexe d'Œdipe, autrement dit désirer son père au détriment de sa mère, ce sera en ces instants lubriques de la petite enfance.

L'intérêt sexuel de la fillette d'âge préscolaire reflète un phénomène physiologique : l'étrange dialogue intermittent entre les gonades et les régions du cerveau qui les contrôlent. Jusqu'à l'âge de trois ou quatre ans, une structure de l'hypothalamus, qu'on appelle le générateur pulsatif de gonadotrophine, sécrète à jets discontinus de petites bouffées d'hormones reproductrices. Cela fait penser au phare qui projette sa lente mais inexorable succession de messages lumineux dans le brouillard, *blip, blip, blip* ; toutes les quatre-vingt-dix minutes ou presque, on a droit à un nouveau flash d'hormones. Les ovaires de la fillette réagissent au message intermittent. Ils libèrent en retour de petites doses d'hormones ovariennes. Rien encore de très sérieux, pas de quoi faire pousser les seins ou provoquer l'ovulation, mais suffisamment pour que la fillette se sente d'humeur badine et un brin érotique. Son propre corps et celui des autres la fascinent.

À la fin de la petite enfance, selon un mécanisme encore très mystérieux, la dynamo cérébrale s'éteint. L'horloge s'arrête. Elle cesse d'envoyer des messages hormonaux. Les ovaires se taisent à leur tour. Ils entrent en hibernation. C'est pourquoi, en conformité avec les attentes de l'entourage, l'enfant a tendance à devenir prude, facilement embarrassée par les fonctions corporelles ; la seule idée de toucher le pénis de son père ou de quiconque, ou toute autre partie de l'anatomie d'un garçon, peut lui donner un haut-le-cœur. Durant les sept années qui suivent, c'est une créature asexuée, sans gonades, libre et bienheureuse, dans cet état de disponibilité euphorique que l'on ressent en voyage après avoir laissé derrière soi ses responsabilités sans avoir eu le temps de s'en forger d'autres.

Les premières lueurs d'émoi et de perversité apparaissent à l'âge de dix ans, non pas en raison de l'activité des gonades mais sur ordre d'un autre couple d'organes : les glandes surrénales, deux structures richement irriguées juchées au-dessus des reins à la façon d'un chapeau de feutre. Les chercheurs ont découvert tout récemment, il y a un an ou deux, que les surrénales jouaient un rôle dans les premiers frémissements de l'adolescence. Ces glandes sécrètent l'adrénaline, l'hormone qui vous fait sortir de vos gonds, ainsi que de faibles doses d'hormones sexuelles. Elles arrivent à maturité à l'âge de dix ans, au moment où l'enfant commence à avoir des fantasmes sexuels et nourrit des passions obsessionnelles pour un (ou une) camarade de classe, une vedette du spectacle ou un professeur. Une fillette de dix ans peut très bien avoir un corps d'enfant alors même que les batteries de son érotisme cérébral sont parfaitement rechargées. (Souvenez-vous. Moi, je me souviens. Je me souviens qu'un jour, en sixième, mon voisin de classe fit tomber son stylo. Il s'était penché pour le récupérer et appuyé sur ma jambe pour se relever. Je n'avais pas d'inclination particulière par ce garçon – il était petit et ne faisait pas ses dix ans – mais un frisson de plaisir me parcourut. Je me suis dit que l'amour, c'était fait pour moi.) À partir du moment où les surrénales se sont exprimées, il n'y a pas de retour en arrière. Tout va n'être que bruit et fureur, et tout va s'accélérer. Le corps va se mettre au diapason de l'esprit et se sexualiser.

Aux environs de douze ans, le générateur pulsatif situé dans l'hypothalamus va ressusciter, se désinhiber. Il se remet à lâcher des salves d'hormones. Nous ne savons pas pourquoi l'horloge s'est arrêtée à l'entrée en maternelle, ni pourquoi elle reprend du service. Il est possible qu'un signal des surrénales l'ait stimulée. À moins que ce ne soient les graisses, les coupables. Les cellules adipeuses libèrent une molécule messagère qu'on appelle la leptine qui, selon certaines expériences, pourrait être le signal qui réactive l'horloge cérébrale. Il est possible que le cerveau évalue la maturation sexuelle de l'organisme à son taux de graisses, et que la fillette doive atteindre un certain degré d'embonpoint avant d'être prête à l'ovulation. À vue de nez, l'on sait déjà depuis longtemps que la jeunc fille devient pubère quand elle approche les cinquante kilos, quels que soient sa taille et son âge. Les filles grassouillettes ont leurs règles plus tôt que les minces ou les sportives. Si les graisses font le quart de ce poids critique, donc une douzaine de kilos, cela fait une réserve énergétique de 87 000 calories. La grossesse exige environ 80 000 calories. En théorie, donc, le cerveau pourrait évaluer le niveau de leptine libéré en fonction de la croissance du tissu adipeux de la fillette et mettre en route son métronome quand l'aiguille de la balance marque peu ou prou cinquante kilos.

Quel que soit le déclic, l'hypothalamus ranimé déploie désormais bien plus d'énergie qu'aux jours de la petite enfance. Et les ovaires, ces sacs gris renfermant les perles de l'héritage, bien plus encore. Ils sont prêts à fonctionner. Les surrénales, quant à elles, sont au maximum de leurs possibilités. Alors, les ovaires se déchaînent. Ce sont essentiellement leurs hormones qui sexualisent l'organisme. Avant d'être capables d'amener l'ovule à maturité, ils s'entendent fort bien à répartir les hormones sexuelles. Celles-ci font pousser les poils pubiens, accumulent de la graisse sur les seins et les hanches, élargissent le pubis et finalement font couler le sang menstruel.

Si, comme moi, vous vous êtes avalé des ouvrages sur le cycle ovulatoire pendant des années, vous trouverez peut-être le sujet assommant. Vous connaissez trop bien ces graphiques de montées et chutes d'hormones dont les noms livresques n'évoquent aucune sensation ni expérience personnelle. L'hormone lutéinisante, LH *(luteinizing hormone)* ; l'hormone de stimulation folliculaire, FSH *(follicle-stimulating hormone)* ; pis encore, la gonadolibérine, ou GnRH (*gonadotropin-releasing hormone*). Le cycle sans le cycliste semble bien désincarné.

Mais ne soyez pas bégueule. Loin d'être ennuyeux, le cycle ovulatoire est un phénomène dynamique, sportif. À vouloir le décrire, je risque bien sûr de passer pour un anatomiste de l'ère victorienne. Le cycle ovarien laissait les savants de l'époque béats de stupéfaction. Certains étaient fascinés, d'autres dégoûtés. Tous en parlaient en des termes d'un romantisme échevelé et voyaient dans la rupture et le suintement mensuel du follicule une nouvelle raison de s'apitoyer sur le beau sexe, le meilleur des deux, si meurtri et martyrisé. Rudolf Wirchow, le père de la pathologie moderne, comparait l'explosion du follicule à la percée des dents, l'ovule se frayant un passage en force à la surface de l'ovaire à la façon dont le bourgeon dentaire agresse la gencive, causant des douleurs et la « gêne alimentaire et nerveuse la plus vivace qui soit ». Les médecins français comparaient l'ovulation à la rupture d'un abcès aigu, tandis que Havelock Ellis voyait dans la libération mensuelle de l'ovule un « asticot s'attaquant périodiquement aux racines de la vie ». Aux yeux de Jules Michelet, l'historien, écrit Thomas Laqueur, « la femme est une créature "blessée chaque mois dans sa chair", souffrant quasiment sans cesse du traumatisme de l'ovulation, lequel en retour est au centre de la fantasmagorie physiologique et psychique dominant son existence ». L'ovaire a peut-être la taille d'une amande, mais le voyeurisme du corps médical de l'ère victorienne n'y décelait certes pas le noyau du bonheur.

De mon point de vue, le gonflement du follicule ovarien et son éclatement ne me paraissent pas particulièrement macabres, et ils m'évoquent moins un quelconque acte de carnage que l'optimisme amoureux et la forte émotion qui l'accompagne, plus en rapport avec la plupart des actes de la reproduction. Le follicule se gonfle comme le lobule mammaire se gorge de lait, le canal lacrymal d'eau et de sel, ou à la façon dont les organes génitaux se congestionnent au moment de l'excitation – pour que, ensuite, *pschiiit,* la tension se relâche et les fluides de la vie se répandent.

Prenons comme point de départ le premier jour standard du cycle ovulatoire (dit cycle menstruel parce qu'on peut voir le sang mais pas l'ovule). Ce premier jour est le jour des règles, une période de repos pour les ovaires. Ces derniers ne libèrent pas d'ovules et sécrètent très peu d'hormones sexuelles, voire pas du tout. La paix en bas, cela veut dire toute une agitation en haut, chez le générateur pulsatif de l'hypothalamus. Au vu du tarissement de la production ovarienne, l'horloge s'accélère. L'hypothalamus dépêche son coursier, l'hormone cérébrale GnRH, qui donne à son tour un coup de pouce à l'hypophyse, juste au-dessous. Celle-ci lâche son propre paquet d'hormones, et nous revoilà chez nos jeunes femmes en gris, les berceaux de nos ovules. L'hypophyse les réveille. Chaque berceau est une collection de follicules, de petits nids accueillant un ovule immature à la façon d'une ruche avec ses nids d'abeilles abritant chacun une larve. Chaque mois, le cerveau jette son dévolu sur une vingtaine de follicules et leurs ovocytes. Ces derniers se mettent à grossir et mûrir. On dirait des starlettes à une audition, la tête pleine de rêves. Au bout du compte, au dixième jour ou peu s'en faut, la décision est prise. L'un des follicules concurrents remporte le rôle. C'est son ovule, et lui seul, qui arrivera à pleine maturité jusqu'à l'ovulation (quand plusieurs ovules arrivent à maturation au cours du cycle, cela donne des jumeaux, des triplés... une portée humaine en somme). Personne ne sait ce qui préside à la sélection. Le follicule gagnant est peut-être simplement celui qui a grossi le plus vite. À moins qu'il n'ait envoyé des signaux précoces garantissant la viabilité génétique de son ovocyte, ce qui a contribué à sa distinction. Quel que soit le crible du concours, les autres follicules savent quand ils ont perdu, car au dixième jour ils arrêtent de gonfler et dépérissent en compagnie de leurs ovules dédaignés. Le follicule élu continue son parcours. Son ovule mûrit et les chromosomes de celui-ci se mettent au garde-à-vous au cours de la méiose. Aux dernières étapes, le follicule est si engorgé, si distendu, qu'il fait deux centimètres et demi de diamètre et plus d'un centimètre de hauteur.

L'intumescence des nids d'abeilles ovariens est un acte d'exhibitionnisme. Cela attire l'attention. Les trompes de Fallope, ces beaux bras d'étoiles de mer toutes de rose vêtues, accompagnent le spectacle de leurs franges pavillonnaires. Au fur et à mesure de la croissance du follicule, les trompes balayent la surface des ovaires, fermement, avec insistance, à la recherche d'indices – s'il vous plaît, quel follicule sera le bon ? Les trompes sont d'une souplesse extraordinaire. On dirait les tentacules d'une pieuvre ou le flexible d'un aspirateur. Bien que chacune assiste généralement à la prestation de l'ovaire qui lui est le plus proche, il peut arriver, quand nécessité fait loi, qu'elle traverse la cavité pelvienne pour atteindre l'ovaire opposé. Cela se produit chez les femmes souffrant d'endométriose, par exemple, quand l'une des trompes est empêtrée dans un fouillis de tissus utérin et ne peut rien prélever sur son ovaire. La trompe opposée prend le relais et explore la surface des deux organes. Dès que l'ovule sélectionné est prêt, sur l'un ou l'autre ovaire, l'unique trompe mobile sera en mesure de l'attraper.

Le dernier signal de l'ovulation avant la libération de l'ovule vient encore une fois du cerveau, entre le douzième et le quatorzième jour environ : par une montée d'hormone lutéinisante en provenance de l'hypophyse. La poussée hormonale provoque l'éclatement du follicule. Il arrive parfois que la déchirure entraîne un très léger saignement et une vague douleur latérale au bas-ventre caractéristique de l'ovulation, la *mittelschmerz.* L'ovule s'échappe et se fait capter par le pavillon de la trompe de Fallope. L'extrémité des deux trompes, en effet, est recouverte d'une sorte de chevelure dont les franges battent de façon synchrone en créant un courant qui aspire l'ovule au sein de l'oviducte, la niche de fécondation.

(Toute femme ayant eu recours à un kit de détection d'ovulation pour parvenir à une grossesse sait ce qu'est la montée de LH – d'hormone lutéinisante –, car elle annonce que l'ovule est sur le point de jaillir et que c'est le moment de faire l'amour. Quoiqu'on se demande aujourd'hui si le pic hormonal est le meilleur indice à cibler. Une vaste enquête sur les profils de fécondité publiée en 1995 révèle que le jour de l'ovulation est la toute dernière limite permettant la fécondation, la plupart des grossesses faisant suite à un rapport ayant eu lieu un, deux, voire cinq jours *avant* l'ovulation ; le spermatozoïde survit plusieurs jours et peut mettre un certain temps à atteindre l'ovule. Ces résultats ont surpris tout le monde. Les spécialistes de la reproduction humaine pensaient jusque-là que la fécondation pouvait se produire un jour, voire deux après la rupture du follicule. Eh bien, non. Il faut croire que l'ovule libéré est d'un naturel trop sensible pour ce bas monde, à moins qu'il ne fasse preuve de la ponctualité d'un Mussolini. Toujours est-il que son existence extrafolliculaire ne dépasse pas quelques heures. En conséquence de quoi, si vous attendez le pic hormonal pour faire l'amour, le spermatozoïde risque d'arriver en retard au rendez-vous. La fête sera finie. L'ovule aura expiré.)

Revenons au panier gris. Là, l'existence du follicule rompu continue. Pas question de blessure ni de plaie béante. Nous avons affaire, en quelque sorte, à une nouvelle mère s'installant après l'accouchement chez la mère gestante. Une fois l'ovule mis au monde, elle doit trouver de quoi le nourrir. Le follicule se consacre à la production d'hormones. Les cellules qui tapissent le cratère se mettent à gonfler, se remplissent de cholestérol, deviennent jaunes et lisses comme du beurre ou de la crème renversée. Elles forment le *corpus luteum,* le « corps jaune ». Celui-ci produit une grosse quantité de progestérone ainsi que des œstrogènes à un débit plus modeste. Ce flux hormonal va passer dans la circulation sanguine et stimuler l'utérus dont la muqueuse va grossir. Il va également faire gonfler les seins qui deviennent parfois douloureux. La muqueuse utérine épaissie peut désormais accueillir l'enfant du follicule, l'ovule, s'il est fécondé, donc destiné à survivre ; les glandes mammaires, quant à elles, pourront nourrir l'ovule fertilisé quand il aura grandi et sera passé de l'autre côté.

Mais le corps jaune ne se contente pas d'être l'assurance-vie de l'embryon potentiel. Tant qu'il est là, il cajole la femme elle-même. Son tissu jaune bien gras libère des hormones qui imprègnent tous les organes de son corps d'adulte : ses os, ses reins, son pancréas, son cerveau. L'organisme profite au maximum du festin ovarien, à la façon dont les Indiens d'Amérique utilisaient la totalité de la carcasse des bisons, de chaque éclat d'os au moindre tendon, pour manger, s'abriter et se protéger du froid.

Dix jours après l'ovulation, en l'absence de grossesse, le corps jaune se met à régresser. Le follicule, qui, un jour, avait suscité tous les égards de la trompe de Fallope, attire désormais l'attention des macrophages, les cellules du système immunitaire qui ramassent les tissus morts ou agonisants de l'organisme. Un bouchon fibreux occupe le cratère. Le *corpus luteum* devient le *corpus albicans,* le corps blanc, une nouvelle cicatrice au visage de l'existence.

Le cycle ovulatoire est un phénomène physiologique plus ou moins autonome. Mais il n'est pas entièrement sourd au cycliste. Ne commettons pas l'erreur de croire en sa désincarnation. Bien au contraire, les ovaires, dépourvus de péritoine, sont en contact régulier avec le cerveau et le reste de l'organisme et particulièrement réactifs à ce que nous sommes, autrement dit à leur environnement. La première partie du cycle est la plus impressionnable. Sa durée totale est assez variable d'une femme à l'autre, de trois semaines à quarante jours, et l'essentiel de la différence provient du nombre de jours séparant les règles de l'ovulation. Une fois l'ovule libéré, l'achèvement du cycle devient plus prévisible. Il reste une quinzaine de jours, à deux jours près. Avant l'ovulation, l'ovaire ressemble à une cour d'appel. Il écoute la défense et ses dénégations et reste indécis. Il se fait un avis à partir de toutes sortes de témoignages – du cerveau, des tissus proches et éloignés – sur ce qu'il doit faire : ovuler ou végéter ? Si vous souffrez d'une vilaine grippe, par exemple, vous n'ovulerez pas ou mettrez plus de temps que lorsque vous allez bien. Ce retard pourrait venir d'un message d'alerte transmis aux ovaires par le système immunitaire. Souvenez-vous qu'en temps normal les macrophages sont attirés par le follicule postovulatoire et contribuent à blanchir le corps jaune. Au cours de la maladie, la population des macrophages et des autres cellules immunitaires explose. Certaines de ces cellules immunitaires en surnombre peuvent se fixer sur l'ovaire, interrompant du même coup la maturation des follicules quand elles n'en engloutissent pas un ou deux dans la tourmente. Autre scénario, la modification immunitaire peut inhiber indirectement l'ovulation en ralentissant le générateur pulsatif du cerveau ou les sécrétions de l'hypophyse en aval. Quels qu'en soient les détails, le système est assez au point. En cas de maladie grave, vous devez avant tout vous concentrer sur la guérison. Vous ne pouvez vous offrir le luxe de détourner votre énergie vers une grossesse.

On ne sait pas vraiment si le stress ou l'anxiété, en l'absence de véritable maladie, peuvent inhiber le fonctionnement ovarien. La sagesse populaire voudrait qu'il en soit ainsi. Amis et relations conseillent fréquemment au couple stérile de se détendre, se relaxer, sans que celui-ci ait d'ailleurs rien demandé. « Ne te fais pas de bile, vous glousse-t-on, et tu te retrouveras enceinte en un rien de temps. » C'est l'histoire de l'œuf et de la poule. Est-ce le stress qui provoque la stérilité ou la stérilité le stress ? En la matière, on ne s'appuie que sur des faits anecdotiques. On entend des histoires de femmes qui, après avoir démissionné d'un poste difficile qui les maintenait sous pression, sont parvenues rapidement à une grossesse. Il y a aussi ces couples qui, après avoir passé des années à essayer en vain de procréer, ont finit par adopter un enfant. Et voilà : une fois le bébé à la maison, la grossesse se met en route ! Ce qu'on ne nous raconte pas, c'est l'inverse, le calvaire de ces femmes qui se retrouvent enceintes après un stress terrible en temps de guerre, ou à l'issue d'un viol. Les études cliniques sur les effets bénéfiques des traitements antistress sur la fécondité donnent des résultats mitigés. Certaines enquêtes mettent en évidence une amélioration significative des taux de fécondation, d'autres peu de différence, voire pas du tout. Les spécialistes des primates, qui cherchent à comprendre pourquoi les femelles dominées chez certaines espèces de singes, comme le tamarin, ne parviennent pas à l'ovulation en présence des femelles alpha, ont été surpris d'apprendre que les hormones du stress classiques n'ont rien à avoir avec l'arrêt de la fécondité. Les chercheurs avaient forgé une théorie selon laquelle la femelle dominante maintenait les femelles de rang inférieur dans un tel état d'intimidation que l'organisme de ces dernières devait être imprégné d'hormones comme le cortisol, ce qui les rendait provisoirement stériles. Or pas du tout. La concentration en hormones du stress des urines des femelles singes dominées est pratiquement indétectable. En fait, c'est l'inverse qui semble se vérifier : dès que la jeune femelle est rejetée du territoire de la femelle alpha et voit son taux de cortisol monter en flèche, elle retrouve sa capacité d'ovulation.

Le « stress », pris en son sens général, est l'un des serpents de mer de la recherche et lui-même une éternelle source de stress. Personne ne s'accorde sur sa définition, sur la façon de le mesurer, sur la limite de stress à ne pas dépasser. Si votre existence est gâchée par un sentiment d'impuissance, un léger stress peut vous détraquer. Si vous avez l'impression de maîtriser votre vie, vous pouvez avoir un solide appétit pour le stress, inépuisable. Et si le stress vous dope, vous vous arrangez pour vivre dangereusement et pérenniser l'état d'urgence.

Il n'y a pas que les belles-mères insupportables et les situations de crise qui s'immiscent dans l'intimité des ovaires ou influent sur la composition hormonale des follicules matures et la mobilité des trompes de Fallope. Le plus captivant phénomène illustrant l'influence du milieu extérieur sur l'oscillateur intime de la femme – et le plus trompeur – est celui connu sous le nom de synchronisme menstruel : les femmes qui vivent sous le même toit se transmettraient les unes aux autres un message mystérieux – une substance volatile et sans odeur qu'on appelle phéromone – qui finit par synchroniser leurs cycles. C'est Martha McClintock, aujourd'hui biologiste à l'université de Chicago, qui émit cette idée la première en 1971 quand elle n'était encore qu'une étudiante de Harvard. Dans un article scientifique paru dans la prestigieuse revue *Nature,* Martha McClintock avait présenté des observations sur les cycles menstruels de plusieurs groupes d'étudiantes partageant les mêmes chambres d'une université exclusivement féminine. Les jeunes femmes avaient entamé le semestre avec des cycles s'échelonnant au hasard au cours du mois, comme cela se passe ordinairement. Au cours de l'année scolaire, leurs cycles se mettaient à converger. Au bout de sept mois, les dates de la venue des règles de celles qui partageaient les mêmes chambres se rapprochaient de 33 %. En revanche, chez un groupe témoin de jeunes femmes ne partageant pas les mêmes chambres, il n'y avait aucun signe de synchronisation. Le papier de McClintock eut un retentissement qui dépassa les milieux scientifiques. Il correspondait aux observations personnelles de beaucoup de femmes, et confirmait le sentiment d'un mystérieux rendez-vous, d'une simultanéité des razzias sur les rayons de tampons hygiéniques, d'une sorte de sororité menstruelle chez les mères et leurs filles pubères, les sœurs, les compagnes de dortoir ou les couples de lesbiennes.

Les études ultérieures sur le synchronisme menstruel, néanmoins, ont donné des résultats moins nets. Certaines ont confirmé la première enquête, d'autres l'ont infirmée. Une synthèse récente des différentes études sur la question publiées ces vingt-cinq dernières années a fait le bilan : seize de ces études ont mis en évidence un synchronisme statistiquement significatif, dix n'ont trouvé aucune différence significative. Quelques études ont constaté une désynchronisation : au fur et à mesure que les mois passent, les dates des règles des femmes cohabitant sous le même toit ont plutôt tendance à diverger, parfois totalement. Tout se passe comme si les femmes se disaient les unes aux autres : « Avant, nous n'avions rien de commun, alors, pitié, pas de changement. »

Martha McClintock allie la verve, la rigueur et les passions les plus excentriques, ce qui, entre autres, lui fait arborer des écharpes éclatantes sur des pulls de cachemire, une tenue qu'elle agrémente d'accessoires inattendus comme des bas gris clair avec des motifs de poissons noirs. Elle cherche à savoir comment l'environnement influe sur les phénomènes physiologiques – ou, si vous préférez, comment l'acquis donne un coup de pouce à l'inné. Elle étudie, par exemple, l'impact du moral sur l'évolution de la maladie, autrement dit dans quelle mesure le fait de *croire* en sa guérison permet de guérir *effectivement*. Elle observe la façon dont l'isolement social affecte la santé ; en règle générale, la solitude prolongée chez les animaux sociaux compromet leur état de santé. Il s'agit de savoir mesurer le degré et la nature de ces effets négatifs et d'en découvrir l'origine, de départager ce qui relève d'une certaine mystique et les changements physiologiques effectivement mesurables. Le synchronisme menstruel est un phénomène réel, insiste Martha McClintock, mais ce n'est pas non plus le fin mot de l'affaire. On a tendance à en donner une interprétation bien trop étroite, ajoute-t-elle. On se base sur les observations statistiques pour conclure de façon péremptoire que le synchronisme menstruel existe si la convergence est significative, ou, si elle ne l'est pas, que c'est de la blague.

« On se focalise, explique-t-elle, sur le synchronisme menstruel comme si c'était le phénomène essentiel, mais ce n'est jamais que l'oreille gauche de l'éléphant, je n'insisterai jamais assez là-dessus. Ce n'est qu'un aspect de l'influence sociale sur l'ovulation. Chez les animaux sociaux, continue-t-elle, la fécondité, l'ovulation et la naissance surviennent dans le contexte du groupe. Les trompes de Fallope ont beau jouer le rôle de petites ventouses, on ne conçoit pas et on ne mène pas une grossesse dans lc vide. Nous sommes à la merci de la tribu, ce que le corps perçoit parfaitement. Nos réactions s'adaptent à la dynamique du groupe. Le fait d'ovuler en même temps que les autres femmes d'une collectivité peut être avantageux en certaines circonstances et un handicap dans d'autres. » Martha McClintock et ses collègues ont découvert que les rats femelles peuvent émettre des phéromones qui inhibent la fécondité des autres femelles, ou au contraire la stimulent. « Ces phéromones sont produites à différentes phases du cycle reproductif, ainsi que pendant la gestation et la lactation, dit-elle. Les femelles envoient des messages différents selon leur état, et les femelles qui vivent en leur compagnie réagissent de diverses façons. Dans certains cas il y a synchronisme, dans d'autres pas. »

Le travail sur les rats a livré un luxe de détails qui montrent à quel point le dialogue entre les ovaires et le contexte social peut être nuancé. Chez les rats, en règle générale, les femelles qui vivent ensemble parviennent à l'ovulation et à la fécondation au cours de la même semaine, tout au plus la même quinzaine. Leurs gestations sont suffisamment proches pour qu'à la naissance des petits elles puissent allaiter ensemble, dans une même promiscuité piaillarde. Ce ne sont pas pour autant de gentilles petites communistes. Ce sont des rats norvégiens, le style de charognards hargneux aux dents redoutables qu'on trouve dans les décharges ou les égouts. Mais voilà : les femelles trouvent un avantage certain à la crèche collective et au partage des devoirs maternels. Chacune d'elles passe moins de temps et consacre moins d'énergie à la lactation que s'il fallait qu'elle s'occupe de sa progéniture en solo, et les petits sont plus gras et en meilleure santé au moment du sevrage. En l'occurrence, la synchronisation est la solution optimale. Et, pour peu qu'une femelle fasse une fausse couche ou perde sa portée peu après la mise bas, elle fera ce que toute rate digne de ce nom déteste le plus au monde : patienter avant de se reproduire à nouveau. Elle attendra les signaux *ad hoc* de ses sœurs muridés. Il lui faudra mettre à l'heure son horloge et la synchroniser à nouveau avec celle des autres.

L'histoire des rates nous apprend encore d'autres choses sur la façon dont la société façonne la biologie. Si une femelle, pour une raison ou une autre, échappe à la synchronisation collective et fait tout de même des petits, sa propre perception du décalage reproductif a des conséquences spectaculaires. Elle donne naissance à une portée composée essentiellement de femelles, au lieu du quota standard moitié mâles moitié femelles propre à toute rate équilibrée. Voilà ce qui se passe : la nouvelle mère rate va devoir vivre et allaiter en compagnie d'autres femelles calées sur des horloges biologiques différentes de la sienne, qui ont toutes les chances d'avoir des rejetons nettement plus âgés que ceux de sa portée. Les petits plus âgés sont notoirement voraces et il n'y a pas de lait plus succulent et plus nourrissant que celui d'une tétine démarrant la lactation. Ils vont dérober une bonne partie du lait de la nouvelle mère qui n'a guère de moyens de protéger ses tétons. Ce qui signifie que la plupart de ses propres petits, les malheureux, vont mourir de faim. Si un ou deux s'en sortent, autant que ce soient des femelles. Chez les rats (et bien d'autres espèces), les filles sont le sexe fiable, les fils le sexe à haut risque ; les premières ont des obligations d'État, les seconds des titres spéculatifs. Soit le mâle copule comme un fou à droite et à gauche, bat tous les records en matière de progéniture et fait de sa mère une grand-mère riche et triomphante, soit il échoue sur toute la ligne, n'insémine personne, n'est qu'un bon à rien incapable de faire honneur à sa lignée. En revanche, il est rarissime qu'une rate n'ait aucun rejeton. Il lui faudra peut-être toute son existence pour battre au poteau le mâle le plus prolifique du moment, mais elle aura une descendance. Alors, quand les temps sont durs et que l'avenir se présente mal, investissez dans les filles. Elles assureront la survie de la lignée. Voilà un extraordinaire exemple de la façon dont l'environnement extérieur se fraie un chemin jusqu'aux catacombes, dans la matrice. Le rat femelle perçoit son décalage, évalue le statut de son groupe social et les atouts de la maternité collective, et en quelque sorte traduit cette information sensorielle par une prévention à l'encontre des fœtus mâles dont elle inhibe la gestation avant qu'ils ne lui coûtent le moindre centime en pure perte. Son organisme se sent vulnérable et recherche avant tout des garanties. Il lui donne donc des filles.

En 1998, l'équipe de Martha McClintock a de nouveau publié dans *Nature* une étude fracassante confirmant que nous avons quelque chose du rat femelle et que nos ovaires sont eux aussi susceptibles de subir l'influence du groupe. Les chercheurs de l'équipe ont montré que, si l'on passait des tampons sous les aisselles des femmes à différents moments de leur cycle ovulatoire et qu'on les applique sur la lèvre supérieure d'autres femmes, il arrivait que les sécrétions des donneuses agissent comme des phéromones, c'est-à-dire des signaux chimiques inodores. Les sécrétions avançaient ou retardaient le cycle de la plupart des receveuses, mais pas de toutes. Les échantillons prélevés sur des femmes en début de cycle, dans la phase folliculaire, avant l'ovulation, raccourcissaient le cycle des receveuses qui ovulaient plusieurs jours avant la date correspondant à leurs cycles précédents. Si, à l'inverse, on faisait des prélèvements à une date plus tardive du mois, en gros au moment de l'ovulation des donneuses, les phéromones rallongeaient le cycle des receveuses qui ovulaient plusieurs jours après la date voulue par leur cycle ordinaire. Les échantillons de phéromones prélevés encore plus tard, après l'ovulation des donneuses – au cours de la phase lutéale qui précède les règles –, n'avaient aucun effet, ni dans un sens ni dans l'autre.

Les phéromones n'ont pas d'effet sur toutes les femmes, mais sur un nombre suffisant pour donner de robustes résultats statistiques et montrer sans équivoque l'existence de phéromones humaines. Cette expérience soigneusement contrôlée montre que les femmes peuvent tirer à hue et à dia, influer les unes sur les autres et réagir de différentes façons, toujours inconsciemment, sans savoir pourquoi, sans même sentir quoi que ce soit (les femmes soumises à l'enquête ont déclaré qu'elles n'avaient rien senti quand on leur avait passé les tampons imprégnés sous le nez, sinon l'odeur de l'alcool utilisé dans la préparation à l'expérience). Les résultats expliquent également pourquoi les différentes études sur le synchronisme menstruel sont si disparates, parfois positives, parfois négatives : le message des phéromones peut aussi bien synchroniser les cycles que les décaler, selon la date où il est émis. Les enquêtes qui recherchaient uniquement la synchronisation avaient négligé le mécanisme de désynchronisation qui compte tout autant.

Mais quel est l'avantage de ce contrôle social de l'ovulation ? En quoi a-t-on intérêt à amener les autres femmes à se caler sur vous ou au contraire à sortir de la convergence reproductrice ? On n'en sait rien. On ne peut que spéculer. Exerçons notre imagination dans toutes les directions. Ne nous focalisons pas sur les phases de la lune, ni sur l'ovulation et la menstruation elles-mêmes, mais prenons en compte les mois de grossesse, les mois et les années d'allaitement, pensons aux odeurs, aux signaux que la femme est susceptible d'émettre pendant ces états prolongés. Pensons également aux relations affectives et politiques que nous entretenons avec celles qui partagent notre toit, à notre degré de camaraderie, de concurrence ou de totale indifférence. La synchronisation menstruelle se manifeste sans doute plus facilement quand les femmes partageant la même intimité s'entendent bien. Dès lors qu'on se sent en sécurité, on ne craint pas d'être fécondée. Il est plus facile de procréer quand l'ovulation est régulière, et l'un des moyens de régulariser le cycle, de le stabiliser, est de se mettre en résonance avec celles qui vous entourent.

En revanche, si les compagnes de tanière se regardent en chiens de faïence, pourquoi s'attendre à une complicité ovarienne, une mutuelle influence stabilisatrice ? Les femelles tamarins de rang inférieur n'ovulent pas quand elles sont dans les parages de la femelle dominante. La femelle alpha ne les martyrise pourtant pas. Elle ne les bat pas, ne leur vole pas leur nourriture. Tout au plus les ignore-t-elle. Pourtant sa vue, son odeur ou ses émanations suffisent à réprimer l'oscillateur neuronal des femelles dominées, qui n'ovulent pas en sa présence. Qui sait si la femme, elle aussi, ne bat pas en retraite en présence de celle qu'elle ressent comme une menace ou qui lui tape sur les nerfs ? Si la rivale allaite un nouveau-né, la première n'a-t-elle pas intérêt à choisir de retarder un peu son ovulation – un choix inconscient, bien sûr – de façon à pouvoir faire face aux exigences de sa grossesse sans avoir à affronter une concurrente hostile dans la course aux ressources alimentaires ? Le contrôle social de l'ovulation pourrait donc avoir un usage soit coopératif, en harmonisant les cycles, soit défensif, afin d'éviter les conflits, soit même offensif, en vue de déstabiliser le cycle d'une rivale et, s'il le faut, de compromettre sa fécondité.

« La clef, c'est l'information. C'est toujours là que ça se joue, explique Martha McClintock. Mieux l'on est renseignée, mieux ça vaut. La femme en mesure de régulariser et d'optimiser sa fécondité, de s'assurer qu'elle est réceptive au bon moment tant du point de vue de l'environnement physique que social, sera en meilleure posture que celle qui n'en a aucune idée. » Les phéromones ne sont jamais qu'une source d'information, ajoute-t-elle. Et ce n'est pas la seule source ni la meilleure pour ce qui est de connaître son statut et de choisir le meilleur moment pour se décider. Les phéromones s'ajoutent simplement au reste : parfois cela vaut le coup d'en tenir compte, parfois non – et c'est pourquoi certaines des femmes sur qui portait l'étude de McClintock y étaient sensibles et d'autres pas.

Nous sommes immergées dans un océan de messages sensoriels. Nos partenaires sexuels exercent leur propre influence sur notre cerveau et nos petits paniers. La femme qui vit avec un homme a tendance à avoir un cycle plus prévisible que celle qui vit seule, et la régularité du cycle accroît les chances de la conception. La femme peut aussi réagir aux phéromones sécrétées par les aisselles ou l'aine de l'homme, ou sa nuque, si tant est qu'elle ait envie d'y fourrer son nez. Mais le nez n'est pas tout. L'ensemble du corps peut faire office de mouche du coche. Nous l'avons vu plus haut, la femme a plus de chances de tomber enceinte de son amant que de son mari. Le constat est sujet à caution et pourrait s'expliquer de façon très prosaïque par le fait que la femme ne prend pas ses précautions habituelles lors d'un rendez-vous galant, de peur de se faire surprendre. L'autre explication de la disparité, nous l'avons vu également, pourrait tenir à ce que l'orgasme retient le sperme désiré, comme une forme ultime de choix féminin. Et si le plaisir, au moins autant que d'autres présences féminines, avait son mot à dire sur l'ovulation, ne serait-ce qu'en déclenchant la montée hormonale qui libère l'ovule de sa nacelle ? Je suspecte fort l'orgasme, capable de faire entrer l'utérus en transe comme il le fait, de subjuguer également les porteurs de graines du voisinage. Qui sait si aux premières vibrations le follicule ne va pas précipiter sa maturation en demandant au cerveau de faire fissa – c'est le moment ou jamais – et d'entonner l'hymne à la liberté ovulaire par un jet d'hormones lutéinisantes ?

Je dois reconnaître que je suis de parti pris, ayant eu personnellement l'occasion d'être confrontée aux esprits de la fécondité. Mon mari et moi avons pendant des années essayé d'avoir un enfant. J'étais réglée comme un métronome, tous les vingt-huit jours. Et durant quelque temps, nous avons calé nos émois à l'avenant, visant furieusement le milieu du mois, la date à laquelle je pensais être fertile. Nous avons expérimenté toutes les positions recommandées. Parfois j'allais jusqu'à l'orgasme, parfois je me retenais, délibérément. Allez savoir si les pulsations du col attirent le sperme ou le recrachent ! Bref, je m'en tenais à l'orthodoxie, dans les moindres détails. Après l'amour, je m'allongeais sans bouger, les fesses surélevées. J'avais recours à un détecteur d'ovulation qui indiquait mes montées d'hormones lutéinisantes. Notre existence tenait à son fin trait bleu. Cela a duré des mois. Rien n'arrivait. Rien, rien de rien.

Et puis, un jour de novembre 1995, mon petit détecteur ne décela pas la moindre trace de bouffée hormonale. Cela me mit le moral à zéro : et voilà, pensais-je, un cycle anovulatoire, à trente-sept ans ! Nettement avant l'heure ! Seulement, je découvris en décembre que j'étais enceinte et que j'avais dû concevoir le mois précédent, au moment où je pensais être en friche. J'ai immédiatement passé en revue toute la suite des événements et compris ce qui était arrivé. Au début du cycle, bien des jours avant ma période de fécondité présumée, mon mari et moi avions sacrifié à une activité qui ne nous occupait plus guère en ces temps de fixation sur la procréation. Nous avions passionnément fait l'amour, par pur plaisir. Cet acte gratuit, ce merveilleux gaspillage, j'en suis sûre, a dopé mon cycle avec la même élégance et la même fougue que celle déployée par Jan Ullrich lors du Tour de France. Mon orgasme avait précipité l'éclosion d'un ovule impatient, provoqué une montée de LH, laquelle avait déclenché la rupture du follicule ; l'ovule libéré avait plongé dans l'oviducte où le sperme l'attendait. Tout se mit en place si rapidement qu'au moment de la vérification rituelle du pic hormonal la fièvre de la passion était tombée. Je crus être en jachère. En fait, j'étais déjà en cloque.

Je n'ai aucune preuve de tout cela, évidemment. Je n'ai que mon enfant. Chez le rat femelle, c'est le désespoir qui donne des filles. Chez moi, ce fut le bonheur.

10

DE L'HUILE DANS LES ROUAGES

Brève histoire des hormones

Chaque matin je prends un petit comprimé de thyroxine, une hormone produite par cette glande aux allures de papillon de nuit, la thyroïde, que nous avons au milieu du cou. J'ai eu la maladie de Graves entre vingt et trente ans, une maladie auto-immune qui se manifeste par une hyperactivité de la thyroïde, laquelle se met à sécréter trop de thyroxine. Je n'aime pas aller chez le médecin et ai donc attendu des mois avant qu'on ne diagnostique l'affection. J'étais nerveuse, anxieuse, en dents de scie. Mon cœur battait à cent vingt coups la minute, près de deux fois le pouls normal, même étendue sur mon lit. Je suis d'un naturel plutôt sportif et musclé, mais j'avais perdu toutes mes forces au point de ne pouvoir grimper une volée de marches sans reprendre mon souffle au milieu. J'avais beau me jeter sur la nourriture, je maigrissais à vue d'œil, à l'évidence en trop piteux état pour qu'on me complimente au sujet de ma ligne. Les yeux légèrement exorbités, j'avais l'expression d'une grenouille, un symptôme que je reconnais désormais chez les familiers de la maladie de Graves, comme l'ex-première dame, Barbara Bush.

On m'a traitée à l'iode radioactive qui m'a détruit une bonne partie de la thyroïde. Du coup je souffre désormais d'hypothyroïdie, c'est-à-dire que ce qui reste de la glande ne fournit plus assez de thyroxine. Voilà pourquoi je suis condamnée à avaler des comprimés jusqu'à la fin de mes jours. Rien de particulièrement excitant. Cela ne change rien à mon humeur ni à ma personnalité et ne me rafraîchit même pas, comme le fait de se laver les dents ou le visage et autres rituels quotidiens.

Mais si j'arrêtais de prendre de la thyroxine, ma vie tournerait au cauchemar. Au fur et à mesure que le temps passe, je deviendrais dépressive, apathique et parfaitement idiote. Je me mettrais à grossir, à avoir toujours froid, et perdrais ma libido. Mon rythme cardiaque ralentirait, deviendrait irrégulier et ma tension s'élèverait. Je serais à nouveau malade et promise à une mort précoce ; le déséquilibre biochimique m'anéantirait.

La thyroxine n'est pas une hormone sexy. Elle ne fait pas partie de celles qui « travaillent » les adolescents ou les amoureux, comme on dit vulgairement. Les hormones constituent une vaste parentèle chimique qui comprend des acteurs biologiques familiers comme les hormones sexuelles – œstrogènes et androgènes – ou les hormones du stress, ces sentinelles privées toujours sur le qui-vive qui sèment la panique pour peu qu'un lion ou le propriétaire s'ébroue devant la porte. Il faut également y inclure cette foule de techniciens travaillant dans les coulisses qui nous signalent que nous avons besoin d'absorber du sel, de manger ou de boire, ainsi que ces substances que nous ne considérons pas habituellement comme des hormones, telle la sérotonine, la cible du célèbre Prozac et autres rehausseurs d'humeurs de cette fin de millénaire.

Toutes ces années sous dépendance hormonale ont suscité chez moi une curiosité particulière pour le mode d'action des hormones, leur profil spécifique et leurs limites. Je me suis demandé pourquoi la thyroxine, dont les effets sont si brutaux et dévastateurs dès qu'elle est produite en excès ou en quantités trop faibles, passe totalement inaperçue en temps normal et ne manifeste pas le moindre charisme. En absorbant la dose voulue de thyroxine, je suis retournée à mon statu quo antérieur, l'équilibre instable qui m'a toujours caractérisée, rien de plus. Le mieux que j'aie pu faire a été de m'en tenir à la vieille version de moi-même. La thyroxine avait donc à la fois un effet global et très ciblé. Aucun tissu, pas même le cerveau, n'était épargné par le dysfonctionnement de production de thyroxine, même si ma personnalité et ma conscience n'étaient pas affectées. Que se passait-il, alors ? Les hormones ont des effets, des défaillances aussi. Elles ont une fonction. Elles jouent un rôle bien plus important que la plupart d'entre nous ne l'imaginent, mais pas celui que nous lui prêtons généralement.

On assiste ces derniers temps à une réhabilitation des hormones, à une fascination renouvelée pour ces messagers biochimiques, leurs pouvoirs, leur signification, les solutions qu'ils apportent. Dans une certaine mesure il s'agit d'une mode, d'une nouvelle rhétorique. Cela fait chic d'attribuer des attitudes masculines ou prétendues telles, comme le fait de fanfaronner, prendre la pose, couper la parole aux autres ou roter en public, à la testostérone. Plusieurs hommes se retrouvent et font bande à part ? Ils « empestent la testostérone », ils y sont « accros », ils mijotent dans leur « jus de testostérone ». Cela sonne bien, cela fait malin, et dans la mesure où, effectivement, les hommes sont imprégnés d'une bonne dose de testostérone, cela a l'air vrai. D'ailleurs l'hormone de l'humeur n'épargne pas les femmes ; que des copines se donnent rendez-vous pour faire du lèche-vitrines ou s'offrir un cappuccino et les voilà devenues des « robinets à œstrogènes » quand elles ne laissent pas derrière elles leurs « effluves d'œstrogènes ». C'est également très tendance de parler d'hormones de l'affectivité, du maternage, voire du crime. Nous voulons nous expliquer à nous-mêmes. Rien de plus commode et quantifiable que d'avoir recours aux hormones : cela permet de faire une différence entre l'homme et la femme, l'arriviste et l'altruiste, le comportement docile et rebelle. Nous aimons les catégories, c'est plus fort que nous.

L'engouement populaire pour les hormones, en fait, reflète un regain d'intérêt à leur égard de la part des grands prêtres des nouveaux dogmes en vigueur, je veux dire les scientifiques. Les travaux de recherche sur les hormones ont furieusement explosé depuis que l'on a isolé et synthétisé les premières hormones il y a plus de soixante-dix ans. Les analogies réconfortantes sont dépassées. Jadis, on parlait des hormones comme de clefs spécifiques, chacune s'adaptant à un récepteur particulier – la serrure métaphorique – situé sur les différents tissus de l'organisme et du cerveau. En entrant dans la serrure, l'hormone ouvrait la porte sur une suite bien définie de comportements et de réactions. La métaphore s'est rouillée. On s'est aperçu que l'organisme présentait toutes sortes de serrures à la curiosité fureteuse de la première hormone venue, sans compter que les hormones exercent souvent leurs talents sans qu'il soit besoin d'ouvrir une serrure quelconque. Elles peuvent tout aussi bien accéder directement aux tissus par la circulation sanguine, ou s'y introduire en se faufilant dans les brèches qui se présentent. Le pouvoir, l'ingéniosité et le culot de ces émissaires biochimiques sont confondants.

Les hormones ont leur propre musique, un lyrisme moléculaire qui leur donne une telle ardeur au travail qu'elles ont bien mérité de l'évolution, laquelle les a conservées sous différentes formes pendant des centaines de millions d'années. Certaines hormones font partie de ces substances qui font de nous des femmes, et font l'objet de ce chapitre. Ce sont les hormones à la mode : les œstrogènes, la progestérone, la testostérone, l'oxytocine et la sérotonine. Mais les hormones ne sont pas esclaves de la mode. Elles ne se conforment pas à ce qu'on attend d'elles. Elles détestent les clichés.

Le mot *hormone* vient du grec *horman,* qui signifie réveiller, exciter, inciter. Et c'est bien le rôle de l'hormone. Elle excite. Elle incite. Bien qu'il arrive aux hormones d'inciter au calme et au repos. Selon la définition classique, l'hormone est une substance sécrétée par un tissu donné transitant par le sang ou tout autre fluide de l'organisme vers un autre tissu qu'elle excite vers un nouvel état, une nouvelle forme d'activité. La glande thyroïde sécrète de la thyroxine qui stimule le cœur, les muscles et les intestins. Le follicule de l'ovaire se rompt pour relâcher un jet de progestérone qui commande à l'endomètre de s'étoffer. L'orthodoxie scientifique tenait jusque-là à distinguer les hormones des neurotransmetteurs, ces interrupteurs biochimiques instantanés telles la noradrénaline et l'acétylcholine qui permettent aux neurones de communiquer entre eux ; mais la frontière a commencé à s'évanouir quand les chercheurs se sont aperçus que les hormones, comme les neurotransmetteurs, peuvent elles aussi modifier la texture et la disposition des cellules cérébrales et les rendre plus réactives. Les neurones s'adressent les uns aux autres par une série d'impulsions électriques : ta-ra-ta-ta-ta... L'on ne peut pas vraiment dire des œstrogènes qu'ils sont des neurotransmetteurs, mais il serait judicieux de les classer aux côtés des neurotransmetteurs dans la grande famille des neuromodulateurs – les modulateurs du cerveau. Il ne s'agit pas d'une simple question de sémantique. Cette nouvelle classification infléchit notre façon de concevoir la pensée, la perception et l'existence physiologique. Elle contribue également à mettre en synchronie le corps et le cerveau plutôt que de s'en tenir à la vieille ségrégation qui cantonnait les endocrinologues à la biochimie de tout ce qui trouve au-dessous du cou et les neurobiologistes au domaine cérébral.

Non seulement l'hormone est complexe, mais elle est petite, un trait enviable chez une molécule censée se comporter en troubadour biologique, en messager volubile. Cette concision est réelle, quelle que soit la composition du noyau structurel de l'hormone, lipidique chez les hormones sexuelles ou protéique chez les hormones peptidiques comme l'oxytocine ou la sérotonine.

Regardons sous fort grossissement les hormones sexuelles, qu'on appelle également les hormones stéroïdes. Le terme *stéroïde* est si galvaudé qu'il fait immédiatement penser aux stéroïdes anabolisants, les substances que prennent à leurs risques et périls les adeptes de la gonflette et autres dieux du stade afin d'accroître leur force musculaire. Il s'agit généralement d'analogues synthétiques de la testostérone, donc d'hormones stéroïdes. Mais la classe des hormones stéroïdes est beaucoup plus vaste et offre bien plus d'intérêt que la dope des vestiaires.

Pour peu que le schéma d'une molécule stéroïde vous soit tombé sous les yeux, et qu'au lycée votre professeur de chimie n'ait pas totalement annihilé votre sens de l'esthétique moléculaire, vous en avez sans doute admiré l'austère beauté. La molécule de stéroïde est constituée de quatre anneaux atomiques de carbone s'agençant comme les carrés d'une mosaïque. Ces quatre anneaux donnent à l'hormone sa stabilité ; ils ne se désolidarisent pas facilement et ne se disperseront pas dans le sang ou l'épais océan cérébral. En outre l'agencement se prête volontiers à certains aménagements. On peut en agrémenter les extrémités de fioritures, chaque nouvel ornement modifiant la portée et la fonction du stéroïde. La testostérone et les œstrogènes se ressemblent de façon surprenante tout en ayant des appendices mineurs suffisamment différenciés pour envoyer des messages spécifiques à leurs tissus récepteurs respectifs.

Les stéroïdes sont une vieille invention de la nature et jouent le rôle de messagers chez de nombreux organismes. Les moisissures sécrètent des stéroïdes. La moisissure femelle sécrète une hormone stéroïde qui déclenche chez la moisissure voisine la croissance de ce que l'on peut considérer comme des organes reproducteurs mâles. Dès que ladite voisine a répondu favorablement à ces avances et s'est métamorphosée en mâle, elle, ou plutôt *il* relâche à son tour une autre hormone stéroïde qui suscite des vocations de femelles tout autour. Viens que je te baise, lance-t-il à la cantonade. Et la belle de venir, et de s'exécuter. Des plantes comme le soja ou les ignames sécrètent des hormones stéroïdes ou des substances analogues et l'on constate qu'un régime riche en phyto-œstrogènes peut pallier certains symptômes de la ménopause. Certaines espèces d'insectes aquatiques synthétisent l'hormone du stress, le cortisol, à des taux de concentration si élevés que cela suffit à assommer tout poisson qui les gobe. Les scarabées mexicains, quant à eux, sont de véritables pilules contraceptives ambulantes. Ils sécrètent des œstrogènes et de la progestérone qui, selon certains chercheurs, viseraient à infléchir la courbe de la population de leurs prédateurs naturels. Les cochons sont des amateurs d'hormones stéroïdes ; le cochon mâle fait sa cour en crachant à la face de la truie de son cœur un composé stéroïdien très relevé qui a le don de figer le joli minois sur place, les pattes arrière commodément écartées. De quoi réhabiliter l'expression américaine aujourd'hui quelque peu désuète : *male chauvinist pig* (sale porc indécrottable)... Ouais, mec, un jet de salive et la petite est à toi !

Il existe des centaines, voire des milliers de variétés d'hormones stéroïdes ou leurs analogues dans la nature. Par définition, les hormones stéroïdes sont des dérivés de cette molécule ambiguë et traîtresse qu'est le cholestérol. Le cholestérol est un stéroïde par sa structure, mais sans chichis : réduit à lui-même, ce n'est pas un agent de communication. Il lui faut quelques fanfreluches biochimiques pour assumer les fonctions mercuriales de l'hormone. Chez les vertébrés, toutes les hormones stéroïdes sont faites de cholestérol. Ce n'est pas par hasard si ces hormones choisissent le cholestérol en guise de fondations : l'organisme en déborde. Même si vous ne touchez jamais à des aliments riches en cholestérol comme les œufs, l'huile ou la viande, votre foie continue d'en fabriquer nuit et jour, avec quelque raison. Le cholestérol est un composant essentiel de la membrane plasmatique, l'enveloppe lipidique protectrice de chaque cellule. Les membranes cellulaires, en moyenne, sont constituées pour moitié de cholestérol, et pour bien plus de la moitié quand il s'agit des neurones. Sans cholestérol, vos cellules se désintégreraient et il n'y aurait pas de production de nouvelles cellules. Sans cholestérol, pas moyen de remplacer les cellules de la peau, des intestins, du système immunitaire, qui meurent chaque jour par millions. Le cholestérol, c'est la crème de la terre, l'onguent de l'esprit.

Les hormones stéroïdes, donc, font partie de nous-mêmes, de la membrane de nos cellules. Quand celles-ci désirent communiquer, elles en appellent paradoxalement aux membranes, ces isolationnistes de vocation. La membrane plasmatique isole les cellules les unes des autres, tout comme, il y a quelque 3,8 milliards d'années, le premier organisme unicellulaire, notre mère à tous, puisa dans son environnement de quoi s'ériger un rempart protecteur. La membrane plasmatique a donné naissance à l'individualité et à la solitude biologique. La cellule, en tant qu'individu, n'a pas de meilleur langage que celui de sa propre membrane plasmatique pour renouer le contact et le dialogue avec une autre.

Le mot *hormone* n'est apparu qu'en 1905 et la première ne fut isolée que dans les années vingt. Mais cela faisait des millénaires qu'on en avait une notion indirecte grâce à la configuration externe d'un facteur hormonal particulier : les testicules. Les mâles, y compris les mâles humains, ont été les malheureux sujets des premières expériences d'endocrinologie. On a castré le gibier pour le rendre plus docile et plus goûteux. On a châtré les hommes pour s'assurer de leur loyauté. L'Ancien Testament décrit la façon dont on avait recours aux eunuques pour veiller sur les épouses des rois et des princes hébreux. On condamnait également les hommes à la castration pour des crimes sexuels ou des amours interdites. Au XIIe siècle, le grand philosophe et théologien Pierre Abélard fut émasculé pour avoir épousé en secret Héloïse, sa disciple bien-aimée. Abélard a pleuré amèrement sa virilité confisquée dans son ouvrage autobiographique, *Historia calamitatum* – « Histoire d'un grand malheur ». (Héloïse, quant à elle, dut prendre le voile, mais indemne, ses gonades étant hors de portée de la compréhension médiévale. Plus tard, elle fut élevée à la dignité d'abbesse du monastère du Paraclet fondé par son ancien amant.)

Cela fait également des siècles que l'on connaît le rôle des testicules dans les bouleversements de la puberté. On châtrait les garçons aux voix de soprano prometteuses avant l'adolescence pour empêcher la mue – l'épaississement des cordes vocales – et le passage de la voix à un registre plus grave. Selon les récits de l'époque, l'impression extraordinaire que l'on ressentait à l'écoute des meilleurs castrats venait de ce que leur voix alliait la suavité et l'éclat du timbre féminin à la puissance virile due à l'ampleur de leurs poumons d'hommes. La manie de la castration a atteint son point culminant aux XVIIe et XVIIIe siècles quand des milliers de parents firent émasculer leur fils dans l'espoir d'accéder à la célébrité et la fortune ; le plus odieux de l'affaire est qu'il y avait des gens de scène parmi eux. Au XIXe siècle, toutefois, l'esthétique et la technique vocale de l'opéra se modifièrent et la diva supplanta le castrat dans le registre réservé aux anges.

On continua néanmoins à pratiquer la castration, mais dans les laboratoires, cette fois. C'est ainsi qu'au milieu du XIXᵉ siècle Arnold Adolph Berthold fonda l'endocrinologie, à l'université de Göttingen, par une série d'expériences mémorables sur les coqs. Il ôtait les testicules à de jeunes poulets mâles, ce qui, si l'opération avait eu ses suites ordinaires, aurait donné des chapons. Appréciés des amateurs de volaille pour la douceur et la saveur de leur chair, les chapons n'ont ni la prestance, ni le plumage, ni le ramage des coqs entiers. Seulement voilà. Les jeunes volatiles de Berthold ne restèrent pas asexués très longtemps. Le savant leur implanta les testicules excisés dans l'abdomen et, écoutez bien, les bestioles devinrent des coqs parfaitement normaux, avec crête, plumes, jabot et tout ce qui fait la dignité d'un roi de basse-cour. Il procéda ensuite à leur dissection et constata que les gonades transplantées avaient pris racine à leur nouvelle place, doublé de taille, et s'étaient forgé un réseau de capillaires sanguins ; elles étaient d'ailleurs remplies de sperme, comme des testicules adultes. Les nerfs ayant été irrémédiablement endommagés au cours de la transplantation, Berthold en déduisit que les testicules n'agissaient pas sur l'organisme par le biais du système nerveux. Il en conclut à juste titre qu'une substance, une sorte d'*eau vitale* [1] en provenance du tissu testiculaire, devait s'acheminer par la circulation sanguine vers les autres parties de l'organisme, ce qui aboutissait à transformer le jeune poulet en coq véritable. De quelle substance s'agissait-il, il n'avait aucun moyen de le savoir.

Ce sont les mâles qui ont sacrifié leur anatomie à l'avènement de l'endocrinologie, mais ce sont les femelles – en l'occurrence les femmes – qui lui ont permis de prendre son essor. Dans les années vingt, les chercheurs ont utilisé des prélèvements d'urine de femmes enceintes dans leurs expériences avec l'espoir d'y déceler des substances intéressantes. Ils les ont injectés dans l'appareil génital de rats femelles et ont constaté des effets spectaculaires sur l'utérus et le vagin des animaux. Leur muqueuse utérine s'était épaissie, comme « emblavée », ce joli mot de terroir évoquant l'excroissance des cellules épithéliales en forme d'épi de blé. Les spécialistes en chimie organique se mirent en quête de l'agent de cette métamorphose et en 1929, première mondiale, isolèrent une hormone : l'estrone. L'estrone est un œstrogène, autrement dit fait partie de la famille

1. En français dans le texte.

des hormones dites féminines bien que ces dernières soient sécrétées par les deux sexes. L'organisme, tout organisme, présente au bas mot une soixantaine de formes d'œstrogènes dont trois prédominent : l'estrone, l'estradiol et l'estriol. Elles doivent leurs noms respectifs au nombre de groupes hydroxyles (les paires d'atomes d'hydrogène et d'oxygène) qui s'attachent à leur structure centrale. Vous pouvez apprendre à compter à votre petite fille avec des œstrogènes. L'estr*one* a un seul groupe hydroxyle, l'estra*di*ol en a deux et l'es*tri*ol en a trois. Le décompte des groupes hydroxyles en guise de nom de baptême est une astuce de chimiste, pas de biologiste ; le nombre des groupes en question ne dit rien sur le comportement de la molécule. Ce n'est pas parce qu'il y en a plus que l'hormone est plus efficiente et parce qu'il y en a moins qu'elle compte pour du beurre. Mais ce sont les chimistes qui ont balisé le terrain les premiers et il fallait bien qu'ils exercent leur privilège.

L'estrone ne s'est pas révélée très efficace pour ce qui est de la levée du blé vaginal ni de l'épaississement de l'endomètre, surtout si on la compare à l'estradiol, l'œstrogène prédominant chez les femmes non ménopausées. Mais comme elle est sécrétée en abondance par le placenta durant la grossesse, on la retrouve dans les urines de la femme enceinte qui, on l'a vu, ont permis l'avènement de l'endocrinologie moderne. C'est donc l'estrone que l'on a découverte en premier. Peu après les chimistes ont été pris d'une hystérie collective pour les hormones et se sont bousculés pour isoler la plupart des stéroïdes – androgènes, progestérone et hormones du stress des surrénales – en caractérisant leurs fonctions les plus évidentes.

Mais ils en revinrent toujours à leurs premières amours, les œstrogènes. Les chimistes ont forgé toute une pharmacopée d'œstrogènes synthétiques, extirpant ici une chaîne latérale, ajoutant là des groupes méthyle. Ils ont synthétisé un œstrogène célèbre, le diéthylstibestrol, ou DES, qu'on a utilisé pour éviter les fausses couches des années quarante jusqu'aux années soixante, mais dont on sait aujourd'hui qu'il est à l'origine de cancers et autres troubles chez les enfants des mères traitées. Ils ont inventé la pilule contraceptive. Ils ont mis au point des comprimés et des patchs d'œstrogènes pour le traitement de la ménopause, en utilisant soit un dérivé synthétique de l'hormone, soit de l'estrone « naturelle » isolée à partir de l'urine de juments gravides qui, comme l'on sait, pissent abondamment à la mode chevaline, surtout quand elles sont pleines.

Les œstrogènes ont eu la primeur et restent, à leur façon, les plus prisés. Le temps passant, loin de perdre leur intérêt, ils en ont gagné. Ils ont un côté angélique, et un côté nihiliste. Les œstrogènes nous maintiennent en bonne santé et nous rendent malades. Ils nous font pousser les seins pour les envahir ensuite de tumeurs. Ils font mûrir les ovules et alimentent la vie nouvelle de la matrice, mais suscitent également ces fibromes violacés qui peuvent atteindre la taille d'une courgette ou d'un potiron à en pleurer le martyre jusqu'à l'ablation de l'utérus.

Toutes ces contradictions n'aident pas à s'y retrouver. On nous dit que les femmes des pays industriels sont trop imprégnées d'œstrogènes, de toutes sortes d'œstrogènes ; l'excès de graisses, les cycles menstruels rarement interrompus par la grossesse ou la lactation, la pilule anticonceptionnelle, le goût pour les libations alcoolisées, les œstrogènes chimiques de l'environnement, tout converge pour que nous soyons bien plus exposées à cette hormone que nos aïeules, ce qui est malsain et source de maladies. Puis on nous dit que nous n'avons pas assez d'œstrogènes, que nous n'étions pas censées vivre longtemps après la ménopause, cette phase de l'existence où les ovaires ne produisent plus de doses significatives d'œstrogènes. Il nous faut donc prendre une complémentation en œstrogènes pendant des années. Car les œstrogènes préservent le cœur, les os, la vivacité d'esprit... Bref, une potion magique pour bandes dessinées. Alors, faut-il reléguer aux oubliettes la vieille image de l'œstrogène faisant de la femme une créature douce et compatissante, tendre et bonne comme une tranche de filet ?

Je rends grâce aux œstrogènes de se plier si obligeamment à nos exigences et à nos caprices. C'est une hormone bouc émissaire, une tête à claques. Elle a été diabolisée, glorifiée, excommuniée, réhabilitée pour, au bout du compte, comme la femme, savoir encore apprécier la plaisanterie. Pour évaluer les mérites des œstrogènes, il nous faut commencer par distinguer l'hormone – ce que nous savons de ses pouvoirs et de ses contraintes – de son fantasme avec ses ingrédients imaginaires aux pouvoirs troubles et maléfiques.

On dit des œstrogènes qu'ils sont des hormones féminines, ce qui est à la fois inexact et justifié. Il y a dix fois plus d'œstrogènes circulant dans les veines de la femme de douze à cinquante ans que dans celles de l'homme. À l'âge mûr, les taux d'imprégnation de l'homme et de la femme se rapprochent, non seulement parce que le niveau hormonal œstrogénique de la femme chute, mais parce que celui de l'homme s'élève progressivement. Cela dit, gardez en tête que chez l'homme comme chez la femme les concentrations sont de toute façon infimes, qu'on les mesure en laboratoire en nanogrammes et picogrammes – en milliardièmes et milliards de milliardièmes de gramme. Pour obtenir une cuiller à café d'estradiol, il faudrait vider de tout leur sang 250 000 femmes non ménopausées. Par comparaison, les réserves de sang de chacune d'entre nous contiennent une bonne cuiller à café de sucre et plusieurs cuillers à soupe de sel. Nous sommes les princesses ; les hormones sont le petit pois. Peu importe le nombre de matelas entre vous et le petit pois hormonal, il vous empêchera toujours de dormir.

Pour simplifier, les différents œstrogènes sont produits par différents tissus de l'organisme, avec bien des chevauchements, des redondances et toutes les inconnues d'usage sur qui fait quoi, quand et dans quel but. L'estradiol, l'œstrogène qui prédomine au cours des années de procréation, est l'œuvre des ovaires. Il s'écoule des cellules des follicules et du corps jaune, la substance qui prend la forme d'une ampoule sur le follicule rompu. L'estradiol est le plus puissant des trois œstrogènes, du moins si l'on en croit les essais standard mesurant l'activité œstrogénique – autrement dit, il induit chez le rat femelle une telle moisson vaginale qu'on croirait voir onduler les champs de blé de l'Iowa. L'estriol est produit par le placenta et dans une moindre mesure par le foie. C'est l'œstrogène de la grossesse par excellence, qui provoque la charmante carnation vermeille dont nous sommes alors parfois gratifiées, du moins entre les accès blafards de la nausée. On l'a vu plus haut, le placenta synthétise aussi l'estrone. Les tissus adipeux également. Les femmes fortes sont souvent épargnées par les symptômes visibles de la ménopause comme les bouffées de chaleur, et ses symptômes invisibles comme l'ostéoporose ; leurs ovaires ont beau cesser d'envoyer leur quota mensuel d'estradiol, leurs tissus périphériques prennent le relais en fabriquant de l'estrone. Les femmes très musclées supportent elles aussi très bien la ménopause, non seulement parce qu'elles ont la forme, le cœur robuste et les os fortifiés par des années d'entraînement aux poids, mais parce que les muscles produisent eux aussi des quantités modestes d'estrone. La femme ménopausée qui renonce aux patchs ou aux extraits de pisse de jument devra jusqu'au trépas se contenter d'estrone comme forme d'œstrogène prédominante. De l'estrone seulement, pour la vieille dame indigne !

L'organisme produit et consomme des œstrogènes *dans son*

ensemble : voilà ce que l'on a compris depuis peu. À l'âge d'or de la découverte des hormones, les chercheurs ne pensaient pas devoir aller fureter au-delà des organes reproducteurs : les ovaires fabriquaient les œstrogènes, les testicules la testostérone. D'où le terme d'hormones stéroïdes sexuelles. Ils croyaient que les gonades produisaient des stéroïdes exclusivement à usage amoureux, enfin, procréateur – par exemple en induisant l'ovulation et l'épaississement de la muqueuse utérine. Eh bien, non. Le rôle des œstrogènes ne se limite pas à l'aboutissement réussi de l'idylle. L'organisme élabore des œstrogènes et en ingurgite partout. Les os en fabriquent et en consomment, comme les vaisseaux sanguins. Le cerveau en produit également et l'on commence seulement à comprendre la façon dont il y réagit. Les œstrogènes, c'est la gourmandise de choix de l'organisme. Il en déguste, et en redemande. La demi-vie des œstrogènes est brève, disons de trente à soixante minutes, à la suite de quoi la molécule se disloque pour être recyclée ou éliminée. Mais il y en a toujours plus, produits et consommés sur place, en provenance ou à destination d'autres tissus et organes.

Les œstrogènes, c'est comme le chocolat. Cela a beaucoup de goût à petites doses, et cela peut aussi bien exciter que calmer selon les tissus qui s'en délectent. Les œstrogènes stimulent les cellules mammaires et l'utérus, mais ont un rôle lénifiant sur les vaisseaux sanguins en les protégeant du rétrécissement, de la sclérose et des inflammations. Ils ont une autre affinité avec le chocolat : ce sont les cibles d'une gourmandise quasi universelle. Tous les êtres humains ont une prédilection pour le chocolat, à moins de faire partie d'une espèce mutante. Il en va de même de l'organisme : rien de ce qui lui appartient ou presque ne boude ou ne dédaigne les œstrogènes. Le moindre organe, le tissu le plus modeste, veut y goûter.

À quoi tient cette appétence générale pour les œstrogènes ? Voilà ce que l'on en a compris. Pour synthétiser un œstrogène, il faut une enzyme dénommée aromatase[1]. Cet aromatase permet à

1. Le suffixe *-ase,* terminant le nom des enzymes, est extrait de diastase, du grec *diastasis :* action de séparer, décomposer, dégrader ; il termine le nom des enzymes, comme *amylase* (qui dégrade l'amidon), *oxydase, uréase,* etc. Les composés aromatiques (dégradés par l'aromatase) sont des substances chimiques dont les molécules comprennent un ou plusieurs maillons aromatiques, une structure moléculaire

l'organisme de transformer un précurseur hormonal en œstrogène. Le précurseur peut être la testostérone – oui, l'hormone « mâle », que la femme fabrique grâce à ses ovaires, ses surrénales et sans doute, entre autres, son utérus et son cerveau. Le précurseur peut également être un autre androgène, comme l'androsténédione, une hormone qui offre beaucoup plus d'intérêt scientifique qu'on ne le croit habituellement. Qui connaît seulement son rôle d'amplificateur de l'agressivité et de la colère féminines ? Contentons-nous pour l'instant de signaler que les ovaires et les surrénales de la femme sécrètent de l'androsténédione qui, à la faveur de la médiation d'un aromatase, peut être transformé en notre sympathique œstrogène aux saveurs douces-amères.

Il ne s'agirait que de subtilités de chimistes si l'on ne venait de découvrir que l'aromatase manifeste sa présence partout. Les ovaires qui fabriquent la testostérone en ont, ce qui leur permet de convertir immédiatement la testostérone en œstrogène, ce qu'ils s'empressent de faire à dates régulières, d'où le cycle féminin. D'autres tissus en ont également : les graisses, les os, les muscles, les vaisseaux sanguins, le tissu cérébral. Les seins aussi. Donnez-leur à tous un peu de précurseur hormonal, faites-leur goûter un tant soit peu à la testostérone, et ils vous la convertiront en œstrogènes. Pas par bouffées périodiques, pas en suivant le calendrier menstruel, mais à doses modestes et constantes, au fil des jours. Détail intéressant, l'aromatase gagne en puissance avec l'âge. Alors même que les différents mécanismes physiologiques glissent vers la décrépitude, l'aromatase accélère son rythme de croisière et manifeste toujours plus d'énergie dans l'art de convertir les précurseurs en œstrogènes. Ce qui pourrait expliquer pourquoi les hommes mûrs sont plus imprégnés d'œstrogènes que leurs jeunes comparses et pourquoi les femmes ménopausées ne s'étiolent pas ni ne se couchent pour mourir, juste parce que leurs ovaires ne leur fournissent plus leurs pics mensuels d'estradiol. C'est que leurs seins, leurs os et leurs vaisseaux continuent à fabriquer des œstrogènes. La femme aux aromatases, c'est comme le vin rouge et les séquoias : plus cela vieillit, plus cela se bonifie.

Mais cela ne suffit pas pour donner des œstrogènes. Il faut

---

cyclique analogue à celle du benzène. Les premiers découverts étaient extraits de substances aromatiques odorantes, d'où leur nom. *(N.d.T.)*

aussi la présence d'un interprète qui comprenne le langage de l'hormone. L'œstrogène s'adresse à l'organisme par le biais d'un récepteur œstrogénique, une protéine qui le reconnaît, l'entoure et change de forme en conséquence, comme la couverture prend la forme du corps de la personne qu'elle enveloppe. Une fois son aspect modifié, le récepteur procède à des changements génétiques au sein de la cellule en allumant certains gènes tout en éteignant d'autres gènes. La transformation de l'activité génétique modifie à son tour l'état de la cellule puis l'organe dont elle fait partie.

Nous savons donc qu'un organe donné est sensible aux œstrogènes dès lors que ses cellules sont pourvues de récepteurs. Or nous sommes, semble-t-il, étrangement sensibles aux œstrogènes. C'est que les récepteurs d'œstrogènes, comme l'aromatase, sont partout. Regardez dans les cellules du foie, des os, de la peau, des vaisseaux, de la vessie, du cerveau, regardez partout : ils sont là. La gageure, désormais, explique Benita Katzenellenbogen qui travaille sur la biochimie des œstrogènes depuis vingt-cinq ans, c'est de trouver un tissu *dépourvu* de récepteurs œstrogéniques. Ah si, peut-être la rate, ajoute-t-elle en haussant les épaules.

Ce n'est pas terminé. L'histoire des œstrogènes, c'est le feuilleton des intellectuels. En 1996, les chercheurs se sont rendu compte qu'il n'y a pas seulement un type de récepteur œstrogénique comme on le croyait depuis des décennies, mais deux, chacun présentant un tempérament moléculaire différent mais tous deux capables de se refermer sur l'œstrogène et de permettre à la cellule de réagir à l'hormone. On les a baptisés récepteurs œstrogéniques alpha et bêta. Certaines cellules tissulaires sont riches en alpha, d'autres en bêta, d'autres encore ont la double bénédiction. Chaque cellule peut présenter des milliers de copies des deux types de récepteurs. Des milliers de récepteurs alpha, des milliers de bêta. Et pour certaines, des dizaines de milliers. Voilà pourquoi il faut si peu d'hormones pour obtenir des effets aussi spectaculaires : des armées entières de protéines réceptrices sont sur le pied de guerre, prêtes à détecter la moindre molécule d'œstrogène musardant dans les parages.

Les récepteurs œstrogéniques se comportent différemment selon les tissus – autrement dit, ils activent des groupes de gènes différents selon qu'il sévissent dans le foie, les os, les seins ou le pancréas. Nous n'avons, pour l'essentiel, pas la moindre idée des gènes activés par les œstrogènes. Mais nous savons néanmoins certaines choses. Dans le foie, par exemple, le tandem de la molécule d'œstrogène et de son récepteur stimule la synthèse des facteurs de coagulation, lesquels épaississent le sang. Il nous faut un sang susceptible de se coaguler rapidement pour empêcher les hémorragies au cours des saignements prévisibles – au moment des règles, bien sûr, mais aussi lors de la rupture du follicule ovarien et de la libération de l'ovule quand l'embryon, en joyeux parasite qu'il est, se creuse un terrier dans la paroi utérine, et aussi au moment de l'accouchement. C'est la propension des œstrogènes à accélérer la synthèse des facteurs de coagulation qui provoque, en de rares occasions, l'apparition de caillots se déplaçant vers des sites indésirables, comme les poumons.

C'est également l'appariement de l'œstrogène et de son récepteur qui stimule la production hépatique de lipoprotéines de densité élevée que la plupart d'entre nous connaissent sous le sigle familier de HDL (*high density lipoproteins*), le fameux « bon » cholestérol que nous aimons voir accoler à un gros chiffre sur nos résultats d'analyses. C'est ce HDL qui inhibe les lipoprotéines de faible densité, ou LDL (*low density lipoproteins*), le « mauvais » cholestérol. En fait, les lipoprotéines de densité élevée ne sont pas vraiment du cholestérol, mais ses transporteurs ; elles sont capables d'absorber les particules de cholestérol et autres graisses du sang pour les redistribuer aux tissus qui en ont besoin, les livrer au foie qui procédera à leur transformation ou les conduire vers les sites d'excrétion. Les lipoprotéines peuvent ainsi constituer une bonne source de transfert énergétique de la mère à l'enfant au cours de la grossesse et la lactation. Mieux, les œstrogènes anticipent sur la procréation et demandent habituellement au foie de privilégier la production de HDL par rapport aux lipoprotéines de faible densité. (L'exercice intensif peut avoir le même effet promotionnel sur l'investissement hépatique en HDL ; les contraintes de l'activité physique régulière inspirent le même esprit anabolisant que la reproduction, le même besoin de faire le ménage chez les lipides sanguins afin de se consacrer à la création de nouvelles cellules.)

Œstrogenèse, dix-septième épisode[1]. Ou comment notre héroïne stéroïdienne nous surprend une fois de plus et montre qu'on l'a sous-estimée. La nouvelle, cette fois-ci, c'est que la molécule

1. La Genèse, premier livre de l'Ancien Testament, comprend 50 chapitres... *(N.d.T.)*

d'œstrogène n'a pas besoin de récepteur pour se faire comprendre. Oui, elle est bien reliée au récepteur alpha et bêta. Mais le branchement et le changement de forme des récepteurs, cela prend un certain temps. Or l'œstrogène peut également agir instantanément ou peu s'en faut. Il peut, par exemple, mettre en émoi la membrane cellulaire en se contentant de la toucher. Au moment où la molécule d'œstrogène traverse la membrane cellulaire, elle provoque l'ouverture de petits pores qui permet aux ions d'entrer et sortir de la cellule. La charge électrique de la membrane s'inverse – *zap !* – pour s'inverser à nouveau rapidement. Ces fluctuations éphémères n'ont aucune signification particulière chez la plupart des tissus de l'organisme. Mais, pour certains organes, ce flux est une affaire cruciale. Prenez le cœur. Il pompe le sang au rythme d'un métronome chimioélectrique, un stimulateur cardiaque alimenté par le flux ionique. Or les œstrogènes, justement, pourraient contribuer à imprimer au courant trans-membranaire du tissu cardiaque un rythme soutenu et régulier. Les femmes non ménopausées, dont l'organisme est imprégné d'œstrogènes, sont dotées d'un cœur de lion et sont rarement victimes de crises cardiaques. Certes, le bonheur cardiaque tient en partie aux effets indirects des œstrogènes qui, nous l'avons vu, nous procurent des lipoprotéines de densité élevée, lesquelles nous nettoient le sang du vrai cholestérol avant que celui-ci n'encrasse les artères. Mais il y a une autre explication possible. Il se pourrait que le cœur apprécie les œstrogènes pour les décharges éphémères qu'ils lui procurent. Ils joueraient le rôle d'Edison. Les œstrogènes, ça me branche, dit l'organisme, c'est le pied !

Nous avons donc deux formes de réactions à la stimulation œstrogénique : l'une rapide et éphémère, l'autre plus pondérée, plus avisée. Ô toi, molécule d'œstrogène dont on ne connaît pas la moitié des bienfaits, y a-t-il quelque chose que tu ne saches faire ?

Cela dit, du calme. L'œstrogène est une cible changeante. S'il a révélé à l'examen minutieux des talents inattendus, il en a néanmoins perdu quelques autres. Les chercheurs ont cru pendant des années que l'hormone jouait un rôle essentiel au tout début de l'existence. En étudiant le développement embryonnaire sur un « modèle animal » aussi complaisant que le cochon, les chercheurs avaient constaté qu'au moment de l'implantation de l'embryon dans l'utérus, *pschiiiit !* la petite grappe de cellules relâchait une bouffée d'œstrogènes. La montée hormonale semblait marquer la transition entre le cochon conditionnel, le blastocyste, et le cochon homologué, l'embryon. Personne ne savait ce que ces œstrogènes de la première heure manigançaient au juste, mais à l'évidence il s'agissait de quelque chose d'important. Toujours est-il qu'en bloquant expérimentalement la synthèse œstrogénique au cours de l'implantation embryonnaire les chercheurs tuèrent la promesse de cochon.

Il y avait d'autres raisons de croire en l'importance des œstrogènes dans l'embryogenèse des mammifères. Le fœtus peut parfaitement survivre sans androgènes ni récepteurs aux androgènes ; le teint de lis de Jane Carden et autres femmes affectées du syndrome d'insensibilité aux androgènes en témoigne. Mais sans œstrogènes ? Personne n'a jamais trouvé quelqu'un dépourvu de toute trace d'activité œstrogénique. Un fruit de la conception sans œstrogènes, c'était tout bonnement inconcevable. Du moins jusqu'au milieu des années quatre-vingt-dix.

Le jeune homme avait vingt-huit ans, mesurait six pieds neuf pouces (deux mètres six) et en avait par-dessus la tête qu'on lui demande s'il jouait au basket. Il n'y jouait pas et pour cause. Il avait les genoux faibles, les pieds plats et la démarche étrangement maladroite. Il avait encore grandi d'un pouce depuis ses vingt-six ans. Il chaussait un bon 52, six tailles au-dessus de la plus grande qu'on puisse trouver en magasin. Plus il grandissait, plus il avait de mal à marcher, ce qui finalement l'amena à consulter un médecin. Celui-ci l'envoya chez un endocrinologue qui constata que le jeune homme avait des os à la fois trop juvéniles et déjà séniles. Trop juvéniles car leurs extrémités n'avaient toujours pas fusionné comme c'est normalement le cas à la fin de l'adolescence ; séniles, car le corps de ses os longs était très poreux. Il souffrait d'une grave ostéoporose. Il avait également d'autres problèmes, dont une résistance à l'insuline comme chez les diabétiques. Ses taux d'œstrogènes dans le sang étaient très élevés, sans qu'il manifeste pour autant les symptômes de féminisation caractéristiques des hommes souffrant d'un excès d'œstrogènes ; il ne présentait pas de gynécomastie et sa voix restait grave. C'était un gars très grand, aux genoux faibles, mais indiscutablement masculin.

Il finit par atterrir dans le cabinet du docteur Eric P. Smith de la faculté de médecine de Cincinnati, qui reconnut dans ses symptômes l'illustration de ce que la médecine croyait impossible : l'homme était sourd aux œstrogènes. Smith était au courant des expériences qui avaient été faites sur des souris à la faculté Rockefeller. Les chercheurs avaient créé des souris génétiquement manipulées dépourvues de récepteurs aux œstrogènes. Leurs gènes codant pour ces récepteurs ayant été désactivés, on les avait appelées les souris ERKO (*Estrogen Receptor genes Knocked Out*). Les biologistes avaient craint que la manipulation ne se révèle létale et qu'en l'absence de réactivité aux œstrogènes les souris ERKO ne meurent *in utero.* Mais non. Elles avaient survécu, étaient venues au monde et semblaient normales. Smith décida de vérifier si les gènes des récepteurs aux œstrogènes de l'ADN de son patient avaient eux aussi subi une mutation. La nature avait-elle fait à cet homme de haute taille ce que les chercheurs de Rockefeller avaient fait aux souris ? Elle l'avait fait. Ses deux exemplaires du gène des récepteurs œstrogéniques étaient effectivement défectueux. Ni l'un ni l'autre n'était capable de diriger la synthèse de la protéine du récepteur aux œstrogènes. Le jeune homme avait de l'aromatase et produisait donc des œstrogènes, qui plus est en grandes quantités. Mais il ne pouvait fabriquer de récepteurs. Et toute la production d'œstrogènes partait en pure perte, à destination de cellules irrémédiablement sourdes.

C'était la première fois qu'on recensait un cas d'absence de récepteurs œstrogéniques. Smith et ses collègues en tirèrent plusieurs conclusions qu'ils publièrent dans le *New England Journal of Medicine* : les œstrogènes sont essentiels à la maturation et la protection osseuses non seulement chez la femme, comme on le savait, mais également chez l'homme ; le métabolisme des œstrogènes affecte celui du glucose donc la prédisposition au diabète ; enfin, contrairement au dogme, les œstrogènes ne sont pas indispensables à la survie fœtale. Les fœtus de souris n'en ont pas besoin, pas plus que les fœtus humains. Œstrogènes, œstrogènes chéris, nous vous avions surestimés.

Selon Evan Simpson, de l'université du Texas, « les résultats expérimentaux suggèrent que les œstrogènes ne sont pas essentiels au développement fœtal, mais jouent un rôle plus important qu'on ne pensait dans la protection ultérieure de l'organisme ».

Je demande à voir. Avant de dénier aux œstrogènes tout rôle embryonnaire, rappelons la dernière découverte en date : les gènes ne codent pas un mais deux récepteurs aux œstrogènes. Il se trouve que le jeune homme naturellement dépourvu de récepteurs et les souris qui ont donné les leurs à la science n'étaient dépourvus que du type alpha. Ils avaient toujours leurs récepteurs bêta, ce qui signifie qu'ils n'étaient peut-être pas aussi insensibles aux œstrogènes qu'on l'avait d'abord supposé. La nature affectionne la redondance. Quand la prestation est d'importance, elle loue des doublures. Celles-ci ne sont pas toujours parfaites, mais font l'affaire faute de mieux. Le récepteur œstrogénique bêta a incontestablement un faible pouvoir protecteur sur la densité du squelette adulte, et le jeune homme dépourvu de récepteurs alpha a des os particulièrement spongieux. Mais était-il vraiment dépourvu d'œstrogènes quand il n'était encore qu'un embryon s'accrochant désespérément à l'existence, balançant entre le chant de la vie et le silence ? Et si ses récepteurs bêta lui avaient permis de survivre, de s'implanter et de se déployer, parce qu'ils savaient qu'ils étaient sa dernière chance et que la vie ne peut commencer sans œstrogènes ?

Peut-être, peut-être pas. L'histoire des œstrogènes, c'est un feuilleton à épisodes qui dure depuis soixante-dix ans. De consistance huileuse, les œstrogènes nous filent entre les doigts. Nous ne les comprenons toujours pas. Nous ne les maîtrisons pas vraiment. Et quand il est question de leurs effets sur le comportement et la sexualité, les œstrogènes nous retournent volontiers la politesse, non sans espièglerie. Ils ne décident pas à notre place, non, mais leur formule favorite est *peut-être*.

11

ET VÉNUS APPARAÎT...

Les œstrogènes et le désir

Le rat femelle ne peut s'accoupler en dehors de la période d'œstrus. Je ne dis pas qu'elle n'en a pas envie, ou qu'elle ne peut trouver de partenaire faute d'envoyer, en dehors des chaleurs, le spectre voulu de signaux de séduction auditifs et olfactifs. Je dis qu'elle est dans l'incapacité physique de copuler. En dehors de l'œstrus, ses ovaires ne sécrètent ni œstrogènes ni progestérone, et sans stimulation hormonale le rat femelle n'adopte pas la posture en lordose qui lui fait cambrer les reins et écarter la queue sur le côté. La lordose modifie l'ouverture et l'angle de présentation du vagin afin de le rendre accessible au pénis du mâle juché sur la partie arrière de la femelle. Il n'existe pas de version du *Kama-sutra* destinée aux rats. La femelle qui a subi une ovariectomie ne se mettra pas en position de lordose, donc ne s'accouplera pas – à moins qu'on ne lui injecte une dose d'hormones pour compenser l'absence d'ablution dispensée naturellement par le follicule ovarien.

Chez le cobaye femelle, l'ouverture du vagin est normalement recouverte d'une membrane. C'est la sécrétion d'hormones sexuelles au cours de l'ovulation qui soulève la membrane et permet à l'animal de copuler.

Chez le rat comme chez le cobaye, comme chez bien d'autres animaux femelles, le processus physiologique et la motivation sont intimement mêlés. La femelle ne recherche un partenaire que lorsqu'elle est en chaleur et son corps ne se plie à ses désirs qu'à ce moment-là. Les œstrogènes contrôlent son appétit sexuel comme sa réceptivité physique.

La femelle primate s'accouple au gré de ses envies, qu'elle ait ou non ovulé. Le processus reproductif et le statut hormonal sont déconnectés. Les œstrogènes ne contrôlent pas les nerfs et les muscles qui lui font dresser l'arrière-train, présenter ses parties génitales sous le bon angle et dégager la queue quand elle en a une. Elle n'a pas besoin d'être fécondable pour participer aux ébats amoureux. Elle peut faire l'amour tous les jours et même plusieurs fois par jour, voire toutes les heures quand s'il s'agit d'une bonobo. Chez les primates, la femelle s'est émancipée de la tyrannie hormonale. On a enlevé aux ovaires les clefs de la maison pour les remettre aux mains de la dame singe, et c'est à peine une métaphore.

Cela dit, celle-ci a toujours ses cycles. Son sang transporte des œstrogènes ici et là, y compris dans les parties du cerveau qui abritent le désir, l'émotion et la libido comme le système limbique, l'hypothalamus et l'amygdale. La femelle a été libérée de la rigidité du contrôle hormonal. Elle peut désormais avoir recours aux stéroïdes sexuels avec subtilité, afin d'intégrer, moduler et interpréter la profusion des signaux sensoriels et psychiques. Chez les rats, les hormones ne font pas dans la nuance et leur message est sans équivoque. On se trouve dans un univers en noir et blanc. Chez les primates, c'est une boîte de crayons de couleurs, la boîte de soixante-quatre, une couleur pour chaque circonstance et au moins trois nuances par couleur. Lequel voulez-vous ? Le rose, le vermillon ou le fuchsia ?

« Chez les primates, m'a expliqué Kim Wallen, de l'université Emory, les effets hormonaux sur le comportement sexuel ont ciblé les mécanismes psychologiques, pas les mécanismes physiologiques. Le découplage du physique et du psychique leur permet d'avoir recours à la sexualité en toutes sortes de circonstances à des fins économiques ou politiques. » À des fins émotives également ou pour échapper à l'ennui, pourrait-on ajouter. Tout en écoutant Kim Wallen, j'observe à ses côtés un groupe de cinq singes rhésus qui en pourchassent deux autres au sein de leur enclos du Centre de recherche sur les primates de Yerkes, tous les sept jurant tant et plus en rhésusien, du moins si l'on en croit l'agitation provoquée par leurs cris. « Chez les primates, continue Kim Wallen, les montées d'hormones n'incitent pas forcément la femelle à adopter la posture en lordose, mais jouent incontestablement sur la motivation sexuelle. » Il montre le groupe de singes rhésus. D'autres singes observent la corrida avec passion, comme des parieurs sur un champ de courses. L'un d'eux, un grand mâle plutôt miteux, joue les indifférents et se cure les dents. Pas le moindre geste déplacé chez tout ce monde-là. Les rhésus sont des puritains, commente Wallen, particulièrement prudes et intolérants en matière sexuelle. La femelle rhésus consentira à l'accouplement à n'importe quel moment de son cycle, à condition toutefois qu'elle soit seule avec son mâle familier sans personne pour l'espionner. Mais si la collectivité l'a à l'œil, elle se tiendra à carreau. Plus question de débordements charnels. Qu'elle se faufile vers un mâle et se hasarde à des mamours, les autres membres du groupe s'empresseront d'intervenir, cris et morsures à l'appui. La femelle rhésus ne cherche pas souvent à braver les conventions. De quoi aurait-elle l'air ? D'une bonobo ? Et quoi encore...

Mais les hormones changent tout. Elles infléchissent sensiblement le jugement de la chaste rhésus et la transportent à tire-d'aile du Kansas en pays d'Oz. Au moment de l'ovulation et de la montée d'œstrogènes, sa soif d'amour balaye tout instinct politique. À elle la débauche et la luxure les plus éhontées ! *Quid* des pères la morale ? Elle leur montre les dents dès qu'ils font mine d'approcher.

Motivation, désir, comportement... Autant d'attributs, pensons-nous, qui reviennent de droit au cortex cérébral, à la chose pensante. Nous croyons au libre arbitre, et c'est tant mieux. La liberté de choix, c'est en quelque sorte le sceau de notre espèce. Ce qui ne veut pas dire que nous prenions chaque matin un nouveau départ, avec une infinité de nous-mêmes en attente – simple fantasme hélas, qui pourtant a la vie dure. Il n'en reste pas moins que nous sommes doté(e)s de ce que Roy Baumeister, de l'université de la Case Western Reserve, appelle la « fonction exécutive », la dimension de l'individu qui s'exerce à vouloir, choisir et pratiquer la maîtrise de soi. L'aptitude humaine à la maîtrise de soi fait partie des meilleurs atouts de notre espèce, à l'origine de notre souplesse et de notre pouvoir d'adaptation. Il n'y a pratiquement rien d'instinctif dans notre conduite. Même quand nous avons le sentiment d'être sous pilotage automatique, la fonction gouvernementale a l'œil sur tout, vérifie, prépare, corrige le parcours. Si vous savez taper à la machine sans regarder le clavier, vous savez que le cerveau directif n'est jamais loin du cerveau téléguidé. Quand tout va bien, vous continuez à taper automatiquement comme si vous aviez des puces d'ordinateur au bout des doigts leur faisant reconnaître les touches. Mais à la première erreur, l'automate s'arrête et l'exécutif s'en mêle, avant même que vous ayez pris conscience de ce qui n'allait pas. La fonction dirigeante enjoint au doigt d'enfoncer la touche espace arrière : vous voyez de quoi il retourne, corrigez l'erreur et, l'instant d'après, laissez vos mains revenir au mode robotisé. Athlètes, chirurgiens et musiciens expérimentent plus d'une centaine de fois la minute des échanges similaires. Le commerce entre le comportement intentionnel et programmé est l'âme de la virtuosité. La maîtrise de soi a des limites et l'on s'attire des ennuis à vouloir embrasser la vocation corrosive du perfectionnisme, ce qui n'enlève rien aux mérites reconnus de la volonté.

Dans le même temps, nous savons bien que les macaques nous ont laissé quelques traits en héritage. Il nous arrive d'avoir des envies de singes et de nous comporter comme tels. Au début de l'adolescence, la jeune fille commence à être obnubilée par la sexualité, consciemment, inconsciemment, dans ses rêves, dans son bain – peu importe où et comment, toujours est-il que cela lui tombe dessus. Ses désirs s'éveillent. Les métamorphoses de la puberté sont en grande partie hormonales. Les modifications de l'équilibre biochimique mettent en émoi. Nous acceptons intellectuellement l'idée que la sexualité est un comportement sous influence hormonale, mais cela nous chiffonne. Les hormones jouent leur rôle, d'accord. Mais nous redoutons qu'elles n'en abusent au détriment de notre libre arbitre. Alors, nous faisons comme si elles ne comptaient pas, tout en sachant qu'elles comptent, ne serait-ce qu'en voyant leurs effets sur nos enfants dès qu'ils abordent la puberté. Ce qui nous rend nostalgiques – que la mère de Dieu me pardonne – de nos fringales adolescentes.

Plutôt que de nier l'évidence, autant essayer de comprendre la façon dont les œstrogènes et autres hormones affectent le comportement. C'est vrai, nos connaissances en neurobiologie sont primitives, prosimiennes pourrait-on dire. Nous ne savons pas comment les œstrogènes ou toute autre substance agissent sur le cerveau, ni quand ils suscitent le désir, alimentent un fantasme ou étouffent une pulsion. Mais nous disposons de suffisamment d'indices pour nous forger un cadre conceptuel permettant de raisonner sur leur fonction.

Les désirs et les émotions peuvent passer fugitivement dans le cerveau, sans s'attarder. Ils peuvent apparaître, puis disparaître. Mais ils peuvent également subsister. Le caprice peut se transformer en obsession. Si l'émotion ou la pulsion doivent perdurer et se faire entendre, autant se tourner vers l'hormone : c'est l'outil le mieux adapté à cette tâche. Dans le cerveau, les hormones stéroïdes travaillent généralement en équipe avec un ou plusieurs neuropeptides. Le neuropeptide est rapide et éphémère. L'hormone stéroïde est résistante et persévérante. Les deux fonctionnent en synergie sur les circuits neuronaux qui sous-tendent la volonté et la conduite, et intègrent ainsi le psychisme et la physiologie. Prenez la sensation de soif. Quand votre organisme manque d'eau et de sel, il réagit vigoureusement, car nos lointains ancêtres viennent de l'océan et nos cellules ne peuvent toujours pas se passer d'eau salée pour survivre. Entre autres réactions, il y a l'activation des glandes surrénales qui sécrètent des hormones stéroïdes telles que l'aldostérone. L'aldostérone, une hormone dotée de sens pratique, cherche à économiser les réserves existantes, entre autres en recyclant le sel contenu dans l'urine et le jus gastrique dans le fluide intercellulaire. L'aldostérone s'infiltre également dans le cerveau où elle galvanise l'activité d'un neuropeptide, l'angiotensine, laquelle réveille à son tour le circuit cérébral de la soif. Vous avez envie de boire. Vous avez la sensation de soif. Il est généralement facile de l'étancher – par un verre d'eau –, ce qui permet aux surrénales et au site cérébral de la soif de se rendormir. Mais si vos exigences en eau et sodium dépassent la norme, comme c'est le cas au cours de la lactation, vous serez inondée d'aldostérone et utiliserez au mieux vos réserves d'eau et de sel. Mais cela ne vous empêchera pas d'être chroniquement assoiffée, de vous demander si le Nil est assez grand pour vous désaltérer, et de vous jeter sur les mets salés comme jamais.

L'émotion est un élément d'information. C'est le signal d'un besoin, d'une défaillance temporaire de l'homéostasie. C'est la façon dont l'organisme encourage ou inhibe les comportements censés combler les besoins et rétablir l'équilibre. Nous n'avons guère l'habitude de considérer la soif comme une émotion, mais c'est pourtant le cas : une émotion des espaces interstitiels de l'organisme. Des besoins concurrents peuvent amener à négliger ou rejeter le sentiment de soif. Si vous faites une course à pied en pleine chaleur et avez soif, vous préférerez ignorer la sensation plutôt que de vous arrêter pour boire, ce qui vous ferait perdre un temps précieux et vous alourdirait l'estomac. Le sentiment de panique peut communiquer une soif inextinguible, en partie parce que les surrénales libèrent un flux d'angiotensine vers le cerveau ; mais la panique peut également serrer la gorge et l'estomac et inspirer la nausée à la seule idée de boire ou de manger. Cela dit, la marge de manœuvre laissée par la soif est relativement mince. On ne peut l'ignorer trop longtemps – une semaine sans boire, et vous mourrez de déshydratation. On comprend que l'effet synergique du neuropeptide et de l'hormone stéroïde sur le circuit contrôlant l'absorption de liquides soit particulièrement brutal. Plus vous retardez le comportement requis – boire –, plus les surrénales s'emballent et plus l'envie de boire vous submerge. À un certain moment, sur le point de mourir, vous boiriez n'importe quoi – de l'eau empoisonnée, de l'eau de mer, bien trop salée pour être assimilée par l'organisme. Jésus lui-même n'a pas vaincu la soif, lui qui mourut les lèvres humectées de vinaigre.

En revanche, si vous vous abstenez de l'acte de procréation au moment favorable de votre cycle, vous n'en mourrez pas. Les êtres humains sont des créatures qui vivent longtemps et partent du principe implicite qu'ils auront bien des occasions de nouer des idylles, donc qu'ils peuvent passer outre aux caprices et aux exigences d'Éros pendant des mois, des années, des décennies, voire – mon Dieu ! – toute leur existence, si les circonstances du moment ne sont pas optimales. Les animaux chez qui l'instinct reproductif est aussi implacable que la soif sont des espèces à vie brève qui ne disposent que d'une ou deux saisons des amours pour apposer leur signature mendélienne à la face du monde. Le corollaire de la longévité réside dans la richesse de la vie émotionnelle et la complexité amoureuse. Nous considérons à tort l'émotion comme un attribut primitif et la raison comme le fin du fin de l'évolution. En fait, plus un animal est intelligent, plus ses passions sont profondes. Plus l'intelligence s'accroît, plus on exige de l'émotion, cette valise de l'information, une grande richesse de contenu.

Nous nous plaignons de nos émotions mais nous sommes bien contentes d'en être cernées. Elles nous donnent de quoi réfléchir et spéculer. C'est grâce à elles que notre intelligence brille de tous ses feux, pas malgré elles. Les hormones font partie de la valise – et de son contenu. Elles donnent des informations sur elles-mêmes et en transmettent sur les autres. Elles n'inspirent pas nos actes, mais elles peuvent nous faciliter la tâche ou la rendre plus agréable quand tout le reste s'y prête.

Les œstrogènes, ces petits malins, utilisent les services d'une foule d'intermédiaires cérébraux, les neuropeptides et autres neurotransmetteurs. Ils exploitent le facteur de croissance neural, la sérotonine, un neuropeptide plus connu pour son rôle dans la dépression. Ils ont recours aux opiacés naturels et à l'oxytocine. Ils pourraient faire figure d'entremetteurs, de médiateurs, disons de levain, comme le bicarbonate de soude ou la levure de bière. Les œstrogènes ne jettent leur dévolu sur aucune émotion particulière, tout en permettant d'en éprouver. Les chercheurs ont tenté pendant des années d'établir une corrélation entre les niveaux d'œstrogènes et la sexualité féminine. Le raisonnement avait sa logique. Les taux de concentration en œstrogènes s'élèvent progressivement au fur et à mesure de la maturation mensuelle de l'ovule folliculaire, pour atteindre un pic au moment de l'ovulation lorsque l'ovule est libéré vers les trompes de Fallope. Si l'ovule éprouvait une envie quelconque, disons d'être fécondé, il pourrait, en théorie, la communiquer au cerveau par le biais de l'œstrogène qui lui-même stimulerait un neuropeptide afin de susciter un comportement particulier – à savoir la quête d'un partenaire, à la façon dont le promeneur assoiffé part à la recherche d'une fontaine.

Seulement, la tentative de corréler les œstrogènes au comportement sexuel humain présente des difficultés notables. Quel type de comportement cibler ? Avec quels critères ? La fréquence des rapports sexuels, de l'orgasme, de la masturbation, des fantasmes érotiques ? L'envie subite d'acheter *Cosmopolitan* ? Faisons le point sur ce que nous savons. Le nombre de rapports sexuels et le moment du cycle féminin ne présentent pas de corrélation particulière. Les femmes ne font pas plus souvent l'amour durant l'ovulation qu'à tout autre instant du mois, à moins de cibler délibérément la période de fécondité. Mais le passage à l'acte en lui-même ne dit pas grand-chose sur ses instigateurs subliminaux. Si vous dessiniez la courbe de fréquence des rapports sexuels au sein de la population, vous obtiendriez un pic statistique époustouflant qu'on appelle le week-end – non pas parce que les gens se sentent particulièrement d'humeur lubrique le dimanche, mais parce qu'ils font l'amour au moment le plus commode, quand ils ne reviennent pas épuisés de leur travail et ont toute la journée pour cela. L'hormone peut vous conduire au bord de l'eau, mais elle ne boit pas à votre place.

Il n'y a pas non plus de corrélation entre les niveaux d'œstrogènes et l'excitabilité physiologique – la propension des parties génitales à gonfler et se lubrifier en réponse à un stimulus sexuel explicite, comme une scène d'amour au cinéma. L'on a constaté en l'occurrence que les femmes réagissent par un degré d'excitation physiologique constant, indépendamment de leur cycle. Mais l'excitation corporelle ne dit pratiquement rien de l'intensité de la motivation ou de l'envie sexuelle – rappelons que certaines femmes peuvent mouiller durant un viol. Ellen Laan, de l'université d'Amsterdam, a constaté que les organes génitaux des femmes se prêtant aux tests se congestionnent vigoureusement au spectacle vidéo de scènes pornographiques qualifiées ensuite par les mêmes de stupides, banales et franchement pas excitantes.

On obtient une meilleure affinité entre les hormones et la sexualité quand on prend comme critère le désir plutôt que les manifestations génitales. Certaines études ont pris l'initiative sexuelle féminine comme marqueur du désir. Les résultats sont très disparates, selon le type de contraception utilisé, mais ils s'alignent dans la direction prévue. Les femmes sous contraception orale, laquelle modifie les oscillations hormonales naturelles, ne manifestent pas plus d'initiatives amoureuses au milieu de leur cycle qu'à tout autre moment. Quand la méthode de contraception est fiable mais non hormonale – la vasectomie du mari par exemple –, elles ont plus tendance à prendre les devants au moment du pic ovulatoire que le reste du temps, ce qui laisse penser que la montée d'œstrogènes y est pour quelque chose. Dès lors qu'on prend en compte un facteur complexe comme une contraception moins fiable, tels le diaphragme ou le préservatif, la propension à faire plutôt des avances au pic du milieu du cycle disparaît. Il n'y a pas grand mystère à cela : quand on ne veut pas tomber enceinte, on évite de batifoler au moment du mois où l'on est le plus féconde. Une étude psychologique sur les couples de lesbiennes, qui ne craignent pas la grossesse, n'ont pas recours à la contraception et qu'on ne peut soupçonner d'être soumises aux attentes et aux manipulations masculines, a montré que les initiatives amoureuses des femmes augmentaient de 25 % en moyenne au milieu de leur cycle, et qu'elles avaient alors deux fois plus d'orgasmes que le reste du temps.

L'on constate la plus forte corrélation entre les hormones et la sexualité quand on soumet à l'examen le désir pur, désincarné. Au cours d'une vaste enquête, on a demandé à cinq cents femmes de prendre leur température tous les jours pendant plusieurs mois et d'indiquer la date à laquelle elles remarquent les premiers frissons du désir sexuel. L'ensemble des résultats montre une concordance extraordinaire entre l'apparition de l'appétit érotique et les dates de températures indiquant l'ovulation ou ses prémices. Il arrive même aux femmes d'exprimer leur désir par un langage corporel inconscient. Les chercheurs ont constaté dans une étude portant sur des jeunes femmes qui fréquentent régulièrement les night-clubs que leur tenue de soirée s'amenuisait au fur et à mesure qu'elles approchaient de leur jour d'ovulation et dévoilait de plus en plus leurs charmes : les ourlets, à la façon des cours en Bourse, montaient en même temps que les taux d'œstrogènes. (J'en profite pour rappeler, mais est-ce bien nécessaire, que le milieu du cycle est le moment ou jamais de sortir ses tenues sexy les plus courtes et les plus serrées, sans attendre la rétention d'eau et les boutons d'acné des jours qui précèdent les règles, ni les saignements prématurés toujours à craindre.)

Bon nombre de chercheurs ont suggéré récemment que c'est la testostérone et non les œstrogènes la « véritable » hormone de la libido, chez l'homme comme chez la femme. Ils ont souligné le fait que les ovaires produisent également de la testostérone dont le niveau monte en flèche au milieu du cycle, exactement comme celui des œstrogènes. On n'allait tout de même pas faire l'impasse sur la testostérone, l'hormone privilégiée de l'homme, cette bête de sexe, non ? Bon nombre de manuels sur la sexualité humaine affirment tout de go que la testostérone est la source exclusive du désir, et certaines femmes ont ajouté de la testostérone à leur traitement hormonal substitutif afin de remédier à la chute de leur libido. Mais si la testostérone contribue à l'appétit sexuel féminin, ce serait, à en croire certains faits, plutôt en tant que larbin de l'œstrogène qu'au titre d'ambassadeur d'Éros. Il se trouve que certaines protéines du sang s'accrochent aussi bien aux molécules de testostérone qu'aux molécules d'œstrogène, ce qui empêche les hormones de franchir la barrière qui sépare le sang du tissu cérébral. Les œstrogènes accélèrent la production de ces protéines de fixation, mais celles-ci manifestent une légère préférence pour la testostérone. Du coup, au fur et à mesure que le niveau d'hormones sexuelles et de protéines de fixation s'élève au cours du cycle, lesdites protéines recherchent avant tout la testostérone qu'elles diffusent dans le sang avant qu'elle ait pu accomplir l'exploit psychodynamique évoqué plus haut. En fait, l'intérêt de la testostérone est indirect : en détournant l'attention des protéines de fixation elle permet aux œstrogènes d'accéder sans entraves au cerveau. Si un traitement à la testostérone se révèle efficace chez certaines femmes se plaignant de la disparition de leur libido, cela tient au pouvoir de diversion de l'hormone mâle sur les protéines du sang, qui permet aux œstrogènes de mettre le cap droit sur le cerveau.

Cela ne veut pas dire qu'il faille considérer les œstrogènes comme les hormones de la libido. Ce serait à la fois les surestimer et les dévaluer. Si l'œstrogène est le messager de l'ovule, il lui faut sans doute attirer l'attention du cerveau, mais pas de façon linéaire et simpliste. Nos envies et nos comportements, comme notre physiologie reproductrice, se sont émancipés de la poigne de fer hormonale. Nous n'apprécierions guère que le signal hormonal fasse preuve de nymphomanie, se contente d'être la groupie de l'ovule et nous dise : voilà, tu es en rut, c'est le moment de forniquer. Ce n'est pas parce que l'ovule apparaît qu'il faut lui céder. Très peu pour nous. Nous vivons notre vie et avons nos propres impératifs et aspirations. En revanche, nous tenons à disposer de lunettes bien adaptées afin de pouvoir lire facilement les petits caractères. La stratégie de base des œstrogènes consiste à affûter les sens. À nous pincer histoire de dire : regarde, écoute, dis-moi ce que tu sens, là. Bon nombre d'études laissent penser que la perception visuelle et l'odorat de la femme gagnent en acuité au moment de l'ovulation. C'est également le cas à d'autres moments de forte imprégnation œstrogénique, juste avant la menstruation par exemple, quand la chute des niveaux de progestérone empêche celle-ci de contrecarrer l'action des œstrogènes. Au cours de la grossesse, vous sentez que le chat a sali sa litière à deux étages au-dessus et distinguez les pores et les moindres taches de rousseur de tous les visages de rencontre. J'insiste, nous *n'avons pas besoin* des œstrogènes pour humer et apprécier ce qui passe à notre portée, mais ils sont bien là, s'écoulant du sang au cerveau auquel ils donnent un léger coup de fouet, comme ils le font pour les os, le cœur, les seins et nos petits paniers gris.

Si les œstrogènes sont d'une aide quelconque, c'est à nos plus beaux moments de concentration qu'ils devraient faire leurs preuves. L'ovulation offre autant de risques que de possibilités. Les œstrogènes ressemblent à l'élixir des chasseurs, cette drogue hallucinogène des Indiens d'Amazonie qu'ils extraient du dard vénéneux de certaines grenouilles et qui leur confère la puissance sensorielle des héros. Plus nous sommes nombreux sur cette terre, plus nous avons de chances de rencontrer des personnes qui nous plaisent, mais c'est à nous qu'il incombe d'évaluer ceux qui nous entourent. Si l'intuition féminine existe, elle a peut-être quelque chose à voir avec une poussée d'œstrogènes de bon augure, ces grands émulsifiants qui ont le don de rassembler des observations les plus disparates. Mais les œstrogènes sont aussi aux ordres de l'histoire chronologique et des affaires courantes. Pour peu que vous soyez au départ d'humeur revêche et solitaire, la bouffée d'œstrogènes au moment de l'ovulation ou les effets œstrogéniques non contrebalancés par la progestérone en période prémenstruelle accentueront plutôt votre misanthropie que l'inverse. Les œstrogènes sont des promoteurs, pas des initiateurs. Prenez la façon dont les œstrogènes contribuent au cancer du sein. Cette hormone n'est pas, au sens strict du terme, cancérigène. Elle ne détruit pas ni ne déstabilise le matériel génétique des cellules mammaires comme la radioactivité ou des substances toxiques telles que le benzène. Mais si une cellule anormale se présente, les œstrogènes peuvent l'échauffer et la stimuler et se faire complice de sa prolifération jusqu'à ce qu'une aberration mineure, qui en d'autres circonstances se serait résorbée ou aurait été éliminée par le système immunitaire, s'aggrave et acquière des dimensions malignes.

La force des œstrogènes tient à ce que leur action s'inscrit dans un contexte donné. Ils ne nous font pas faire ceci ou cela, mais ils nous font remarquer certains détails que nous aurions négligés en leur absence. Les œstrogènes peuvent aiguiser la perception sensorielle, nous offrir par intermittence de légers atouts qui se surajoutent à notre personnalité de base. Quand on est doté d'une bonne nature, on peut vivre des moments exceptionnels. Et si ce n'est pas le cas, bon, on peut toujours s'en prendre aux œstrogènes. Après tout, ils sont là pour qu'on s'en serve.

Les œstrogènes sont un parfait lubrifiant pédagogique pour la jeune femme qui apprend à se situer par rapport aux autres et à accumuler repères et expériences. L'intuition peut lui faire moissonner toutes sortes d'indices, faute de meilleures informations, sur les intentions et la personnalité d'une autre. Mais elle peut se leurrer sur ses prouesses intuitives, sa perspicacité, et avoir une foi inébranlable en ses jugements péremptoires. Plus on avance en âge, plus les dénivellations du cycle des œstrogènes s'adoucissent et moins nous avons besoin d'avoir recours à leur clavier psychologique. L'expérience, somme toute, est une amie plus fiable que l'intuition. Combien de fois vous faut-il tomber sur un homme qui vous rappelle la froideur, la réserve, l'irascibilité, les sarcasmes et pour finir l'infinie séduction de votre père, avant d'en identifier le phénotype en pleine nuit et en savoir assez pour tenir vos yeux, votre nez et vos hormones à distance respectable ?

Chaque femme est son propre laboratoire de chimie privé avec lequel elle peut jouer à son gré. Vous pouvez estimer que votre cycle ovarien n'a rien qui vaille qu'on s'y attarde, ou au contraire tenter d'en explorer les merveilles pour au bout du compte être déçue ou en revanche vous en féliciter. J'ai mis des années à me rendre compte que mes orgasmes de milieu de cycle étaient particulièrement intenses. J'ai toujours su qu'ils faisaient bonne figure avant les règles, mais je croyais que c'était une affaire de mécanique, que le fluide prémenstruel congestionnait le pelvis, et je n'ai pas prêté attention à l'autre aspect de la question pour la bonne raison que je n'y croyais pas. Quand je me suis mise à vouloir vérifier s'il y avait un rapport entre la montée de l'estradiol et la qualité des orgasmes, j'ai constaté une merveilleuse corrélation. Les orgasmes de mi-parcours sont profonds, tapageurs, remarquables. Grâce aux œstrogènes ? Au leurre de la testostérone ? Ou tout simplement par autosuggestion ? J'aurais pu essayer un placebo aux vertus aphrodisiaques. Mais peu importe. Je ne m'intéresse à la chimie qu'en amateur et ne peux tout de même pas mener une expérience en double aveugle avec moi-même. Toujours est-il que pour les affaires sérieuses je suis bonne élève, et j'ai vite appris à trouver mon propre chemin vers l'extase quelle que soit l'humeur de la lune, du mois ou de mes menstrues.

Nous n'avons chacune à notre disposition qu'une seule panoplie de chimiste et un unique cerveau, et les effets des œstrogènes varient d'une personne à l'autre. Mais s'il y a un principe à tirer du constat général que les hormones peuvent stimuler le cerveau et accroître sa sensibilité à l'expérience, c'est la chose suivante : la puberté est une période essentielle. Sous l'effet des hormones stéroïdes, le cerveau du début de l'adolescence est un cerveau en pleine expansion, une fleur japonaise plongée dans l'eau. Il est vulnérable aux injustices et à la souffrance dont il peut garder des cicatrices tout au long de l'existence. On sous-estime gravement la plasticité cérébrale de la puberté. Nous faisons une fixation sur le développement cérébral du petit enfant et du fœtus qui, certes, est essentiel à l'épanouissement des différentes formes d'intelligence, de la personnalité et des aptitudes. Mais l'importance de la maturation cérébrale de l'adolescent est d'un autre ordre. L'esprit bousculé par les surrénales à dix ans, puis par les gonades un ou deux ans plus tard, se fraie un chemin semé d'embûches vers l'identité sexuelle et sociale. Le cerveau de la jeune fille prépubère s'initie aux notions de féminité, apprend à distinguer l'essentiel du secondaire, à identifier le pouvoir et les moyens d'y parvenir, ou à y renoncer. On nous rebat les oreilles avec la crise de confiance en soi censée submerger la fillette qui, au sortir de l'enfance, cherche sa place dans la hiérarchie juvénile. Mais on prête beaucoup moins attention au fait que la période de fragilité, ce moment critique où la personnalité de l'adolescente devient méconnaissable, correspond à l'orage hormonal qui lui tombe sur la tête. Le cerveau pubertaire est si conscient des affaires du monde, si sensible à son environnement, qu'il bat la chamade, souffre tant et plus, et finit par chercher le répit en se forgeant ses propres valeurs. C'est un cerveau exposé, aussi tendre et vulnérable qu'un crabe en pleine mue. Le fer rouge peut le marquer à jamais. Qui ne se souvient de son adolescence ? Qui s'en est jamais remis ?

Tout en lançant un défi au cerveau pubertaire, les hormones s'attaquent à la métamorphose du corps. La forte teneur en œstrogènes contribue à accumuler du tissu adipeux sur les seins de la jeune fille, ses hanches et ses fesses, et de la graisse sous-cutanée un peu partout. Les œstrogènes et leurs hormones auxiliaires dotent la femme d'une masse graisseuse corporelle plus importante que chez l'homme. Le corps féminin comprend en moyenne 27 % de tissu adipeux, le corps masculin 15 %. Les championnes d'athlétisme les plus minces arrivent à réduire leur masse graisseuse à 11 ou 12 %, ce qui représente encore à peu près le double de la masse adipeuse à laquelle parviennent les champions, dont la maigreur frise celle de l'antilope. Puisque la graisse arrive avec la féminité, on peut se dire qu'il est naturel que les filles se mettent à grossir au moment de devenir femmes, bien que la notion de *naturel* ait une forte connotation culturelle et que notre civilisation ne soit toujours pas parvenue à définir précisément ni à maîtriser l'obésité. D'un côté, celle-ci guette de plus en plus les Occidentaux que nous sommes, en particulier les Américains. L'inverse serait étonnant. Nous sommes rivés à nos tables de travail, de la nourriture toujours à portée de main, lourde, grasse et trop riche ; nous ne prenons un peu d'exercice qu'à condition de le vouloir expressément, car le mouvement physique ne s'intègre plus au travail, à la vie sociale ni aux déplacements. D'un autre côté, nous sommes devenus intolérants envers les personnes trop fortes, l'obésité nous répugne et nous y voyons une preuve de laisser-aller et de faiblesse de caractère. Nous sommes assaillis de messages contradictoires ; nous travaillons tout le temps car nous vivons dans un univers de compétition ; la technologie a transformé le travail en une activité sédentaire et cérébrale, mais pas question de devenir trop gros car c'est mauvais pour la santé et cela fait mollasson. Nous devons donc nous astreindre à l'exercice physique et au contrôle corporel, puisque que ce n'est pas notre existence naturelle qui s'en chargera.

Nos filles, les malheureuses, sont donc coincées entre notre fanatisme et nos doutes. Elles font de la graisse en passant à l'âge adulte. Plus facilement que les garçons, merci, Miss Estradiol ! Puis il leur faut adhérer aux principes de la parfaite maîtrise de soi, à l'idée qu'on peut soumettre et discipliner son corps si on y consent de gros efforts. Le cerveau pubère amplifie le message et bat la campagne à la recherche des outils qui lui permettront de garder le cap, d'être en accord avec lui-même, c'est-à-dire d'accéder au pouvoir personnel et sexuel. Le régime (alimentaire) devient son fondé de pouvoir. Pas simplement parce que les adolescentes sont subjuguées par les images publicitaires de beautés efflanquées, mais parce qu'il leur faut se délester d'un peu de cette graisse qui attire tant de mépris même si elle prolifère partout. Comment la jeune fille pourrait-elle savoir que ses premières rondeurs ne sont pas rédhibitoires quand nous nous arrachons les cheveux à propos de ce taux d'obésité national qu'il faudrait annihiler dans les plus brefs délais ?

L'apparence, c'est le plus court chemin vers le pouvoir. Mais si le cerveau en fait une obsession, c'est aussi pour d'autres raisons évidentes. Nous croulons sous le nombre des revues féminines. Il n'y en avait pas autant, et de très loin, quand j'étais encore une fillette prépubère, vers 1970 (et pourtant, à l'époque, il y en avait déjà trop). Aujourd'hui, on trouve dans les supermarchés des caisses sans présentoirs de friandises pour les parents qui ne veulent pas que leurs gosses fassent une crise pour une barre chocolatée. À quand les couloirs de caisses dépourvus de magazines destinés aux femmes ? Comment échapper au fascisme à visage féminin ? La première fille sensée et observatrice en vient forcément à se dire qu'elle doit se soucier de son apparence et qu'elle doit commander à son visage comme elle commande à son corps grâce au maquillage et aux soins de beauté, qu'elle doit prendre conscience de ses expressions faciales, les contrôler, rester sur ses gardes, faire attention, y penser, oui, y penser ! Pas étonnant qu'elle perde confiance en elle.

Si elle est intelligente, elle sait que c'est idiot de faire une fixation sur son apparence. Que c'est déprimant, décevant ; mais va-t-elle pour autant se plonger dans la lecture, se réfugier dans l'apprentissage de l'espagnol et les maths ? Non. Car, si elle est intelligente, elle sait que ce visage de rêve qui la cerne de partout dispose d'un pouvoir renversant, et ce pouvoir, elle le veut. Car la jeune fille veut goûter à tous les pouvoirs. Et tout est fait pour lui indiquer qu'un corps mince et un beau visage sont la voie royale vers une féminité à qui nul ne résiste.

Rien de très neuf dans ces digressions, mais j'aimerais que l'on considère l'adolescence comme une opportunité, l'occasion de rafraîchir d'un coup de peinture la charpente cérébrale. La jeune fille s'initie auprès de la femme : la femme fantasme, la femme amalgame, la femme réelle. On ne peut échapper au visage imposé, mais on peut le ridiculiser, le saboter, l'exfolier de son pouvoir émotionnel. Il ne faut pas non plus craindre de se répéter, cela aide. Rassurer une jeune fille en lui disant qu'elle est formidable, forte, sensationnelle, cela aide. L'enthousiasme doctrinaire du nouveau mouvement féministe, cela aide. La complicité entre jeunes filles, car celles-ci s'initient autant auprès de leurs amies que des femmes adultes, cela aide. Les rituels, mais aussi les comportements blasphématoires, cela aide. On peut désacraliser des objets totémiques et les doter de nouveaux pouvoirs arbitraires. Les filles peuvent se servir de rouge à lèvres pour se dessiner des scarifications dans le dos ou sur le visage, voire une rangée de tétons surnuméraires des aisselles au bas-ventre. Se fabriquer un hamac à l'aide de leur soutien-gorge pour le remplir de beignets à la confiture et de bouteilles de Coca allégé. Faire des collages de couvertures de magazines féminins et de revues animalières afin de se confectionner des masques chimériques, mi-star mi-bête. Décorer le pèse-personne de la salle de bains d'insectes en caoutchouc et s'en servir de jeu de loto. Elles peuvent imaginer l'avenir de leurs copines et les combler de carrières scabreuses avec moult amants extraordinaires, parce qu'on prête toujours plus aux autres qu'à soi-même et que c'est aussi une façon de s'y préparer. Faire du sport, cela aide. Le karaté, cela aide. Sortir avec les copines, cela aide. Écrire des chansons atonales agrémentées de paroles absurdes, cela aide, plus qu'on ne le croit. Ou alors, apprenez à jouer de la batterie. Le monde manque de batteurs féminins. Le monde a besoin de votre sauvagerie, de votre frénésie, de vos rêves.

12

LA MÉNOPAUSE

La femme peut-elle se passer d'œstrogènes ?

J'ai entendu récemment une chanson de Suzzy Roche, l'une des trois sœurs ayant monté l'excellent groupe folk The Roches, où elle se plaint avec drôlerie d'avoir passé le cap de la quarantaine et de devoir écouter les histoires de rides et d'œstrogènes de ses amies. D'œstrogènes tout court, notez bien, pas d'œstrogènes de substitution. À la suite de la parution dans le *New York Times* de mon article sur le récepteur bêta et la complexité du réseau œstrogénique de l'organisme, certaines lectrices m'ont remerciée d'avoir clarifié la question du traitement œstrogénique de substitution que je n'avais pourtant qu'à peine abordée. Ce que nous ingurgitons nous semble toujours plus efficace que ce que nous avons déjà. On ne voit pas les processus physiologiques, donc on les oublie. Mais la pilule, c'est tangible, de quoi se forger un vrai mélodrame. Cela promet beaucoup et suscite les plus folles espérances. Et comme toute panacée, le comprimé d'œstrogènes soulève également de furieuses déceptions.

Qu'est-ce qui irrite tant les gens dans ces histoires de « bonnes femmes » ? Hystérectomie, césarienne, avortement, mammographie, traitement hormonal substitutif : notre corps, notre enfer. En revanche, quelle sérénité chez les hommes qui ne daignent même pas sortir de leur indifférence quand il est question de surveillance préventive de la prostate, dont le corps médical fait pourtant tout un foin. Et voilà que nous tombe un nouveau problème de femme sur les bras, une nouvelle occasion de nous faire du mouron sur cette marchandise si acariâtre qu'on appelle le corps féminin. Et le problème est de taille, sans équivalent jusque-là. En l'an 2000, il y aura aux États-Unis près de cinquante millions de femmes de plus de cinquante ans, et autant de candidates potentielles à la thérapie hormonale. Si elles prenaient toutes des comprimés d'hormones pendant les trente prochaines années – jusqu'à l'âge de quatre-vingts ans, peu ou prou l'espérance de vie féminine – cela représenterait un milliard et demi d'années de consommation médicamenteuse féminine. L'on n'avait jamais prescrit un traitement médical à une telle échelle. Va-t-il se dégager un consensus, chez ces millions de femmes ? Vont-elles avoir la révélation ? Ou, pour faire simple, peut-on répondre par oui ou par non à la question : devrais-je suivre un traitement hormonal de substitution ?

Je vois déjà le pape hurler à la lune. La matrice de la femme s'égarer où elle ne devrait pas...

Il n'y a pas de réponse simple. Cela, vous le savez déjà, mais vous espérez quand même qu'on vous dise noir ou blanc, peut-être pas tout de suite, mais plus tard, au XXIe siècle par exemple, quand tomberont les résultats d'études cliniques plus vastes et mieux faites. Pas la peine de retenir votre souffle. Quels que soient les résultats à venir, même collectés par la vaste enquête réalisée aux États-Unis par Women's Health Initiative (l'Action pour la santé des femmes) ou autres tests analogues en Europe, ils seront très certainement complexes. Les hormones ont beaucoup à offrir, mais ne se départissent pas de leur petit sourire narquois. Elles ne sont pas anodines, pas sans danger. Ce ne sont pas de simples vitamines ; ce sont des hormones, des messagers robustes, pleins d'assurance, aux pieds ailés.

À la ménopause, les ovaires cessent de produire de l'estradiol. On fait parler l'hormonothérapie quand les ovaires se taisent. Mais l'organisme n'apprécierait-il pas mieux le silence ? À moins qu'à mi-parcours de l'existence ne soit venu le temps de se débarrasser de ses mômes et par la même occasion de tout le cirque ovulatoire. Assez joué des montagnes russes. La plupart des gynécologues et des spécialistes en médecine interne pensent aujourd'hui que le traitement hormonal est la bonne solution pour la plupart des femmes ménopausées. Ils s'accordent toutefois sur le fait que la thérapie de substitution comprend certains risques. L'enquête de Women's Health Initiative clarifiera la nature des risques en question, mais ne les fera pas disparaître. Les différences individuelles subsisteront.

Les œstrogènes dits haut de gamme que les trusts pharmaceutiques concurrents s'acharnent à développer et à perfectionner devraient en principe cibler des tissus spécifiques, épargner des organes comme les seins, et offrir beaucoup d'espoir. Mais de telles molécules, comme le tamoxifen et le raloxifen, sont encore des hormones qui doivent être testées à grande échelle. Et les hormones ne sont jamais inoffensives. C'est à chaque femme de faire ses choix. La femme doit donc se faire un avis. Ce qu'elle fait. Mais, voilà, elle en change souvent. Les œstrogènes, on les aime et les redoute tout à la fois. Tout le monde veut en prendre. Mais pourquoi si peu de femmes en prennent ?

Notre inconstance féminine n'est pas en cause. C'est la littérature scientifique, particulièrement abondante sur le sujet, qui est versatile. On nous presse, on nous tanne. Bon. Nous piquons une tête au travers de l'anneau de quatre atomes de carbone de ce fichu stéroïde, pour vouloir rebrousser chemin au plus vite. L'époque fait de la ménopause toute une histoire, s'obnubile sur ses effets et ses suites comme jamais nos aïeules ne l'ont fait. Ma grand-mère se vantait d'avoir à peine remarqué sa ménopause – pas la moindre insomnie ou bouffée de chaleur, et quant aux règles, bon débarras ! Incontestablement elle exagérait en s'attribuant les mérites du passage en douceur, en se félicitant de la vigueur de son tempérament plutôt que des heureux hasards de son génotype. Toujours est-il qu'il fallait bien en passer par là, et que ce n'était pas une affaire. Si elle était encore vivante, son médecin lui parlerait de la thérapie de substitution. Impossible d'échapper au sermon sur la ménopause. Il est mal vu d'être désinvolte en la matière. Je ne prône pas le retour aux années sombres où les femmes avaient honte de parler des troubles de la ménopause, comme elles avaient honte d'aborder tout ce qui touchait au corps féminin et au vieillissement. Mais en venant sur la place publique, la ménopause s'expose aux discours moralisateurs, aux conclusions hâtives et à la médicalisation abusive. Vous parlez de femmes d'âge mûr, ils vous disent THS – traitement hormonal substitutif. « Il faut recommander un traitement hormonal substitutif à toutes les femmes ménopausées », lit-on dans un bilan médical de la faculté de l'Utah datant de 1996. Ces dernières années, le corps médical a engagé toute sa force de frappe dans la croisade pour la thérapie hormonale. « L'enthousiasme pour la généralisation de la thérapie hormonale substitutive chez les femmes ménopausées s'est accru au vu de ses effets protecteurs sur le cœur », écrivaient les médecins de la faculté de médecine de l'université du sud-ouest du Texas.

C'est fou ce que le consensus médical peut se faire assourdissant. Il est vrai que la tâche est immense : des millions de femmes à convertir. Ce n'est pas le moment de flancher, et les dissidents n'ont qu'à bien se tenir. Pas le droit d'exprimer la moindre crainte, et encore moins de l'irritation. On nous sermonne. On nous menace du doigt. La thérapie hormonale vous fait appréhender une plus forte incidence du cancer du sein ? Mais voyons, les maladies cardiaques tuent plus de femmes que le cancer du sein ! Vous vous laissez impressionner par les reportages aussi tendancieux que spectaculaires de la presse à grand tirage. Regardez plutôt les statistiques démographiques. Répétez-vous chaque soir : les maladies de cœur sont le premier facteur de mortalité chez la femme. Bon. Puis vous tombez sur la publication d'une nouvelle étude suggérant que la thérapie hormonale accroît le risque de cancer du sein, de l'utérus ou des ovaires... Nos apôtres de la panacée hormonale de piquer une crise et d'exiger qu'on mette les résultats « en perspective », de vous rappeler que ce sont les maladies de cœur et non le cancer le premier facteur de mortalité féminine, et que le risque d'ostéoporose est chez la femme plus élevé que les risques additionnés du cancer du sein, des ovaires et de l'utérus. Quand Susan Love, une spécialiste renommée de la chirurgie mammaire, écrivit son livre contestant la thérapie hormonale de substitution en résumant ses arguments dans la page « Points de vue » du *New York Times,* la plupart de ses collègues accoururent avec leur lampe à souder... leurs certitudes, en expliquant qu'à force de voir défiler des patientes souffrant d'un cancer du sein sur la table d'opération elle en était venue à exagérer l'incidence dudit cancer. Malcolm Gladwell tourna les arguments de Susan Love en dérision dans *The New Yorker* et l'accusa de rendre un bien mauvais service aux femmes en leur faisant fuir les meilleures mesures de santé préventives qu'on ait jamais conçues. Les chiffres du docteur Love sont peut-être contestables et elle penche sans doute un peu trop pour les thérapies alternatives suspectes comme l'homéopathie, mais sur le fond son message est valable. La thérapie hormonale a des effets puissants, dit-elle ; on l'utilise à titre prophylactique plutôt que comme remède à la maladie, et les femmes en bonne santé doivent suivre le traitement à perpétuité. N'aurait-on pas mis la barre plus haut pour le seuil de risque acceptable du traitement préventif, demande-t-elle, que pour celui du traitement thérapeutique ? Absolument, répondent ceux qui la critiquent. Et la thérapie hormonale de faire sauter la barre d'un geste olympien. Elle permet de faire chuter le risque de maladie cardiaque, d'ostéoporose, peut-être celui de la maladie d'Alzheimer, et ses effets bénéfiques sont vastes et irrécusables, confortés par les résultats des études cliniques. Et c'est vrai. Le bénéfice est réel, mais le risque aussi. Il y a de quoi hésiter, et c'est parfaitement respectable. Les faits aussi sont ambigus. Tout le temps. En voici quelques illustrations remarquables.

Dans son ensemble, la thérapie hormonale « marche bien » – autrement dit, elle réduit la mortalité de façon assez impressionnante. Selon un rapport de la Nurses' Health Study [1] datant de 1997, par exemple, les femmes sous traitement hormonal ont, sur une année donnée, un risque de mortalité de 40 % inférieur à celui des femmes qui n'ont jamais pris d'hormones, ce qu'il faut imputer pour l'essentiel à la chute de l'incidence des maladies cardiaques. Cela, c'est pour la fresque murale. Mais il n'est pas inintéressant de se pencher aussi sur les miniatures de la statistique. Dans la même étude réalisée auprès des infirmières, la thérapie hormonale est particulièrement efficace chez celles qui en ont le plus besoin. Chez les femmes qui fument, trop fortes, à la tension trop élevée, au fort taux de cholestérol ou avec tout autre facteur de risque cardiaque, les hormones abaissent le taux convenu de surmortalité de plus de la moitié. En revanche, chez les femmes en bonne forme et sans prédisposition aux troubles cardiaques, le traitement hormonal ne montre aucun effet statistique sur la mortalité ; bref, il n'a pas *aidé* les femmes qui s'aident elles-mêmes. En outre, chez les différents sous-groupes, les effets bénéfiques de la thérapie hormonale sur la longévité déclinent au fur et à mesure de la prolongation du traitement, au moment où le taux de mortalité dû au cancer du sein commence à annuler les effets de la moindre fréquence des maladies coronariennes. Ces résultats collent avec ceux d'autres études montrant que le recours au THS à long terme – dix ans et plus – correspond à un accroissement de 50 % du risque de cancer du sein.

Bien sûr, il ne s'agit pas seulement de tromper la mort. La thérapie hormonale peut améliorer l'existence. Elle inhibe la désa-

1. La vaste enquête de santé réalisée auprès des infirmières nord-américaines. *(N.d.T.)*

grégation osseuse, déjoue les ravages du temps. Les femmes sous hormones voient leur risque de fracture de la hanche baisser de 50 % par rapport à celles qui ne prennent rien, or plus vous vieillissez, plus vous redoutez de vous casser le col du fémur. Ce type de fracture est le premier motif d'admission en maison de retraite médicalisée des personnes de plus de soixante-dix ans. La thérapie hormonale préserve la souplesse des sphincters de la vessie et contribue donc à prévenir l'incontinence ; elle prévient la sécheresse et l'amincissement de la paroi vaginale provoquant des saignements lors des rapports. L'intégrité de l'appareil uro-génital n'est pas un mince atout sur le front de la qualité de vie. Puis il y a le cerveau, notre chouchou. Plusieurs études ont montré que la thérapie œstrogénique pourrait réduire le risque de maladie d'Alzheimer d'environ 50 %. Bon nombre de femmes sous traitement œstrogénique substitutif en sont très satisfaites. Elles trouvent que les œstrogènes contribuent à stabiliser leur humeur et qu'ils améliorent leur mémoire. Elles avaient des trous de mémoire autour de la cinquantaine, ce qui les angoissait beaucoup, avec un sentiment de fragmentation intellectuelle, comme si leur disque dur était ébréché, criblé de blancs, et fonctionnait par à-coups. Les comprimés d'œstrogènes leur avaient rendu leurs capacités intellectuelles, disaient-elles. Un certain nombre d'études montrent en effet une amélioration de la mémoire chez les femmes ménopausées sous traitement hormonal. Avant le traitement, par exemple, elles retenaient sept mots d'une liste de dix ; après le traitement, elles se souvenaient des dix. Des expériences sur des cellules et des coupes cérébrales mises en culture ont montré qu'une alimentation en œstrogènes stimulait la complexité dendritique et synaptique. Un nerf de rongeur avant et après un traitement aux œstrogènes, cela fait penser à un arbre en hiver et en été, ou à la glande mammaire avant et pendant la lactation. La frénésie avec laquelle les lignes de la vie prolifèrent laisse pantois ! Il est toutefois nécessaire de rappeler que les œstrogènes ne sont pas le remède miracle. Ils n'augmentent pas le quotient intellectuel. Des expériences sur les rongeurs ont montré que les femelles à qui l'on a enlevé les ovaires, la principale source d'estradiol, réussissaient mieux à certains tests de labyrinthe que les femelles normalement imprégnées d'œstrogènes.

La thérapie hormonale a de gros avantages, mais il y a de quoi hésiter face à l'augmentation du risque de cancer du sein à l'issue d'années, voire de décennies de supplémentation en œstrogènes.

Faut-il suivre un traitement substitutif après la ménopause jusqu'à la fin de ses jours, ou faire preuve d'un peu plus de circonspection ? On n'a pas fini d'en parler. Pas seulement aux États-Unis où la presse « incendiaire » passionne le débat, mais partout dans le monde. Les médecins américains ont beau se plaindre du manque de réceptivité de la part de leurs patientes ménopausées, ce sont les Américaines qui battent les records mondiaux du recours à la thérapie hormonale – comme elles battent ceux de l'hystérectomie. Aux États-Unis, 46 % des femmes ménopausées suivent ou ont suivi un traitement hormonal. Les Britanniques, les Australiennes et les Scandinaves viennent ensuite, avec des taux frisant les 30 %. Les Européennes du continent sont nettement moins enthousiastes, et l'on tombe alors à des taux de 10 à 20 %, tandis que les femmes ménopausées japonaises s'en tiennent à un modeste 6 % – peut-être parce que leur alimentation leur fournit suffisamment d'apports en œstrogènes, en particulier grâce à cette mine de phyto-œstrogènes qu'est le soja.

Le recours aux hormones de substitution est donc tout relatif, et les chercheurs des différents pays battent leur coulpe en se demandant pourquoi leur ardeur messianique a si peu d'effets. Qu'est-ce qui caractérise la femme qui s'en remet aux hormones ? En Amérique, le recours aux hormones a une corrélation positive avec le niveau d'éducation : plus la femme poursuit ses études, plus elle a tendance à s'enthousiasmer pour les hormones et à penser que les effets bénéfiques l'emportent sur les risques. Mais aux Pays-Bas, où les femmes lisent beaucoup et sont très informées, le niveau d'éducation n'a pas d'impact sur le recours aux hormones, tandis qu'en Norvège plus le niveau d'éducation est élevé, plus les femmes *rejettent* le traitement hormonal. Les chercheurs concluent leurs différentes études en faisant des suggestions censées favoriser l'assentiment des patientes, la plus fréquente consistant à prêcher la bonne parole le plus tôt, et le plus souvent possible. Selon une étude réalisée à Rehovot, en Israël : « Nous pensons que les gynécologues devraient consacrer plus d'efforts à l'éducation publique, de façon à ce que les femmes qui ont abordé le problème du THS avec leur médecin aient plus envie de le suivre. » Selon une autre, de Copenhague : « Il nous semble que le manque d'informations sur le THS peut parfois contribuer à le rejeter, ou compromettre sa pratique. » Un autre encore, d'Écosse : « Pour conclure, les femmes qui abordent la ménopause... éprouvent souvent une appréhension envers le

THS. Une meilleure éducation sanitaire pourrait contribuer à accroître le nombre de celles qui suivent le traitement. »

Personne n'est contre l'information des patientes. Pas la peine de s'égosiller à ce sujet. Mais il y a plus intéressant à glaner dans le défilé d'études portant sur le profil psychologique des femmes d'âge mûr. On constate que l'une des raisons essentielles du rejet de la thérapie hormonale tient à ce qu'elles abordent la ménopause sans déplaisir. Elles ne la considèrent pas comme une maladie, alors, pourquoi suivre un traitement ? Deux études indépendantes l'une de l'autre portant sur les différences de comportements entre femmes blanches et noires ont montré que « les Afro-Américaines avaient des attitudes nettement plus positives au sujet de la ménopause » que les Américaines d'origine européenne, qu'elles éprouvaient pourtant les mêmes symptômes mais qu'elles « ne les trouvaient pas très gênants ». Les femmes noires soumises à l'enquête connaissaient également parfaitement les risques pathologiques spécifiques à la femme prenant de l'âge, et plaçaient les maladies de cœur en tête de liste, tout en étant plus rétives que les Blanches au traitement hormonal. Les chercheurs de l'hôpital Elkerlied d'Helmond, aux Pays-bas, ont abouti à des résultats consternants : la durée moyenne du traitement substitutif chez les Hollandaises ne dépassait pas sept mois. Cela s'expliquait entre autres, concluaient-ils, par « l'attitude positive de la plupart des femmes envers la ménopause ». Les chercheurs londoniens ont comparé des femmes de quarante-cinq ans déclarant qu'elles avaient l'intention de recourir à la thérapie hormonale avec d'autres qui n'en avaient pas l'intention. Ils n'ont trouvé aucune différence significative du côté de leur état de santé ou de leur statut socio-économique, mais ont constaté que « celles qui avaient l'intention de recourir au THS avaient une moins bonne opinion d'elles-mêmes, étaient plus sujettes aux humeurs dépressives, à l'anxiété et aux attitudes négatives envers la ménopause. En outre, elles avaient plus confiance en leur médecin qu'en elles-mêmes pour la façon d'aborder la ménopause ».

Les femmes qui apprécient les effets de la thérapie œstrogénique, qui ressentent plus de vivacité intellectuelle et retrouvent leur énergie, n'ont pas besoin qu'on leur fasse la leçon. En tant que patientes, elles prendront les devants et feront même souvent du prosélytisme auprès de leurs amies, en expliquant à celles qui franchissent la ligne Maginot du retour d'âge : Essaie le traitement, tu ne le regretteras pas. Et celles qui sont rétives ? Sont-elles mal informées, mal conseillées ? Il y a celles qui redoutent le cancer du sein. Celles aussi qui ont essayé le traitement mais mal supporté certains effets secondaires comme les métrorragies (les saignements en dehors de règles), la congestion mammaire, les sautes d'humeur, les œdèmes, les poussées d'acné – autant de symptômes rappelant ceux de la période prémenstruelle. Bon nombre de femmes n'admettent tout simplement pas que l'on considère la ménopause comme une maladie ; elles font de la résistance en jetant les comprimés au fond d'un tiroir et oublient toute l'affaire. La femme de cinquante ans se sent souvent très bien dans sa peau. Elle a passé le cap des années où l'on vous refuse une promotion pour cause de caprices hormonaux, où vous devez renoncer à votre carrière parce que vous attendez un enfant. Trop c'est trop. La femme dans tous ses états, ras le bol. Faudrait-il qu'on nous enterre avec un spéculum attaché à la cuisse ? La ménopause est une étape, comme l'apparition des premières règles, un rituel féminin. Nos mères, nos grand-mères sont passées par la ménopause. Il en sera de même des amies. Cela arrive à tout le monde. Les femmes ne peuvent s'empêcher de penser que c'est un phénomène naturel. C'est d'ailleurs ce qu'elles disent à leur médecin : la ménopause, c'est naturel. Cela fait partie des étapes de l'existence physique, pourquoi faudrait-il s'en plaindre ? Pourquoi ne pas s'en féliciter, ou du moins l'accepter, faire preuve de tolérance envers ce que le corps nous dispense ?

Les médecins réagissent avec hostilité à cette façon d'envisager la ménopause, à ce discours d'autosatisfaction. C'est qu'ils ont un défi à relever. Il leur faut convaincre un grand nombre de femmes en bonne santé de prendre des hormones de substitution, donc, dès qu'il est question de ménopause, chasser le naturel et discréditer tout le bien qu'on peut en attendre. Il leur faut agiter le spectre de la maladie, des défaillances du cœur, de l'effritement de la charpente, du déclin intellectuel. Ils opposent la chute brutale du taux d'œstrogènes ovariens chez la femme à la diminution beaucoup plus progressive des niveaux de testostérone chez l'homme : il vieillit avec élégance, vous prenez un coup de vieux du jour au lendemain. Ils parlent de la ménopause comme d'un état de « carence œstrogénique », en la comparant aux troubles endocriniens tels que l'hypothyroïdie ou le diabète. Il faut faire suivre un THS à la femme qui souffre d'une carence en œstrogènes comme on traite les patients diabétiques à l'insuline ; et toute femme de plus cinquante ans, quasiment par définition, souffre de carence en œstrogènes. Quant aux femmes mûres qui ont toujours leurs règles, elles aussi peuvent manquer d'œstrogènes, être en période de « péri-ménopause », joli terme s'il en est, donc être candidates à l'hormonothérapie. Qu'une femme s'aventure à demander à son médecin pourquoi la gent féminine est destinée à déchoir dans cet état précaire de carence hormonale et pourquoi la nature ne l'a pas mieux équipée pour ses années souveraines, l'homme de l'art lui rétorquera : Si la nature en était capable, nous n'aurions pas cette conversation et je ne vous rédigerais pas une ordonnance. La longévité est incontestablement une bonne chose, enviable, due à l'ingéniosité humaine et à la médecine moderne, mais ce n'est décidément pas un phénomène naturel. Si cela ne tenait qu'à la nature, vous seriez déjà dans la tombe, ma chère doyenne post-féconde.

Ah ! mais permettez. Demandez ce qu'elle en pense à cette vieille femme, là-bas, dans le champ, avec sa pelle à la main. Elle est en train de creuser quelque chose et, à l'évidence, il ne s'agit pas de sa tombe.

13

RIEN DE TEL QUE LA RENOMMÉE

Mères, grand-mères et autres grandes dames

Les Hadza sont un petit peuple de chasseurs-cueilleurs vivant sur les hauteurs sèches et rocailleuses de l'est de la Rift Valley, au nord de la Tanzanie. Ils ne sont que 750 mais ont survécu en tant que tels. Ils parlent le hadza, une langue à clicks et à sifflements qui évoque celle des !Hung sans lui être apparentée. Les Hadza sont rétifs à toute sédentarisation. Ces soixante dernières années, l'administration religieuse et gouvernementale a régulièrement tenté de les convertir à l'agriculture et à l'élevage, mais sans succès, et les Hadza ont toujours regagné la brousse. Le jardinage, ils détestent ! La traite des vaches, très peu pour eux ! Les Hadza vivent quasi exclusivement de la nature sauvage – gibier, baies, miel, tubercules. Ce sont des opportunistes : ils aperçoivent un impala, ils le tuent. Les baies sont mûres à cinq kilomètres de là, ils font le déplacement. La production de miel des abeilles locales se tarit, les Hadza lèvent le camp pour en trouver de plus industrieuses. Il peut leur arriver de voler un mouton appartenant à un troupeau voisin, mais ils préfèrent habituellement recourir au troc et échanger une girafe contre du maïs ou du tabac.

Les Hadza mènent une existence sans chichis dans des conditions censées avoir quelque rapport avec celles du pliocène et du pléistocène, un contexte évolutif ayant donné l'*Homo sapiens.* Ce peuple est dans une certaine mesure un vestige de l'âge de pierre et c'est à ce titre que les anthropologues occidentaux s'intéressent à lui. Qu'est-ce que les Hadza peuvent nous apprendre sur notre véritable nature ? Oublions Thomas Hobbes[1], au moins pour une chose. L'existence des Hadza n'est ni désagréable, ni fruste, ni particulièrement courte. Comme Kristen Hawkes, de l'université de l'Utah, l'a constaté en arrivant chez eux et en s'informant de l'histoire individuelle de chacun, les femmes Hadza refusent de se plier à la coutume que nous prêtons à nos aïeules : elles ne meurent pas en même temps que leur stock d'ovules. Non. Bon nombre de femmes Hadza gardent la forme au-delà de la ménopause, dépassent soixante, soixante-dix, voire quatre-vingts ans, tout cela sans l'aide des prétendus facteurs de longévité attribués à l'âge postindustriel ou même à la révolution néolithique. Aux États-Unis, les démographes s'inquiètent du vieillissement de la population, sur le fait que les plus âgés risquent de peser de plus en plus sur les richesses et la patience des autres générations. Les Hadza, pour leur part, pourraient s'inquiéter de l'inverse : que deviendraient-ils sans leur contingent de vieilles dames ? Selon les observations de Hawkes et ses collègues, les femmes Hadza ménopausées sont les membres du groupe qui manifestent le plus d'ardeur au travail. Elles vont tous les jours dans la brousse creuser, fouir, cueillir, escalader. Ce sont elles qui rapportent le plus de nourriture. Elles la partagent avec les jeunes de la famille incapables de se débrouiller seuls : petits-enfants, arrière-petits-enfants, petites-nièces et petits-neveux, cousins du troisième degré. La jeune femme qui allaite un nouveau-né sans pouvoir rapporter la nourriture habituelle à ses frères et sœurs plus âgés, ne demande pas de l'aide à son compagnon (allez savoir où il se trouve quand on a besoin de lui...) mais à une parente plus âgée. Mamie, ou celle qui en fait office, prend les choses en main et emmène les mômes au baobab à la chasse aux tubercules. Les enfants Hadza ne sont déjà pas très gros, mais à l'arrivée d'un petit frère ou d'une petite sœur ils deviendraient franchement squelettiques à faire mourir de jalousie nos stars anorexiques, sans les efforts d'une grand-mère, et pourraient très bien ne pas survivre longtemps. Les mamies Hadza sont vraiment formidables. Elles ne sont pas là en prime. Elles ne font pas de la figuration sentimentale. Selon l'étude de Hawkes,

1. Le philosophe matérialiste anglais du XVIIe siècle. *(N.d.T.)*

toutes les mères qui ont un enfant au sein se font aider par une femme ménopausée.

Les Hadza ne sont pas nombreux. Ils ont eu toutes sortes de contacts avec des représentants de l'administration, des universitaires, des envoyés culturels et autres donneurs de conseils de tout style, y compris certains de leurs compatriotes qui ont reçu une éducation occidentale et sont revenus leur prêcher l'évangile agricole. Les Hadza ne sont pas un peuple « vierge », et il serait aventureux de tirer de leur mode de vie, comme de celui des autres chasseurs-cueilleurs subsistant sur la planète, trop de conclusions sur l'humanité primitive. Cela dit, quitte à discourir sur les origines évolutives de la ménopause et se crêper le chignon pour savoir si le phénomène est ou non naturel, s'il a une signification ou si ce n'est qu'un effet secondaire de notre récente longévité, autant prêter attention à toutes ces matrones Hadza fouillant dans les bois à la recherche des fruits du futur. Allons donc voir du côté de chez grand-mère.

« L'hypothèse de la grand-mère » relative à la ménopause et son origine est née d'un article qui lui-même est presque en âge d'avoir des petits-enfants. Dans son essai sur les charmes imparables du vieillissement, un classique du genre, le célèbre biologiste et théoricien de l'évolution George C. Williams abordait le cas étrange du retour d'âge. Il faisait remarquer que la plupart des signes de vieillesse, comme le déclin visuel, l'arthrose, les rides ou l'impérialisme de la graisse, survenaient à des rythmes et à des degrés divers chez les individus. On peut prévenir certains effets de l'âge pendant des décennies en faisant de l'exercice ou en se protégeant du soleil. Ce n'est pas le cas pour la ménopause. La femme peut faire tout ce qu'elle veut, veiller tant et plus à sa santé, à la mi-temps du siècle, à un ou deux ans près, elle entre dans ce que Williams appelle « la sénescence reproductive précoce ». Tout le monde ne finit pas avec des lunettes pour lire, mais toutes les femmes qui atteignent l'âge de la ménopause voient leur ovulation s'arrêter. Par comparaison, les autres mammifères femelles, y compris chez nos proches parents les grands singes, continuent à avoir des petits pratiquement jusqu'à leur disparition. Les orangs-outangs ne connaissent pas la ménopause. Les dames chimpanzés n'ont pas besoin de prendre de l'extrait de pisse de jument. Jusqu'aux hommes qui peuvent devenir pères quand bien même l'arthrose ou la cataracte les empêcheraient de tenir ou de distinguer leur rejeton. Il n'y a que chez les femelles humaines, remarque Williams, que le programme de la fécondité s'éteint des années avant la mort. En créant la femme, la nature a oublié ses chères tables de multiplication. Bizarre. Cela ne lui ressemble pas.

Williams a proposé une brillante solution à cette énigme : les coupables, ce sont les gosses. C'est que les enfants humains coûtent cher, et comment ! Il faut des années pour les élever, pour en faire des créatures autonomes – treize ou quatorze au minimum. Il faut les nourrir, les habiller, les loger, leur donner l'éducation que l'environnement exige, les protéger de l'ennui et des petits durs. Partant du principe que dans le passé c'étaient avant tout les femmes qui avaient la charge des enfants, et qu'un enfant sans sa mère n'avait aucune chance, Williams s'est dit que la femme avait intérêt à vivre suffisamment longtemps pour mener ses enfants jusqu'à la puberté et l'autonomie. Si elle restait féconde jusqu'au bout et menait des grossesses y compris quand ses forces lui faisaient défaut, elle risquait de mourir lors de l'accouchement ou de ses suites, alors même qu'elle avait encore plusieurs enfants à charge. Tous les petits pourraient mourir dans son sillage ou du moins ne pas tenir leurs promesses. Autant que la femme s'abstienne des hasards malheureux de la maternité tardive et se consacre aux enfants qu'elle a déjà. Autant que ses ovaires soient programmés pour prendre leur retraite avant le déclin du reste de l'organisme. Autant qu'elle se donne les moyens d'être grand-mère.

L'hypothèse de Williams eut un succès immédiat. Elle séduisit tout le monde, à commencer par les femmes de plus de cinquante ans. Elle présentait le même attrait lumineux et simpliste que la théorie du baudrier fessu de Desmond Morris. La ménopause, c'est naturel. Elle relève de l'espèce, elle porte la marque déposée de l'humanité. Nous sommes des créatures intelligentes, nos gosses aussi, et nos ovaires en sont la preuve : ils arrêtent de fonctionner juste à temps pour nous laisser une chance de voir notre petit dernier franchir la porte de la maison. La ménopause est une bonne chose et on peut la vivre parfaitement bien ; c'était du moins l'avis de Margaret Mead, dans les années soixante, qui fit date en parlant de l'« appétit de vivre », du « regain » de la femme ménopausée.

La théorie eut des émules qui la généralisèrent. Jared Diamond, de l'université californienne de Los Angeles, expliqua que les vieilles femmes ont joué un rôle crucial dans l'histoire de l'humanité, non seulement pour leurs compétences maternelles, mais en tant que dépositaires de la mémoire et du savoir collectif. Elles étaient les bibliothèques d'Alexandrie des peuples sans écriture. Les grand-mères savaient où trouver les plantes comestibles, se rappelaient les catastrophes naturelles qui jadis avaient dévasté les ressources locales. Dans ses récits sur la Nouvelle-Guinée et les îles du Pacifique, Diamond raconte comment, lorsqu'il posait une colle sur la faune ou la flore de l'île à de jeunes ou moins jeunes indigènes, on le conduisait immanquablement vers une sombre hutte devant le membre le plus âgé de la tribu – parfois un homme, mais le plus souvent une femme – qui connaissait la réponse. Cela ressemble à une description de Rousseau ou une scène de Hollywood, mais la vieille sage avait toute sa tête et connaissait l'ordre des priorités. Goûtez à cette plante, monsieur, et vous vous mettrez à trembler, vos yeux vous sortiront des orbites et vous expirerez au lever du soleil. En quoi puis-je vous être encore utile aujourd'hui ? Diamond en était témoin, les jeunes tiraient parti de la mémoire et des conseils des doyens et doyennes de la famille. C'est ainsi que la sélection naturelle accrut la longévité humaine. L'homme peut vivre des décennies en dispensant son sperme en veux-tu en voilà, mais chez la femme la gestation devient de plus en plus risquée au fil des années. Le mécanisme de la ménopause est apparu pour permettre aux femmes d'atteindre l'âge encyclopédique.

Jocelyn Peccei n'était pas loin de la ménopause quand elle décida de reprendre ses études de troisième cycle à l'université californienne de Los Angeles. Elle choisit comme sujet de recherche l'évolution de la ménopause. Pourquoi pas ? D'après ses calculs, la ménopause avait dû apparaître très tôt dans la lignée des hominidés, il y a peut-être un million et demi d'années, quand nous n'étions encore que des *Homo erectus*. Difficile de prouver sa thèse. Les tissus mous comme les ovaires ne laissent pas de fossiles.

L'attaque en règle contre la grand-mère naturelle se dessina dans les années soixante-dix, au moment où la communauté médicale se mit à vanter les mérites du traitement œstrogénique substitutif auprès des femmes d'âge mûr. Quand les médecins se rendirent compte que c'était avant tout grâce aux œstrogènes que les femmes ne faisaient généralement pas de crise cardiaque avant la ménopause, ils se mirent à se poser des questions sur les bénéfices et le caractère naturel de la sénilité ovarienne programmée. Selon la théorie de la grand-mère, la femme n'avait plus d'ovulation afin de vivre plus longtemps et de se consacrer aux enfants vivants ; mais alors, pourquoi cette cessation d'activité privait-elle la femme de cette merveilleuse hormone protectrice ? Ce n'était pas très malin, ce côté suicidaire. Les évolutionnistes avaient dû se tromper, c'est sûr. La ménopause n'avait pas été sélectionnée par l'évolution mais n'était jamais, comme les cheveux gris, qu'un signe parmi d'autres de vieillissement et de décrépitude. On peut se teindre les cheveux et leur redonner l'éclat de la jeunesse. Il en va de même de la ménopause : on peut pallier ses effets secondaires les plus gênants grâce au traitement hormonal substitutif, et il n'y a pas de raison de s'en priver.

Les pourfendeurs de grand-mères sortirent leurs fouets et leurs chats à neuf queues. Les paléontologues d'expliquer que l'âge mûr et *a fortiori* la vieillesse étaient d'invention récente. Il y a quelques milliers d'années, presque personne ne dépassait la quarantaine. Les os fossiles d'hominidés sont pratiquement tous des os de jeunes individus. On trouve très peu de femmes ménopausées, voire pas du tout, dans les archives fossiles, et aucune vieille femme. Il est ridicule de prétendre que c'est la sélection naturelle qui a instauré la ménopause chez l'espèce humaine quand nos ancêtres vivaient rarement assez longtemps pour jouir des bouffées de chaleur et du « regain » cher à Margaret Mead. Les femmes, comme les hommes, mouraient aux alentours de quarante-cinq ans. Du point de vue des paléodémographes, cela colle parfaitement : il y a des dizaines de milliers d'années, à l'époque où la sélection naturelle sculptait encore les rudiments de notre destin, la femme disposait de tous les ovules dont elle avait besoin pour sa courte existence. Si la femme d'aujourd'hui peut gaillardement survivre à son stock d'ovules et écrire des livres à succès sur le sujet, parfait, c'est épatant. Mais nous ne sommes jamais qu'un artefact dû à la nourriture vitaminée, l'eau potable et la société de consommation. L'évolution n'est pour rien dans nos performances sportives gériatriques.

Les anthropologues, à leur tour, ne trouvèrent rien chez les « primitifs » contemporains qui pût étayer la valeur adaptative de la ménopause. Kim Hill et Magdalena Hurtado, de l'université du Nouveau-Mexique, ont étudié dans les années quatre-vingt les Ache de la partie est de la forêt paraguayenne, un autre groupe de chasseurs-cueilleurs à qui l'on aimerait faire porter le fardeau du silence de la préhistoire. Les deux anthropologues ont amassé un vaste ensemble de faits rigoureux. Ils se sont penchés sur toutes les formes d'aide que les femmes plus âgées apportaient à leurs enfants et petits-enfants. Ils ont conçu des modèles théoriques permettant de comparer les atouts génétiques indirects du dévouement des grand-mères envers leurs enfants et petits-enfants avec les atouts génétiques directs dont les femmes auraient bénéficié si elles avaient pu continuer à avoir des enfants après la ménopause. L'adaptation est censée favoriser la fécondité, la capacité à projeter son florilège génétique particulier dans le futur. Si la théorie de la grand-mère était juste, l'effet bénéfique des prestations des Ache plus âgées sur la santé et la survie des enfants de leurs enfants aurait dû prendre le pas sur l'avantage génétique consistant pour la mère à avoir elle-même deux ou trois enfants de plus. Hélas, ce sont les bébés en prime qui ont gagné : les anthropologues ont conclu que les mamies Ache n'amélioraient guère les perspectives d'avenir de leurs petits-enfants et qu'elles s'en seraient mieux tirées – d'un point de vue strictement darwinien – si elles avaient pu être mères après l'âge de la ménopause.

Alan Rogers, de l'université de l'Utah, en est venu aux mêmes conclusions par le biais de simulations mathématiques. Dans un article publié en 1991, il estime que la femme devrait être une héroïne de bande dessinée, dotée de l'énergie d'une Super-Mamie branchée sur piles à neutrons, pour que la ménopause puisse passer pour un avantage évolutif. Il faudrait que les services qu'elle rend à la famille puissent permettre à *toutes* ses filles et belles-filles de doubler le nombre d'enfants qu'elles portent, et préservent la vie de *tous* ses petits-enfants pour que la sénescence reproductive précoce représente un avantage sur la maternité tardive. Même Déméter, la déesse de la fécondité et des moissons, n'a pu empêcher sa fille Perséphone d'aller faire un tour en enfer six mois par an.

J'ai été élevée sous le règne de la théorie de la grand-mère. Même si plusieurs décennies me séparaient alors de la ménopause, l'idée que son apparition relevait d'un mécanisme évolutif optimal me réconfortait. Cela me reliait à mes aïeules mythiques, ces femmes couvertes de poussière, dégingandées, sensuelles, qui parcouraient le *veldt* à grands pas et dont le cerveau grandissait à chaque enjambée. D'où mon désespoir, dans les années quatre-vingt-dix, devant l'avalanche de faits qui la discréditaient. La plupart des chercheurs avec qui j'en ai discuté trouvaient la thèse séduisante, mais probablement fausse. « La ménopause adaptative est une notion intéressante, et j'aurais aimé pouvoir y croire, me dit Steven Austad, zoologue à l'université de l'Idaho, au cours de l'année 1997. Mais je ne connais aucun fait qui l'étaye. » Alison Galloway, anthropologue à l'université californienne de Santa Cruz : « L'hypothèse de la grand-mère, non, je ne suis pas preneuse. Je ne pense pas que la ménopause ait un quelconque effet bénéfique ni qu'elle soit le résultat de l'évolution. C'est le résultat de notre récente longévité. Nous survivons à nos follicules. » Margie Profet, auteur de la théorie de la menstruation protectrice, m'expliquait que, du point de vue de l'évolution, il importe peu que les femmes ménopausées ne bénéficient pas de la protection des règles puisqu'elles ne sont pas censées vivre au-delà de cinquante ans. Jane Brody, ma consœur du *New York Times,* favorable à l'hormonothérapie de substitution, a écrit que « les femmes ne devraient pas s'inquiéter du caractère non naturel du traitement dans la mesure où l'espérance de vie féminine de soixante-dix ans, elle non plus n'est pas naturelle ».

La ménopause, c'est la rouille. C'est le système qui s'enraye, le signe que le passé vous rattrape, pas un mécanisme bien au point vous permettant d'assurer l'avenir de la famille. J'avais un faible pour la théorie de la grand-mère, mais il était temps de la reléguer au musée des fantaisies scientifiques, aux côtés de celle du singe nu présentant sa croupe au balcon.

Puis j'ai entendu parler de Kristen Hawkes et des Hadza, des grand-mères de l'innovation et des voyages, de ces faiseuses d'humanité.

Commençons par les faits. Ce sont eux qui ont tué la grand-mère, à eux de la ressusciter. Kristen Hawkes et ses collègues ont mis beaucoup de méticulosité à rassembler toutes les données concernant les Hadza. L'équipe a passé des mois à faire des tableaux sur les emplois du temps précis, heure par heure, de quatre-vingt-dix individus des deux sexes (également répartis) de trois à soixante-dix ans – au vu de leur âge présumé. Les chercheurs ont noté qui partageait la nourriture avec qui et à quelles conditions. Ils ont pesé régulièrement les sujets pour voir qui gagnait du poids et qui en perdait selon les saisons. Il s'agissait de cerner l'essentiel, de déterminer dans quelle mesure les efforts dans la quête de nourriture fournis par la personne A changeaient le statut nutritionnel de ceux avec qui il ou elle partageait sa récolte. Et les anthropologues constatèrent une magnifique corrélation linéaire entre efforts et résultats. Les enfants Hadza commencent à aller chercher de quoi manger dans la brousse à un âge étonnamment précoce – parfois dès trois ans – mais ne peuvent pas vraiment se débrouiller seuls. Jusqu'à la puberté, ils dépendent des adultes pour environ la moitié de leur alimentation. C'est en général la mère qui leur donne le complément. Comme l'équipe l'a constaté, les efforts de la mère se reflètent dans le résultat : plus elle s'épuise à trouver de la nourriture, plus ses enfants prennent de poids.

Cela dit, la corrélation disparaît quand la mère doit nourrir un nouveau-né. La femme qui a un enfant au sein continue de partir à la recherche de nourriture, mais avec nettement moins d'efficacité. Non seulement le bébé la ralentit, mais la lactation est exigeante et lui demande dans les six cents calories par jour, ce qui veut dire que la mère doit consommer l'essentiel de sa récolte. Elle n'a pas les moyens de partager avec un bambin pleurnichard de quatre ans. Tant qu'elle nourrit son bébé au sein, donc, le rapport entre les efforts de collecte de la mère et le poids des enfants plus âgés disparaît. Les deux paramètres sont désormais découplés. En revanche, le bien-être de l'enfant sevré passe à la charge d'une autre femme – en général la mère de la mère, mais en son absence ce peut être une tante plus âgée, la grand-tante ou à l'occasion la mère du père des enfants. Les efforts de la mamie, ou de son substitut, se reflètent alors brusquement dans le gain ou la perte de poids des enfants. Plus la grand-mère ramasse de nourriture, plus les enfants engrangent de poids. Plus les enfants grandissent vite, plus ils deviennent forts et résistants, plus ils ont de chance de parvenir à l'âge adulte et d'ajouter à la réputation de leur mamie, laquelle n'a certes pas démérité.

Et maintenant, la question clef : les femmes d'un certain âge font preuve de souplesse. Elles ne réservent pas leur aide à leurs enfants et petits-enfants. Elles aident tous les jeunes de leur entourage qui en ont besoin. Kim Hill et Magdalena Hurtado s'étaient demandé en étudiant les Ache du Paraguay quelle était l'importance de l'aide que les femmes plus âgées apportaient à leurs enfants adultes et à leurs petits-enfants, et si leur contribution entraînait une différence significative (réponse : Pas assez pour expliquer la ménopause). Kristen Hawkes et ses collègues ont élargi le filet. L'équipe de chercheurs n'avait pas le choix. Les femmes Hadza passaient trop de temps hors du cocon de la famille immédiate pour ne se soucier que de leurs enfants et petits-enfants. Quand la femme d'un certain âge n'avait pas de fille à laquelle venir en aide, elle assistait la fille de sa sœur. Quand une jeune femme qui allaitait son enfant n'avait plus sa mère, elle se tournait vers une cousine plus âgée et lui confiait ses autres enfants, ce que la cousine faisait volontiers quand elle le pouvait, c'est-à-dire quand elle n'avait plus d'enfants en bas âge à charge.

« Les aînées de la communauté féminine faisaient preuve d'une formidable solidarité et dispensaient leurs efforts à bon escient, m'a expliqué Kristen Hawkes. Quand elles n'avaient pas de filles en train d'allaiter, elles allaient aider d'autres parentes. On peut s'attendre à des ajustements comportementaux de ce type, de la part de créatures aussi stratégiques que nous. On comprend que la sélection naturelle privilégie l'assistance adaptée à ceux qui en ont le plus besoin.

« Si vous ne preniez en compte chez les Hadza que l'impact de l'activité de la femme ménopausée sur le succès reproductif de ses propres enfants, ajoute-t-elle, vous sous-estimeriez énormément les effets de l'aide des aînées de la communauté. »

Mais si l'on prend en compte leur contribution au statut nutritionnel de tous les jeunes de l'entourage familial, les vieilles dames deviennent brusquement très précieuses. Elles améliorent si bien la perpétuation de l'ensemble de leur capital génétique qu'elles n'ont pas besoin de maternité tardive pour laisser leur empreinte darwinienne. Elles n'auraient qu'un, deux ou trois bébés de plus dans les jambes pendant leur quête de nourriture.

Voilà notre grand-mère naturelle de retour à la maison. Il était temps. Elle nous manquait. Sans toi nous nous sentions tristes, seules et vieilles, des créatures posthumes avant l'âge. Tiens, les enfants pleurent, à côté. Il faut leur donner à manger. Mémé, voici ton sac et ta pelle. C'est le moment de repartir au travail. D'accord ?

Les travaux sur les Hadza, à première vue, ont rempli leur mission. Mais Kristen Hawkes ne veut pas se contenter de présenter des faits réhabilitant la théorie moribonde de Williams ou de peaufiner la réputation de la ménopause. Elle vise beaucoup plus haut. Le projet *ovarios.* Selon son édifice spéculatif, ambitieux s'il en est mais parfaitement plausible, ce sont les femmes âgées qui ont inventé la jeunesse. Elles ont fait de l'enfance humaine ce qu'elle est aujourd'hui : un long parcours, dépendant et grandiose. Et en inventant l'enfance, elles ont inventé la race humaine. Elles ont créé l'*Homo imperialis,* une espèce qui peut aller partout et tout exploiter. Nous pensons que l'enfance a évolué pour le bien de l'enfant, afin qu'il engraisse, que son cerveau soit bien crénelé, qu'il accède à la linguistique, sache conduire et acquière un vernis social suffisant. Hawkes renverse l'angle de vision et constate que l'enfance a évolué pour le bien des adultes, en tant que période de dépendance obligée qui, paradoxalement, a donné aux parents une énorme liberté. Ce sont les adultes qui tenaient à ce que leurs gosses soient dépendants d'eux. Ils voulaient une progéniture collée à leurs basques, jusqu'à l'âge adulte. Pourvus d'enfants dépendants, infantilisés, les premiers humains pouvaient lever le camp et migrer vers des contrées dépassant l'imagination des pongidés les plus aventureux. Les adolescents n'ont peut-être pas tort, après tout : leur mère se plaint tout le temps des sacrifices qu'elle fait pour eux, du tracas qu'ils lui donnent, mais il suffit de faire mine de partir pour que le cordon ombilical se resserre. Et qui prête main-forte à celle qui tient la bride, berce le bébé, et fait la loi ? C'est grand-mère. Avant de pouvoir rester jeune, il faut apprendre à vieillir.

Commençons par nous débarrasser de la ménopause. Les évolutionnistes, de George Williams à ceux d'aujourd'hui, ont décrit la ménopause comme l'événement décisif sur le chemin de l'évolution humaine, un trait qui nous distingue des autres primates femelles. Les ovaires de ces dernières fonctionnent jusqu'au bout, disent-ils, tandis que les nôtres sont programmés pour s'éteindre prématurément, nous donnant ainsi le temps d'élever les enfants. D'après Kristen Hawkes, la ménopause est à côté de la question. Les femmes ne sont pas victimes d'une sénescence reproductive « précoce », explique-t-elle. Nos ovaires durent aussi longtemps que ceux de nos cousines primates les plus proches, chimpanzés, bonobos et gorilles : environ quarante-cinq ans. Il est probable que l'ancêtre commune aux humains et aux grands singes ait eu également des ovaires en état de fonctionnement pendant près de quarante-cinq ans. L'ovaire de quarante-cinq ans pourrait témoigner de la condition ancestrale, être un vestige du porte-graines primitif de la famille anthropoïde, pas particulièrement disposé à se transformer ou à outrepasser le temps qui lui a été imparti. Il existait peut-être des contraintes physiologiques qui empêchaient la sélection naturelle de trop prolonger l'existence reproductive de la femme. Les seuls mammifères femelles qui se reproduisent au-delà de cinq décennies sont des espèces géantes comme les éléphants et les rorquals. Pour porter beaucoup d'ovules, il faut de grands paniers.

Quelles que soient les contraintes, il n'y a rien de particulièrement précoce dans la sénescence de nos ovaires, ajoute Kristen Hawkes. À cet égard, elle est d'accord avec les partisans de l'artefact : la femme connaît la ménopause parce qu'elle survit à ses follicules. Mais elle leur fausse compagnie quand ils prétendent que la longévité est une invention moderne. Pas du tout. Le grand âge remonte à loin. On devrait baptiser notre espèce *Homo maturus.* C'est vrai, les gens mouraient souvent en leur jeune âge de maladies infectieuses, sous les crocs d'un léopard, en donnant naissance à un bébé à grosse tête ou se présentant par le siège. Mais ceux qui survivaient à la maladie ou aux accidents parvenaient vraisemblablement à un âge respectable. La Bible nous alloue soixante-dix ans, ce qui n'est pas un chiffre minable, biologiquement parlant. Nous sommes bâtis pour vivre autour de soixante-dix à quatre-vingts ans. Ajoutez la marge de fabrication permettant à un nombre significatif de personnes de parvenir à cet âge-là, et vous obtenez le siècle. Que ce soit dans les pays industrialisés, agraires, ou chez les peuples nomades, on constate que cette centaine d'années est la limite supérieure de la longévité humaine. « Cela fait partie du profil humain, remarque Kristen Hawkes, et il n'y a pas de raison de penser qu'il ne s'appliquait pas à nos ancêtres. »

Ce qui distingue les femmes des autres primates, donc, ce n'est pas la ménopause, mais la longue et vigoureuse existence qu'elles peuvent mener après la ménopause. Ce ne sont pas seulement les ovaires de la femelle chimpanzé qui se flétrissent à quarante-cinq ou cinquante ans, mais l'ensemble de son organisme. Tous ses organes chancellent et la mort n'est plus loin. À cinquante ans, ce sera un animal sénile, même si elle a passé une existence choyée dans un zoo américain, bénéficié des meilleurs soins médicaux et mangé toutes les bananes de ses rêves. Elle aura un âge biologique qui correspond non pas à celui d'une femme ménopausée, mais à celui d'une centenaire soufflant ses bougies d'anniversaire sous les hourras orchestrés par un animateur-vedette de la télévision.

Si la sélection naturelle n'a pu passer outre à la physiologie des ovaires et accroître la capacité folliculaire de la femme au-delà du standard dévolu aux primates, elle a pris sa revanche en s'exerçant sur la longévité féminine. C'est là qu'il faut insister sur le caractère féminin de la longévité humaine. Laissons éclater notre jubilation et revenons au rôle de la grand-mère. La plus ratatinée des aïeules est en mesure, explique Jared Diamond, de tenir le rôle d'historienne, de botaniste et de toxicologiste du clan. Mais l'intégrité de son hippocampe suffit-elle à expliquer l'ascendant de la centenaire ? Pas vraiment. L'existence se vit au quotidien et ce n'est pas toujours Noël. On ne joue pas au sage, enfin, à *la* sage, tous les jours. Pas plus qu'on ne chasse le mammouth chaque matin. En revanche il faut bien se nourrir. Et l'on a toujours besoin des femmes, bien des jours, des années, des décennies après leur ménopause. Alors, autant les concevoir pour qu'elles durent.

Selon la nouvelle édition revue et augmentée de la thèse de la grand-mère, les rudiments de la longévité humaine et de la domination de notre espèce sur la planète résident dans un rituel tenu pour acquis : le repas familial. La maman chimpanzé allaite son bébé pendant quatre ou cinq ans. De quoi voir venir, mais ensuite plus question de se faire offrir un repas gratis à la cantine maternelle. Dès le sevrage, notre espoir de singe doit se débrouiller pratiquement tout seul pour trouver et ramasser de quoi manger. À l'occasion sa mère ou une autre femelle adulte partagera une trouvaille avec lui, surtout s'il s'agit d'un mets que les jeunes doigts ont du mal à décortiquer. Mais il s'agit alors d'une aubaine, de la dégustation d'un banana split si vous préférez, et le jeune chimpanzé ne se contente pas de faire la manche.

Cela dit, le partage de la nourriture est gros de possibilités. Les chimpanzés et autres primates sociaux ont un rayon d'action restreint. Ils doivent se cantonner à un espace où tous les membres du groupe trouvent suffisamment de quoi manger, y compris les jeunes qui viennent d'être sevrés. Les ressources disponibles doivent être accessibles aux mains maladroites et sans grande force des animaux prépubères. Si la troupe décidait d'émigrer dans une contrée où la nourriture est rare et qu'il faille des aptitudes d'adultes pour se la procurer, les jeunes mourraient vite de malnutrition.

À moins que les adultes ne se mettent à partager régulièrement leur nourriture avec les petits sevrés. Les adultes, cela signifie les mères. Chez pratiquement toutes les espèces de primates, les pères entretiennent peu de rapports avec leurs rejetons et de toute façon ne savent probablement pas vraiment qui ils sont. Les mâles ont d'autres occupations, comme la chasse. C'est à la mère d'apporter à ses enfants ce qu'ils ne peuvent se procurer par eux-mêmes. L'arrangement est parfait, la mère fait de son mieux, mais arrive la tuile. La revoilà enceinte, puis l'enfant au sein. La lactation coûte cher. La mère doit manger tant et plus. Elle ne peut nourrir les aînés tout en allaitant le petit. Vers qui se tourner ? Elle connaît la réponse. Sa mère. Sa tante. Sa cousine d'un certain âge. Le moment est venu pour la robuste femelle de circonstance de montrer que c'est elle qui fait la différence dans la prospérité familiale. La femelle chimpanzé vieillissante n'a pas de rôle à jouer dans une société où les jeunes sont autonomes. Alors, autant qu'elle meure. C'est bien ça, non, Nature adorée, notre mère à tous, espèce de sale garce monomaniaque ? En revanche, dans un système où l'approvisionnement des enfants sevrés est crucial, on ne peut plus se passer de grand-mère. Ce sont de vaillantes matrones qui réussissent à maintenir en vie les mômes de la famille. Pas de vieilles moribondes. Et la sélection naturelle de privilégier vigueur et verdeur après la ménopause. C'est ainsi que la longévité humaine s'est mise à prendre le pas sur la norme simiesque et a étendu ses deux grands bras généreux pour mieux vous embrasser, mon enfant.

Désormais, avec l'aide de mamie, les humains deviennent libres de leurs mouvements. Ils peuvent aller là où les autres primates, et sans doute d'autres hominidés concurrents, ne peuvent s'installer. Ils peuvent investir des habitats que seuls les adultes peuvent exploiter, déterrer des tubercules profondément enfouis et les cuire pour les rendre comestibles (à propos, les tubercules sont riches en protéines et calories et constituent une bonne part du régime alimentaire des sociétés humaines traditionnelles, alors que les grands singes les consomment rarement). Les mères peuvent la plupart du temps nourrir leur progéniture mais savent qu'on les aidera quand elles mettront un bébé au monde. Il y aura toujours une parente plus âgée pour prendre en charge les enfants sevrés. En fait, grâce à l'aide de la grand-mère, la mère peut même sevrer ses enfants plus tôt. Les chimpanzés gardent les petits à la mamelle quatre ou cinq ans, le temps qu'il faut pour que les jeunes accèdent à l'autonomie. Mais si l'enfant n'a pas besoin d'être autonome à l'approche du sevrage, pourquoi continuer à l'allaiter ? Même dans les sociétés traditionnelles où on ne connaît pas le lait maternisé et où l'allaitement au sein est de rigueur, les femmes n'allaitent en moyenne que pendant deux ans huit mois, moins que les autres grands primates. Une lactation plus courte signifie une plus grande fécondité, et en effet les femmes des sociétés traditionnelles s'offrent plus d'enfants avec leurs ovaires de primates que les chimpanzés ou les gorilles. Les naissances sont comparativement moins espacées. Il y a plus de petits-enfants pour mettre en valeur le patrimoine génétique de la doyenne. C'est grâce au partage de la nourriture, en somme, que la femme âgée devient une tsarine génétique et règne sur la dynastie.

Plus grand-mère prend des forces, plus les mômes en perdent. En règle générale, plus un animal fait preuve de longévité, plus sa maturation sexuelle est tardive ; si l'organisme doit subsister longtemps, autant le concevoir avec soin. La modification génétique qui prolonge l'existence au-delà de la ménopause aboutit également à étirer la durée de l'enfance et à retarder la puberté. Les jeunes sont infantilisés sur tous les fronts. On les emmène dans des habitats où les sources de nourriture ne leur sont pas accessibles, et leur gènes retardent le moment où ils pourront y accéder tout seuls. Pas de quoi désespérer ; ils bénéficient d'une cage dorée. La prolongation de l'enfance ouvre la porte à l'expérimentation cérébrale. Le cerveau a tout le temps de parvenir à maturité, ses synapses de se ramifier, d'établir les connexions voulues et de les multiplier *ad libitum.* Les deux ou trois premières années de son existence, l'enfant humain n'est pas très différent du petit chimpanzé. Les deux créatures font preuve d'une vivacité et d'une curiosité étonnantes et se mettent à l'école de la vie avec enthousiasme. Mais très vite le chimpanzé doit abandonner la classe pour gagner sa vie, tandis que l'enfant – histoire de ne pas déroger à notre réputation, on fera comme si c'était une fille – se prélasse dans l'univers de sa nounou. La fillette, donc, dès qu'elle lâche le sein, va pouvoir profiter de toutes ces années où elle se fait entretenir et consacrer son énergie à l'apprentissage intellectuel et social. En réalité, c'est ce qu'elle a de mieux à faire, car, si la dépendance prolongée offre des opportunités, elle présente des risques. Le jeune chimpanzé peut se nourrir lui-même. Pas l'enfant. Or, à la différence du prunier, l'adulte n'apprécie guère qu'on le secoue. Il faut le prendre par les sentiments et lui dévaliser ses fruits avec subtilité. La petite doit apprendre l'art de la séduction : le sourire stratégique, le gémissement opportun, le clin d'œil maladroit. Elle doit se transformer en parasite symbiotique, un organisme qui n'a de cesse de dépouiller son hôte tout en donnant le change par son charme et ses mérites ; un talent qui exige un travail de longue haleine, un profil d'évolution qui s'acquiert d'arrache-pied au travers des menus détails de la vie quotidienne. La jeune intelligence s'aiguise également au contact de la marmaille. Maman est prolifique. Elle a beaucoup d'enfants. Le sevrage est précoce et tout ce petit monde traîne à la maison. Tous dépendent des grands et chacun doit ruser et intriguer pour se faire remarquer. Il faut faire patte de velours avec les adultes, sortir ses griffes avec les frères et sœurs. Pas étonnant que les mômes soient si impatients de grandir : la maternelle est une fosse à serpents.

Résumons : les humains primitifs se saisirent d'un passe-temps que les primates exerçaient en amateurs, le partage de nourriture, et en firent une profession. En prenant en charge l'alimentation des enfants, les adultes se libérèrent d'un territoire donné et purent investir de nouvelles contrées. Mais ils n'auraient pu lever le camp sans l'aide de grand-mère. Les jeunes femmes avaient besoin de leurs aînées. La vigueur physique après la ménopause devint la règle, comme son corollaire, la puberté retardée. La grand-mère était bonne marcheuse et l'on pouvait emmener les enfants : on faisait son affaire d'une terre aride et de ses fruits profondément enfouis. Rien n'arrêterait plus le zèle impérial de l'humanité. Plus le terrain se ferait hostile, moins les enfants seraient autonomes. Peter Pan prit racine. L'enfance prit son essor. Le temps et l'expérience aidant, toutes les conditions furent réunies pour une nouvelle expansion révolutionnaire – celle de l'intelligence. Notre cerveau explosa dans toutes les directions. Nous devînmes inventifs, jusqu'à l'absurde. *Homo artefactus* était né, ne supportant plus la nudité des parois des cavernes ni celle des vases et jattes d'argile. Nous nous sommes mis à fabriquer de meilleurs outils, de meilleures lances, de meilleurs pièges à mammouths. Nous nous sommes sentis à l'étroit sur cette terre que nous envahissions si vite, alors nous avons investi les cieux en peuplant le dôme silencieux et terrible qui nous surplombe d'une faune exubérante et divine de conseillers, législateurs, mentors et autres amuseurs sacrés. Nous avions le sentiment de vivre si longtemps que nous nous sommes arrogé l'éternité et avons enterré nos morts avec suffisamment de talismans et de menue monnaie pour qu'ils accèdent à la vie future.

Réfléchissez un instant : l'hypothèse de la grand-mère inverse la séquence conventionnelle. En matière d'évolution humaine, elle n'est franchement pas dans la ligne. Nous pensons d'habitude que l'intelligence nous est venue en premier et qu'il a fallu ensuite une enfance prolongée pour enrichir les circuits cérébraux, puis vivre assez longtemps pour s'occuper de nos petits génies à croissance lente. Selon Kristen Hawkes, il faut totalement renverser l'ordre des événements. Nous sommes devenues vieilles, puis jeunes, puis intelligentes. Elle règle son compte au cliché traditionnel de l'homme chasseur censé pourvoir à l'alimentation des petits et à la prolongation de leur enfance. La division originelle du travail, selon elle, concernait les femmes portant un enfant et les femmes ménopausées. Les mères mettaient au monde, les grand-mères donnaient à manger.

Le contrat permit à la fécondité et à la mobilité humaines de ne plus connaître de limites.

Et les hommes ? Ils vivent longtemps eux aussi. Si la longévité est apparue chez la femme, qu'est-ce qui l'explique chez l'homme ? La réponse à la question tient essentiellement au mécanisme génétique. Les femmes ne détiennent pas de brevet particulier sur aucun de leurs gènes. Contrairement aux gènes situés sur le chromosome Y, qui ne se transmettent que de père en fils, les femmes lèguent leurs différents gènes aussi bien à leurs fils qu'à leurs filles. Les gènes qui donnent de la vigueur après la ménopause chez la fille qui en hérite se retrouveront à l'état de zygote chez le fils. La longévité masculine emboîtera tant bien que mal le pas à la longévité féminine. D'ailleurs il est possible que le summum de la longévité féminine ne corresponde pas à celle des ascendants. Les hommes ne vivent pas aussi longtemps que les femmes, après tout, et cette différence de longévité se retrouve partout dans le monde. Peut-être que les hommes n'ont pas besoin de vivre aussi longtemps. À moins qu'ils n'en aient pas envie. Qu'ils ne soient fatigués de perdre leurs cheveux, des fastes de la chasse et de la politique, de faire de mauvais jeux de mots sur leurs belles-mères.

Dès lors qu'on accepte l'idée que la grand-mère est à la base de notre passé, et que la vie après la ménopause est un droit ancestral plutôt qu'un événement fortuit récent, la notion de « carence en œstrogènes » laisse quelque peu sceptique. Si l'on part du principe que notre organisme est conçu pour vieillir lentement, comment interpréter le déclin de la production d'œstrogènes qui accompagne la ménopause ? Plus précisément, faut-il y remédier ? L'hypothèse de la grand-mère nous dit-elle si oui ou non nous devons prendre des hormones exogènes quand nos follicules cessent d'éclater à chaque cycle et de nous dispenser leur eau bénite ? La réponse est... complexe. D'un côté, la nature n'est pas parfaite. C'est un ingénieur peu consciencieux dont la devise est « Ça ira comme ça ». Et l'organisme après la ménopause semble assez bien illustrer ce « Ça ira comme ça ». Les rides vertigineuses encadrant la lèvre supérieure, les taches de vieillesse, le nez qui coule sans qu'on s'en aperçoive... Hé, glapit la nature, tu as eu ton compte, non ? Autrement dit, même si votre organisme perdure en l'absence d'estradiol ovarien, cela ne signifie pas qu'on ne puisse pas faire mieux ni améliorer la qualité de vie en prenant des comprimés d'œstrogènes. La pensée évolutionniste pèche parfois par ce qu'on appelle l'« erreur naturaliste », le mode de raisonnement finaliste qui consiste à considérer que ce qui existe est pour le mieux. Le meurtre et l'infanticide sont naturels, chez notre espèce comme chez la plupart des autres espèces, sans être pour autant des stratégies humaines défendables. Il pourrait en être de même pour la ménopause. Vivre sans estradiol ovarien est naturel, mais ce n'est pas l'idéal. Après tout, si la sénescence de nos ovaires de primate n'est pas en soi un trait adaptatif mais simplement le résultat des contraintes évolutionnistes s'exerçant sur le stock de follicules, la carence concomitante en œstrogènes ovarien n'est peut-être qu'un exemple du « Désolé, c'est le mieux qu'on puisse faire. Il faudra faire avec, tant bien que mal ». Se résigner au « tant bien que mal » sans nécessité est stupide. Nous sommes des êtres intelligents. Nous avons accès à la chimie organique. À la gynécologie, la cardiologie, l'endocrinologie. Nous avons la preuve que les hormones font du bien. Ma petite chérie, prends ton Premarin [1]. Puisque la nature nous a donné l'intelligence, c'est l'acte le plus naturel qui soit.

D'un autre côté... notre vieille Cadillac bringuebalante roule encore. La nature bâcle son travail, mais le moteur fonctionne et il lui arrive de ronronner. L'analogie que bon nombre de médecins se plaisent à faire entre la ménopause et les carences hormonales, tels le diabète ou l'hypothyroïdie, ne tient pas. Si j'arrêtais de prendre mes comprimés de thyroïde, je m'effondrerais en quelques jours ou quelques semaines. Ma thyroïde m'a trahie ; j'ai une maladie, je l'admets, et n'ai d'autre choix que d'aller chercher de l'aide. La ménopause, ce n'est pas si terrible. Ce n'est pas parce la femme est à court d'ovules que son squelette se désagrège ou que ses vaisseaux éclatent. La plupart des femmes se portent comme un charme pendant des années ou des décennies après la ménopause, sans prendre d'hormones. Il faut s'attendre à ce que, au cours de l'évolution du programme prolongeant la durée de vie des hominidés, l'organisme féminin ait développé des mécanismes spécifiques destinés à compenser la « défaillance » ovarienne. Je vous rappelle que l'activité de l'aromatase s'accroît avec l'âge. Cette enzyme peut transformer les produits précurseurs sécrétés par nos surrénales en œstrogènes,

1. La marque d'œstrogènes, d'origine équine, la plus prescrite aux États-Unis. *(N.d.T.)*

et les surrénales n'entrent pas en dormance à la ménopause. L'amélioration de l'efficacité de l'aromatase est-elle une coïncidence, ou une adaptation préservant la santé pendant les années postovulatoires ? La proportion de graisses de l'organisme s'accroît avec l'âge, même si nous avons le même poids qu'à vingt-cinq ans. Les graisses fabriquent des œstrogènes. Les neurones fabriqueraient-ils leurs propres stéroïdes, et la production neuronale stéroïdienne s'accroîtrait-elle avec l'âge, à la façon de l'aromatase ? Nous n'en savons rien. Ce que nous savons, en revanche, c'est que la plupart des femmes gardent leur intelligence intacte avec l'âge, même en l'absence du prétendu aliment cérébral en provenance des ovaires.

Nous savons aussi que la thérapie hormonale présente des risques comme des avantages, et qu'on ne peut échapper à la complexité de l'organisme, ni à l'histoire et aux particularités individuelles de chacune. Nous en revenons au point de départ, bien forcées de décider au cas par cas et de faire nos propres choix. La femme au squelette de moineau pourra choisir l'œstrogénothérapie pour se protéger de l'ostéoporose. La sédentaire aux antécédents de maladies cardio-vasculaires pourra faire de même, pour le salut de son cœur. La femme qui se sent bien dans sa peau, qui a une âme de cueilleuse du paléolithique et sait que son corps a évolué pour ramasser des légumes, et non pour devenir un légume, qui résiste à la tentation de la pseudo-existence cotonneuse qui l'attache à son ordinateur de bureau, peut décider : « Bon, je laisse tomber les pilules, je vais me promener, faire ma gym, rendre visite à ma fille et lui proposer de garder ses gosses, *tout de suite.* »

Si l'analyse évolutionniste de la ménopause suggère quoi que ce soit à propos des risques et des avantages de la thérapie hormonale, ce ne peut être étranger aux résultats de l'épidémiologie. Nous l'avons vu, bon nombre d'études ont montré que le risque de cancer du sein augmentait avec la durée du traitement œstrogénique substitutif. Tout se passe comme si l'organisme disait : je n'ai pas besoin que tu t'occupes autant de moi ; je ne suis pas un sombre idiot ; je me débrouille mieux que tu ne crois. Certains médecins ont suggéré que les femmes abordent le traitement hormonal en deux étapes : prendre des suppléments d'œstrogènes à petites doses au moment de la ménopause pour acclimater les symptômes transitoires comme les bouffées de chaleur et l'insomnie, puis ajourner le traitement d'entretien à l'âge de soixante ou soixante-cinq ans, au moment où le risque cardiaque et d'ostéoporose devient appréciable et où la menace de démence sénile se rapproche. Cette stratégie me semble raisonnable. Même si l'on s'en tient à la version des Panthères grises de la théorie de la grand-mère et à leurs standards optimistes, c'est entre soixante et soixante-dix ans que vous commencez à manger votre capital. L'aromatase et le tissu adipeux ne vous suffisent peut-être plus. Vous mettez la patience de la nature à l'épreuve, et celle-ci commence à moins s'intéresser à vous. Vous avez *passé* le stade de la postménopause. Si la prise d'œstrogènes à ce moment-là vous aide à défier les échéances, prenez-en. Vous serez une sage. La sagesse, c'est de savoir quand on a abusé de l'hospitalité de l'existence et d'en tenir compte.

La pharmacologie, c'est bien, mais nous attendons davantage de la matriarche naturelle, et elle a plus à offrir. La femme mûre, la matrone, est un personnage éternel. Elle est là, tapie dans un coin de l'inconscient féminin, tranquille et féroce, aimante et envahissante. Elle est à l'origine de certaines des pulsions qui nous agitent et nous troublent. J'ai souvent noté que les filles sont dures envers leur mère, beaucoup plus dures que les fils. Les femmes idéaliseront leur père et lui pardonneront bien des défauts et des péchés, mais elles sont impitoyables envers leur mère. Quoi qu'elle ait fait, elle a mal fait. Quand elle n'était pas froide et indifférente, elle était autoritaire et étouffante, ou trop timide, quand ce n'était pas une harpie. Même le féminisme ne nous a pas guéri de la haine de la mère, de la grippe maternelle. Nous cultivons la colère anti-maternelle. Nous en avons trop besoin. Cela nous protège. Il n'y a pas très longtemps une éditrice m'a demandé de contribuer à un recueil d'essais de femmes sur leur mère. Mes coauteurs étaient des romancières, des poétesses, des critiques littéraires, des historiennes, nombre d'entre elles très connues, toutes d'une intelligence redoutable. J'ai accepté et j'ai écrit un article positif, faisant l'éloge de ma mère pour m'avoir appris qu'il était important de gagner sa vie et indiqué le meilleur moyen de parvenir à l'orgasme, même si la méthode n'avait rien d'orthodoxe. L'éditrice m'a appelée pour me remercier. J'avais apporté la touche dont le livre avait besoin, m'a-t-elle expliqué. J'étais une des rares qui aient dit quelque chose de gentil sur leur mère.

Je ne veux pas me vanter. Il aurait pu en être autrement. Je suis passée par de longues périodes de haine envers ma mère, une haine stupide, obsessionnelle, qui me faisait pleurer de rage, écrire de petits contes où elle figurait l'ogresse, la grande dévoreuse de cœurs sans en avoir elle-même. Mais il m'arrivait aussi, au milieu d'un accès de fureur, de me dire : ce n'est pas rationnel, c'est injuste, cela peut tourner mal. Sors-toi de cet égout de ressentiment, de peur que ta fille en grandissant ne te haïsse et ne te rende la monnaie de ta pièce. J'étais dans cet état d'esprit hésitant, en veine de générosité mesurée, cherchant avant tout à m'autopréserver, quand j'ai écrit cet essai à la gloire de ma mère. Sinon, j'aurais laissé couler ma bile. Et c'est peu dire. Mais, semble-t-il, c'est typique. Nous, les filles, avons des crocs de vipère, non rétractables.

Dans le même temps, les femmes restent généralement très proches de leur mère. Elles lui parlent bien plus souvent que les hommes à la leur. Les filles appellent leur mère en moyenne une fois par semaine, les fils une fois par mois. Elles ont besoin de leur mère. Elles l'accusent de tous les maux, rêvent de la tuer, mais continuent de lui demander son temps. Elles en espèrent quelque chose, même si elles ne peuvent dire quoi. Il leur faut sa présence, ses attentions, des années après leur passage à l'âge adulte. Sylvia Plath a écrit des poèmes d'une somptueuse violence sur sa mère : « Tu as traversé l'océan pour me rejoindre, / Grosse et rouge comme le placenta, / tu as découragé la fougue de mes amants... Arrière, tentacule immonde ! / Nous n'avons rien de commun. » Ce qui ne l'empêchait pas, lors de son séjour d'étudiante à Cambridge, de lui écrire de longues lettres ferventes où elle lui confiait tous les détails de son existence – les hommes qu'elle rencontrait, les soirées auxquelles elle participait, la répulsion que lui inspiraient les Anglaises avec « leur peau de blondes, leur hystérie et leur sensiblerie », son besoin pitoyable d'« un bouillon chaud qu'on m'apporterait en me disant qu'on m'aime ». Le besoin de sa mère.

On a souvent considéré que le lien affectif entre mère et fille tenait à ce qu'elles étaient de même sexe, à ce que la fille s'identifiait à la mère, n'ayant pas besoin de s'individualiser comme le fils pour s'affirmer. Ce qui faisait dire que les femmes pouvaient se payer le luxe de rester infantiles à l'égard de leur mère. Contrairement aux hommes, elles n'ont pas à avoir peur de dire « Maman » et de pleurer dans son giron. Leur moi et leur identité sexuelle n'exigent pas qu'elles rejettent la femme toute-puissante. Qu'attend la femme de sa mère ? Ni plus ni moins que ce qu'en attend la petite fille capricieuse et despotique, qui ne fait que recycler ses exigences à l'âge adulte.

La thèse de la grand-mère suggère une autre interprétation.

Guère besoin d'invoquer la puérilité féminine, cette fois. Si les jeunes femmes avaient besoin de leurs aînées pendant longtemps, et si c'était là un principe d'organisation des premières sociétés humaines, cela signifie que nous avons un besoin constitutionnel de notre mère, et que celui-ci ne peut, ne doit pas s'évanouir avec la puberté. Il est bien trop puissant. En somme, c'est le fleuve de notre existence. Qu'il soit tumultueux, qu'il gronde ou s'apaise, il n'a pas de fin. Nous voguons sur lui et devons suivre son cours. Quand la femme plus âgée s'occupe de vos enfants, vous l'assimilez à vos enfants : vous l'aimez profondément, elle fait partie de vous-même. Seulement elle n'est pas toute à vous ; elle a d'autres clients dans la famille. Alors elle vous déçoit, vous vous irritez contre elle, mais vous en avez toujours besoin et lui demandez toujours de l'aide. Elle vous la donne dès qu'elle peut et cela vous rassure. Et quand ce n'est pas le cas, il y a parfois une autre femme de son âge qui prend sa place.

Le mode de vie occidental ne s'accommode pas facilement des liens à long terme entre mères et jeunes femmes. Nous nous marions, changeons de région, vivons dans des appartements ou des maisons exiguës où la dernière chose que nous souhaitons est de voir notre mère s'y installer. Nous entretenons peu de relations familiales en dehors de notre entourage immédiat. Mais les aspirations et les besoins n'ont pas disparu, ils ont simplement changé. Nous déposons nos frustrations d'adulte sur le seuil maternel. Plus que tout, la perte du vaste réseau familial nous renvoie exténuées et furibondes auprès de notre mère. Nous avons besoin de l'aide d'une aînée, et la seule femme d'un certain âge que nous ayons sous la main, c'est notre mère. Ce n'est pas pour rien que les femmes préfèrent le plus souvent avoir affaire à *une* psychothérapeute, qui plus est plus âgée qu'elles, quand elles ont besoin de soutien psychologique. Il leur faut un sauveur potentiel, du moins la spécialiste qui en a le profil. Ce n'est pas leur mère qu'elles recherchent. Au contraire, elles lui en veulent trop et c'est entre autres pourquoi elles suivent une thérapie. Mais c'est une aînée, celle qui leur manque, qu'elles recherchent dans la thérapeute d'âge mûr, la mère de substitution qui pourvoit aux besoins quand la mère biologique est morte, pas à la hauteur ou trop occupée.

Ne tombons pas dans le piège finaliste. Le naturel, ou présumé tel, n'est pas toujours ce qu'il y a de mieux. On n'a pas forcément envie de passer son existence parmi les siens. La famille, c'est étouffant. Si nous fuyons les petites villes, c'est parce que l'œil vigilant des voisins nous pèse et que nous ne tenons pas à ce qu'on fasse des gorges chaudes de nos moindres transgressions sociales. Toutefois, nous sommes toutes un condensé du modèle ancestral, de ses raffinements successifs et de notre personnalité individuelle. Cela ne fait pas de mal de puiser des forces partout où c'est possible, chez les précurseurs comme chez les contemporains. Prenez le contact physique, par exemple. Cela donne une merveilleuse sensation. C'est aussi l'un des plus vieux gestes de compromis permettant de surmonter l'isolement de la membrane plasmatique. Toucher, c'est parfois guérir. Il suffit qu'une infirmière touche un patient dans le coma pour que la tension de celui-ci se mette à baisser. Nous avons besoin de contact physique, et c'est heureux. De la même façon, je prétends que le désir de la mère chez la femme, son besoin d'une aînée, et plus généralement des autres femmes, remonte également à très loin et vaut la peine qu'on y prête attention. On n'a jamais pu prouver que le véritable matriarcat, l'exercice du pouvoir par les femmes, ait jamais existé chez l'espèce humaine. En revanche, le « matrilocalisme », qui impose aux filles de demeurer dans le groupe natal alors que les fils se dispersent à l'âge adulte, est un phénomène courant dans les sociétés traditionnelles, et quasiment la règle chez les primates non humains. Les femmes forment un noyau stable, alors que les hommes vont et viennent, discutent de Michel-Ange ou plus vraisemblablement du dernier groupe pop à la mode. « Tout modèle de société protohumaine négligeant le rôle central des relations entre les femelles a toutes les chances d'être faux », affirme le primatologue Kim Wallen. La civilisation Hadza n'est pas matriarcale ; les femmes restent subordonnées aux hommes à bien des titres. Mais grâce au matrilocalisme et aux liens de solidarité féminine, personne n'a faim, et cet arrangement tacite est un merveilleux baume spirituel.

Dans les années soixante-dix, les femmes parlaient de « sororité », autrement dit de solidarité féminine, et tentèrent de mettre la chose en pratique. On a beau être utopiste, on n'échappe pas à l'apartheid de l'âge. Les jeunes femmes rejoignirent d'autres jeunes femmes. Les plus vieilles scissionnèrent et fondèrent des groupes comme OWL, Older Women's Liberation (Mouvement de libération des vieilles), le terme de vieilles, à l'époque, s'appliquant à toutes celles qui avaient plus de trente ans. Ce fut une erreur de pratiquer la ségrégation, mais une erreur à laquelle nous excellons toujours.

Nous édifions des barrières entre générations en leur accolant des étiquettes plus consternantes les unes que les autres : la génération du baby-boom (celle de 1945) ; l'X génération (des films pornographiques !), et, dernière en date, la génération millénium (de la fin du millénaire), sans parler de la génération Zéro (avant nous, rien qui vaille) ! Nous nous faisons des amies au sein de notre tranche d'âge, en nous aventurant rarement au-delà de la décennie d'avant ou d'après. Et c'est ainsi que nous nous retrouvons avec des amies dans une situation aussi précaire que la nôtre, nourrissant les mêmes angoisses, toujours à la recherche de notre mère ou de cette créature mythique qu'est le mentor féminin, et d'un coin de terre pour souffler une minute, juste une petite minute. Un groupe de la même tranche d'âge est par essence instable. Ses membres entrent en concurrence exactement comme le font des frères et sœurs. La solidarité féminine ancestrale traversait les générations. Si nous voulons trouver force et réconfort auprès des autres femmes, mieux vaudrait en revenir en partie au modèle d'autrefois et enrichir les rayons de notre bibliothèque des ouvrages de la jeune génération comme de celles qui nous ont précédées.

C'est ce que je me plais à imaginer, en tout cas. J'ai toujours cru aux mérites du ministère pluraliste, du clan, de l'assemblée des sorcières. À l'université, j'avais choisi (non sans prétention) de mettre en exergue sur mon agenda une citation d'*Ulysse* : « La renommée vient à la jeunesse guidée par l'expérience. » J'aimais l'idée qu'une vieille femme intelligente, aux cheveux gris sagement coiffés, me prenne par la main et me conduise, craintive et subjuguée, vers les Champs Élysées de la renommée. La renommée était ma gnose, ma vérité spirituelle, mais pour l'atteindre le chemin était difficile et sombre, et j'avais besoin d'une femme comme mentor car un homme d'expérience aurait par trop senti le satyre. Je ne savais comment trouver cette dame Expérience ; mes professeurs femmes s'en tenaient à leur distance professorale et étaient encore moins disponibles que nos mères et nos grand-mères, tant elles avaient d'élèves à charge. De toute manière elles me terrifiaient et je sentais tout le poids de mon insignifiance, combien peu j'avais à offrir en retour. Je ne sais toujours pas comment me faire des amies d'une autre génération que la mienne, et ce n'est pas faute d'en rêver. Mais la seule idée de ce réconfort et l'espoir d'y parvenir réussissent à me rassurer.

Je nourris le formidable et sauvage espoir de trouver une amie en ma fille le jour où elle parviendra à l'âge adulte, une fois qu'clle n'aura en principe plus besoin de moi, qu'elle aura surmonté ses rancœurs et fureurs prévisibles à mon encontre. J'espère avoir raison dans mon interprétation de la grand-mère naturelle ; que ce besoin de la mère est un trait féminin fondamental et que, si ma fille a besoin de moi, ce sera un sentiment plus fort, plus durable et plus passionné que le simple besoin enfantin d'avoir toujours à disposition vivre et couvert sans oublier le bon public. J'espère qu'elle aura assez besoin de moi pour se confier, me donner de ses nouvelles, m'envoyer sa production intellectuelle et me confier ses enfants. J'espère qu'elle aimera échanger – car la renommée se marchande entre la jeunesse et l'expérience. Qu'elle crache le feu et me quitte joyeusement, mais que la voix de son sang lui dise qu'elle peut me trouver, se reposer auprès de moi et souffler, en toute sécurité, ne serait-ce qu'aux instants de répit éphémères qui ponctuent ses accès de fureur et de désillusion. Car, aussi longtemps qu'ils dureront, mes os, mon cerveau et ma vigueur lui appartiennent par droit de naissance. C'est peut-être peu de chose, mais je leur enjoins de s'obstiner et ils obéiront avec joie aux coutumes de la dynastie. Quand la Jeunesse se tourne vers elle, l'Expérience prend sa pelle et se met à l'ouvrage.

14

LE SOURIRE DE LA HYÈNE

La femme et la testostérone

Je ne sais pourquoi j'ai encore mon téléviseur. Il devrait être en miettes ou du moins présenter une belle et grande fissure du haut en bas de l'écran. Il a échappé au massacre. C'est que, dans le salon familial, je n'ai toujours pas de marteau ni d'objet assez lourd à portée de main pour assouvir la rage puérile qui m'obscurcit les sens dès que j'entends une publicité pour jouets destinée aux filles. Ce n'est pas que j'aie en horreur les poupées, maisons de poupées, kitchenettes à roulettes et autres perruques de la poupée Barbie sans oublier sa collection de petites voitures. Simplement, l'intonation des pubs, leur musique sirupeuse, les roucoulements de la présentatrice, les oh ! et ah ! et autres gloussements ravis des fillettes recevant leur jouet me tapent sur les nerfs. Les filles de ces publicités sont toujours les meilleures amies du monde, immanquablement douces et généreuses, de petites saintes, des kibboutzniks idéales, toutefois dotées du flair infaillible de la consommatrice émérite. C'est fou ce qu'elles peuvent s'aimer, s'adorer, s'admirer, toutes ces filles, en y mettant quasiment la même fougue qu'elles destinent aux objets qui les ont réunies. Je ne sais à quoi ressemblent les réalisateurs de ces films publicitaires, mais une chose est sûre : ils n'ont jamais été des filles. Ou alors ils ont développé une sérieuse tendance sadique à l'âge adulte. Vouloir faire croire à une gosse qu'une fille ça consiste à ne jamais se lasser de sauter sur les genoux de Gros Nounours, c'est préparer une jeune gazelle du Serengeti à affronter la vie en la plongeant dans un bac de crème.

Si vous êtes une fille, ou s'il vous est arrivé d'en être une, vous savez que son premier job consiste à apprendre à survivre dans un groupe de filles. Et des filles en groupe ne ressemblent pas à celles des chansons du petit Joni Mitchell. Les filles en groupe sont... comment dire, puisque le mot qui vient à l'esprit s'applique toujours aux garçons ? Agressives. Évidemment qu'elles sont agressives. Le sang leur bat dans les veines, non ? Ce sont des primates. Des animaux sociaux. Alors, oui, les filles peuvent aimer les poupées Barbie... Ah ! mais que ma saleté de sœur me casse les pieds et vlan ! boum ! la voilà ta Barbie à toi en costume de dentiste : à la poubelle ! Vêtements arrachés, tondue, avec la marque de mes dents sur les nénés.

Si vous êtes une fille, ou l'avez été, vous savez que les filles sont agressives. Cela ne date pas d'hier, pas plus que le code Hammourabi. Seulement, les filles des Bisousland publicitaires ne sont jamais agressives ; plus ça va, même, plus elles sont godiches. Quant aux filles qui caracolent dans les prairies de la biologie théorique, l'agressivité, elles ne connaissent pas, jamais. Non. Ce sont des anges de *sociabilité.* Elles sont disertes, soucieuses des autres, attentives, affables. Ce sont les amies que vous aimeriez vous acheter avec le baigneur de la télé qui fait son rot. Tenez, prenez un des rapports de 1997 publiés dans *Nature.* Des chercheurs britanniques ont étudié des filles qui ont le syndrome dit de Turner, une affection rare où la fillette n'a qu'un seul chromosome X au lieu des deux qui se présentent chez la plupart. Les chercheurs ont d'abord constaté un fait fascinant : les aptitudes sociales des filles qui ont le syndrome de Turner sont différentes selon l'origine de leur chromosome unique. Normalement la fillette tient l'un de ses chromosomes X de sa mère et l'autre de son père. Celle qui n'a qu'un seul chromosome X peut l'avoir reçu soit de sa mère, soit de son père. Ce que les chercheurs ont découvert, en étudiant le cas d'une centaine de filles atteintes du syndrome, c'est que celles qui avaient hérité le chromosome X de leur père étaient plus aimables que celles qui le tenaient de maman. Les filles de papa tendent à être amicales, socialement adaptées et bien dans leur peau. En revanche, celles qui ont hérité de leur mère sont plutôt maussades, maladroites, taciturnes en société, portées aux gestes offensants ou perturbateurs. Tout cela était impressionnant et donnait un aperçu de la palette de comportements induits par le syndrome de Turner, mais les scientifiques sont allés au-delà. Ils ont cherché des explications à la sociabilité innée des filles – de toutes les filles. Ils ont avancé que les filles dotées du seul chromosome X paternel, celles qui sont socialement bien adaptées, étaient les filles vraiment féminines, et que celles dotées du seul chromosome X maternel, socialement inadaptées ou agressives, avaient un génotype plutôt masculin. Le raisonnement était tortueux et abstrus, mais en dernière analyse on nous servait le portrait de filles génétiquement prédisposées à la sociabilité, la diplomatie et l'affabilité. Cette thèse suspecte permettait de suggérer que le chromosome X porte un gène de la mondanité actif chez les filles normales, mais réduit au silence chez les garçons normaux un schéma d'expression génétique différent selon le sexe, donc censé présenter des avantages évolutifs différents selon que vous êtes une fille ou un garçon. Chez les hommes, l'insensibilité aux gestes amicaux devrait en principe faciliter l'agressivité, les hiérarchies de dominance, inciter à la formation de commandos de chasse et à la levée de corps d'armée afin de faire un sort à tous les idiots trop gentils se trouvant sur leur chemin. Chez les filles, une meilleure sociabilité pourrait simplifier les relations amicales avec les consœurs, la cohabitation en bonne entente et l'apprentissage des vertus de la maternité. « Les fillettes adorent jouer les petites mères, m'expliquait un des chercheurs. Et les femmes adorent parler aux autres femmes. Elles ont le don de nouer des relations sociales avec d'autres femmes. » *Don* a ici une connotation *ad hoc,* un petit air chromosomique, justement.

Prenons quelques libertés, et appelons ce gène de la *S*ociabilité *F*éminine SF-1, l'aptitude aux relations sociales étant un trait suffisamment complexe pour qu'on puisse découvrir d'autres SF spécifiques aux filles pour peu qu'on agite notre baguette magique avec suffisamment de douceur.

Oublions un instant que l'étude sur laquelle ces spéculations tarabiscotées et hasardeuses se fondent était limitée à une population d'une centaine d'enfants pourvues d'une anomalie chromosomique, et que les anomalies chromosomiques sont particulièrement complexes et déconcertantes ; oublions également qu'on est loin d'avoir identifié notre prétendu gène SF-1 dont l'existence n'est d'ailleurs pas prouvée. Ce qui m'impressionne, c'est le profil décoloré de la fille générique qui émerge de ce rapport. Une extraterrestre, vraiment. Une fille dont l'aplomb en société et dans son cercle d'amies lui vient de naissance. Une petite mère pourvue d'un bagout inné. Où sont les filles tyranniques, les filles morbides, les filles méchantes, les rêveuses, l'amie à jamais d'un jour qui vous poignarde le lendemain ? Où sont les maniaques de la hiérarchie, ces pestes qui vous attribuent une note et vous classent leur petit monde de A à Z sans que vous ayez votre mot à dire ? Où sont nos hyènes tachetées, nos léopards, nos coyotes et nos rapaces ?

Où sont les filles vivantes, effervescentes, agressives, les seules que j'aie jamais connues ?

On aborde rarement le sujet de l'agressivité féminine, aussi oublie-t-on qu'elle existe et signifie quelque chose. On associe l'agressivité au comportement masculin et nous, les femmes, en restons là, sans voir ni donner de la voix plus loin. Les chercheurs font preuve de paresse d'esprit et les femmes pratiquent l'autocensure par réflexe, même quand elles se croient perspicaces et éclairées, libérées des vieux stéréotypes. Un jour que j'observais un groupe de mouettes se disputant de vieux biscuits sur la plage, je remarquai que les plus vieux palmipèdes, au plumage blanc sale avec le point rouge caractéristique de la maturité sur le bec, passaient leur temps à affirmer leur dominance à coups de bec hargneux sur les plus jeunes, reconnaissables à leur plumage brun, lesquels se payaient l'insolence d'ignorer les seniors tout en s'empiffrant tant et plus. Pour moi, cela allait de soi, tous les oiseaux de l'échauffourée étaient des mâles, ne pouvaient être que des mâles, vu leur agressivité, et je me déroulais déjà le film convenu : les vieux mâles jaloux de leur statut social, les jeunes blancs-becs (c'est le cas de le dire !) provocants et opportunistes. Ce n'est que plus tard que je me rappelai que les mouettes mâles et femelles se ressemblent – brunes quand elles sont jeunes, blanches en prenant de l'âge – et pris conscience, le rouge au front, que bon nombre des volatiles de la mêlée avaient dû être des femelles, parce qu'il faut bien manger et que la vie de charognard est une vie de garce.

Pas trop vite. L'erreur a ses raisons. Ce n'est pas pour rien que nous faisons une fixation sur l'agressivité masculine. Chez les humains, il arrive qu'elle saute aux yeux comme un nez cassé au milieu de la figure. Les hommes ont quasiment le monopole de la violence criminelle. Ils commettent 90 % des meurtres, 80 % des agressions, pratiquement 100 % des viols. Les chercheurs qui veulent comprendre l'origine de l'agressivité doivent justifier leur curiosité par des motifs médicaux s'ils veulent obtenir sans trop de peine des subventions. C'est ainsi que l'on coule aisément l'agressivité masculine dans le moule de la maladie. La violence, au demeurant, attente effectivement à la santé publique. Les hommes se livrent plus facilement à la violence physique que les femmes, et du coup la recherche se focalise plus sur l'agressivité masculine que féminine. D'ailleurs, tout le monde le sait, les femmes sont bien moins agressives que les hommes, les filles entre elles s'entendent à merveille, et si toi, ma petite, tu prétends faire exception à la règle, les moyens de t'en dissuader ne manquent pas, à commencer par ta dose obligée de programmes télé pour gosses.

Le problème, c'est qu'à force d'ignorer l'agressivité féminine, nous, filles, femmes et autres primates à tempérament de chipie, ressentons une certaine perplexité, comme si quelque chose manquait à l'équation de notre être et nos pulsions. Nous en sommes réduites à explorer en catimini les halliers secrets de notre férocité, de nos appétits et ambitions en ne pouvant les extérioriser que sur le terrain qui nous est réservé, celui des filles entre elles ; nous savons que nous devons faire nos preuves, passer outre aux obstacles, nous rengorger, montrer notre calibre, sans que le cinéma, les livres ou les comptes rendus biologiques révèlent grand-chose de cet âpre combat. Pas étonnant que nous ayons l'impression de faire partie de « la marge d'erreur », suivant l'expression d'une chercheuse, et que nous nous demandions pourquoi diable nous ne sommes pas plus accommodantes, moins prétentieuses, et avons toujours la bougeotte.

Nous avons beau savoir qu'il manque quelque chose à la blonde angélique de nos standards bioculturels, nous ne nous vantons pas volontiers de notre combativité. Nous ne voulons pas passer pour des mégères. Les gens agressifs n'ont pas la cote, quel que soit leur sexe. Au travail, à la maison, c'est la plaie. Qu'ils aillent au diable. On ne veut même pas y penser. On considère toute manifestation d'agressivité d'un point de vue réducteur et parfaitement négatif en l'associant à l'image de la violence conjugale ou des débordements des consommateurs de crack. En revanche, il est bon d'être *sûr de soi, déterminé* : ah ! les agréables qualificatifs, si valorisants, auxquels nous tenons tant, nous les agents infatigables du marché mondial. L'agressivité ? C'est dépassé. C'est une preuve de faiblesse. C'est le recours de ceux qui ne détiennent pas le pouvoir réel.

C'est bien ce que je disais. L'agressivité, c'est bon pour les filles.

C'est là notre chance. L'agressivité est passée de mode. Elle a été médicalisée, diabolisée, jetée à la décharge de l'opinion publique. Ce n'est plus le signe enviable de la virilité. Très bien. C'est le moment de la récupérer et d'en faire ce qu'il nous chante. Réhabilitons-la, donnons-lui une nouvelle fonction. Qu'elle soit notre capital commun et voyons quand et comment elle se manifeste, afin de l'apprivoiser en fonction de nos aspirations. Un comportement agressif peut être hostile et chercher à blesser, mais il peut également être créatif et susciter le débat. Les psychologues le qualifient habituellement d'asocial, mais c'est un point de vue biaisé, à la Pangloss. Grattez la surface de bien des comportements sociaux apparemment innocents et vous trouverez une hostilité rampante. L'affectation de gentillesse peut être profondément agressive. Quiconque a reçu le coup de téléphone d'un quémandeur à l'heure du dîner peut l'attester : « Comment ça va ce soir ? Au fait, je suis à court d'argent. » Prenons un échange de propos ordinaire au moment d'accueillir quelqu'un chez soi. L'hôtesse offre à son invitée de quoi boire ou manger quelque chose. Cette dernière refuse. En surface le comportement de chacune est aimable. L'hôtesse fait preuve d'attentions et l'invitée ne veut pas la déranger. L'échange peut être vraiment amical et sans arrière-pensée : l'invitée vient de sortir de table et se voit mal remettre cela. Mais songez à l'agressivité latente, à l'épreuve de force que peut recouvrir un tel rituel. En offrant à manger, l'hôtesse montre qu'elle est sur son territoire. C'est sa maison, son bien. C'est elle qui a quelque chose à donner et elle profite de sa position. Elle veut imposer les termes de la relation, qu'on apprécie son hospitalité et qu'on voie qu'elle a de quoi. Elle veut conclure une alliance, même provisoire, avec l'invitée. En acceptant l'offre celle-ci lui serait quelque peu redevable.

En déclinant l'offre, la visiteuse refuse, même pour un bref instant, la position de confédérée ou de subordonnée, et par là envoie le message subtil que c'est *elle* qui donne le ton ; c'est elle qui peut se permettre de repousser les avances et l'éventuelle complicité. L'hôtesse peut se vexer, se raidir et décider : très bien, plus question de faire amie-amie, dis-moi ce que tu as à me dire et finissons-en. Se soustraire à un geste de générosité peut être insultant. Le degré d'agressivité de tout échange social varie selon le contexte, lequel incite à la convivialité ou souffle sur les braises. Celle qui refuse la collation offerte par une vieille amie qui a des enfants et n'a pas envie de retourner tout de suite à ses casseroles fait preuve de sollicitude. La patronne qui passe chez son employée durant le week-end et en fait autant manifeste simplement son dédain de petit despote du haut de son bec à point rouge. Vous arrivez sans être attendue, surprenez la pauvre fille, et quand elle tente d'équilibrer la relation en vous offrant une boisson de votre choix, vous la snobez. Vous vous apprêtez à la virer, après tout ; c'est elle qui aura besoin d'un remontant.

La franche agressivité peut même avoir de l'attrait dans un certain contexte, si l'on veut bien la considérer d'un œil neuf. Lady Macbeth est pour tout le monde l'abomination faite femme, une ambitieuse sans pitié qui demande aux esprits : « Oubliez que je suis femme, et faites que je ne sois que cruauté de la couronne aux pieds. » La dame manipule son mari et lui fait tuer le roi Duncan, puis trempe ses mains dans le sang. C'est peu dire en la circonstance de parler de « sale garce agressive ». Mais foin de nos préjugés. Lady Macbeth peut prendre une dimension noble et tragique. Et si nous l'imaginions en matriarche nordique, en protectrice de son clan ? Selon Pekka Niemela, professeur de philosophie à l'université d'Uppsala, en Finlande, Lady Macbeth était une Viking, un de ces personnages de maîtresses femmes qui peuplent la saga Orkkneyinga, l'épopée scandinave classique. Niemela souligne que l'intrigue de *Macbeth* se passe aux alentours de l'an 1000, dans une Écosse plus païenne que chrétienne, dominée par la culture viking. Sous les traits d'une Viking, Lady Macbeth ne perd rien de sa brutalité mais gagne beaucoup en sympathie. On attendait des femmes vikings qu'elles cultivent la férocité, qu'elles préfèrent verser le sang que leur lait. Les hommes étaient au loin pour des expéditions de piraterie qui duraient des mois, voire des années. Les femmes restées au pays étaient responsables du domaine et détenaient un pouvoir considérable, y compris celui de vie et de mort, de décider de la guerre ou de la paix. Une caste qui vit du pillage court toujours le risque d'être pillée, et il n'y avait ni lois, ni shérifs, ni police montée pour protéger la propriété ou la personne d'une Viking. La seule protection contre la menace extérieure était la famille et le clan. Un clan faible ne trouvait pas d'alliés et pouvait se faire exterminer en un seul éclat de rire. La femme viking ne pouvait se payer le luxe d'être indifférente à son statut. Macbeth avait toujours la ressource de sauter à bord de son drakkar et d'emporter son titre de petit hobereau ainsi que le lait de la tendresse humaine de l'autre côté des mers. Mais sa dame, rivée aux hautes terres d'Écosse, ne pouvait protéger son clan qu'en ceignant une couronne de reine ne pouvant être conquise qu'à la pointe du poignard.

Lady Macbeth est le rôle dont rêve toute actrice, mais réjouissons-nous de ne pas avoir à jouer les fières Scandinaves dans la vie quotidienne. Notre agressivité se manifeste de façon plus acceptable et moins rédhibitoire. Pourtant *elle* existe et il est important d'en comprendre l'origine et la nécessité, de la considérer sans préventions ni *a priori.* Nous pourrons alors nous pardonner notre fiel et envoyer un baiser à nos amies.

Cela m'amène à la testostérone dont la réputation est si terrible que vous pouvez presque entendre le cliquetis de ses chaînes de carbone. On ne peut réfléchir à l'origine de l'agressivité sans avoir le cran de regarder la testostérone dans les yeux. Cela fait si longtemps que nous sommes subjuguées par les pouvoirs de la testostérone qu'on ne peut traiter le sujet par-dessus la jambe. On nous a dit et répété qu'elle induisait le comportement agressif. De quel type ? On ne sait pas trop. Toujours est-il que ce doit être une hormone sacrément combative. On lui attribue tout ce que recouvre le terme d'*agressivité* : le besoin de dominer ou d'attaquer, de se rendre intéressant, de piquer des colères, de laisser le linge sale au milieu de la chambre. Elle fait les leaders, elle fait les escrocs. La différence n'est pas facile à faire ? Évidemment, puisque c'est toujours une histoire de testostérone dont la subtilité n'est pas le fort. Il paraît qu'elle sévit dès la prime jeunesse, et même avant, pour façonner le cerveau du fœtus et le prédisposer à la domination, la témérité et la mâle maladresse. La testostérone est à l'agressivité ce que les seins sont aux fesses : vous pensez à l'une et l'autre vous vient immanquablement à l'esprit.

Bien sûr, on sait depuis peu que la testostérone n'est pas une hormone strictement masculine, que les femmes en ont aussi. Mais attention, beaucoup moins, beaucoup beaucoup moins. Le niveau moyen de testostérone circulante chez la femme se situe entre vingt et soixante-dix nanogrammes par décilitre de sang. La moitié est produite par les glandes surrénales et l'autre moitié par les ovaires. Chez l'homme on en trouve au minimum trois cents nanogrammes par décilitre, et la moyenne oscille entre quatre cents et sept cents nanogrammes – autrement dit, dix fois plus que chez la femme. La pléthore provient essentiellement des testicules. Les hommes ont davantage de testostérone que nous, donc ils sont plus agressifs, donc c'est à la testostérone qu'il faut imputer une part ou l'essentiel du différentiel d'agressivité entre l'homme et la femme. Limpide.

On nous a également servi une nouvelle créature qu'on appelle la femme T-plus dont le quotient de testostérone serait supérieur à la norme, plus agressive que la moyenne des femmes, plus impliquée par sa carrière, plus assurée dans sa vie sexuelle, moins concernée par l'éducation des enfants – en un mot une piètre mère. Cette femme T-plus apporte une commode explication biologique au comportement se situant dans la « marge d'erreur ». Mais on n'a pas encore prouvé l'existence réelle de la fille T-plus, ou plus exactement que le tempérament énergique, autoritaire et ambitieux de certaines filles soit dû à un taux élevé de testostérone. On a accordé de vastes pouvoirs à la testostérone, l'hormone de la libido, de l'agressivité, de la dominance. Mais si nous devions compter sur la testostérone pour faire quelque chose de notre existence, avoir l'humeur badine ou sortir de nos gonds et de notre léthargie, pauvres de nous ! Car nous avons la portion congrue. Même une femme T-plus, avec ses soixante-dix nanogrammes par décilitre, n'arrive pas à la cheville de l'homme le moins pourvu. On a avancé que, *vu* leur bas niveau de testostérone, les femmes étaient particulièrement sensibles à ses moindres variations et fluctuations. Vraiment ? En dépit de sa réputation, la testostérone n'est pas une hormone particulièrement active : molécule pour molécule, son potentiel biologique n'est pas comparable à celui de l'estradiol. Il semble que les hommes en aient besoin en grande quantité. Pourquoi la femme devrait-elle être mieux équipée pour tirer sa force d'une hormone faible ? La réponse prévisible est que nous ne le sommes pas et n'avons pas besoin de l'être. Nous avons trop longtemps fait preuve d'aveuglement en prêtant à la testostérone une force irrésistible, jusqu'à s'imaginer qu'elle exerce son pouvoir sur ceux qui, hommes ou femmes, l'exercent déjà ou y aspirent ; mais pour peu qu'on remette en cause le dogme et qu'on en refuse les pièges, on peut se mettre à songer à un univers parallèle où la matriarche viking n'aurait pas obtenu son substrat neuronal à titre de prix de consolation, mais par droit de naissance.

La testostérone est censée agir en deux temps sur le cerveau, sur sa structure d'abord, puis comme facteur d'activation. Avant la naissance, les testicules du futur petit garçon commencent à libérer de la testostérone qui donnerait au cerveau du fœtus un modelé spécifiquement masculin. C'est la phase structurelle. Beaucoup plus tard, au cours de l'adolescence, survient la phase d'activation ; le jeune homme voit ses niveaux de testostérone s'élever et activer toutes les structures spécifiquement masculines forgées au sein de la matrice, ce qui nous donne la matière première dont on fait les cinq cents premiers dirigeants d'entreprise classés au hit-parade du magazine

Fortune (90 % d'hommes) ou tous ces gros bras qui ont pour nom Arnold (Schwarzenegger) ou Norman (Schwarzkopf).

Le cerveau féminin, quant à lui, s'en tient à sa structure stable, le cerveau par défaut, celui qui suit le plan de départ en l'absence de toute autre consigne. Notre cervelle de femme ne s'expose à aucune montée de testostérone avant la naissance, puisque nous n'avons pas de testicules susceptibles d'en sécréter. Le câblage cérébral féminin s'établit par une absence, pas par une présence. À la puberté, au moment de la poussée d'œstrogènes et de progestérone, les circuits cérébraux s'activent en obéissant à leur structure spécifiquement féminine, et suscitent un profil comportemental... eh bien, c'est difficile à dire, et naturellement cela diffère d'une personne à l'autre, mais enfin, sur le fond, si l'on fait abstraction de tout ce qui dépasse – un profil, donc, un peu moins agressif que chez l'homme, moins arriviste, moins détestable, moins libidineux. C'est du moins le postulat cher à la théorie en vogue de la sexualisation structurelle et fonctionnelle du cerveau : la structure du cerveau féminin se prête moins à l'agressivité, aux conduites dominatrices et tout ce qui va avec.

Voyons maintenant les défauts et les limites de cette thèse. D'abord, la testostérone en tant que telle n'est peut-être pas ce qui compte dans la configuration prénatale. Nombre de chercheurs estiment qu'une bonne part de la testostérone qui atteint le cerveau fœtal est rapidement convertie en œstrogènes par les neurones, et n'affecte la structure sexuelle du cerveau qu'en tant qu'œstrogène. Eh oui, ce n'est qu'en tant qu'hormone « féminine » que l'hormone mâle peut masculiniser le cerveau ! Autrement dit, ce sont les œstrogènes qui contribuent à la sexualisation du cerveau et prédisposent également au comportement agressif, despotique et dionysiaque. Les œstrogènes, les femmes connaissent. Ce n'est pas nous qui allons nous plaindre d'en manquer. Cela dit, on peut toujours sauver la thèse de la sexualisation structurelle et fonctionnelle du cerveau en insistant sur le fait qu'il ne s'agit pas d'opposer la testostérone aux œstrogènes, mais de prendre en compte la quantité d'hormones stéroïdes à laquelle le cerveau fœtal est exposé. Les œstrogènes présents dans le sang du fœtus (qu'ils proviennent de la mère ou des ovaires du fœtus) se fixeraient à une protéine dénommée protéine fœtale alpha, ce qui les empêcherait de pénétrer dans le cerveau. La testostérone en provenance des testicules du fœtus mâle, quant à elle, ne serait pas enchaînée à cette protéine fœtale et *pourrait* donc parvenir au cerveau. Et si elle était alors convertie en œstrogènes avant même de pouvoir influer sur la structure cérébrale, qu'est-ce que cela prouve ? C'est tout de même la testostérone qui se présente dans le cortex, pas les œstrogènes d'origine féminine. C'est donc bien le déferlement de stéroïdes qui donne le fœtus mâle. Le cerveau féminin, lui, garde sa virginité hormonale.

Sauf que ce n'est pas le cas. La plupart des expériences à l'appui de cette probité candide et ce lin blanc ont été faites sur des rongeurs, chez qui la protéine alpha est capable de bloquer les œstrogènes circulant dans le sang. Chez les humains, cette protéine ne fixe pas les œstrogènes et ne les détourne donc pas de leur destination cérébrale. Les œstrogènes d'origine maternelle ou fœtale peuvent donc influer sur la structure du cerveau du bébé fille. Le cerveau féminin reçoit une bruine d'œstrogènes au cours de la gestation et bien malin qui peut dire la quantité reçue par le câblage neuronal et les effets qui s'ensuivent. Les scientifiques supposent que la dose doit rester relativement faible comparée au déferlement hormonal d'origine testiculaire qui atteint le cerveau du fœtus mâle. Pour résumer le problème, les œstrogènes en faible quantité féminiseraient le cerveau mais le masculiniseraient à fortes doses. Ce surplus œstrogénique proviendrait d'éjaculations prénatales d'androgènes qui à leur arrivée au cerveau seraient converties en œstrogènes. Seulement, on n'a aucune preuve de tout cela. Même chez les rongeurs, ce beau modèle dichotomique ne colle pas. Prenez des souris femelles dont on a manipulé les gènes de façon à ce qu'elles n'aient plus de récepteur œstrogénique alpha et réagissent donc moins bien aux œstrogènes qu'une souris normale. Si le cerveau le moins affecté par le flux œstrogénique doit se féminiser au cours du développement, ces souris devraient être le pendant muridé de nos mijaurées des flashes de pub télévisés, en un mot des supernanas. Or ce n'est pas le cas. Au contraire, elles sont particulièrement agressives. Certaines pratiquent l'infanticide. Elles s'attaquent aux petits des autres femelles. Elles sont plus agressives que les souris *mâles* amputées du même récepteur œstrogénique. Ces mâles au demeurant manifestent un comportement quelque peu féminisé. Ils n'aiment pas s'aventurer dans les espaces ouverts comme le font normalement les souris mâles. Ils montent les femelles mais n'éjaculent pas. Leur cerveau, lui aussi, a échappé à la force de persuasion des œstrogènes ; leurs testicules produisent de la testostérone, mais celle-ci n'a pu exercer ses effets sur la structuration cérébrale parce qu'elle n'accomplit sa

B.A. que sous forme œstrogénique et que les récepteurs de l'œstrogène n'étaient pas à l'écoute.

La morale de l'histoire ? Virerez-vous au garçon manqué quand vos chromosomes disent que vous êtes une fille mais que vous êtes insensible aux œstrogènes *in utero* ? Minauderez-vous comme une fille si le garçon que vous deviez être reste tout aussi insensible aux œstrogènes ? Quelque chose du même style ou de complètement différent ? À moins... à moins que la morale de notre histoire ne soit qu'il s'agit là de vieilles salades : qu'en fait le cerveau féminin se façonne activement au cours du développement et n'a rien d'une structure par défaut ; qu'en cas d'anomalie génétique perturbant la croissance cérébrale chez les deux sexes l'animal qui en résultera défiera tout pronostic et se mettra toujours à rire au moment où on s'y attend le moins.

Les femmes sécrètent bien de la testostérone, mais pas au point de devoir mettre leur casque intégral. Nous ne pouvons compter sur la testostérone, et il y a de bonnes chances pour que nous n'en ayons guère besoin.

Les études qui lient la testostérone à un comportement agressif ou dominant chez l'homme ne sont pas fiables. Elles ont été menées en dépit du bon sens. Certaines enquêtes menées auprès des prisonniers prétendent que plus le crime est violent, plus le taux de testostérone est élevé. D'autres n'ont pas réussi à retrouver cette corrélation. On a relevé des taux importants de testostérone chez les jeunes adolescents catalogués comme des « durs » ou des « meneurs » par leurs camarades ; en fait les « durs » en question auraient plutôt tendance à se ramollir, vu que la même étude a montré que ces mômes à l'enfance difficile et bagarreuse avaient des niveaux de testostérone *en nette baisse* quand ils atteignaient la puberté. En règle générale la testostérone, chez l'homme, augmente avant une épreuve, comme un match de football ou un tournoi d'échecs, reste un temps à un niveau élevé s'il triomphe, mais baisse et ne remonte qu'avec difficulté s'il perd. Le taux s'élève quand il reçoit un diplôme médical ou une récompense professionnelle. Le niveau grimpe également quand il reçoit un prix en espèces pour avoir gagné au tennis, mais reste stationnaire s'il gagne la même somme à la loterie sans que son ego en soit valorisé. Les niveaux de testostérone des avocats d'assises masculins – de ceux qui se lèvent devant la Cour et brandissent le sabre de leur éloquence contre quiconque n'est pas subjugué – sont plus élevés, en moyenne, que les concentrations de testostérone chez les avocats fiscalistes qui travaillent le plus souvent chez eux et peuvent même cultiver une orchidée sur un coin de leur bureau.

Mais se préparer à une épreuve n'entraîne pas automatiquement une poussée de testostérone. Rien de notable en la matière chez les jeunes gens qui se passionnent pour les jeux vidéo, ni avant ni après avoir virtuellement exterminé leurs adversaires. La testostérone *s'effondre* avant de sauter en parachute, du moins chez l'homme ; à croire que notre hormone a une idée de ce qui l'attend et préfère tomber en pâmoison. Même chose chez l'amoureux qui s'apprête à déclarer sa flamme, et elle replonge quand il est sur le point de devenir père. Certains chercheurs en ont conclu que les hommes n'utilisent pas leur testostérone au cours d'une relation monogame. Ils n'en veulent pas. À quoi leur servirait-elle, puisqu'ils se contentent d'être des amants fidèles et des pères dévoués ? Évidemment, il n'en allait pas de même quand ils étaient en chasse et devaient se frotter la cotte de mailles à celle des rivaux de rencontre. On peut également voir les choses autrement. Il arrive que le niveau de testostérone se mette à chuter quand l'homme est en proie au stress ; cela explique sans doute en partie pourquoi elle s'effondre quand on perd son statut social ou à la suite d'une défaite aux échecs. Faire une déclaration d'amour n'est-il pas stressant ? Et s'apprêter à sauter en parachute ? Et attendre la naissance de son enfant ? Vous ne savez pas ? C'est que vous êtes de glace. Vous n'avez pas besoin de testostérone et ne manquez pas d'air.

Nous ne savons pas à quoi correspondent les fluctuations de la testostérone chez l'homme. Elle monte et descend au cours de la journée, atteint son maximum dans la matinée, recule en fin d'après-midi et s'élève à nouveau avant d'aller au lit. Si vous privez un homme de sa principale source de testostérone, ses testicules, il peut devenir moins agressif qu'auparavant, mais pas forcément. Il arrive aux hommes traités pour un cancer de la prostate, devant donc en passer par la castration chimique, de manifester un changement d'humeur spectaculaire : ils deviennent habituellement plus passifs ou présentent des symptômes dépressifs ; mais ils ont un cancer et, par Thor, dieu des Vikings ! on n'attend pas d'eux qu'ils se prennent pour des champions de karaté. Les hommes que l'on castrait pour veiller au harem des sultans n'étaient pas précisément des tendres. Ce pouvait être de vrais salauds. C'est pourquoi ils étaient de bons chiens de garde. Dans l'ancienne Chine, bien des eunuques de cour furent des sanguinaires notoires capables d'assassiner l'empereur pour faire accéder au trône le successeur de leur choix ; certains furent des stratèges militaires, d'autres ont combattu comme fantassins. Aux États-Unis, on a parfois recours à la castration chirurgicale ou chimique en cas de crime sexuel, surtout quand il s'agit de pédophiles. Cette thérapie a ses détracteurs et à bon droit. Non seulement la punition a un relent de barbarie et viole les principes de la Constitution, mais elle peut aboutir à des résultats tragiques. Certains violeurs d'enfants qui avaient été castrés ont fini par tuer leurs jeunes victimes au lieu de se contenter d'en abuser. La perte de l'androgène des testicules avait tempéré leurs pulsions sexuelles et rendu leur érection difficile, mais n'avait pas diminué leur agressivité ; la déconvenue les avait rendus furieux et ils s'étaient déchaînés sur l'objet infortuné de leurs pulsions pathologiques.

Les hommes qui souffrent d'insuffisance testiculaire – dont les niveaux de testostérone ont, pour différentes raisons cliniques, plongé au-dessous de la normale – disent qu'ils se sentent non pas moins, mais plus agressifs et irritables qu'auparavant ; ils deviennent plus sereins, plus heureux et mieux dans leur peau quand leur niveau d'androgène revient à la normale. Il en va de même de toutes nos hormones – l'hormone thyroïde, les stéroïdes sexuels, le cortisol. Qu'on en ait trop ou trop peu, le résultat est le même : on se sent mal, pas dans son assiette, grincheux, agressif.

Si le rapport entre la testostérone et le comportement agressif ou dominant est mal établi chez l'homme, chez la femme, ce n'est même la peine d'y penser. Les athlètes féminines n'ont pas de poussée de testostérone avant une compétition, et pas davantage quand elles gagnent. Les avocates d'assises n'ont en moyenne guère plus de testostérone que les avocates qui traitent les dossiers fiscaux. Des chercheurs ont tenté de déterminer si l'agressivité de la femme suivait les montées et retombées de ses niveaux de testostérone au cours du cycle menstruel, en particulier au moment de la maturation des ovules quand la production d'androgènes est la plus élevée. On a soumis à plusieurs reprises deux douzaines de femmes à un jeu de rapidité dénommé « schéma d'agressivité par soustraction » : la joueuse peut soit presser une barre une centaine de fois pour élever son score d'un point, qui vaut dix centimes, soit presser une autre barre une dizaine de fois pour enlever un point à un prétendu adversaire (en fait fictif). On la provoque en lui enlevant un point de temps en temps, en attribuant la perte à l'hostilité de son adversaire imaginaire. Les chercheurs n'ont trouvé, chez les femmes soumises à l'expérience, aucune corrélation entre leur taux relatif de testostérone et leur propension à répondre à la provocation en pressant furieusement sur la barre de soustraction plutôt que de se concentrer sur l'augmentation de leur propre score. Ils ont constaté toutefois que les femmes qui disent souffrir du syndrome prémenstruel étaient généralement plus belliqueuses et plus promptes à presser la barre « je t'aurai, espèce d'abrutie », que les femmes qui n'en souffrent pas, et cela quels que soient leurs niveaux de testostérone au cours du mois.

La testostérone présente un comportement anarchique, ingérable. Selon une étude menée sur des détenues, plus leur niveau de testostérone était élevé, plus grande était la probabilité qu'elles aient commis un assassinat plutôt qu'un délit ne portant pas atteinte aux personnes physiques comme l'escroquerie. Une autre étude ne retrouvait pas la corrélation. Selon d'autres enquêtes, les détenues présentant un taux élevé de testostérone manifestaient plus un comportement de dominance et d'intimidation que celles dont le taux était plus bas, lesquelles, en retour, selon l'appréciation du personnel de la prison, étaient plus « roublardes », « manipulatrices » et portées aux « intrigues », en un mot de véritables vipères. Mais mettons cette étude en perspective, et puisqu'il est question d'agressivité, sortons un peu nos griffes. Les femmes T-plus de cet échantillon de population étaient également en moyenne plus jeunes que les femmes T-moins. La jeunesse a ses avantages. Quand vous êtes jeunes, vous avez du muscle. Vous pensez encore que la mort est excitante et provisoire. En règle générale, les gens qui se retrouvent en prison ont pris de mauvaises habitudes – ils fument trop, boivent trop, consomment de dangereux cocktails de drogues – et se retrouvent, en prenant de l'âge, vieux, faibles, désabusés et usés. Mieux vaut alors se trouver des complices et intriguer, que chercher la confrontation directe.

La testostérone a une réputation surfaite. Nous en faisons trop de cas. Ce n'est pas de ce côté-là que nous pourrons comprendre les racines de l'agressivité féminine. Je ne sais si la testostérone a un rapport avec le comportement masculin, ni si l'homme peut tirer parti de la poussée d'hormone mâle que lui vaut un succès personnel pour partir à l'assaut de la gloire. Les hommes ont de la testostérone à revendre et doivent sans doute y puiser quelque peu pour l'usage qui leur sied. Le corps agit ainsi : il prend ce qui est disponible et en joue à son gré, sous contrôle toutefois, avec souvent droit de veto, de l'expérience, de l'histoire personnelle et des contraintes sociales, sans oublier l'effet placebo d'un cerveau qui a décidé d'y croire. Certes, les hommes ont plus de testostérone que les femmes et peuvent avoir recours à cette hormone, de façon inconsciente ou même consciente, pour amplifier, prolonger une réaction ou une sensation, exactement comme certaines femmes peuvent jouer sur les cordes de leur sexualité et accroître leurs capacités orgasmiques au milieu de leur cycle, quand leur niveau d'œstrogènes atteint son apogée. Mais tout cela n'a finalement guère d'importance. Chaque sexe a bien d'autres façons de s'épanouir dans ce qui lui est spécifique, de se libérer et de se transcender. Nous devons secouer le joug de la testostérone, arrêter de croire que nous en avons besoin pour faire jeu égal, que les hommes ont le monopole de ladite hormone de la libido et de l'agressivité, de celle qui fait les héros. Ce n'est pas le cas. Il n'y a rien à craindre de la testostérone.

Pensons plutôt à certaines de nos sœurs phylogénétiques et écoutons ce qu'elles ont à nous dire au sujet de l'agressivité féminine. La hyène tachetée est un de mes exemples favoris. La *Crocuta crocuta* est un carnivore africain que certaines personnes trouvent laid, en quoi elles ont tort. Elle ne ressemble à aucun autre mammifère. Ses pattes arrière sont plus courtes que celles de devant, le mieux qu'on puisse faire pour courir sur de longues distances. Son cou énorme, un tronc de séquoia tout en muscles, lui donne des mâchoires très puissantes qui pulvérisent la totalité d'une proie, chair, peau et os compris. La hyène tachetée vous réduit un squelette en poudre et laisse des morceaux de craie en guise de crottes. Sa face tient du chat, du chien, de l'ours et du phoque. Son âme est de la fureur à l'état pur. Le lionceau naît sans forces, aveugle et édenté. La petite hyène arrive au monde les yeux ouverts et les canines sur le pied de guerre, et commence par se précipiter à la gorge de ses frères et sœurs. Il arrive souvent qu'un nouveau-né en tue un autre. À la suite de ce sanglant baptême, le survivant s'installe et, comme tous les jeunes du monde, se met à jouer.

Ce qui fait de la hyène tachetée un animal peu ordinaire, c'est son apparence et son comportement sexuels. Comme je l'ai mentionné plus haut, il est difficile de faire la différence entre l'appareil génital des mâles et celui des femelles. Chacun semble avoir un pénis et un scrotum. Mais là où le mâle a effectivement pénis et scrotum, le phallus apparent de la femelle est un compromis de vagin et de clitoris, alors que son faux scrotum est formé par la fusion des lèvres. La femelle se sert de son phallus pour tout – uriner, copuler et mettre au monde. Son premier accouchement, à travers ce mince tunnel, est extraordinairement douloureux. La descente du petit la déchire cruellement. Bon nombre de femelles meurent lors de leur première parturition. Les naissances suivantes de celles qui survivent sont beaucoup plus faciles – les mères humaines n'en seront pas surprises. Le pis, c'est la première fois.

L'appareil génital étonnant de la hyène tachetée a induit les naturalistes en erreur, d'Aristote à Ernest Hemingway, qui ont cru qu'elle était hermaphrodite. Même après avoir compris qu'il y avait bien deux sexes distincts, comme c'est l'habitude chez les mammifères, les scientifiques furent estomaqués par le comportement et l'organisation sociale de la hyène. Mâles et femelles ont sensiblement la même taille, mais c'est toujours la femelle qui fait la loi. C'est elle le sexe dominant. Un grand mâle capitulera devant une femelle plus jeune et plus petite. D'où vient la prééminence féminine chez cette espèce ? Au premier abord, la réponse semble être... la testostérone. Les petits, mâles ou femelles, sont exposés à des doses de testostérone très élevées au sein de l'utérus, ce qui explique que les femelles sortent de la matrice avec un appareil génital masculinisé. Cet afflux de testostérone tient à une particularité du placenta maternel. Chez la plupart des mammifères le placenta est riche en aromatase, l'enzyme qui transforme les androgènes maternels en œstrogènes, mais pauvre en enzymes convertissant les précurseurs moléculaires en testostérone. Chez la hyène tachetée, la proportion des deux types d'enzymes est inversée : elle penche en faveur des enzymes qui transforment les précurseurs stéroïdiens en testostérone au détriment de l'aromatase qui convertit la testostérone en œstrogènes. La testostérone circule donc en abondance dans le sang du fœtus et accède plus facilement que les œstrogènes au cerveau où elle peut être reconvertie en œstrogènes. Toujours est-il que la testostérone afflue au cerveau, ce qui pourrait expliquer la rage avec laquelle le petit claque des canines dès qu'il s'est frayé son chemin hors du vagin-phallus de sa mère. Les niveaux de testostérone du sang de la petite hyène tombent dans les semaines qui suivent la naissance et l'animal devient plus sociable et plus joueur, ce qui semble confirmer la réputation de l'hormone.

Et pourtant les raisons de la dominance des femelles nous échappent. Le niveau de testostérone des petites hyènes tombe après la naissance dans les mêmes proportions pour les deux sexes, mais les femelles demeurent plus agressives que les mâles. À l'adolescence et à l'âge adulte le niveau de testostérone du mâle grimpe considérablement au-dessus de celui de la femelle, comme chez tous les mammifères atteignant leur maturité sexuelle, mais la femelle refuse de céder son rang. C'est elle qui l'emporte quand il s'agit de se disputer un fémur de zèbre. C'est la chef. Et cela devient l'habitude. Mais d'où vient cette tradition, ce goût féminin pour le pouvoir ? La testostérone n'explique pas tout. Les chercheurs qui étudient la hyène tachetée s'attendaient, c'est compréhensible, à ce que l'exposition prénatale à de fortes doses de testostérone ait masculinisé le cerveau des deux sexes, et qu'il n'y ait pas ou pratiquement pas de différence entre les deux. Or l'on constate que les régions du cerveau plus étendues chez la plupart des espèces de mammifères mâles le sont aussi chez les hyènes mâles, y compris les régions qui contrôlent le comportement sexuel. Les hyènes femelles ont un cerveau « féminin », et pourtant elles font régner les lois bruyantes et impérieuses du matriarcat, dans le partage des os comme dans toutes les gaietés de l'existence.

L'étude des hyènes, détail intéressant, a révélé l'importance d'une hormone stéroïde dénommée androsténédione (ce qui en anglais, avec une intonation féminine bien décidée, sonne comme *andro-steen-DIE-own*[1]). C'est un androgène, donc de même catégorie chimique que la testostérone – mais qui, n'étant pas spécialement considéré comme un androgène de la virilité, n'avait jamais suscité grande passion. Les chercheurs ont longtemps snobé l'androsténédione en n'y voyant qu'un intermédiaire sans intérêt tant qu'elle n'est pas convertie en testostérone ou en œstrogènes. On pensait qu'elle était sécrétée par les surrénales plutôt que par les gonades, et les hormones surrénaliennes, qui ne se distinguent guère d'un sexe à l'autre, présentent nettement moins d'attrait que les hormones ovariennes ou testiculaires aux yeux des fanatiques de l'apartheid sexuel. Les hyènes ont montré le rôle exact de l'androsténédione. La femelle adulte n'a peut-être pas autant de testostérone que le mâle, mais elle se rattrape par une pléthore d'androsténédione. La majeure partie lui vient non pas des glandes surrénales mais des

1. Quelque chose comme « l'androgène de la mort de la petite antilope » ! *(N.d.T.)*

ovaires. Pour des raisons inconnues, les gonades de la hyène femelle sécrètent d'énormes quantités d'androsténédione. Au cours de la grossesse le placenta métamorphose l'hormone en testostérone, laquelle pénètre ensuite dans le sang du fœtus. Mais les ovaires de la femelle lui fournissent un flot régulier d'androsténédione même en dehors de la gestation. Ce pourrait être cette hormone qui provoque la forte agressivité de la dame. Peut-être, peut-être pas. Nous n'en savons rien. Ce que nous pouvons dire, c'est que l'androsténédione mérite plus d'attention qu'elle n'en a reçu jusqu'ici. Nourrissez-la, pansez-la, mettez-lui un collier et vous aurez la mascotte hormonale de la harpie. Une enquête a montré que les adolescentes agressives avaient des niveaux élevés d'androsténédione dans le sang. Les chercheurs ont d'abord pensé que les résultats n'avaient pas de signification particulière, les surrénales des filles stressées étant hyperactives en produisant de grandes quantités de toutes sortes de stéroïdes, y compris l'androsténédione. Ils se demandent désormais si les jeunes filles étaient, après tout, vraiment aussi stressées qu'on l'avait cru, sous l'empire de leur glande surrénale, ou si ce n'était pas leurs ovaires les responsables de cette tempête d'androsténédione avec toutes ses conséquences éventuelles, dont, par exemple, une attitude effrontée, provocatrice et exubérante. Quel que soit leur niveau d'agressivité, les femmes ont beaucoup plus d'androsténédione que de testostérone dans leur plasma sanguin – quatre ou cinq fois plus. En outre, une bonne part de cette androstrénédione est libre, c'est-à-dire non fixée aux protéines du sang, donc peut, en principe, parvenir plus facilement au cerveau. Le niveau d'androsténédione est le même chez les deux sexes. Là, la femme ne se contente pas d'admirer. Elle a quelque chose à se mettre sous la dent.

Cela dit, je ne tiens pas à faire toute une histoire de l'androsténédione. Il n'y a pas que la testostérone qu'on surestime. Au bout du compte on accorde trop d'importance aux hormones et on les comprend mal. Nous avons beau en avoir conscience, nous subissons toujours le joug de la testostérone. Il nous faudrait voir les choses sous un nouveau jour. Les hyènes ont des mâchoires puissantes, c'est l'idéal pour se libérer de ses chaînes.

Et n'oubliez pas nos œstrogènes. Cette classe d'hormones peut aussi être le catalyseur de l'esprit de commandement en ce qu'il s'oppose à celui de soumission ou d'isolement. Dans une étude portant sur des étudiantes, Elizabeth Cashdan, de l'université de l'Utah, a montré que les femmes qui ont le pourcentage le plus élevé des trois hormones – œstrogènes, testostérone et androsténédione – sont celles qui ont le plus d'estime pour elles-mêmes et se placent sans fausse honte au rang que leur attribuent leurs camarades. Elles sourient aussi rarement, un des symptômes plutôt malheureux de tous ceux qui se font une haute idée d'eux-mêmes. À noter : les femmes les mieux pourvues en androsténédione étaient également celles qui avaient tendance à surévaluer leurs ascendants, se plaçant plus haut dans la hiérarchie estudiantine que ce que leur accordaient leurs propres camarades. L'androsténédione pourrait bien être le breuvage de la garce. Mais peut-on vraiment avoir trop confiance en soi ? Oh oui, pensons-nous, il n'est que de voir l'état pathétique de ceux qui nourrissent des idées de grandeur. Pourtant l'histoire nous a appris que les individus ayant une confiance illimitée en eux-mêmes, se mettant en avant de façon éhontée, sont également ceux qui, à force de ténacité, finissent non seulement par obtenir le pouvoir mais savent le garder. La femme peut-elle faire preuve de trop de confiance en elle ? S'il suffit d'une transfusion d'androsténédione pour donner de l'orgueil à une fille, je vous tends mon bras tout de suite et vous aide à trouver la veine.

Cela dit, j'insiste encore, c'est très important, les hormones n'induisent pas le comportement. Nous ne connaissons pas les effets des hormones sur le cerveau et la personnalité, mais nous savons ce qu'elles ne font pas, en particulier qu'elles ne dictent pas la conduite, à la façon dont on conduit une voiture en actionnant le volant à droite ou à gauche. Pas plus que l'agressivité ou le comportement despotique ne requièrent un substrat hormonal. Si les hormones ont un quelconque effet comportemental, si tant est qu'elles en aient un, celui-ci consiste, toutes choses étant égales par ailleurs, à accroître l'incidence d'un comportement déjà existant. Le pic œstrogénique du milieu de cycle peut accroître la vivacité et l'intensité de la sensibilité érotique, rien de plus. Ce qui réactualise par la même occasion le concept biologique de rétroaction (de feed-back) : les comportements et les émotions peuvent changer le contexte hormonal et les connexions entre les neurones. Les synapses reliant une cellule cérébrale à une autre s'activent, meurent et s'activent à nouveau.

Peu d'organismes illustrent la plasticité neuronale et hormonale comme *Haplochromis burtoni*, un poisson de la famille des cichlidés qu'on trouve en Afrique dans le lac Tanganyika. Chez cette espèce, il n'y a qu'un seul ou quelques rares mâles dominants à la fois par lieu de résidence au sein du lac. Ces mâles dominants arborent de brillantes couleurs, de vrais néons aquatiques, alors que les femelles et les mâles dominés ont la couleur du sable. Seuls les mâles alpha ont des gonades en activité et peuvent se reproduire, mais à leurs risques et périls permanents : ils sont victimes des prédateurs attirés par l'éclat de leurs écailles ou de leurs usurpateurs. Quand un mâle dominant est évincé par un autre, plus fort, son cerveau se met à changer rapidement et de façon spectaculaire. Les neurones de son générateur hypothalamique pulsatif, lequel contrôle la production de semence des gonades, rétrécissent et libèrent leurs synapses. En l'absence de signaux adéquats en provenance du cerveau, ses testicules se résorbent également, ce qui fait perdre au poisson sa source principale de testostérone. Il perd ses brillantes couleurs et devient grisâtre. Il cesse de consacrer son énergie à patrouiller activement sur son territoire, prend un profil bas et reste caché le plus longtemps possible. Pas par humiliation ; par bon sens. En l'absence de testicules et de testostérone, il ne peut produire de sperme ni s'accoupler ; alors, autant se mettre en réserve de la république en attendant une nouvelle occasion de prendre le pouvoir. Si l'usurpateur meurt de sa belle mort ou se fait manger, le poisson grisâtre tentera à nouveau sa chance vers la vie aux vives couleurs, contre d'autres prétendants ternes et sans gonades. S'il gagne, son hypothalamus gonflera à nouveau, comme ses testicules qui augmenteront leur production de testostérone et partant sa fécondité ; le vainqueur pourra s'offrir l'arrogance d'exposer l'éclat et le chatoiement de ses écailles aux regards du petit peuple.

L'exemple de ce poisson du lac Tanganyika montre comment un comportement ou plus exactement une estimation de la réalité peut reconfigurer l'ensemble de l'organisme, du cerveau aux gonades. Le point de départ, c'est la perte d'une bataille. Le cerveau réagit le premier. C'est le sentiment de la défaite qui, d'une façon ou d'une autre, induit la rétraction des neurones, la baisse d'activité du générateur pulsatif de l'hypothalamus. Ce n'est pas une chute du taux de testostérone qui provoque les modifications cérébrales ; l'atrophie neuronale précède toute baisse hormonale mesurable. Ce n'est qu'ensuite, quand ses gonades ont commencé à se flétrir, que le niveau hormonal du poisson change de façon significative. La testostérone réagit plus qu'elle n'agit chez cette espèce. Une chute du niveau hormonal peut faciliter ou encourager un comportement énigmatique, mais elle n'en est pas la *cause*. À la suite d'une défaite, l'enchevêtrement systémique cérébral, les gonades et les hormones dictent de concert au cichlidé la conduite à tenir la plus raisonnable – attendre et voir, et profiter des vacances.

La morale de l'histoire de notre petit poisson est que la flèche n'est pas orientée dans une seule direction, de l'hormone au comportement, ou du circuit neuronal A au résultat B. Au contraire, nous avons affaire un ensemble à la M. C. Escher : la flèche va vers l'oiseau, de l'oiseau à l'homme, de l'homme à l'espace interstitiel pour retourner au point de départ. Le cerveau n'est jamais stable. C'est une cible mobile. Vos hormones ne vous font pas faire n'importe quoi. L'habitude et les circonstances peuvent influer beaucoup plus sur le comportement que les hormones. Une personne qui est habituée à ce qu'on la respecte sera obéie dans son grand âge en dépit des caprices et des défaillances de ses œstrogènes ou de sa testostérone. Le matou qui arrosait votre maison pour asseoir ses prétentions territoriales et génitrices avant d'être castré peut très bien continuer à marquer son territoire après la perte de ses testicules. Il a appris à le faire, et même si l'impulsion de départ venait d'une poussée de testostérone à la puberté, il n'a plus besoin de l'hormone pour savoir (comme le savent les chats qui sont infiniment sages) qu'un matou se doit de semer sa puanteur partout où il déambule.

Le cerveau est une cible mobile. Notre compréhension des circuits cérébraux de l'agressivité également. Les chercheurs distinguent différents types d'agressivité. L'agressivité de prédation, de rivalité (entre mâles), induite par la peur, la colère, celle de la mère qui protège sa progéniture ou encore l'agressivité sexuelle. Mais l'existence de ces catégories ne signifie pas le consensus. Les chercheurs mettent eux-mêmes pas mal d'agressivité à polémiquer sur sa définition et sur la validité des tests qui la mesurent. Prenez un test classique censé mesurer l'agressivité, celui de l'intrus. Placez une souris dans la cage d'un rat qui l'attaque et la tue, disons en trois minutes, alors qu'un autre rat mettra trente minutes pour venir à bout de sa propre souris : le premier est nettement plus agressif que le second, pourriez-vous conclure. Seulement, bon nombre de paramètres peuvent affecter la propension d'un rat à attaquer, notamment son intelligence, sa faim, son humeur, sans parler de l'adresse et de la force de la souris qu'on lui présente. En tout cas le test est artificiel : dans la nature les rats et les souris ne se rencontrent pratiquement jamais, et aucune souris n'est assez stupide pour pénétrer délibérément dans les quartiers d'un rat.

De la même façon qu'il n'existe pas une « hormone de l'agressivité » particulière, il n'y a pas non plus de siège de l'agressivité dans le cerveau, pas d'endroit spécifique qui contrôle ou induise des sentiments ou des actes agressifs. Dans un récent article sur la neuropsychiatrie, Jeffrey L. Saver et ses collègues distinguent trente-huit régions cérébrales différentes ayant un rapport avec des comportements pouvant être qualifiés d'agressifs. Si l'on enlève le tissu cortical qui entoure l'hypothalamus d'un chat et qu'on envoie des impulsions électriques sur la région arrière de l'hypothalamus, l'animal prendra automatiquement la posture de colère qu'on lui connaît : chuintement, poil hérissé, toutes griffes dehors, pupilles dilatées. On en conclut que l'enveloppe corticale doit inhiber l'agressivité et l'hypothalamus l'alimenter, du moins chez le chat. Si vous excisez l'amygdale[1] d'un singe rhésus, le singe devient habituellement docile et placide. Mais pas toujours : des singes au comportement de soumission avant l'ablation de l'amygdale deviennent souvent agressifs à la suite de l'opération. On pense que l'amygdale joue un rôle dans l'apprentissage et la mémoire. Il est donc possible que l'expérience montre qu'en absence d'amygdale les singes agressifs oublient d'être méchants et que les singes dociles oublient d'être gentils.

Des patients humains souffrant de blessures ou atteintes cérébrales diverses ont manifesté des comportements agressifs, impulsifs ou violents, mais jamais d'une façon assez nette ni suffisamment localisée pour permettre aux savants de dire : voilà la voie de passage de l'agressivité colérique ou de l'agressivité maternelle. Le psychiatre David Bear raconte l'histoire de Rebecca qui s'était évanouie à l'âge de dix ans à la suite d'une blessure à la tête. Quatre ans plus tard, elle se mit à avoir des attaques, des pertes de

1. Du point de vue de l'anatomie cérébrale, l'amygdale est une structure sous-corticale faisant partie du système limbique située dans la profondeur du lobe temporal. Le qualificatif de « limbique » fut créé par Broca en 1876 (du latin *limbus,* le bord) pour désigner la région qui entoure les seuils internes des deux hémisphères cérébraux. On constate près de cinquante ans plus tard, dans les années trente, la présence dans cette région d'une structure corticale semblant jouer un rôle important dans les facultés d'apprentissage et de mémorisation et dans le déterminisme des états affectifs de l'organisme. *(N.d.T.)*

conscience et des impressions de déjà-vu. Elle devint irritable et se mit à écrire de longs poèmes et des essais philosophiques. Les électroencéphalogrammes révélèrent des décharges anormales du côté du lobe temporal droit. À quinze ans elle se mit à faire des fugues loin de chez elle, à parler d'une voix dure et masculine, à avoir des crises de violence sans même, la plupart du temps, avoir conscience de ses colères. Elle se réveilla un jour sur un tertre herbeux, un bâton couvert de sang à la main près du corps inconscient d'un homme qu'elle ne connaissait pas. Une autre fois elle s'en prit brusquement à son médecin en pleine séance de thérapie, en lui tenant trois heures durant un couteau sous la gorge. Plus tard, quand elle se rendit compte de son acte, elle en éprouva un tel remords qu'elle donna au psychiatre une fiole de son propre sang à titre de dédommagement. À la suite de sa blessure au lobe temporal Rebecca était devenue agressive, certes, mais avait vu dans le même temps sa vie émotionnelle s'approfondir ; elle ressentait l'envie d'écrire, de vagabonder, de se maîtriser, de se déchaîner. Elle devint en somme le faible écho déstructuré de Hildegarde von Bingen, la grande nonne du XIIe siècle, compositeur, poète et visionnaire, qui souffrait elle aussi d'auras migraineuses et d'hallucinations.

Quand le cerveau ne se reconnaît plus lui-même, il reprend souvent une attitude plus primitive et moins contenue, comme un chat qui souffle et se hérisse. Une femme à qui on avait sectionné la commissure antérieure du corps calleux (réunissant les deux hémisphères cérébraux) pour tenter de contrôler ses crises d'épilepsie eut par la suite des difficultés à faire sa toilette quotidienne ou s'habiller, ses bras gauche et droit s'en prenant l'un à l'autre. Le corps calleux est un faisceau de fibres nerveuses qui permet aux deux hémisphères cérébraux de communiquer. En l'absence de ce cordon, chaque hémisphère était livré à lui-même, terrifié, et voyait des ennemis partout, y compris dans le bras contrôlé par l'autre hémisphère cérébral déconnecté. Mais, dans ce cas, s'agissait-il du cerveau agressif ou défensif ? Ou du cerveau éperdu de terreur de l'oiseau blessé qui bat désespérément des ailes pour retrouver l'équilibre homéostatique de son vol ?

On dit du cerveau qu'il est féminin par défaut, qu'il se masculinise par exposition aux androgènes, et des androgènes qu'ils stimulent, médiatisent ou du moins favorisent le comportement agressif. Pourtant selon certains modèles neuronaux, l'agressivité elle-même serait une sorte d'humeur par défaut, le tempo à quatre temps sur lequel se régleraient les harmoniques cérébraux ; le cerveau humain serait ainsi enveloppé de nombreuses couches inhibitrices qui réprimeraient son agressivité. En 1848, Phineas Gage, contremaître de vingt-cinq ans dans une compagnie de chemins de fer, reçut une blessure spectaculaire. Une barre de métal lui explosa dans les mains et lui entra dans l'œil gauche pour ressortir par le sommet du crâne. Il avait perdu l'œil, mais à la surprise générale il ne semblait pas autrement affecté. Il pouvait parler et put marcher avec l'aide de ses hommes jusqu'à la taverne la plus proche. Gage guérit rapidement, mais ne fut plus jamais le Phineas qu'on avait connu. C'était désormais un autre homme – pour les autres sinon pour lui-même. Avant, c'était un homme intelligent, travailleur, frugal, bon chrétien. Après, il était toujours intelligent, mais impulsif et impie. Il injuriait ses supérieurs. Il injuriait tous ceux qui tentaient de l'empêcher de satisfaire ses pulsions du moment. Il se maudissait lui-même pour s'être livré à ses lubies au détriment de ses projets à long terme. Il ne pouvait ni garder un travail ni tenir une promesse. « Ce n'était plus Gage », écrivait John Harlow, son médecin. La technique de l'imagerie cérébrale a permis d'obtenir une reconstitution du cerveau de Gage par ordinateur : les chercheurs ont récemment identifié sa blessure et montré que c'était le lobe orbital médian frontal gauche qui avait été le plus endommagé. Ils ont suggéré qu'il pouvait s'agir du siège du contrôle des pulsions – la zone tempérée du cerveau, ou si l'on préfère son centre moral. Mais il existe d'autres régions inhibitrices, dans d'autres lobes. Bon nombre de maladies se manifestent par des troubles de la maîtrise de soi, une sorte de dédomestication de l'esprit. La schizophrénie, la psychose maniaco-dépressive, les troubles du stress post-traumatique, les phobies – autant de cas où les malades peuvent se déchaîner, aboyer, chanter la tyrolienne, attaquer, détruire. Mon ancêtre Silas Angier a combattu pendant la Révolution dans un régiment du New Hampshire. Comme son compatriote de Nouvelle-Angleterre, Phineas Gage, c'était un travailleur infatigable, ambitieux et rigoriste, un citoyen éminent de la petite ville de Fitzwilliam. Pourtant vers la fin du XVIIIe siècle, au cours d'un accrochage sanglant avec un groupe d'Indiens, il reçut un coup sur la tête. Il ne fut plus jamais le même. Il devint sombre et amer. Il cessa de se préoccuper de sa réputation. Il n'alla plus à l'église. Il devint agoraphobe. Silas mourut dans la misère en octobre 1808, trois jours avant son soixante et onzième anniversaire.

Nous ne comprenons toujours pas l'endocrinologie de l'agressivité, ni son anatomie ni sa neurochimie. Un neurotransmetteur, la sérotonine, est devenu récemment la vedette de la recherche sur la conduite d'agression. La sérotonine vous fait sans doute penser immédiatement au Prozac, au Zoloft et autres pilules de demi-bonheur, la manne médicamenteuse la plus lucrative de tous les temps. Le modèle simplifié part du principe qu'une carence en sérotonine peut induire un comportement agressif, impulsif et désagréable. Mihaly Arato, de l'université McMaster, a baptisé la sérotonine « le neurotransmetteur civilisateur ». Selon le même modèle, le manque de sérotonine peut entraîner la dépression. La dépression est souvent considérée comme une maladie de femme dans la mesure où il y a deux ou trois fois plus de femmes que d'hommes qui en souffrent (bien que les hommes soient en train de rattraper leur retard en la matière, selon des études internationales récentes). L'agressivité et la dépression semblent à première vue deux phénomènes différents, voire opposés. Or ce n'est pas le cas. La dépression est une conduite d'agression intériorisée, dirigée contre soi-même ou contre une image de soi menaçante. La personne souffrant d'une dépression sévère peut sembler anesthésiée aux yeux de l'observateur, mais elle n'est jamais anesthésiée par rapport à elle-même. Elle peut souhaiter l'être, ou le rechercher à l'aide de la chimie, mais elle ne parvient pas vraiment à étouffer les ricanements et les gloussements malveillants de son agresseur intérieur. William Styron a décrit la violence de la dépression en parlant de « tempête de l'esprit », de « bruine grise et sans fin de l'horreur », qui réduit le malade à la sénilité égarée et impuissante d'un roi Lear. Il est donc assez logique d'apparenter l'agressivité à la dépression, et de penser que la sérotonine est impliquée dans les deux.

Mais nous sommes loin de comprendre en quoi la sérotonine modifie le paysage de l'agresseur extérieur ou intérieur, pourquoi et comment. Comme les hormones stéroïdes, la sérotonine est une molécule qui remonte à très loin. Les homards en ont, et réagissent par un comportement particulier à ce neurotransmetteur, mais pas selon le schéma attendu quand on se contente de mettre un signe « égal » entre manque de sérotonine et conduite d'agression. Chez le homard, c'est une injection de sérotonine qui induira la posture de combat, muscles tendus et pinces ouvertes. Chez les mammifères, le rôle de la sérotonine est moins stéréotypé et plus spécifique à chaque espèce. Les renards argentés apprivoisés qui tolèrent le contact avec l'homme ont de plus grandes concentrations de sérotonine dans leurs noyaux gris centraux et l'hypothalamus que les renards argentés qui mordent et montrent les dents à leurs gardiens. Les singes rhésus avec un fort taux de sérotonine dans le sang tendent à être socialement dominants, alors que ceux dont le taux est très bas tendent à être agressifs et socialement déviants – le style de singes dont vous ne voulez pas dans votre ménagerie. Chez d'autres espèces de singes, en revanche, ces corrélations entre le taux de sérotonine et le comportement ne se vérifient pas.

Chez les humains, les effets de la sérotonine sont encore plus contradictoires. Les cerveaux de suicidés manquent de sérotonine dans certains cas et pas dans d'autres. Les chercheurs qui ont examiné le métabolisme de la sérotonine dans le liquide cérébrospinal de criminels violents n'ont pas trouvé de résultats plus probants. En général les pyromanes et ceux qui ont commis un meurtre impulsif présentent des niveaux de métabolites de sérotonine plus faibles que la normale, mais ce n'est pas le cas chez les violeurs ni chez ceux qui brutalisent leur femme. Les études sur les déprimés n'ont pas décelé non plus une baisse du métabolisme de la sérotonine. Et ce n'est pas faute d'avoir voulu trouver la preuve de l'origine organique de la dépression.

Quoi qu'elle fasse, la sérotonine est polyphonique. Il existe au moins seize types de récepteurs de la sérotonine, autant de protéines qui y réagissent de façon particulière. Dans quel but ? Nous ne le savons pas. Les neurones aiment-ils le goût de la sérotonine ? La convoitent-ils ? Nous n'en avons aucune idée. L'efficacité des médicaments qu'on appelle les inhibiteurs de réactivité à la sérotonine, dont le Prozac et le Zoloft sont des exemples, tient apparemment à ce qu'ils freinent l'absorption de sérotonine par les neurones en la maintenant dans la coupure synaptique plus longtemps, ce qui permet au neurotransmetteur de continuer à agir. Ce qui signifie qu'un milieu riche en sérotonine serait « favorable ». Dans le même temps, des analyses génétiques récentes sur des personnes fortement prédisposées aux accès névrotiques donnent une image bien différente des « bienfaits » de la sérotonine. On suppose que les gènes porteurs de la sérotonine fonctionnent mal chez les névrosés, autrement dit, sur le fond, que ces gènes agissent comme des médicaments inhibiteurs qui gardent la sérotonine plus longtemps dans l'intervalle synaptique, ce qui permet aux neurones de l'utiliser. Attention, ce sont des névrosés – des personnes agitées, mécontentes, dépressives, qui ne font apparemment pas bon usage de la sérotonine qui est à leur disposition. Elles réagissent plutôt comme les homards goinfrés de sérotonine, en prenant des poses défensives et en faisant claquer leurs pinces.

Bref, nous ne savons pas quel rôle joue la sérotonine dans l'agressivité ou, en la circonstance, pourquoi un médicament comme le Prozac a souvent des effets secondaires tels que des fringales pour les sucreries ou l'indifférence sexuelle. La sérotonine est peut-être le neurotransmetteur qui « civilise », mais le mieux est l'ennemi du bien et à trop fortes (comme à trop petites) doses elle vous coupe tout effet. Autant contempler des Fragonard dans un salon français sans pouvoir bouger sous une perruque poudrée.

L'endocrinologie, l'anatomie neuronale et la biochimie de l'agressivité restent un mystère. Mais nous connaissons les effets de l'agressivité quand elle nous tombe dessus. Ce peut être ennuyeux, certes, mais il arrive que cela fasse un bien fou.

15

DU PUNCH !

Plaidoyer pour l'agressivité féminine

L'expérience a été faite maintes fois. Prenez plusieurs bébés ou un groupe de tout-petits, habillez-les de vêtements unisexes – le jaune convient toujours –, assurez-vous que leur coupe de cheveux ne les trahit pas et placez-les dans une pièce sous le regard de plusieurs adultes. Ces derniers seront incapables de deviner leur sexe. Ils essaieront, se baseront sur le comportement de chacun des enfants, mais autant jouer à pile ou face. La démonstration n'est pas nouvelle, et pourtant nous n'arrivons toujours pas à le croire. Nous pensons pouvoir dire s'il s'agit d'un garçon ou d'une fille au vu du comportement de l'enfant, en particulier de son degré d'agressivité. Si vous montrez la vidéo d'un bébé qui pleure à quelqu'un en disant que c'est un garçon, on vous dira qu'il est en colère ; si vous dites que c'est une fille, on vous dira que l'enfant a peur ou qu'elle est malheureuse.

Je participe à une petite fête en compagnie de ma fille de seize mois. Un garçon de près de dix-huit mois entre dans la pièce et lui prend un de ses jouets. Je fais une plaisanterie à ma fille en lui conseillant de faire attention aux enfants plus âgés qui essaient toujours de vous bousculer. La mère du petit de rectifier : « Il y a aussi que c'est un garçon. C'est l'âge où les garçons deviennent de vrais petits gars. » Peu après une fillette allant sur ses dix-huit mois arrache sa tasse de lait à ma fille. La mère ne dit pas : « C'est parce que c'est une fille, elle devient une vraie petite bonne femme. » Évidemment qu'elle ne le dit pas, cela n'aurait aucun sens, non ?

Le fait que la plus âgée s'empare de la tasse de la plus jeune n'a rien à voir avec leur sexe. Mais s'emparer du jouet, cela, c'était typique d'un garçon !

Je sens la colère me monter au nez ; hélas, je n'ai pas deux ans et ne peux donner des coups de pied dans les tibias de personne. Ce que font volontiers les enfants, quel que soit leur sexe. Ils donnent des coups de pied, frappent, hurlent, jettent ce qui leur tombe sous la main, bref, font tout et n'importe quoi, comme des pilules après la date de péremption. Et nous, adultes, nous en accommodons volontiers tout en continuant à accréditer le mythe de l'innocence de l'enfant sans défense. Heureusement d'ailleurs – ils sont si mignons ! –, sous peine de devoir regarder la vérité en face : à savoir que nos gosses naissent avec des pouvoirs époustouflants et des cerveaux qui en toute candeur et virginité semblent les porter à l'agressivité.

« Les jeunes enfants sont comme les animaux, affirme Kaj Bjorqvist, de l'université finlandaise Turku Akademi. Ils ont un corps avant de savoir parler. Et ils peuvent manifester leur agressivité par l'intermédiaire de leur corps, ce qu'ils font. C'est ce qui les caractérise. Ils font preuve d'agressivité physique – tous, filles et garçons. » Bjorqvist étudie l'agressivité féminine. Il a comparé les enfants de différentes cultures en Europe, en Amérique du Nord, au Moyen-Orient et en Asie. Il a constaté que les jeunes enfants manifestent partout leur agressivité physique, et qu'avant l'âge de trois ans on ne décèle aucune différence significative entre l'agressivité des filles et celle des garçons.

Nous acquérons l'agressivité spécifique de notre sexe en grandissant. L'agressivité est une donnée congénitale, mais c'est l'expérience et la vie qui en perfectionnent le langage et l'expression. Il me faut ici diviser, un peu artificiellement, l'agressivité en deux catégories fondamentales, la « mauvaise » et la « bonne ». J'ai expliqué plus haut en quoi le contexte peut nous faire apprécier de façon positive ou négative une conduite d'agression et que Lady Macbeth elle-même devient quelqu'un de formidable dès lors qu'on la considère sous les traits d'une Viking. Mais il n'est pas inutile de suivre l'exemple des chercheurs et de distinguer l'agressivité délétère de l'agressivité roborative pour mieux en comprendre l'évolution, les causes et les modalités multiples. Henri Parens, un psychiatre pour enfants de la faculté de médecine de Pennsylvanie, distingue ainsi ce qu'il appelle « *l'agressivité hostile,* produite par un déplaisir excessif, qui suscite des fantasmes et des gestes de colère, de l'hostilité ou de la haine », et « *l'agressivité non destructrice,* laquelle est innée, donne de l'assurance et permet de réaliser ses objectifs ». Chez les nourrissons et les petits enfants, les deux agressivités ne font qu'une et sont une simple réaction du système nerveux – colère, haine, besoin de s'affirmer, quels qu'en soient les motifs, afin de maintenir la pression et d'attirer l'attention de la mère ou du père, les médiateurs entre le soi et le non-soi.

Avec l'éveil de son esprit, l'enfant apprend à canaliser ses pulsions agressives, à calculer ses actes et à les comparer aux réactions qu'ils suscitent. Les enfants commencent à comprendre qu'ils peuvent faire mal. Le bébé qui vous donne un coup de pied sur la bouche ne sait pas qu'il vous fait mal. À l'âge de deux ou trois ans, la fillette sait qu'elle peut faire mal, et même très mal, et dès lors la distinction entre l'agressivité par volonté de nuire et l'agressivité par affirmation de soi prend un sens. Le schéma habituel part du principe que toute manifestation d'agressivité constitue une atteinte à la tranquillité publique. La recherche traditionnelle portant sur l'agressivité féminine se focalise sur l'agressivité hostile, celle qui vise à faire mal, délibérément, par pure malveillance.

Dès que l'enfant commence à raisonner et à parler en sachant ce qu'il dit, les adultes tolèrent beaucoup moins les manifestations d'agressivité physique et encore moins au fur et à mesure qu'il grandit, et cela dans toutes les cultures contemporaines ; après la puberté, le recours à la force physique pour s'emparer d'un objet ou plier quelqu'un à son caprice est considéré comme franchement pathologique. C'est vrai pour les deux sexes, mais plus spécialement pour les filles. Il existe de multiples façons, y compris agressives, de décourager l'agressivité chez les filles. Non seulement on leur apprend à ne pas attaquer, mais on leur apprend rarement à se défendre. Les filles ne savent pas donner un coup de poing. L'humour est une forme d'agressivité, et jusqu'à tout récemment il s'exerçait aux dépens de la mégère, l'emblème de la femme combative. La seule idée d'un combat de filles faisait ricaner et se frotter les mains. Une mêlée de chattes de gouttière ! Et que j'te griffe, et que j't'écorche, et que j't'attrape par les ch'veux, et que tu t'retrouves troussée cul par terre ! Heureusement les rires gras se sont lassés des crêpages de chignon. La parodie a pris un coup de vieux pour faire place aux chromos de femmes GI ou karatékas dotées de poings capables de briser des briques, aux héroïnes de bandes dessinées peu vêtues maniant le sabre avec virtuosité... sans qu'on sache si la nouvelle image de la femme guerrière véhiculée par les médias tient à un changement d'attitude ou au seul besoin de distraire un public quelque peu blasé.

Quelle que soit la mode adoptée par les médias, les bagarres physiques restent rares chez les filles. Plus les enfants grandissent et moins ils ont recours à l'agressivité physique – bien que ce ne soit pas toujours vrai, et pas partout – mais le taux d'agressions physiques baisse beaucoup plus rapidement chez les filles que chez les garçons. Dans les pays occidentaux industrialisés, les garçons de quatrième ou troisième de lycée s'en prennent physiquement trois fois plus souvent – statistiquement parlant – à l'interlocuteur qui les met hors d'eux que les filles du même âge. Que font donc les filles de cette violence qui, aux temps bénis où elles n'avaient pas encore accès à la parole, s'exprimait par les pieds et les mains ? L'agressivité ne s'est pas envolée. Elle se fait entendre autrement. Elle a découvert les mots. Les filles s'initient à la langue de vipère. Maîtriser l'art du gros mot et de l'injure qui fait mal est une des tâches essentielles de l'enfance. Les filles se servent également de leur visage comme d'une arme. Les adultes voient dans le fait de tirer la langue, rouler des yeux ou retrousser les lèvres, des grimaces pour faire rire. Mais des études ont montré que les enfants n'y voient rien de drôle et que leurs grimaces peuvent exprimer efficacement des sentiments de colère, de dégoût ou d'ostracisme envers un indésirable. Les chercheurs ont d'abord pensé que les filles remportaient la palme dans l'agressivité verbale, qu'elles savaient mieux que les garçons humilier leurs copains ou copines à l'aide des mots et des expressions faciales, mais une série d'études finnoises sur des enfants de huit à onze ans laisse penser que ce n'est pas le cas. Les enquêteurs ont entrepris de déterminer la façon dont les enfants expriment leur colère. On a demandé aux enfants de se décrire quand ils étaient en colère ; on a demandé aux enseignants et aux parents de décrire les réactions des enfants lors d'un conflit ; on a demandé aux enfants de classer la rapidité avec laquelle les uns et les autres se mettaient en colère et de décrire leurs comportements mutuels lors d'une dispute. Les chercheurs ont constaté que les garçons recouraient autant que les filles à l'agressivité orale, aux sobriquets vexants, aux cris, aux moqueries, aux humiliations verbales. Les garçons recourent plus volontiers que les filles à l'agressivité physique, mais les noms d'oiseaux et autres gentillesses lexicales ont la faveur des deux sexes. On pourrait donc se dire : vous voyez bien que les garçons sont plus agressifs, puisque non contents de lancer le mot qui tue ils joignent le geste à la parole, alors que les filles gardent les poings dans les poches.

Mais les éclats de rage chez les filles s'expriment également autrement, disons, sans trop de nuances, de façon spécifiquement féminine. La fille en colère se raidit, tourne le dos, snobe celle qui l'a offensée en faisant comme si elle n'existait pas. Elle s'efface, mais de façon ostentatoire, agressive. Elle boude, et cela s'entend ! Les filles de onze ans sont trois fois plus nombreuses que les garçons à manifester leur colère au moyen d'un flamboyant dédain. En outre, les filles de cet âge-là pratiquent plus que les garçons ce qu'on appelle l'agressivité indirecte.

J'admets d'emblée que je ne goûte guère cette forme d'agressivité et que le simple fait d'en parler est une façon d'accréditer les clichés sur la déloyauté et la duplicité féminines. C'est pourtant une forme d'agressivité qui nous est familière. Ce n'est pas pour rien que nous avons été élevées comme des filles : nous avons eu affaire à elle, l'avons combattue, détestée mais aussi allégrement pratiquée. L'agressivité indirecte, c'est l'attaque anonyme. C'est mordre par-derrière, médire, répandre des propos malveillants. C'est se liguer contre l'objet de son ressentiment pour nier le complot dès que l'adversaire nous fait face. Les filles recourent plus à l'agression indirecte en grandissant non seulement parce qu'elles ne règlent pas leurs comptes avec leurs poings, mais parce que l'efficacité de cette stratégie s'accroît avec la sagacité sociale de celle qui la pratique ; plus cette dernière se civilise, mieux elle sait pratiquer l'art du coup de poignard dans le dos. De ce point de vue, ladite aisance verbale des filles devrait leur donner l'avantage dans la pratique de l'agressivité indirecte. À supposer que ce soit le cas, cela ne dure pas, tant il est vrai que les animaux politiques que nous sommes tous devenus, hommes ou femmes, à l'âge adulte, n'ont rien à s'envier les uns les autres dans l'art de se torpiller avec un sourire de circonstance. On a beau prétendre le contraire, des écoutes clandestines systématiques ont révélé que les hommes avaient les mêmes talents de commère que les femmes et débinaient tout autant amis, parents, collègues et personnages en vue. Les adultes des deux sexes consacrent tous les efforts voulus à déguiser leur antipathie pour mieux porter leurs coups. Dans une réunion de travail, par exemple, il suffit d'interrompre sans arrêt un adversaire, ou de critiquer son travail, plutôt que de s'en prendre à sa personne – même si l'origine de l'ire de l'agresseur n'a rien à voir avec les résultats de l'agressé.

L'agressivité indirecte, ce n'est pas très joli et personne ne s'en vante. Tout le monde s'accorde à la fustiger. Quand on demande aux enfants et aux adultes ce qu'ils pensent des différentes façons d'exprimer son hostilité, les coups en douce arrivent au bas de l'échelle, plus bas qu'un franc coup de pied au derrière. Il n'empêche, cela existe, cela se pratique, et si les femmes n'en ont pas le monopole il faut reconnaître que c'est leur péché mignon. La faute en revient en partie au mythe de la magnanimité et de la douceur féminines. Interdisez à nos chères tigresses certaines formes d'agressivité, vantez-leur les mérites de la gentillesse et de la clémence, elles se rabattront sur l'intrigue pour parvenir à leurs fins. Chez les peuples où les filles ont le droit d'être de vraies filles, de parler haut et fort, le sexe « faible » dit ce qu'il pense, ne craint pas la confrontation et pratique moins l'agressivité indirecte que là où on attend des filles réserve et modestie. En Pologne, par exemple, où l'on apprécie qu'une femme ait la langue bien pendue et ne mâche pas ses mots, les filles se mettent en boîte et n'y vont pas de main morte, mais ne craignent pas de coups tordus entre elles. Chez les Zapotèques, au Mexique, où les femmes doivent une soumission totale aux hommes, celles-ci ont recours plus systématiquement à l'agressivité indirecte. Chez les Vanatinai de Papouasie, en Nouvelle-Guinée, l'un des peuples aux structures sociales les plus égalitaires et les moins stratifiées qui soient, les femmes ont toute liberté de langage et de mouvement, ne dédaignent pas de recourir à leurs poings et à leurs pieds quand elles le jugent bon, et l'on ne constate pas le moindre penchant féminin pour les manœuvres occultes.

L'autre raison de l'agressivité indirecte tient à l'animosité extraordinaire qui caractérise les amitiés féminines – une animosité acerbe, envahissante, toujours sur le qui-vive. Les filles entretiennent des amitiés passionnelles et périlleuses. Elles usent et abusent de l'expression « ma meilleure amie », même si elles n'ont pas le monopole des affinités exclusives. Elles connaissent le pouvoir des mots et la valeur du cadeau. Les filles qui nouent une amitié se sentent obligées de la définir, de la caractériser et de la sceller ; elles ont vite fait d'élever une bonne copine au rang de « meilleure amie », ce qui fait qu'elles ont souvent beaucoup de « meilleures amies ». Elles les passent mentalement en revue tous les jours afin de situer telle ou telle au sein de la hiérarchie cosmogonique de l'amitié.

Celle-ci est-elle la meilleure amie du jour, ou la meilleure amie à titre provisoire en attendant la solution d'un petit problème ou d'un petit conflit qui s'est produit la veille ? Et la meilleure amie de toujours, comment va-t-elle prendre la promotion de telle autre au rang de nouvelle meilleure amie ? Comme une trahison ? Comme un renfort au premier tandem ? Les filles s'amourachent les unes des autres et entretiennent des liens d'intimité qu'il leur est difficile de décrire et de comprendre.

Quand elles sont en groupe, elles forment des coalitions de meilleures amies, deux contre deux, ou deux en alliance instable avec deux autres. La fille qui n'a pas d'alliée particulière au sein d'un groupe se sent vulnérable, menacée, en danger. La fille déjà intégrée au sein du groupe qui décide de prendre une nouvelle venue sous son aile et de la patronner prend une lourde responsabilité, car la nouvelle la considérera (pour l'instant) comme sa meilleure amie, sa seule amie, son masque à oxygène.

Qu'une brouille survienne entre filles, et les voilà comme Alice dans le tunnel, persuadées que c'est pour la vie et qu'elles ne seront plus jamais amies. Les études des Finlandais sur l'agressivité chez les filles ont montré que celles-ci sont plus rancunières que les garçons. « Les filles ont tendance à former des relations binaires et à attendre psychologiquement beaucoup de leurs meilleures amies, explique Bjorqvist. Comme leurs attentes sont élevées, elles se sentent profondément trahies quand l'amitié se brise. Elles deviennent d'autant plus hostiles qu'elles avaient été liées auparavant. » La fille qui se sent trahie par son amie réfléchira au moyen de se venger et de la faire autant souffrir qu'elle a souffert. On peut toujours en découdre physiquement, mais cela ne suffirait pas à punir la traîtresse. L'affaire serait trop vite réglée. Piquer une colère, faire une scène peut être efficace si l'infidèle s'incline et fait acte de soumission. Mais si la coupable s'insurge, refuse de faire des excuses ou d'admettre son forfait, ou, pis, si elle s'éloigne, se moque de sa copine ou la snobe, malheur à elle ! L'amie dédaignée cherchera à lui faire mal au moyen d'outils plus affûtés, les outils psychologiques de l'agressivité indirecte, l'arme véritable de la vengeance : il s'agira de détruire la position de l'ennemie intime, sa tranquillité d'esprit, son droit à l'existence. L'agressivité indirecte s'apparente au maléfice vaudou, un acte anonyme et obsessionnel qui vise moins le corps de l'adversaire que son âme qu'il faut investir, anéantir.

Les passions enfantines, qu'il s'agisse d'amitiés binaires ou de coalitions plus larges tournant parfois à la guerre saintc, s'apaisent avec l'âge, mais pas toujours. Les femmes nourrissent pendant presque toute leur existence des sentiments ambivalents à l'égard des autres femmes. Dès lors qu'elle apparaît sur notre écran radar, l'autre, l'étrangère, la rivale ou néanmoins comparse, nous inspire autant d'attrait que de répulsion, de sentiments amicaux que d'hostilité. Nous aspirons à une amitié éternelle, infinie ; nous voulons une Thelma, une Louise, mais il ne peut y avoir de second épisode au film *Thelma et Louise,* car la survie d'une telle amitié aurait exigé la mort des deux femmes. Sur le point de tout abandonner l'une pour l'autre, elles se sont trouvées dans l'impasse. Qu'auraient-elles pu faire l'une pour l'autre, après tout ? Elles n'étaient que deux et un monde se dressait face à elles, un monde d'hommes ; elles étaient certes plus fortes ensemble, se sentaient exister, mais leur tandem indestructible les affaiblissait également. Elles ne pouvaient se suffire mutuellement pour bien des choses – l'argent, le foyer, la sécurité, la satisfaction physique – mais leur formidable amitié constituait une lourde menace, délibérée, à l'encontre du monde des hommes, de la routine quotidienne professionnelle et familiale. Or le monde des hommes, c'est le monde. Que reste-t-il aux femmes sinon le refuge du Grand Canyon, le plus grand vagin de la terre ! On voit souvent dans les grandes amitiés féminines une menace pour l'ordre établi, et pour les femmes elles-mêmes. Dans le splendide film *Heavenly Creatures,* Pauline et Juliet, quinze ans, sont des amies inséparables, unies dans la solitude partagée de leur imagination débordante. Il leur faut tuer la mère de l'une d'elles pour préserver leur amitié. La solidarité féminine prend ici des couleurs sombres et sanglantes. La complicité machiavélique de Goneril et Régane contre le vieux roi Lear, leur complot pestilentiel, semble contre nature. Les belles-sœurs de Cendrillon se coalisent pour saboter le plus naturel des couples, celui de la belle enfant et du prince, et sont même prêtes à répandre leur propre sang pour y réussir, à se mutiler leurs grands pieds afin de pouvoir chausser la pantoufle de vair.

Les femmes se sentent solidaires, ce qui ne les empêche pas de réserver leurs haines les plus redoutables aux autres femmes. On parle de guerre des sexes. Mais curieusement nos pulsions agressives sont rarement dirigées contre les hommes, le prétendu camp adverse. Nous ne considérons pas ces messieurs comme des rivaux, même aujourd'hui où la loi du marché et du chacun pour soi fait que, souvent, ils le sont effectivement. Nous préférons nous mesurer aux autres femmes. Que l'une d'elles entre dans notre champ visuel, et nos nerfs se contractent, tous nos sens en éveil. Nous voyons nos sœurs toutes de blanc vêtues – les bonnes fées ! – ou tout en noir, en aventurières assassines. Nous les voulons toutes autour de nous. Mais nous n'en tolérons aucune à nos côtés dans le monde des hommes.

Les hommes disent qu'ils envient aux femmes leur faculté à s'exalter et à se passionner dans leurs amitiés féminines. Mais ils sont stupéfaits de la férocité de leurs ruptures, des torrents de bile et de hargne qu'elles déversent alors. « Chez les hommes, une bonne bagarre peut préluder à la relation amicale, permettre de se tester, de s'évaluer. Cette entrée en matière est étrangère à la plupart des femmes qui ne voient dans la confrontation qu'une cause de fracture », écrit Frans de Waal dans *Good Natured* (« Une bonne nature »). Cela ne tient pas à une quelconque douceur de notre tempérament ni à l'envie que tout se passe bien. Les femmes savent d'expérience – les souvenirs cuisants de l'enfance et de l'adolescence en témoignent – que les fractures sont difficiles et longues à guérir et qu'on s'y épuise.

À mon sens, la férocité des amitiés féminines et l'inquiétude que les femmes s'inspirent mutuellement sont deux phénomènes apparentés : les deux reflètent la contradiction entre notre passé de primates et de préhominidés, et la plasticité stratégique propre à l'espèce humaine ; entre notre héritage génétique et notre volonté de nous préserver toutes les options. Nous pouvons puiser de la force auprès des autres femmes, mais celles-ci peuvent également nous détruire. Ou si vous préférez, comme l'écrivait Elizabeth Holland, dont le salon était célèbre dans l'Angleterre du XIXe siècle : « Puisque personne ne fait autant souffrir une femme qu'une autre femme, renversons la maxime et disons que personne ne peut lui faire plus de bien. »

Dans notre cerveau primitif de primate, le monde tourne autour des femelles. La grande majorité des espèces de primates vivent en groupes sociaux, et le noyau de ces groupes est constitué des femelles. La règle quasi absolue est que les femelles demeurent sur leur lieu de naissance toute leur vie et que les mâles se dispersent à l'adolescence, ce qui évite la consanguinité. C'est vrai des macaques, des singes hurleurs, des lémuriens, des patas, des vervets, des capucins, des singes écureuils, de la plupart des babouins, etc. Après leur départ, les mâles sollicitent leur intégration dans un autre groupe où les femelles leur accordent ou leur refusent la nouvelle citoyenneté. Les femelles ne veulent pas de mâles en surnombre autour d'elles, parce qu'ils sont généralement sous-employés, désœuvrés, qu'ils se soucient fort peu des petits, s'ennuient facilement et sont donc prompts à en découdre entre eux. En outre, les mâles harcèlent souvent les femelles. C'est une stratégie de reproduction classique. Ils veulent s'accoupler avec les femelles et les empêcher de frayer avec d'autres mâles, ils haranguent celles qui sont fécondes, les bousculent, les pressent et essaient de toutes les façons possibles d'entraver leur activité. Les femelles se fatiguent de cet harcèlement perpétuel, et la meilleure prévention consiste en premier lieu à limiter le nombre des mâles résidents. Chez les macaques rhésus par exemple, le ratio des femelles adultes pour un mâle adulte est de six pour un ; chez les singes hurleurs, il peut y avoir jusqu'à dix femelles pour un mâle. Les singes célibataires rôdent à la périphérie du groupe, guettent les places libres, les opportunités, et les occasions que leur offre tel ou tel conflit local.

Les femelles primates sont habituées à être entourées de femelles, et comptent sur elles pour rendre leur univers familier supportable. Chez les espèces où la femelle reste dans son groupe de naissance, celle-ci dépend de ses proches parentes qui la protègent de l'agressivité des autres femelles, celles qui ne lui sont pas apparentées ou à des degrés plus éloignés. Au sein d'un groupe donné, les différents membres d'une filiation matrilinéaire entrent en concurrence pour la nourriture, dans le domaine sexuel, au sujet d'un petit sur lequel certaines peuvent avoir des vues. Les femelles qui cohabitent ont leur hiérarchie, et quand les femelles apparentées se coalisent pour une cause, c'est en général pour affronter les femelles d'une lignée rivale.

Même dans ce cas, les différentes lignées feront cause commune contre l'agressivité des mâles. « Chez les espèces où les femelles demeurent dans leur groupe de naissance, les coalitions de femelles impliquent une proche parenté et visent habituellement les femelles et les jeunes d'autres lignées maternelles, écrit la spécialiste des primates Barbara Smuts. Par contre, ajoute-t-elle, il est frappant de constater que les mêmes n'hésitent pas à se coaliser avec les femelles d'une autre lignée quand la cible est un mâle adulte. De telles alliances se constituent très rapidement en réaction aux attaques d'un mâle, auquel cas on recrute toutes les femelles des alentours. » Chez les macaques à queue de cochon, les patas, les babouins chacmas, les babouins olives, les singes bleus, les singes vervets, et bien d'autres encore, les coalitions de femelles se forment à la vitesse d'un ouragan. Les femelles se rassemblent contre les mâles quand ils attaquent, poussent ou effraient d'autres femelles. Elles se retournent contre le mâle qui fait des avances sexuelles à celle qui à l'évidence n'est pas consentante. Les rassemblements les plus rapides sont ceux qui se forment dès qu'un mâle menace ou fait mine de menacer un petit.

Les avantages de la solidarité des femelles sont assez évidents pour que, dans les rares cas où une jeune doit quitter son lieu de naissance et se faire accepter ailleurs, elle sollicite instamment, désespérément l'amitié des femelles de sa nouvelle résidence. C'est ce qui se passe chez certains tamarins où les femelles immigrées de fraîche date se dévouent inlassablement auprès des petits des femelles résidentes. Cela se vérifie avec éclat, et une belle impudence, chez les bonobos, nos émules d'Aphrodite. Là, les femelles se dispersent à l'adolescence et doivent faire leur chemin dans le monde sans le soutien de leur mère, des sœurs et des tantes. Elles doivent gagner les grâces d'un groupe non apparenté, constitué lui-même essentiellement de femelles. Elles se font accepter par le biais du toilettage et des attouchements sexuels. Elles nettoient la fourrure des femelles résidentes et les débarrassent de leurs puces. Elles frottent leur sexe proéminent à celui de leurs aînées. Si les femelles en place donnent la réplique, la solliciteuse peut rester. Si elles la rejettent, celle-ci doit aller ailleurs et trouver d'autres fourrures à épucer et d'autres pelvis contre lesquels se frotter. La sexualisation des relations donne une force extraordinaire aux femelles bonobos. Cela leur fait retrouver l'intimité et la protection des liens de naissance, du groupe matrilinéaire, et leur procure sans doute d'autres avantages. Chez de nombreuses espèces, les femelles redoutent que les mâles en maraude ne tuent leurs petits. C'est une source d'angoisse permanente. C'est vrai chez les lions, les singes langurs, les rongeurs, les phoques, les chimpanzés communs. Personne n'a jamais constaté de cas d'infanticide chez les bonobos. Les femelles bonobos doivent se forger de toutes pièces leur solidarité sans le mortier de la parenté génétique. D'où leur quête perpétuelle de liens d'intimité qui renforcent cette sororité – caresses, lubricité, preuves sans cesse renouvelées de leur amitié, de leur solidarité. La sollicitude mutuelle et la vigilance collective deviennent une habitude, et les crocs des mâles restent à bonne distance.

Cette solidarité des femelles ne se retrouve pas chez tous les primates. Chez les chimpanzés communs, la femelle passe une bonne partie de la journée de son côté à la recherche de nourriture, en compagnie de ses seuls petits. Elle ne fouine pas aux alentours avec d'autres femelles adultes comme le font la plupart des singes, en particulier les bonobos. Les modèles de dispersion des chimpanzés sont variables. La fille d'une femelle puissante peut rester dans son groupe natal et en tirer avantage. La fille d'une femelle au statut de second rang doit généralement partir au moment de la puberté et trouver un autre groupe, une bande étrangère, et cela sans pouvoir bénéficier des rituels sociaux des bonobos. La nouvelle venue dans un groupe de chimpanzés a fort à faire pour établir sa réputation. Elle défie les femelles résidentes, grogne, brait, aboie, se frappe les bras, grimace méchamment sans oublier s'il le faut de frapper, pousser, pincer. La période d'installation est courte et au bout de quelques semaines la nouvelle s'est taillé sa place, a conquis un statut hiérarchique qui ne changera guère avec le temps. Ses relations avec les autres femelles sont réduites. Elles peuvent venir à son aide si elle est attaquée par un mâle, mais pas systématiquement ; les femelles chimpanzés subissent plus le harcèlement et la coercition des mâles que bon nombre d'autres primates. En revanche, les femelles qui ne lui sont pas apparentées ne viendront pas lui chercher noise ; c'est toujours cela de pris. Et si elle a le cran d'une Viking dès le départ, a su se gagner une position élevée au sein de sa nouvelle gynocratie, ses filles seront autorisées à rester dans la troupe : elle aura lancé sa lignée, et cela du moins lui assurera un patrimoine solide.

Nous, les humains, possédons une phylogénie polychrome, autrement dit plusieurs passés plausibles. Parmi nos lointaines origines, il y avait des créatures semblables aux singes du Vieux Monde dont la norme est la société matriarcale où coexistent plusieurs lignées concurrentes. Plus proche de nous, notre passé d'anthropoïdes. Génétiquement nous sommes à égale distance des bonobos et des chimpanzés, nos plus proches parents actuels. Nous avons divergé de la lignée bonobo-chimpanzé il y a environ six millions d'années, et nous ne savons pas si l'ancêtre commun des trois grands singes que nous sommes ressemblait plutôt, par son style et sa structure sociale, au bonobo ou au chimpanzé. Chez les chimpanzés, ce sont les mâles qui dominent les femelles, c'est clair. Chez les bonobos, la solidarité que se forgent les femelles leur donne l'avantage sur les mâles. Chez les chimpanzés, les mâles font la guerre à d'autres troupes de chimpanzés, parfois jusqu'au génocide. Chez les bonobos, la guerre est rarissime, même si on a relevé quelques cas. Les chimpanzés montrent un solide appétit pour la chair des petits singes ; les bonobos mangent peu de viande. Autant de critères qui laisseraient penser que les chimpanzés sont plus proches des hominidés que les bonobos ; mais selon les témoignages fossiles, l'espèce qui a donné naissance aux trois autres ressemblerait plutôt aux bonobos qu'aux chimpanzés. En d'autres termes, les bonobos pourraient être une espèce plus ancienne, alors que les chimpanzés – et nous – seraient des singes dérivés. Les théoriciens de l'évolution et les anthropologues ont souvent reconstitué des schémas de sociétés protohumaines par analogie avec les chimpanzés, comme si nous avions évolué à partir d'un ancêtre ressemblant au chimpanzé. C'est un postulat qui se discute. Notre soif de métaphores est compréhensible, mais il est parfaitement arbitraire de choisir les chimpanzés en ignorant les bonobos. La phylogénie de la femelle bonobo ressemble aux archives d'une sœur légitime : elle mérite d'être pillée afin de reconstituer et étudier la nôtre. Comme dit Frans de Waal dans ses écrits sur les bonobos, « notre généalogie pourrait bien nous réserver des surprises ».

Dans les annales de notre passé de primates, les femelles recherchaient la compagnie d'autres femelles pour constituer un rapport de forces en leur faveur. Elles pouvaient avoir des liens de parenté ou non, détenir leur pouvoir de naissance ou l'avoir acquis, mais la volonté de se coaliser, de s'allier entre femelles a toujours été un thème récurrent. La « meilleure amie » de nos fantasmes vient peut-être de là. C'est peut-être aussi pourquoi nous attachons autant d'importance aux autres filles, à notre position dans le groupe, pourquoi, au moment où il nous faut manœuvrer notre fragile esquif au travers des rapides de l'enfance, nous faisons de nos amitiés féminines une question de vie ou de mort.

Les femelles primates ne sont pas des sentimentales ; elles se battent, ont le sens de la hiérarchie, sont voraces et peuvent même s'entre-tuer. Néanmoins la norme prédominante chez les primates reste l'interdépendance des femelles, je dirais même (au risque de paraître vieux jeu) la solidarité féminine ; c'est là en quoi nous différons de la plupart de nos cousines primates. Reste à savoir pourquoi. Qu'est-ce que ça signifie ? En quoi cela nous importe-t-il ? Dans la plupart des sociétés humaines d'aujourd'hui et sans doute de l'histoire et de la préhistoire, les femmes ne vivent pas (et n'ont pas vécu) sous un régime matriarcal. Elles n'embrassent pas pour autant la cause des droits de la femme ni ne pensent que c'est dans leur intérêt de le faire, avec pour résultat, comme l'historienne Gerda Lerner l'a noté, que les femmes « ignorent leur propre histoire » et doivent « sans cesse réinventer la roue », cette roue étant « la conscience d'appartenir à un groupe opprimé ; qu'elles ont souffert en tant que groupe ; que leur subordination n'est pas naturelle, mais sociale ; qu'elles doivent s'unir aux autres femmes pour y remédier ; et finalement qu'elles doivent et peuvent fournir une autre vision de l'organisation sociale où les femmes comme les hommes jouiront de l'autonomie et de leur libre arbitre ». L'oppression de la femme n'est pas naturelle, pas du tout. Elle n'a rien à avoir avec tout ce que l'on observe dans la nature chez les autres femelles primates qui, nous l'avons vu, s'allient régulièrement entre femelles ou se crachent dessus tout aussi régulièrement, sur la base d'un échange mutuel animé de la même agressivité respectueuse, de fille à fille.

Des théoriciens de l'évolution comme Barbara Smuts et Patricia Adair Gowaty ont insisté récemment sur la façon dont les mâles, chez bon nombre d'espèces, s'acharnent à contrôler la sexualité des femelles, à s'en arroger le monopole pour l'assimiler à la leur. Ils ont décrit les différentes formes de coercition et de harcèlement que les femelles doivent endurer. Les chimpanzés mâles giflent, donnent des coups de pied, mordent pour forcer les femelles à leur obéir et à les accompagner. S'ils voient une femelle sympathiser avec un autre mâle, ils s'attaquent à elle plutôt qu'au mâle. Les dauphins mâles adoptent un style de natation violent et synchronisé : ils se mettent en formation autour des femelles, frappent l'eau de leurs nageoires et font surface à l'unisson, le tout pour les intimider et se garder celles qui sont fertiles. La femelle babouin olive peut s'attendre à être sérieusement blessée par un mâle au moins une fois par an – la chair entamée ou un morceau d'oreille arraché par une morsure. Chez bien des espèces, notamment chez les primates, les mâles et les femelles peuvent également rester en bonne entente, nouer des amitiés, se montrer mutuellement leur affection et leur tendresse tout au long de leur existence.

Qu'ils pratiquent l'agression ou l'apaisement, peu importe : les tentatives des mâles pour s'arroger la sexualité féminine se heurtent, pour le moins, à certaines limites. Quoi que la femelle endure, ou n'endure pas, elle reste toujours, fondamentalement, indépendante.

Autrement dit, elle pourvoit elle-même à ses besoins. On ne la nourrit pas. Elle n'a pas de soutien. Elle se débrouille toute seule. Le mâle peut tenter de contrôler ses mouvements et sa sexualité, mais cela ne peut aller bien loin. Comment pourrait-il la priver effectivement de liberté et la manipuler quand, au bout du compte, c'est elle qui part en quête de son propre déjeuner, s'occupe exclusivement de son petit, et peut se passer du mâle pour survivre au quotidien ? Le chimpanzé mâle peut certes dominer la femelle en combat singulier, la chasser d'une cache gorgée de fruits si tous deux sont dans le champ visuel ou olfactif l'un de l'autre. Mais il suffit à la femelle de se déplacer et de trouver d'autres réserves de nourriture. Le chimpanzé mâle peut sévir à coups de pied et force grognements quand il surprend la femelle à retirer les tiques de la fourrure d'un autre mâle. Il peut vouloir lui dicter les termes de sa sexualité. Pourquoi ne le ferait-il pas, d'ailleurs ? Il y va de son intérêt de géniteur. Il n'est pas méchant par simple plaisir de l'être. Il veut procréer et ne dispose pas des atouts d'une cellule de levure – il n'a pas la possibilité de se diviser en deux. Il a besoin de la femelle chimpanzé pour assurer la survie de son capital génétique. Si pour ce faire il doit la battre et lui crier dessus, il ne se gênera pas. Ce qui au demeurant n'impressionne pas la femelle plus que cela, et la subjugue encore moins. L'on s'est penché récemment sur l'ADN d'un groupe de chimpanzés du Gombe, où Jane Goodall fait ses recherches. À leur grand étonnement, les primatologues ont constaté que plus de la moitié des rejetons du clan avaient pour pères d'autres mâles que les mâles résidents. Ils ne s'attendaient pas à trouver de telles preuves d'impatience chez les femelles. Les femelles chimpanzés ne goûtent guère la chasteté, sont sexuellement très actives au moment de l'œstrus, mais on pensait qu'elles réservaient leurs ébats aux mâles du groupe. Ce n'est pas le cas. En dépit de la vigilance des mâles locaux, de leurs manœuvres d'intimidation régulières, de leurs grondements, grognements et autres claques sur la tête, les femelles leur avaient faussé compagnie et avaient batifolé avec des étrangers. Qui étaient ces francs-tireurs, cela reste un mystère. Les femelles devaient avoir leurs raisons de quitter leur domaine pour aller au-devant d'aventures exotiques. Au retour, la vie n'avait pas changé – labeur quotidien, quête de nourriture, soins des petits.

Les mâles n'ont réussi à s'interposer entre la femelle et son repas que chez l'espèce humaine. Là, ils sont parvenus à prendre le contrôle des ressources nécessaires à son alimentation et celle de ses enfants. Il n'y a que chez notre espèce qu'on puisse s'imaginer que le mâle *doit* être le soutien de famille de la femelle, que la femme est incapable de subvenir à ses besoins et à ceux de ses enfants et que c'est un échange de bon procédé parfaitement raisonnable d'attendre d'un homme qu'il nourrisse sa famille et d'une femme qu'elle soit d'une fidélité exemplaire, puisque, n'est-ce pas, il faut fournir à l'homme une assurance de paternité qui lui permette de rentabiliser son investissement. « Je suis convaincue que le contrôle des mâles sur les ressources productives dont les femelles ont besoin pour procréer est au cœur du passage des sociétés de primates à mâles dominants au régime du patriarcat à part entière », écrit Sarah Blaffer Hrdy.

Nous ne savons pas quand cette transformation est intervenue, quand la femme s'est mise à buter contre les pectoraux du mâle dès qu'elle cherchait à manger ou un endroit pour dormir. Suivant le modèle standard de l'évolution humaine, l'état de dépendance prolongée des petits aurait nécessité un plus grand investissement paternel ; la femelle aurait eu besoin du mâle pour élever sa progéniture et lui aurait demandé son aide. Le mâle pouvait se rendre utile en partant à la chasse pour en rapporter de la viande, si riche en calories et si goûteuse au palais d'hominidé. Selon ce scénario, les origines du mariage, du couple humain et de la dépendance féminine remonteraient à des centaines de milliers d'années, cette lointaine époque à laquelle les théoriciens de l'évolution se réfèrent comme celle de « l'environnement de l'adaptation évolutive », celle qui semble-t-il nous a doté(e)s de certaines prédispositions génétiques et nous a fait(e)s tel(le)s que nous sommes. Toujours selon ce scénario, c'est à cette époque que la femme aurait commencé à rechercher chez l'homme les signes de la prospérité et de l'héroïsme comme des moyens de subvenir à ses besoins et à ceux de ses enfants, et que l'homme aurait guetté chez la femme les signes de la fécondité, de la jeunesse, de l'aptitude à élever une vaste progéniture sans oublier de déceler les détails lui garantissant que les fruits de cette fécondité lui reviendraient de droit : pas question de miser son capital sur des petits qui n'auraient pas été les siens.

Le scénario traditionnel de l'homme chasseur a aujourd'hui trouvé des contradicteurs qui ne manquent pas d'arguments. Kristen Hawkes et bien d'autres ont proposé une analyse des sociétés traditionnelles qui suggère que les hommes chasseurs contribuent fort peu à la subsistance quotidienne de leur famille et que l'essentiel de l'apport calorique dont bénéficie la communauté provient de la cueillette organisée par les femmes. Ces travaux récents laissent penser que chez l'espèce humaine ancestrale les femmes bénéficiaient encore d'une grande autonomie, comme chez les chimpanzés et autres primates, et que le « patriarcat », la « famille nucléaire » – appelez cela comme vous voulez, mais il s'agit de l'asservissement de la femme au nom du pain et du lard –, est, du moins en tant qu'institution généralisée, un phénomène très récent de la préhistoire humaine. Il est possible que cette transformation soit l'un des fruits de la révolution agricole, comme nombre d'historiens et de théoriciens de l'évolution le pensent. « Avec l'apparition de l'agriculture intensive et de l'élevage, les femmes, en somme, ont perdu le contrôle des fruits de leur travail. La cueillette et l'horticulture nomade reposant sur le défrichage par le feu exigent de vastes espaces, donc une grande mobilité des femmes, ce qui ne permet pas aux hommes de contrôler facilement leurs ressources et leurs mouvements. Mais dès lors que le travail des femmes se cantonne à une petite parcelle comme dans l'agriculture intensive, ou à un espace restreint autour de l'habitation comme dans l'élevage, les hommes peuvent plus facilement surveiller à la fois les moyens de subsistance dont les femmes dépendent et leurs déplacements quotidiens », écrivait Smuts.

La réelle innovation, si l'on peut dire, dans l'apparition du patriarcat, fut de parfaire l'alliance des mâles. Chez la plupart des primates, ce sont les femelles qui s'allient entre elles, pas les mâles. Chez les chimpanzés, les mâles forment des coalitions rudimentaires qui parfois leur permettent de contrôler les femelles, mais ces alliances sont généralement instables et les femelles résistent – ce qui leur est possible car elles subviennent elles-mêmes à leurs besoins. Chez les humains, les hommes sont passés maîtres dans l'art de contracter des alliances avec d'autres hommes, sur le terrain politique, religieux, intellectuel, émotionnel. Ces alliances ont servi de multiples causes et n'ont pas manqué d'enrichir, de glorifier et... de souiller notre passage sur terre. Mais l'une des raisons, et non des moindres, de la collaboration masculine a été d'étendre et de peaufiner ce à quoi les chimpanzés mâles s'efforcent de parvenir sans trop de raffinements, c'est-à-dire le contrôle des moyens de reproduction, ce qui inclut nécessairement le contrôle des femmes. Nous nous imaginons que la domination masculine tient à la supériorité physique des hommes, à leur taille et à leur force musculaire, mais la plupart des singes mâles sont plus grands et plus forts que les femelles et ne parviennent pourtant pas à les assujettir. C'est l'union des femelles qui leur donne la liberté. Dès que les hommes eurent compris la valeur de la fraternité masculine, que leur intérêt commun l'emportait sur leurs divergences, hop là, ils s'en sont pris à la liberté des femmes.

L'évolution du patriarcat et ses effets particuliers sur la condition de la femme à travers la préhistoire et l'Histoire sont une longue et tortueuse épopée que Gerda Lerner, entre autres, a magnifiquement analysée. On n'en comprendra sans doute jamais totalement la genèse. À l'époque où l'humanité laissait derrière elle ses premiers documents écrits, l'essentiel des bases sociales, économiques, politiques et émotionnelles de la société patriarcale était déjà en place et la femme avait déjà accepté d'être reléguée au second rang. Il y a trois mille ans, par exemple, une princesse mésopotamienne priait non pour son propre salut mais pour celui de son seigneur : « Quant à moi, que je puisse prospérer sous sa protection. »

Les femmes avaient besoin de la protection masculine parce que les alliances entre hommes étaient souvent des pactes militaires, des coalitions visant à s'emparer du bien de l'adversaire. Or les jeunes femmes, dès le début, constituaient l'un des butins les plus prisés. Quand deux tribus s'affrontaient, le groupe victorieux tuait les hommes faits prisonniers et emmenait les femmes pour les réduire en esclavage ou en faire leurs épouses. Les captives valorisaient le potentiel reproductif des vainqueurs et rehaussaient leur statut. Tous les documents écrits retrouvés relatent le viol et la capture des femmes dans la foulée de la guerre. Dans *L'Iliade,* d'Homère, dont on pense qu'elle reflète les conditions sociales de la Grèce vers 1200 avant Jésus-Christ, les guerriers débattent, parfois se querellent, au sujet de la répartition équitable des femmes prises comme trophées. Au début du récit, le roi Agamemnon accepte en rechignant de renoncer à sa concubine favorite, Chryséis, la noble captive ; il faut dire que le père de celle-ci, également prêtre d'Apollon, avait menacé de le traduire devant le tribunal des dieux. Agamemnon exige une autre femme en compensation, mais ses hommes lui font remarquer que toutes les captives ont déjà été attribuées. Usant de son privilège de roi, Agamemnon fait volte-face et exige Briséis, la captive aimée d'Achille. Cela faillit conduire les Athéniens à la défaite, car Achille passera une bonne partie de la guerre de Troie à bouder et à remâcher l'offense sous sa tente en se consolant auprès d'une autre concubine, « Diomède à la blonde chevelure, fille de Phorbas, capturée à Lesbos ». Achille partage sa tente avec un autre guerrier, Patrocle, qui lui-même partage sa couche avec Iphis « à la ceinture dorée », qu'Achille a capturée lors de la conquête de la cité d'Enyeus et offerte à son ami. Que de filles, que de filles ! Nous n'entendons pas beaucoup ces captives, évidemment, ni ne savons ce qu'elles pensaient de devoir passer d'un homme à l'autre comme une balle de base-ball. Il y a de fortes chances pour qu'elles n'en aient pas fait une histoire. Elles rendaient grâces d'être restées en vie. Après tout le poème ne fait pas mention d'hommes emmenés en esclavage ; les prisonniers d'Enyeus, Lesbos, Troie et autres cités vaincues étaient massacrés. Finalement, bien sûr, les hommes apprirent à réduire en esclavage d'autres hommes comme ils le faisaient pour les femmes, à utiliser la force musculaire des prisonniers comme celle des mules ou des bœufs ; mais à en croire bon nombre d'historiens et les traces écrites, les premiers esclaves humains furent des femmes. L'enjeu de l'esclavage, à l'origine, fut la possession de matrices nubiles.

Le viol des captives qu'on dépouillait ensuite de leur humanité en les réduisant en esclavage, leur condition quasi systématique de concubines, a conduit à cristalliser l'assimilation mentale détestable (toujours en vigueur) entre la femme charnelle et la femme déchue. La femme esclave était un objet sexuel ; elle n'avait pas le choix et en revêtait souvent la tenue. La femme qui ne voulait pas qu'on l'assimile à la race des esclaves en était réduite à faire grand cas de sa chasteté et à affecter une pudeur ostentatoire. Dans un monde où les hommes traitent entre eux, bien des facteurs contribuent à ce que la virginité féminine devienne une obsession. Les alliances royales étaient souvent scellées par le mariage, et le prince de l'un des fiefs en jeu voulait avoir l'assurance que la fiancée ne cachait pas un bâtard sous sa ceinture dorée. La chasteté des filles pouvait se révéler payante y compris au sein des basses castes. Dans l'univers très stratifié de l'Europe féodale, par exemple, la seule manière pour une famille de basse naissance d'améliorer sa position était de marier sa fille à un noble. C'est ainsi, comme l'explique l'anthropologue Sherry Ortner, que la virginité des filles devint une affaire de famille, sous bonne garde masculine – en ayant recours à la violence quand il le fallait –, une virginité dont les femmes se firent une citadelle aussi mythique que poétique. Les femmes ne se liguèrent plus pour résister au harcèlement ou repousser le mâle infanticide. Non. La force de la solidarité féminine, de l'amour entre mère et fille, de la tendresse entre sœurs, eut désormais pour fonction de protéger la chasteté, le bien le plus précieux de la femme piégée dans les marais de la société postpaléolithique.

Les femmes capturées à la guerre étaient arrachées à leur foyer natal et perdaient toute protection familiale. Mais à une échelle plus vaste, l'émergence des structures sociales et économiques patriarcales eut pour résultat, et peut-être exigeait, la disparition du territoire matriarcal et l'extinction de la filiation matrilinéaire au profit du territoire patriarcal et de la filiation patrilinéaire. Presque sans exception les femmes vivent plus à l'aise dans un système matrilocal qui leur permet de rester où elles sont nées, entourées de leurs amies et de leurs relations, un système où ce sont leurs compagnons qui les rejoignent, que lorsqu'elles doivent quitter le foyer pour rejoindre le domaine du mari. La culture des Iroquois par exemple était fortement matrilocale, et les Iroquois bénéficiaient d'une des cultures les plus égalitaires recensées par l'anthropologie. Mais plus l'on considéra la femme comme une denrée d'échange, moins on lui fit l'honneur d'emménager sous *sa* tente. Certains érudits spécialistes de la Bible ont vu dans la Genèse un raccourci de la lutte pour le système patrilocal au détriment du système matrilocal, une phase critique ayant permis aux Hébreux de passer du nomadisme à la sédentarisation sous régime patriarcal. Au début de la Genèse (2, 24) on trouve le passage suivant : « Ainsi l'homme quittera son père et sa mère et s'attachera à sa femme », sans doute une référence à un mariage sous régime matrilocal. Mais plus tard Jacob, fils d'Isaac, rejette le principe matrilocal. Il promet à Isaac de revenir chez lui, puis après avoir courtisé et épousé les filles de Laban, Rachel et Leah, il honore sa promesse. Il prend ses femmes et ses fils, les chameaux de ses femmes, leurs troupeaux de brebis, leurs poteries, tout ce qu'elles peuvent emporter avec elles, et revient à la maison d'Isaac. Pour souligner la signification profonde de sa désertion, Rachel dérobe même les *teraphim* de son père, les dieux de la maison, qui représentent les titres de propriété de Laban. Elle accepte la liquidation du système centré sur la mère. Elle unit sa destinée à son mari et à la primogéniture de celui-ci, et mime par son larcin le droit de Jacob à mettre la main sur elle comme sur son propre bien.

Le sort de Briséis, l'exaltation de l'hymen, la perte du foyer natal – de quoi mettre en péril la cause de l'autonomie féminine. Ce n'était pas encore assez. Quand le principe de la divinité féminine disparut du panthéon, la femme perdit jusqu'au droit, pourtant modeste, d'honorer la fécondité de sa chair, le pouvoir rédempteur et régénérant de son corps. Toutes les cultures humaines, pour ainsi dire par vocation, se forgent une forme de religion, une création narrative cohérente donnant le change aux terreurs, aux désirs, aux limites, aux aspirations de l'être humain. Ces religions abritent généralement toute une population bigarrée de divinités animales et humanoïdes, masculines, féminines ou hermaphrodites. Pourtant, comme Gerda Lerner l'explique de façon convaincante, l'ascension du patriarcat s'est accompagnée d'un glissement du rapport des forces au sein du royaume divin. « Le renforcement du pouvoir royal et de l'État archaïque a modifié les croyances et les symboles religieux, écrit-elle dans *The Creation of Patriarchy* ("L'Avènement du patriarcat"). Voilà le processus qu'on observe, précise-t-elle : d'abord l'effacement de la figure de la déesse mère et l'ascension puis le règne de son époux ou de son fils ; ensuite l'assimilation de celui-ci à un dieu de la foudre ou des tempêtes qui lui-même devient le dieu créateur, régnant sur le panthéon des divinités des deux sexes. Partout où le changement survient, le pouvoir créateur et procréateur est transféré de la déesse mère au dieu tout-puissant. »

Avec l'avènement du monothéisme, on va jusqu'à expulser du tabernacle la déesse déjà reléguée au rang de matrone stérile, tant ses cuisses grasses et ses mamelles barbares rappellent dangereusement l'adoration populaire qui caractérisa si longtemps les vieux cultes de la fécondité. La Genèse relate le pacte ultime entre Yahvé et Adam visant à exproprier la femme de son pouvoir procréateur. Adam consent à honorer le culte monothéiste (qui a fait disparaître la déesse mère), ce qui lui vaut le droit de prononcer le nom d'Ève et du même coup de la faire naître, donc d'être la mère de la mère de nous tous, et de s'arroger de droit les produits de ses entrailles. Ève devra obéissance à son mari et ne recevoir d'hommages que de lui, sans se laisser distraire par la flatterie et les fausses espérances. Elle devra considérer le serpent pour ce qu'il est, son ennemi, l'incarnation du péché – le ver immonde, le phallus errant, la vanité perpétuelle, l'éphémère, la liberté. « Dans le contexte historique de l'époque où la Genèse fut écrite, le serpent était clairement associé à la déesse de la fécondité et en était la représentation symbolique, écrit Gerda Lerner. Il n'est pas besoin de forcer le trait pour lire dans ce passage une condamnation par Yahvé de la sexualité féminine exercée librement et de façon autonome, y compris à titre sacramentel. »

Le patriarcat a atteint toute sa splendeur sous le monothéisme. Pour les femmes, le monde s'est bureaucratisé, s'est laissé ensevelir sous des tonnes de sparadrap rouge comme un monument de Christo. Le vieil univers où elles puisaient leurs forces avait disparu. Oubliés le ballast rassurant de la proche parenté, le plaisir corporel, le rayonnement glorieux de la féminité – sur la scène laïque des mortels comme sur la scène divine des immortels. Pour gagner sa vie et élever ses enfants, la femme dut en passer par un intermédiaire, l'entremise masculine. L'homme n'était plus le compagnon ni l'amant. C'était l'air ambiant. Ne discute pas, respire ! Cette métamorphose graduelle, complexe et révolutionnaire de la société de subsistance en société patriarcale dévalua également le regard que les femmes portaient sur les autres femmes. La solidarité féminine fut balayée. Elle n'avait plus de fonction stratégique. Puisqu'il n'était plus question de déterrer des tubercules ni de fouiller les forêts, et que les hommes détenaient l'essentiel des moyens de subsistance, en quoi ta voisine pouvait t'être utile ?

Dans le cerveau humain mis au goût du jour, l'étrangère, celle qui ne fait pas partie de la famille, devint une menace potentielle, cristallisant une animosité qui dépasse de très loin tout ce qu'on peut observer chez l'ensemble des primates. Soit l'autre est la belle-sœur ou la belle-mère, dépendant du mari par les liens du sang ou une longue intimité. Soit c'est une étrangère, donc une rivale potentielle, au nouveau sens du terme, profond et terrifiant. Cette autre peut te prendre ton homme, et si celui-ci est l'air que tu respires, elle ne peut être qu'un succube, une femme fatale. Fatale pour toi et les tiens, pour tout ce qui fait ton existence, ta nourriture, ton foyer, tes enfants. Qu'est-ce qu'une femme peut attendre de bon d'une autre femme sur le domaine de celui qui parle en son nom, sur les terres d'élevage et de cultures de son mari ? En pratique, pas grand-chose, vraiment pas grand-chose. Mais le mal que l'« autre » peut faire est incommensurable. Elle peut t'arracher les yeux. Te voler impunément. C'est en tout cas ce que devaient craindre les filles d'Ève, elles qui n'avaient pas été chassées du jardin d'Éden, mais bel et bien enfermées à l'intérieur. Le prix de l'amitié féminine commença à sembler exorbitant et la rébellion bien trop risquée.

Les femmes ne sont pas innocentes. Elles ne l'ont jamais été. Nombre d'entre elles se sont faites les complices de leur « déprimatisation ». Elles ont encouragé, accéléré la perte de leur autonomie. Elles ont acquiescé aux coutumes réprimant la sexualité féminine comme l'infibulation, le voile, la claustration, et incité leurs filles à s'y plier. Elles savent même se faire les agents les plus zélés de telles pratiques coutumières.

Nous les femmes, toutes autant que nous sommes, ne sommes pas folles et tenons aux nôtres. Nous voulons le bien de nos enfants et cela fait quelques milliers d'années que nous avons besoin de l'aide et de l'amour des hommes pour en prendre soin. C'est vrai, y compris en l'absence de l'homme, quand nous devons nous en passer. Aux États-Unis, l'immense majorité des pauvres sont des femmes célibataires avec enfants à charge. Quand un couple ayant des enfants divorce, la femme devient généralement plus pauvre, et l'homme plus riche. Défier la patience d'un homme et ce qu'il estime avoir investi en vous se paie encore très cher, car c'est la vaste coalition masculine de notre planète « civilisée » qu'on défie. Alors, par moments, nous n'hésitons pas à nous automutiler, à nous infliger à nous-mêmes l'équivalent de petites clitoridectomies. Nous rejetons l'idée de la sororité, de la solidarité féminine. Nous en faisons un sujet de galéjade. Le terme de *féminisme* nous inspire du dédain, nous fait lever les yeux aux ciel. C'est que, voyez-vous, nous sommes au-dessus de ça, nous sommes bien dans notre peau, nous avons résolu tous les problèmes soulevés par le féminisme, qui d'ailleurs n'étaient que de faux problèmes. Nous organisons des groupes antiféministes que nous baptisons de noms sympathiques, bien sonores, où l'on trouve des mots comme *liberté,* ou *indépendance.* Nous avons en nous tant d'agressivité, de vitalité, de sauvagerie et de force, nous avons la détente si rapide, que nous dégainons volontiers contre les Cendrillons que nous sommes, en n'oubliant pas de prendre pour cible la pantoufle de vair.

Quelles inepties ne nous faut-il pas avaler ! Quelles plaisanteries d'imbéciles heureux à faire braire un âne ! Prenez *Jerry Maguire,* ce film idiot qui serait inoffensif s'il ne fallait pas endurer tout ce déballage gratuit de misogynie destiné, j'imagine, au public féminin, ou plutôt aux hommes qui accompagnent les femmes qui acceptent d'aller voir avec eux un film d'hommes qui ne parle que de sport ! Les producteurs ont inséré dans le scénario un « béguin » destiné à Tom Cruise qui joue le rôle de Jerry, en la ravissante personne de Renee Zellweger, aux lèvres si pulpeuses, dans le rôle de Dorothy. La sœur aînée de Dorothy, une divorcée grisonnante, fait partie d'un groupe de soutien, une cabale de femmes délaissées qui se voient régulièrement pour se plaindre de la trahison des hommes. C'est déjà assez consternant. Les femmes en question arborent toutes un air hagard, aigri et malheureux, et surtout ne *rient jamais,* alors que les femmes réelles passent d'un fou rire à l'autre quand elles se réunissent pour débiner les hommes. À un moment donné, sans qu'on comprenne pourquoi, Dorothy jaillit de son siège et interrompt la réunion : « Vous avez peut-être toutes raison, dit-elle. Les hommes, c'est l'ennemi. Mais moi, je l'aime encore, l'ennemi ! » Chœur de protestations indignées des autres femmes comme si on les avait rouées de coups et que Dorothy ait tapé dans le mille (au fait, lequel ?). Les femmes essaient de s'entraider, de se réconforter, mais Dorothy n'est pas d'accord. Ce qu'elle veut, c'est le retour de Tom/Jerry. Elle a besoin de lui, pas seulement d'un point de vue sentimental, mais pour assurer sa propre solvabilité. Dorothy est la mère célibataire d'un jeune garçon. Dans son désarroi, elle éprouve le besoin de rabaisser les autres femmes, de s'en démarquer et de se désolidariser de l'avenir lugubre qu'elles incarnent. Leur présence lui gâte l'air. Elle veut le second acte. Mais il n'y a pas de second acte pour Thelma et Louise.

D'accord, il ne faut peut-être pas voir trop de choses dans un divertissement sans queue ni tête. C'est gentillet, c'est anodin, penserez-vous. Méfiez-vous, à trop consommer ce genre de sucreries on se réveille un jour édentée.

Nous, les femmes, avons des passés multiples. Nous sommes de vénérables primates, et des hominidées revues et corrigées. Nous nous sentons attirées par les autres femmes, avons besoin de nous justifier auprès d'elles et de les impressionner, les fuyons, les renions, les voulons près de nous en cas de besoin. Nous savons nous tirer dans les jambes, quitte parfois à recourir à la violence, mais nous pouvons également nous entraider. Les deux options nous sont ouvertes. C'est la flexibilité de notre profil d'évolution, son opportunisme, qui nous permet de choisir notre stratégie. Nous sommes, du point de vue de l'évolution, à égale distance entre les chimpanzés et les bonobos. Leur génome est à 99 % identique au nôtre. Pour vous donner une idée de notre proximité génétique, le génome de la souris n'est homologue au nôtre qu'à 50 %, or les souris sont également des mammifères, donc très proches de nous d'un point de vue taxinomique. Mais les chimpanzés et les bonobos, les deux rescapés du genre *Pan,* sont nos espèces sœurs. Leur lait conviendrait parfaitement à nos bébés. Les femelles chimpanzés ont un penchant très modéré pour les alliances féminines. Les femelles bonobos forgent un véritable matriarcat. Nous pouvons aller d'un côté ou de l'autre. Nous pouvons nous inspirer des deux stratégies. Mais ce que les femmes ne peuvent pas se permettre, c'est de s'ignorer. Nous vivons dans un monde d'hommes, mais nous réservons notre agressivité aux femmes, en toute âpreté, en toute intimité.

16

L'AUBAINE

Du muscle à bon marché

Cela fait des années que je fréquente les salles de gym et que je bassine les copines sur les mérites de la musculation. Je reconnais que j'en rajoute peut-être un peu. Mais rien ne m'irrite plus que de m'entendre le plus souvent répondre quelque chose du genre : « La gonflette, très peu pour moi. Je ne tiens pas à avoir l'air de Madame Muscles. Je veux juste être en forme. » La remarque me hérisse le poil pour deux raisons. D'abord, sainte Marie mère de Dieu, j'aimerais bien qu'il soit si facile de faire gonfler ses muscles et de se forger une silhouette à faire se pâmer Michel-Ange. Si seulement je pouvais, par le seul entraînement régulier, arborer des rondeurs de lune et de fruit généreux aux épaules, aux jambes, à la poitrine et dans le dos, et que toute mon anatomie puisse avoir l'attrait irrésistible de belles fesses. En fait il est extrêmement difficile pour la plupart des femmes d'acquérir une musculature spectaculaire. Les gens qui me voient soulever des haltères sont toujours surpris de mes performances parce que je n'ai pas particulièrement l'air costaud. Je ne correspond pas à l'image mythique de la Gunhilde musclée à qui ne résistent ni les robots ni les maillots de Lycra. Je suis toujours déçue par mes biceps. Ils sont puissants, mais refusent de gonfler quand je plie le bras à la façon de ceux de mon père à chaque fois que le lui demandais de me montrer ses muscles.

Mais je ne suis pas un critère. Il y a des femmes plus sculpturales que moi. Quel mal y a-t-il à paraître musclée ? Il y a de la beauté dans une belle musculature, dans la force physique, dans le tissu musculaire. Le métabolisme cellulaire impliqué est magnifique, comme ses prolongements médicaux et sa signification philosophique. Les muscles s'atrophient quand on n'en a pas besoin, mais reprennent toujours du service quand ils ont une raison de le faire. Quel que soit votre âge, vos muscles ne désespèrent jamais. Ils attendent que l'occasion se présente. Ils répondent quand on les stimule. Peu de cellules de l'organisme se prêtent aussi volontiers au changement et à la régénération, réussissent autant à se transcender que les cellules musculaires. Le muscle se fait un tantinet moralisateur, c'est vrai, dans un style puritain et pragmatique très tourné vers les résultats tangibles, mais enfin, il est fiable. Vous pouvez faire votre sieste quotidienne sur le divan du psychanalyste et retrouver chaque matin vos démons familiers, mais si vous faites travailler vos muscles tous les jours, ils seront d'acier.

D'accord, il arrive qu'on exagère les bienfaits de la culture physique. Certains lui attribuent toutes sortes de pouvoirs magiques, prétendent que l'exercice vous rendra sérénité, optimisme et intérêt pour l'existence. N'en croyez rien. Si vous êtes d'un naturel mélancolique, la culture physique ne fera pas de vous un boute-en-train. Au tout début de l'entraînement, vous éprouverez une sensation d'euphorie due à une meilleure oxygénation de vos tissus et à la fierté que vous inspire votre louable initiative. Mais une fois l'organisme habitué à un rythme plus actif et votre enthousiasme de néophyte dissipé, vous reviendrez à votre équilibre biochimique et psychique de base, ou, comme disait D. H. Lawrence, au problème d'être vous-même. On a affirmé que l'exercice physique contribuait à la guérison de la dépression, mais la plupart des études cliniques n'ont pas constaté un tel effet thérapeutique.

On prétend également qu'il n'y a pas de meilleur élixir de jouvence que l'exercice physique, et que s'il se débitait en comprimés nous en prendrions toutes (et tous). C'est vrai pour de nombreuses parties du corps, mais pas pour le visage, cette impitoyable horloge séculaire à usage public. Là, l'exercice n'a aucun effet. Les muscles du visage ont beaucoup moins de points d'attache à la boîte crânienne que les autres muscles au squelette. Ils ont été libérés de la contrainte osseuse afin de nous faciliter la parole, les grimaces, la feinte surprise et l'intérêt poli. C'est que la liberté d'expression a son revers : impossible de redonner du tonus aux muscles faciaux par la gymnastique. Ils n'ont pas de point d'appui. Dommage, vraiment. La discipline et la volonté n'y peuvent rien. Les bénéfices esthétiques de l'exercice physique s'arrêtent à la mâchoire.

À condition de ne pas attendre de la vigueur physique qu'elle résolve tous nos problèmes, elle peut nous être bien utile. Les femmes ont autant besoin de leurs muscles que les hommes et devraient en profiter. Certes, les hommes sont naturellement plus musclés que nous grâce à leur niveau de testostérone plus élevé. Cette hormone est un anabolisant – elle fabrique du muscle – et permet donc de produire un volume musculaire plus important. Cela dit, les effets de la testostérone sur la vigueur physique ne sont pas à la hauteur de sa réputation, et les femmes ne devraient pas exciper de leur faible taux de testostérone pour justifier leur prétendu manque de « force » physique. Cela fait longtemps qu'en dépit de l'interdiction officielle les athlètes s'injectent des produits à base d'androgènes, persuadés que les stéroïdes les rendront plus forts et plus musclés. La sagesse des vestiaires a finalement trouvé sa confirmation en 1996 quand des tests cliniques ont prouvé que des doses très élevées de testostérone augmentaient effectivement le volume musculaire et la vigueur physique des jeunes gens normaux en bonne santé. Mais la différence n'était pas si extraordinaire, et l'on a constaté que même les hommes dont le sang n'était que de la gélatine de testostérone – à un taux de concentration atteignant cinq fois la normale – n'étaient finalement pas plus vigoureux, à l'issue de dix semaines d'entraînement intensif, que bon nombre des sujets du groupe témoin qui s'étaient entraînés de la même façon sans prendre de drogue.

Ces résultats ne devraient pas nous surprendre. Après tout, les niveaux naturels de testostérone sont dix fois plus élevés chez les hommes que chez les femmes, ce qui ne rend pas les hommes dix fois plus grands et plus forts que nous. En fait, la différence de taille entre hommes et femmes – ce qu'on appelle le dimorphisme sexuel – est modeste quand on la compare à celle qu'on observe entre les mâles et les femelles de nombreuses espèces. La taille moyenne de l'homme est environ de 10 % supérieure à celle de la femme, et son poids de 20 % supérieur, alors que chez les orangs-outangs et les gorilles la taille des mâles est au moins le double de celle de la femelle. On attribue normalement le dimorphisme sexuel d'une espèce particulière à la pression de l'évolution qui sélectionne des mâles plus grands au cours de la compétition pour l'accès aux femelles. En règle générale, plus le dimorphisme est accentué chez une espèce, plus elle est polygame, la théorie voulant que la possibilité de monopoliser de nombreuses femelles implique une rivalité plus âpre entre les mâles, ce qui accroît la pression sélective en faveur des mieux armés pour le tournoi. À l'inverse, chez les espèces plus monogames les mâles et les femelles tendent à être assez similaires en taille et attributs. Pourquoi s'embarrasser d'armures de guerre quand on peut facilement se trouver une compagne et s'établir en s'occupant tranquillement de ses petites affaires ? C'est ainsi que bon nombre de scientifiques ont vu dans le faible dimorphisme propre à l'espèce humaine un témoignage de notre opportunisme sexuel, à mi-chemin entre la promiscuité communautaire et la monogamie. Ce qui expliquerait notre propension à former des couples comme à papillonner. Fission, fusion, confusion collective ! Vrai ? Faux ? Allez savoir. Mais le fait que les hommes ne soient pas des gorilles de deux cents kilos n'indique pas en soi le renoncement à la rivalité entre mâles. La vérité, c'est qu'à partir du moment où *Homo sapiens* s'est mis à fabriquer des armes la simple force brute a cédé le pas à la capacité d'invention, et que la course aux armements a changé de nature : l'ingéniosité technique s'est substituée à la force physique. Une bonne lance bien affûtée l'emporte toujours sur les pectoraux les plus impressionnants.

Pour revenir à notre débat, il y a une autre hypothèse : le dimorphisme sexuel serait plus atténué chez l'espèce humaine que chez les autres espèces de grands singes, non parce que les hommes se seraient libérés de la pression sélective, mais parce que celle-ci se serait exercée dans le sens de l'accroissement de la taille féminine. Si l'on admet que la sélection naturelle a favorisé la longévité féminine – en accordant aux femmes de longues années d'existence après la ménopause –, cela supposerait l'acquisition d'une masse corporelle suffisamment respectable pour résister à plusieurs décennies. Les grands animaux vivent en général plus longtemps que les petits. Outre la longévité, bien d'autres facteurs influent également sur l'évolution de la taille féminine, comme l'habitat, le mode de locomotion, le régime alimentaire, les exigences de la grossesse et de l'allaitement, certains en limitant la taille, d'autres en l'augmentant. Il est possible qu'au cours du processus triangulaire ayant permis de négocier les modifications adaptatives la physiologie de la femme ait connu une modeste propension à acquérir une plus haute taille, tout en ne dépassant pas les limites exigées par les contraintes de la reproduction. Après tout, en matière de taille, les femmes arrivent au deuxième rang des femelles primates de la planète, juste derrière les gorilles femelles qui pèsent en moyenne entre quatre-vingts et quatre-vingt-cinq kilos, à comparer à nos cinquante-cinq ou soixante kilos quand nous ne sommes pas lestées de kilos superflus. Les femmes sont plus grandes que les femelles orangs-outangs qui pèsent à peine quarante-cinq kilos, et beaucoup plus grandes que les femelles chimpanzés ou bonobos. En comparaison, les hommes avec un poids standard de soixante-douze kilos sont beaucoup plus petits que les gorilles mâles, plus petits également que les mâles orangs-outangs, dont la moyenne atteint plus de quatre-vingt-dix kilos.

Je ne donne pas ce luxe de détails par simple amour des chiffres (bien que j'aime les chiffres, et qu'en tant que petite femme cela me réconforte de me considérer comme une primate femelle de taille impressionnante). Ce que je cherche ici, c'est à étayer la thèse selon laquelle la femme a plus besoin de sa masse musculaire que l'homme, et que, si la nature nous a donné un coup de pouce vers les grandes dimensions, nous devons en tirer les conséquences physiques et tirer au mieux parti de notre embarcation de longue durée. Nous avons besoin de muscles pour des raisons pratiques, et également pour affirmer notre identité spirituelle, cet être encore si incertain. Dans les deux cas, nous en avons plus que jamais besoin. Nous n'avons pas de grandes quantités de testostérone, et il ne nous est pas aussi facile qu'aux hommes d'acquérir du muscle et de la force physique. Mais notre résistance physique, au regard de ces faibles taux de testostérone, est extraordinaire, comme en ont témoigné les femmes des différentes régions de la planète au cours de l'histoire. Dans la plupart des pays en développement, les femmes sont des bêtes de somme. Chez les !Kung, elles parcourent des kilomètres avec des charges de cinquante kilos sur la tête ou le dos. Si les femmes du monde se mettaient en grève, c'est le monde du travail qui s'immobiliserait. On ne peut en dire autant des hommes, c'est certain. Ne vous fatiguez pas à vanter les mérites de la force physique auprès de la majorité des femmes. La leçon serait incongrue. Elles sont vigoureuses par nécessité, à force de sueur, de corne aux pieds et de cals aux mains. Il suffirait sans doute d'ajouter aux rigueurs de leur mode de vie un meilleur régime alimentaire, de l'eau potable et des soins médicaux convenables, pour qu'elles se révèlent de la race des Jeanne Calment.

En Occident toutefois, l'existence féminine s'exerce à l'art du contrepoint en superposant deux profils de vie contradictoires. La longévité a augmenté alors que la force physique ne trouve pas à s'employer. Nous vivons plus longtemps. C'est que nous sommes femmes, après tout, et la machinerie tient le coup. Dans le même temps, nous nous démyosinons [1], à force de dédaigner notre tissu musculaire pourtant si avide d'attentions. Or plus les années passent, plus nous avons besoin de muscle. Et comme notre univers nous fournit peu d'occasions d'en obtenir naturellement, nous devons bien nous en fabriquer artificiellement, à force de discipline et d'auto-exhortations. Il nous faut trouver des raisons de nous endurcir. Elles ne manquent pas et c'est tant mieux. Vous ne voulez pas apparaître trop musculeuse ? Vous n'aspirez qu'au ton juste, à l'harmonie ? Mais vous n'êtes pas un chant grégorien, vous avez un siècle à assumer. Priez plutôt Artémis, la déesse de la chasse, pour acquérir ses quadriceps de traqueuse à l'affût et ses biceps de tireuse à l'arc. Vous ne serez que trop heureuse de faire appel à vos muscles quand la pesanteur, l'impitoyable force de gravité, commencera à triturer votre marchandise et jouer avec votre cœur.

Pour comprendre en quoi la femme a fondamentalement besoin de force musculaire, pensez au couple abstrait mais néanmoins fort utile de la femme et de l'homme dit « de référence ». Ce couple est une construction médicale et politique, les Atome et Ève de l'après-Hiroshima. Dans les années cinquante, sous l'égide de la Commission de l'énergie atomique, les scientifiques ont cherché à déterminer les effets potentiels des radiations nucléaires sur l'organisme humain. Ils voulaient connaître les seuils de tolérance physiologiques aux radiations alpha, bêta et gamma. Les différents tissus de l'organisme ne réagissant pas de la même façon aux radiations, ils ont dû déterminer les compositions tissulaires respectives de l'homme et la femme standards. Ils ont obtenu deux portraits-robots d'hominidé(e)s de vingt-cinq ans. C'est l'âge auquel les différents organes sont censés avoir atteint leur taille maximum, leurs pleines capacités, et où le métabolisme a atteint son équilibre. Le poids que vous faites à vingt-cinq ans est sans doute votre poids de forme. C'est le poids que votre métabolisme s'efforce d'atteindre en s'ajustant de lui-même selon les aléas de votre balance et de l'existence, un coeffi-

1. La *myosine* représente le constituant protéique essentiel du tissu musculaire. Le préfixe *myo* venant du grec *mus,* le muscle, caractérise les différents termes médicaux se rapportant à la physiologie et à la pathologie musculaires. *(N.d.T.)*

cient d'inertie qui donne tant de fil à retordre aux diététiciens. Le corps n'est pas un agitateur. Il adore le statu quo.

Mais les humains de référence ne font jamais de régime. La femme standard pèse un peu moins de soixante kilos, l'homme standard un peu moins de soixante-dix. La masse corporelle de madame comprend 27 % de graisses et 67 % de tissus maigres. Celle de monsieur respectivement 16 et 84 %. Les tissus maigres nous évoquent les muscles, mais ils incluent tout ce qui n'est pas de la graisse – muscles, os, organes, eau. Chez la femme atomique, on estime que près de la moitié du tissu maigre, soit 34 % de sa masse corporelle, est composé de tissu musculaire, ce qui signifie qu'elle est faite de presque autant de graisses que de muscles. La graisse, en elle-même, n'est pas une mauvaise chose. Le tissu adipeux est un excellent moyen de stocker l'énergie en ces temps de famine qui s'abattaient occasionnellement sur les humains. Un gramme de graisse contient deux fois plus de calories qu'un gramme de tissu musculaire. L'individu moyen, homme ou femme, détient assez de graisses pour survivre quarante jours sans s'alimenter ; le fait que Jésus-Christ ait jeûné quarante jours dans le désert laisse penser que les auteurs de la Bible, en ascètes avisés qu'ils étaient, avaient une bonne idée des limites physiologiques de l'organisme.

La graisse, toutefois, n'est pas de grand secours au jour le jour. Ce n'est pas un tissu terriblement ambitieux, et c'est lourd à traîner. C'est le tissu musculaire, en symbiose avec le foie, qui fabrique et métabolise les protéines qui permettent au corps de fonctionner et de subsister, qui répare les dégâts de l'existence et les dommages incessants occasionnés par la respiration de l'oxygène – et l'humeur espiègle de ses inévitables radicaux libres. La femme qui perd la moitié ou plus de sa graisse corporelle n'aura peut-être plus ses règles, mais elle vivra. Celle qui perd plus de 40 % de tissu musculaire, comme les détenus des camps de concentration nazis, mourra.

Il est difficile d'exagérer l'utilité du muscle. Notre corps comprend plus de six cents muscles, certains sous contrôle volontaire – les muscles du squelette –, certains, les muscles lisses, en mode de fonctionnement autonome. Les muscles nous permettent de nous mouvoir, bien sûr. Ils s'interposent entre nous et l'apathie, mère de toutes les débauches. Mais le tissu musculaire nous aide également quand nous sommes immobilisés par la maladie. Quand vous êtes sur votre lit de souffrances, l'organisme perd sa capacité à puiser les calories dans ses réserves de graisses. Si vous jeûnez, volontairement ou non, mais êtes en bonne santé, votre niveau d'insuline tombe et votre organisme trouve de l'énergie en réquisitionnant ses réserves de graisses. Mais lorsque vous êtes malade, infection aiguë ou maladie chronique, votre niveau d'insuline s'élève. Et comme le niveau d'insuline s'élève également quand on mange, la confusion s'installe. L'organisme ne sait plus où il en est. Il pense qu'il est nourri, et ne puise donc pas ses calories dans ses réserves de graisses. Vous avez beau être malade, il lui faut de l'énergie, du carburant, et il s'attaquera donc aux muscles. Ces derniers n'ont pas beaucoup de calories à offrir : la femme stocke en moyenne vingt mille calories dans ses tissus musculaires, à comparer aux cent quatre-vingt mille stockées dans ses graisses. Celui ou celle qui souffre d'une grave infection et ne peut manger mourra de faim en dix jours au lieu de quarante. (La cachexie, c'est-à-dire la déperdition de tissu musculaire qu'on observe chez les personnes atteintes d'un cancer ou du sida, survient plus graduellement, mais a également pour cause l'incapacité de l'organisme à brûler ses graisses et du même coup sa propension à cannibaliser ses muscles.) Plus vous êtes musclé, donc, plus vous avez de chances de résister à la maladie. Si les jeunes survivent plus facilement aux graves infections que les vieilles personnes, c'est entre autres parce que leur compte en banque musculaire est mieux approvisionné.

Nous, les femmes, avons au départ moins de muscles que les hommes, et également les os plus légers. L'homme et la femme de même taille diffèrent néanmoins par la masse osseuse, celle de l'homme étant de 10 % supérieure à celle de la femme. Si les muscles s'opposent à la paresse et l'inertie, les os défient le marécage – et l'état d'invertébrés archaïques dont les tétrapodes que nous sommes devenus se sont heureusement émancipés. Les femmes perdent plus rapidement leur densité osseuse que les hommes en vieillissant – ce dont nous sommes évidemment toutes conscientes en cette époque si attentive aux effets de la ménopause. Le muscle protège l'os comme un pare-chocs de caoutchouc la carrosserie d'une voiture, et plus le squelette est enrobé de muscles, plus l'os sera protégé, même au moment où il devient plus friable et poreux.

Le corps a besoin de ses muscles, surtout en vieillissant. Mais la réalité est contrariante et, en l'absence d'effort délibéré, le corps perd du muscle et prend de la graisse au fil des années. La femme sédentaire adulte, tout en conservant le même poids, en verra les composantes se modifier. Notre femme de référence, qui à vingt-cinq ans pesait soixante kilos dont 27 % de graisses, accusera, sans avoir pris une livre, plus de 40 % de graisses à cinquante-cinq ans. Elle aura toujours ses six cents et quelques muscles, mais beaucoup auront rétréci, se seront marbrés de graisse et notablement bardés de lard. Disposant d'un volume musculaire plus réduit qu'au temps de sa jeunesse, elle n'aura plus la force, évidemment, de porter ses bagages, contrainte de se procurer une de ces abominables valises à roues et poignée rétractable si inexplicablement populaires. Elle perdra plus facilement le souffle en grimpant les escaliers, car les muscles facilitent le transport de l'oxygène au sein de l'organisme et soulagent le cœur par la même occasion. Les hommes aussi échangent du muscle contre de la graisse avec l'âge, mais comme ils sont plus musclés au départ, la métamorphose est moins radicale.

Les femmes ont besoin de muscles, autant qu'elles peuvent en acquérir. Elles en ont besoin pour protéger leurs os trop légers et surmonter la maladie. Si la nature les désavantage à cet égard par rapport aux hommes, raison de plus pour s'acharner à compenser. Les jeunes femmes doivent s'entraîner à acquérir de la force physique. Plus l'on s'exerce avant vingt-cinq ans, quand le squelette peut encore progresser, plus les os auront gagné en robustesse à leur maturité, plus longue sera la pente qui ramènera, avec l'âge, au lagon originel. Les activités vigoureuses et exerçant une charge sur le corps, comme courir, faire de la gymnastique ou soulever des haltères, contribuent toutes à augmenter la densité osseuse de la jeune femme. Certains milieux autorisés se sont inquiétés des effets éventuels de l'entraînement excessif chez les jeunes filles : interruption du cycle menstruel, blocage de la sécrétion d'œstrogènes, donc risque accru d'ostéoporose. En fait, de nombreuses recherches ont montré que la densité osseuse des filles physiquement actives est plus forte que celle de leurs compagnes qui ne font pas de sport. La jeune femme qui se forge un capital musculaire pourra toute sa vie réactiver plus facilement les muscles sortis de la naphtaline. Ils peuvent s'étioler pendant des années de torpeur physique, mais pour peu qu'ils s'ébrouent au baiser de la princesse, ils retrouvent chair et vigueur en un temps record.

Le muscle est magnanime. Il n'est pas rancunier. Même la vieille femme qui n'a jamais appris à faire la roue ou pris la peine de s'inscrire à un club de mise en forme au début de sa vie d'adulte peut, malgré son âge et la rouille, devenir une puissante virago. Ses muscles sont à l'affût. Miriam Nelson, physiologiste à la Tufts University, a pris des femmes de plus de soixante-dix, quatre-vingts et quatre-vingt-dix ans, des femmes qui ne pouvaient quitter leur appartement, des femmes reléguées dans des maisons de retraite ou clouées à leur fauteuil, et les a entraînées deux fois par semaine avec des poids à la manière dont les haltérophiles s'entraînent dans les gymnases – pas de façon timide, pas en ménageant leur fragilité ou en craignant, dieu du ciel, « la gonflette », mais avec intensité, en utilisant le poids maximum qu'elles pouvaient soulever. À l'issue de quatre mois d'entraînement, ces sédentaires, souvent arthritiques, au dos voûté de douairière et aux os de colibri, devinrent extraordinairement fortes, comme des miraculées, jetant cannes et déambulateurs aux orties, retrouvant l'usage de leurs mains et de leurs genoux pour s'occuper du jardin, faire du canoé ou nettoyer la neige à la pelle. Leur aspect n'avait rien d'impressionnant. Elles avaient gagné environ 10 % de masse musculaire – ce qui est respectable mais pas décelable au premier coup d'œil. Bien plus important, leur force musculaire avait doublé, voire triplé. Elles étaient plus vigoureuses qu'à cinquante ans. Leurs muscles n'avaient pas été brisés par le temps. Ils n'avaient pas encaissé la leçon. Ils n'avaient pas appris à se soumettre. Tout au contraire, ils s'étaient remis à l'ouvrage en bons protestants intransigeants qu'ils étaient et étaient redevenus productifs. La coordination entre les muscles et les nerfs s'était améliorée. Les muscles avaient gagné en ramifications nerveuses, étaient mieux irrigués par les capillaires acheminant sang et oxygène. Ils étaient comme ces cœurs des contes fantastiques qui battent encore sous le plancher, pas encore morts.

La femme a besoin de ses muscles. Elle appartient à une espèce qui vit longtemps, une de celles qui vivent le plus longtemps sur cette planète. Le temps essaie de la dépouiller de son capital musculaire et osseux, mais le temps n'est pas invincible. Les muscles peuvent être récupérés et restaurés et, quand les muscles gonflent, les os prospèrent. Il est très difficile d'augmenter la densité des os après trente ans, mais en acquérant du muscle vous pouvez préserver votre squelette de départ, car le muscle exerce une tension sur l'os et cette action mécanique incite le tissu osseux à se renouveler, à se régénérer au lieu de croupir et se désintégrer peu à peu. Les muscles et les os que nous avons hérités des quadrupèdes sont l'échafaudage sur lequel une longue et belle existence peut construire sa trame. Un cadre solide peut même accueillir un peu de graisse. On exagère les inconvénients de la graisse corporelle. En soi, ce n'est pas une mauvaise chose. Le problème, chez la plupart des gens trop gros, est que la graisse en excès rend les mouvements plus difficiles et plus pénibles, et qu'ils ont du même coup tendance à ne plus prendre d'exercice, or les muscles doivent se mouvoir pour rester en état de fonctionnement. Mais la femme replète qui reste active peut faire preuve d'une force physique étonnante. Les personnes fortes ont non seulement plus de graisse que les maigres, mais sont également souvent plus musclées. Quand vous prenez du poids parce que vous mangez trop, vous prenez trois quarts de graisses et un quart de muscle. Les obèses ont tellement tendance à se déprécier qu'ils n'ont pas idée de leurs potentialités. S'ils décidaient d'exercer régulièrement leurs muscles enfouis sous l'enrobage, ils seraient en mesure de montrer aux minces que les balourds ne sont pas ceux qu'on croit.

En tant que mère plus très jeune d'une très jeune fillette, je me sens plus que jamais tenue de préserver mes forces – ma vitalité et ma vigueur afin de pouvoir l'emmener avec nous en camping et en randonnée, mon indépendance et ma forme afin de repousser le moment où il lui faudra se soucier de trouver à ses parents une maison de retraite. Autrement dit, je considère la force physique de façon très pragmatique. Miriam Nelson, lors de notre entrevue, m'a parfaitement expliqué en quoi les femmes de mon style – plutôt petites et minces – ne doivent jamais cesser d'exercer leurs forces. Nous n'avons pas été bénies par les dieux au départ. Nous n'avons pas assez de masse corporelle et animale pour pouvoir nous reposer sur nos lauriers. Je suis donc devenue une femme pratique. Dans le passé je me souciais moins des boulons et des écrous et pensais plus à la signification de la force musculaire, à sa dimension morale. Je n'ai pourtant pas remisé ma philosophie à bon marché et quelque peu nostalgique en la matière. Les femmes ont besoin de toutes les raisons qu'elles peuvent trouver pour se forger des forces que les hommes obtiennent sans se fatiguer. En voilà donc une autre : la force physique, cela impressionne. C'est sans fioritures, clair et net, et c'est à portée de main. La femme n'a pas besoin de détenir une extraordinaire force physique pour convaincre qu'elle peut à l'occasion se transformer en vraie furie. Cela n'est pas si difficile d'en imposer, d'être un personnage avec qui il faut compter. Qu'une femme puisse faire, disons, entre quinze et vingt-cinq tractions à terre le corps tendu ou quelques tractions à la barre fixe, qu'elle puisse soulever de ces haltères assez lourdes pour être rangées sur le chevalet et non pas abandonnées à terre comme des jouets, et voilà les gens de s'exclamer : « Oh, ce que vous êtes forte ! », et d'admirer votre courage et votre intrépidité. Or il est plus facile d'acquérir de la force brute, de la simple force musculaire, que de pratiquer correctement tel ou tel sport. La musculation, c'est l'option démocratique accessible à toutes les empotées, à toutes les vocations tardives. C'est une chance à saisir, une façon pour les femmes d'acquérir de la force physique à moindre coût, sans trop d'efforts, d'autant, soyons honnêtes, qu'il n'y en a pas beaucoup d'autres. La force physique ne vous rendra pas plus heureuse ni plus épanouie, mais mieux vaut être revêche et musclée que revêche et malingre.

La force physique chez une femme est, encore aujourd'hui, séditieuse. Cela met les hommes hors d'eux. Une femme trop vigoureuse, en tout cas plus forte qu'eux, ça les fait enrager. Je serais tentée de compatir. L'irritation et la jalousie me gagnent quand je vois une femme soulever un poids trop lourd pour moi. Comment ose-t-elle ? Je recherche la faille, la maladresse d'exécution, la tricherie. Mais une fois la bouffée d'adrénaline retombée et que j'ai constaté qu'elle connaît son affaire, je lui rends grâces. Sa performance m'encourage. Je reconnais en elle un membre de notre sororité, la grande conspiration des vestales. Les hommes semblent avoir besoin de tracer une frontière absolue et infranchissable entre la force masculine et féminine. Notre culture ne valorise guère la force physique et beaucoup d'hommes se laissent aller à la paresse sans se formaliser que d'autres hommes soient plus forts qu'eux. Mais restent quelques tabous, entre autres cette « vérité » qu'en matière de prouesses sportives la catégorie masculine est supérieure à la catégorie féminine, aujourd'hui et à jamais. Comment expliquer sinon les réactions auxquelles je me suis heurtée en écrivant sur le sujet qui suit ?

En 1992, Brian Whipp et Susan Ward, de l'université de Californie à Los Angeles, présentèrent une analyse de l'évolution de la course à pied lors des soixante-dix dernières années. Selon eux, les performances féminines avaient fait de tels bonds, s'étaient améliorées avec une telle rapidité, que si la tendance continuait les athlètes féminines rattraperaient et peut-être même surpasseraient leurs confrères masculins dans les cinquante prochaines années. Les chercheurs faisaient remarquer que, si les temps masculins s'étaient améliorés régulièrement et à un rythme constant depuis les années vingt, les temps féminins affichaient une accélération deux ou trois fois supérieure, sans donner le moindre signe de relâchement. Projetez ces deux courbes divergentes dans le futur et la vérité admise de la primauté masculine commence à en prendre un coup.

« Avant de jeter un coup d'œil aux chiffres, j'aurais pensé que l'éventualité que les femmes rattrapent les hommes balançait entre l'impossible et l'extrêmement improbable, m'a expliqué Brian Whipp. Mais je les ai examinés, a-t-il continué. Je suis un scientifique. C'est mon boulot. Et j'ai vu que, si la progression actuelle continuait au même rythme, il faudra se faire à l'idée que les femmes et les hommes pourraient bien courir à la même vitesse le siècle à venir. » Puis, sur la défensive : « Ce n'est pas moi qui le dis, ce sont les faits. »

Prenez l'exemple du « mile[1] ». En 1954, lorsque Roger Bannister brisa la barrière mythique des quatre minutes, Diane Leather fut la première femme à courir le mile en moins de cinq minutes. S'ils avaient couru la même épreuve, elle aurait fini trois cent vingt mètres derrière Bannister. En 1993, au moment où Brian Whipp et Susan Ward écrivaient leur papier, la championne du monde du mile aurait fini à cent quatre-vingts mètres seulement derrière le champion du monde et ce chiffre est tombé à cent soixante-dix-huit mètres depuis. On ne peut pas empêcher les faits de parler.

Mais ce qui battit tous les records, ce fut l'explosion de protestations et d'indignation que suscita ma relation des faits dans toutes sortes de vestiaires masculins – chez les physiologistes, les athlètes, jusqu'aux rédacteurs en chef chargés de relire ma copie. Je demandai à Fred Lebow, à cette époque le grand prêtre du marathon et président du club des joggeurs de New York, ce qu'il pensait de ces travaux. « Jamais ! s'écria-t-il. Cela fait peut-être bien sur le papier, mais jamais les femmes ne pourront courir aussi vite que les hommes. Jamais. Jamais. Jamais ! » Pauvre Fred Lebow. Il est mort depuis d'une tumeur au cerveau, et j'entends encore son incantation répétitive : jamais, jamais, jamais... Peter Snell, un spécialiste en physiologie sportive qui remporta trois médailles d'or olympiques de course à pied dans les années soixante, balaya le rapport du même revers de main qui épousseta le nuage de pellicules de son col de

1. Du mile américain (1609,33 mètres). *(N.d.T.)*

veston : « Je me demande pourquoi ils se fatiguent là-dessus, dit-il. C'est une perte de temps. Cela ne vaut même pas la peine d'être discuté. Laisser penser que les femmes se rapprocheront des hommes, c'est risible, tout simplement ridicule. » Absurde. Lunaire !

Un rédacteur en chef examinant mon papier me suggéra :

– Mettons la partie critique en tête d'article.

– Mais ma critique démarre au *second paragraphe*, fis-je remarquer. Immédiatement après l'introduction, j'avance les critiques.

– D'accord, mais il y a d'autres critiques plus loin qui devraient venir plus vite.

– Pourquoi ? Pourquoi me faudrait-il démolir mon sujet dès le début ?

– Parce que c'est de la pure fantaisie, répliqua-t-il. Parce que cela n'arrivera jamais.

– C'est ce que vous dites. Pas les faits.

Je dois l'admettre, les ricanements de Peter Snell n'étaient pas gratuits. Les coureuses sont encore loin derrière les coureurs dans tous les championnats. La meilleure performance féminine au marathon reste à 15 minutes du record du monde masculin, un fossé qui ressemble au Grand Canyon. Bien des facteurs physiologiques donnent aux athlètes masculins l'avantage, sans même parler de leur supériorité musculaire. Les marathoniennes, aussi minces soient-elles comparées à la plupart des mortels, ont plus de graisse que les coureurs de classe internationale, et cette graisse est un poids mort. Les hommes ont dans le plasma sanguin une plus forte proportion de globules rouges, ce qui apporte plus d'oxygène à leurs muscles. Leur taux de testostérone plus élevé aide également à régénérer le muscle, ce qui signifie qu'ils peuvent s'entraîner plus intensément. Et ainsi de suite, d'une page du *Gray's Anatomy*[1] à l'autre. Ce n'est pas parce que les performances athlétiques féminines ont grimpé de façon spectaculaire, que les records féminins marquent une progression linéaire vers l'ionosphère, que cela va forcément continuer longtemps. Après tout, si l'on prolongeait la courbe indéfiniment, on atteindrait le point où les coureuses vont plus vite que la vitesse de la lumière, un exploit que même les cuisses magiques de Jackie

1. Manuel d'anatomie très populaire. L'équivalent de notre Larousse médical. *(N.d.T.)*

Joyner-Kersee ne sont pas près de réaliser. De toute évidence la courbe d'accélération va finir par piquer du nez. La séparation entre compétitions féminines et masculines aux Jeux olympiques n'est pas près de disparaître, si elle disparaît jamais. Alors, pourquoi ces cris offusqués, indignés, ces rires gras dès qu'on en évoque l'éventualité ? Qu'est-ce qui fait donc si peur ?

Peu importe. Inutile de chercher à comprendre. Contentons-nous d'en tirer parti. La force physique est grossière et n'apportera pas de solution aux angoisses de la vie, mais encore une fois c'est un attribut qui peut faire impression. La plupart des femmes sont plus vigoureuses qu'elles ne le pensent, et pourraient le devenir encore plus avec un minimum d'efforts. Je ne parle pas de cette mode de la gonflette avec abdominaux en carton-pâte et quadriceps en relief qui sévit à Los Angeles, New York ou Miami Beach, cette tyrannie esthétique qui ne vaut pas plus cher que celle de la minceur ou du minois de rigueur. Je parle de la force féminine authentique, de cette vigueur qui vous fait hausser les épaules et ne pas gober n'importe quoi. J'ai remarqué dans presque toutes les salles de gymnastique où je me suis exercée que les femmes qui pratiquent les poids et haltères utilisent des équipements qui ne correspondent pas à leur force réelle, en particulier quand elles font travailler la partie supérieure de leur corps qu'elles croient trop faible. Elles en restent à des plaques de vingt ou trente livres qu'elles peuvent soulever à répétition tant qu'elles veulent ; je vois qu'elles pourraient soulever deux fois plus, mais ne le font pas, et que personne ne les incite à le faire ; j'ai envie d'aller les supplier d'utiliser un poids plus lourd et de leur dire : « Écoute, tu loupes une occasion, c'est ta chance, une chance qui ne te coûtera rien, de commander à un bout de ton existence, de parader, d'être une héroïne de bandes dessinées, alors je t'en prie, prends une plaque plus lourde, soulève-la, fais-le pour toi, pour ta fille, pour ta mère, pour l'Internationale des Filles de Fer. » Mais je ne dis rien. Cela ne me regarde pas. Je ne suis pas leur entraîneur, et si quelqu'un venait me trouver pour me donner un avis que je n'ai pas demandé sur mes talents, je pourrais être tentée de tester mes limites en laissant tomber le poids que j'essaie de soulever sur le gros orteil de Gunhilde. Ce qui la ferait bondir en hurlant : « Mais qu'est-ce qui t'a pris, bon Dieu. C'était un compliment, c'que j'te disais ! » Et quand je la retrouverais dans la salle le pied dans le plâtre, je l'inviterais à s'entraîner à mes côtés, histoire de voir si elle et moi avons des choses à découvrir ensemble.

Les hommes grandissent avec la conviction qu'ils sont toujours plus forts que quelqu'un. Même les hommes qu'on choisissait toujours en dernier à l'école pour compléter l'équipe de foot et qui ne sont pas plus épais que le carton d'emballage d'une chaîne stéréo sont persuadés qu'ils sont au moins plus forts que toutes les femmes qu'ils rencontrent. On leur a appris à ne jamais lever la main sur une femme. Jamais, au grand jamais. Ce qui est une consigne plutôt raisonnable, car l'agression physique est presque toujours une mauvaise idée. Mais si le corollaire du dogme est que la femme ne peut être que la victime désignée de la violence masculine et qu'elle ne peut compter que sur la courtoisie de ces messieurs et la protection de la loi pour rester entière, c'est que la doctrine n'est pas totalement innocente et peut avoir ses retours de bâton. Si les hommes croient qu'ils sont toujours plus forts que n'importe quelle femme, et que là du moins ce sont eux qui font la loi, au nom de leur testostérone, de leur densité osseuse et de leur taux d'hémoglobine ; si l'on exagère le dimorphisme sexuel de notre espèce et qu'on sous-estime la vigueur féminine, il se trouvera toujours un pauvre type assez débile pour avoir envie de se défouler et de penser, tant qu'à faire, qu'il n'en coûte rien de frapper une femme ; il se trouvera toujours une femme pour penser qu'il est ridicule de se défendre, puisque ce n'est pas à sa portée, et que ce ne le sera jamais. Et c'est ainsi qu'arrivera l'inévitable, que l'homme frappera la femme en toute impunité, puisque, n'est-ce pas ? la femme ne peut l'emporter sur l'homme, et qu'une femme, en tout état de cause, ça doit savoir se tenir. Je ne dis pas, certes pas, que les femmes battues l'ont bien voulu, mais je conteste cet état d'esprit qui hypertrophie le dimorphisme entre les hommes et les femmes ; cette mentalité qui fait rouler des mécaniques aux gringalets, aux mollassons, aux ronds-de-cuir, et fait pousser des cris d'orfraie y compris aux grandes femmes bien en chair. Ayez des pensées subversives. Des pensées de singe. Chez les patas, les vervets, les capucins bruns, les macaques à queue courte et autres espèces de singes, les femelles l'emportent souvent en combat singulier avec un mâle, même si la différence de poids et de taille entre les sexes est beaucoup plus grande que chez l'espèce humaine. Je ne vous apprendrai rien en vous disant qu'une colère de singe peut vous faire accomplir l'aller et retour en pays d'Oz en un tour de main. Pour peu qu'une femelle macaque décide de vous voler dans les plumes, ce n'est pas sa petite taille et ses quinze livres qui l'empêcheront de vous envoyer valdinguer comme Zeus, dans ses pires colères, n'y aurait jamais songé.

La femme n'a pas besoin d'être aussi forte que l'homme pour en imposer et faire autant de raffut qu'une bacchante. C'est un homme qui me fit cette remarque, du temps de mes études. Il avait la carrure et les larges épaules du nageur olympique qu'il était. C'était le type le plus impressionnant et le plus athlétique avec lequel je sois jamais sortie. À ses côtés, je me sentais toute petite.

– Tu pourrais me briser comme une brindille, lui ai-je dit une fois.

– Oh non, m'a-t-il répondu. Tu es forte et tu as des muscles là-dedans, a-t-il continué en m'enfonçant le doigt dans l'estomac. Ce ne serait pas facile de te casser en deux.

Une part de moi-même aspirait à s'incliner devant sa puissance, à se placer sous son autorité et sa protection. Mais il connaissait sa force, avait pris la mesure de la mienne et avait lui-même suffisamment de vigueur pour me dire que je faisais trop peu de cas de la mienne. Les hommes qui s'étranglent de colère à la seule pensée que les femmes pourraient être leurs égales dans les compétitions sportives trahissent leurs doutes et leurs incertitudes à propos de la supériorité masculine. Cela ne peut faire de mal – et peut même contribuer à contester le despotisme de l'asymétrie sexuelle – d'épater la galerie quand l'occasion se présente. Une traction par-ci, une haltère par-là, une démonstration de biceps (si vous y arrivez). Sachons être vaches.

Évidemment, ni sa force ni sa rapidité n'empêcheront une femme d'être violée ou malmenée. Les antiféministes affirment même l'inverse, que les femmes qui se donnent l'illusion de la force physique et de l'autonomie agissent comme des idiotes en allant là où elles ne devraient pas. Et elles finissent par le payer. En 1989, une bande de jeunes voyous s'est attaquée à une joggeuse de Central Park, une athlète accomplie qu'ils ont laissée pour morte. Bien des gens dirent qu'elle l'avait bien cherché en commettant l'imprudence d'aller courir dans le parc la nuit tombée. Mais on attaque les femmes en plein jour, chez elles, quand elles sortent du travail et se rendent à leur voiture. De toute évidence il n'y a pas de garanties. Rappelons tout de même que si la joggeuse de Central Park fut grièvement blessée, elle n'est pas morte. Elle a refusé de mourir. Elle a étonné les médecins eux-mêmes en récupérant de la sorte. C'est sans doute sa vigueur qui lui a sauvé la vie – une bonne condition physique et son tempérament rebelle.

Les hommes tiennent leur force physique pour acquise. Les femmes doivent se battre pour acquérir le même sentiment. Elles doivent se persuader qu'elles détiennent cette force ou plus exactement ces forces. La force physique n'est qu'un aspect de la question. Il y en a d'autres : la confiance en soi, dans le but qu'on s'est assigné, le fait d'être bien dans sa peau. Je ne sais si la force physique peut augmenter ces forces-là, si un corps mieux trempé peut donner du cœur au ventre... et une bonne bouffée d'œstrogènes au cœur. C'est pourtant un bon truc. On peut toujours commencer par là, ou y revenir, quand tout le reste a échoué. Votre corps sera là pour faire sa part, pour vous redonner goût à la vie, pour vous relancer dans l'existence, la valise à la main et non sur roulettes. La force physique et ses signes extérieurs ont le don de subjuguer. J'entends déjà dans l'ombre le ricanement d'approbation des hyènes tachetées.

17

L'AMOUR AU TRAVAIL

La chimie de l'attachement humain

Le cerveau est l'organe de l'agressivité et une multitude de chemins mènent à cette Rome des conquêtes imaginaires – si bien que les troubles mentaux, indépendamment de leurs particularités, proviennent souvent d'un dérèglement des pulsions agressives. Les schizophrènes font le guet au coin de la rue pour lancer des obscénités aux passants ; les dépressifs restent prostrés dans leur lit à hurler silencieusement contre eux-mêmes. Notre agressivité policée, autrement dit la pulsion acceptable, quant à elle, nous propulse hors des draps chaque matin pour nous conduire vers les autres. Et c'est auprès de ces autres que nous trouvons ce à quoi le cerveau agressif aspire le plus : l'amour.

Nous sommes câblés pour l'agressivité et également pour l'amour. L'espèce humaine a de l'amour à revendre. Elle a l'agressivité sentimentale. Notre amour poursuit inlassablement de nouvelles cibles. Nous aimons nos enfants si longtemps qu'ils finissent par en avoir la nausée. Nous aimons les amis, les livres, les drapeaux, la patrie, les équipes sportives. Nous aimons les questions... et les réponses. Nous aimons le passé et l'avenir. Nous adorons le bon Dieu, puisqu'il est là quand les autres se dérobent, et qu'il a le don de redonner vie à toutes les formes d'amour – érotique, maternel, euphorique, infantile.

Nous sommes d'incorrigibles romantiques aussi attachés à leurs rêves que les optimistes invétérés à leurs lunettes roses. Il y a quelque temps, il était de bon ton chez les historiens d'affirmer que l'amour romantique était d'invention récente, que c'était un produit de la société marchande de la fin du Moyen Âge français véhiculé par les troubadours. Les sociétés prémodernes et non occidentales, nous expliquait-on, pratiquent le plus souvent le mariage arrangé, avec dot, et non le mariage d'amour ; on n'y connaîtrait pas le culte élégiaque de l'image de la bien-aimée (ou du bien-aimé). Mais les universitaires commencent à changer d'avis. C'est qu'ils sont en train de découvrir des immenses trésors d'éloquence amoureuse, des geysers de passion et de pâmoisons, des odes et des stances à l'amour écrites ou chantées, dans toutes les civilisations, d'hier comme d'aujourd'hui. Helen Fisher, de la Rutgers University, a passé en revue les données ethnographiques portant sur 166 peuples contemporains. Elle a constaté l'existence de l'amour romantique chez 147 d'entre eux ; chez les autres, les lacunes de la documentation n'ont pas permis de se prononcer. Dans l'Antiquité, les Babyloniens, Sumériens, Akkadiens, Égyptiens, Grecs, Romains, Chinois, Japonais, Indiens et peuples de l'Amérique centrale ont laissé derrière eux toutes sortes d'hymnes à l'amour. Le Cantique des Cantiques, qui selon les érudits rassemble des poèmes datant du IXe siècle avant Jésus-Christ, a porté la passion amoureuse à son immortelle incandescence en célébrant les agneaux blancs des dents de l'aimée, le fil écarlate de ses lèvres, les chevreuils de ses seins mais aussi les yeux de colombe et les joues épicées de l'aimée, le marbre et l'or fin de ses jambes et de ses hanches : « Baise-moi du baiser de ta bouche, toi dont l'amour est meilleur que le vin. » Toutankhamon n'avait pas vingt ans à sa mort, mais vécut suffisamment pour écrire des poèmes d'amour à son épouse. Si, comme disait Rilke, la cathédrale gothique est un cristal de musique, le Taj Mahal, que Shah Jahân fit édifier à la mémoire de sa favorite, est le cristal de la passion. « Laisse, chère Mère, je ne peux plus continuer mon ouvrage. C'est la faute d'Aphrodite / elle si douce / qui m'a presque tuée en aimant ce garçon », écrivait Sapho il y a deux mille six cents ans.

L'amour est universel, même si pour tous il est unique. L'expliquer ? En comprendre les ressorts anatomiques et biologiques ? C'est un sentiment qui nous paraît à la fois trop fort et trop intime, trop profond et trop fugace pour que les pinces et pipettes de la science s'en mêlent. N'ayez crainte ! Le cerveau énamouré reste un marais inviolable où se noient les curieux. Nous avons encore besoin de nos faiseurs de vers et de chansons – enfin, des bons. La science n'a pas résolu le problème de l'amour. Nous savons très peu de chose sur les substrats biochimiques et neuronaux de l'amour. L'amour se prête particulièrement mal à la recherche. Comment le définir ? Quel modèle animal utiliser ? Si l'on veut explorer les fondements biologiques de l'amour et de l'affection, il faudrait pouvoir concevoir des expériences fiables sur les animaux. Un chat pas content, ça a le poil qui se dresse, ça retrousse ses babines et ça souffle, bref, cela adopte un comportement stéréotypé bien reconnaissable, et c'est pourquoi les chats sont le modèle favori de la recherche sur l'agressivité. Mais les expressions significatives de l'animal de laboratoire tendre et amoureux, c'est quoi ? Quelle est la différence entre deux animaux qui se pelotonnent l'un contre l'autre pour se tenir chaud, et deux animaux qui font de même parce qu'ils « s'aiment bien » ? D'ailleurs, y a-t-il une différence ?

L'amour a l'air si rétif à l'étude que la « biologie de l'amour », cela ne fait pas sérieux. En tout cas aux yeux de la plupart des chercheurs.

– C'est quoi, ton sujet de recherche ?

– L'amour.

– Ah ! Et on te paie pour ça ?

– Oui, cela arrive. Quand je rampe, quand je jette de la poudre aux yeux, quand j'ai recours à une tactique de diversion. Quand je rédige intelligemment ma demande de subventions en expliquant qu'il s'agit de comprendre les effets délétères de l'isolement social, ou, disons, des comportements autistiques. Bref, quand je ne parle jamais d'amour.

Et pourtant la biologie nous permet d'approcher l'amour et d'en saisir certains aspects qui la plupart du temps nous échappent quand nous sommes dans le feu de l'action, en tant qu'experts à notre propre compte, bref quand l'amour nous prend. L'amour a ses leitmotive. C'est l'enfant de la détresse, prêt à intervenir dans le sillage de la crise. Ce que nous perdons dans le malheur extrême, le corps et le cerveau le regagnent par l'amour. Et plus l'amour s'épanouit, plus il rassasie, au sens propre du terme, car il est destiné à préserver les calories autant que la raison. L'amour peut sembler impossible, mais se contente de peu, à un point ridicule. Il s'alimente de la moindre sensation, de chaque fibre nerveuse, de chaque cellule et, surtout, des suggestions du cerveau, notre gros piège à souvenirs. Car c'est bien le cerveau, ce siège de la raison dont nous sommes si fiers, qui a fait des humains les amants les plus passionnés et les plus persévérants que la planète ait jamais connus.

Les circuits de l'amour et de l'attachement imprègnent totalement notre organisme. Ils sont aussi divers et variés que les raisons de l'amitié et de la passion. Pourquoi nous *faut-il* aimer ? Procédons par ordre. À la base, nous aimons par nécessité, étant une espèce à reproduction sexuée. On ne comprend pas encore entièrement l'origine évolutive de la reproduction sexuée. En théorie, le mode de reproduction asexuée, comme celui de l'amibe se divisant en deux amibes jumelles, est beaucoup plus efficace que la reproduction sexuée, autrement dit l'union du spermatozoïde à l'ovule. L'étude des origines de la sexualité est une discipline en plein essor dont la pléthore d'hypothèses est à la mesure du peu de moyens de les vérifier. Nous nous en tiendrons ici à un constat plus modeste. Il faut croire que le remaniement et le réarrangement réguliers des chromosomes consécutifs à l'accouplement offrent de gros avantages à la descendance, puisque l'immense majorité des créatures terrestres ont préféré les détours de la reproduction sexuée plutôt que de se contenter de se photocopier elles-mêmes. Une fois le besoin sexuel établi, apparut dans la foulée le besoin d'une affection rudimentaire. Les mâles et les femelles ont dû acquérir un comportement leur permettant de renoncer à l'hostilité que les différents organismes individuels pouvaient éprouver les uns à l'égard des autres, et apprendre à vivre en bonne intelligence, du moins suffisamment longtemps pour s'échanger leurs gamètes.

Nous aimons parce que nous faisons partie d'une espèce qui élève ses petits. La sexualité peut aussi cultiver la négligence et disperser les fruits de son union. Bien des espèces à reproduction sexuée déposent leurs œufs et les abandonnent, confiant leur postérité au hasard, aux circonstances ou à leur fécondité prolifique. Mais les soins parentaux ont leurs avantages. Les parents peuvent protéger leurs petits, les nourrir avec ce qu'ils se procurent pour eux-mêmes, leur ménager un territoire dans un monde où les places sont chères, et leur enseigner toutes sortes de talents, y compris celui de s'abstenir, car les jeunes animaux apprennent autant des erreurs de leurs aînés que de leurs victoires. La sollicitude parentale a tant d'avantages qu'on la retrouve dans tout le spectre phylogénétique, chez les poissons et les insectes comme chez les oiseaux et les mammifères les plus attentionnés. « L'évolution du comportement parental a révolutionné la reproduction. La protection et l'éducation des petits jusqu'à ce qu'ils puissent se débrouiller seuls entraînent un taux de survie très supérieur et permettent au cerveau de se développer sur une période beaucoup plus longue. Les soins parentaux ont donc été la condition préalable au développement de l'intelligence. Les espèces qui s'occupent de leurs petits ont fini par dominer toutes les niches écologiques où elles résident », explique Cort Pedersen, de l'université de Caroline du Nord. S'occuper de ses petits, cela veut dire rester auprès d'eux, les reconnaître, retourner sans cesse auprès d'eux, même quand l'amour de soi marmonne « et moi et moi et moi... ». La mère (éventuellement le père) doit se sentir attirée par son petit, le petit attiré par sa mère, donc le corps et le cerveau des espèces qui s'occupent de leur progéniture doivent trouver les façons d'aimer et de se faire aimer.

Cela, pour l'aspect personnel de la question. Passons à l'aspect politique. L'union fait la force, pas seulement l'union entre vous et les vôtres les plus proches, mais vous et l'armée de tous les vôtres. Une espèce sociale où chacun considère la tribu comme une extension de soi-même puise sa force dans les comportements collectifs que cela implique chez ses membres. Les insectes sociaux comme les fourmis et les abeilles, par exemple, passent beaucoup de temps à des démonstrations de solidarité entre arthropodes par le biais de signaux chimiques, tactiles et visuels. Chacun dit à l'autre : Viens par ici ; Danse de cette façon ; Puis-je me permettre, très chère, de vous recommander ces fleurs rouges, là, sous le vent ; Toi, là-bas, viens combattre à mes côtés, sus à l'ennemi ! Taïaut ! Taïaut ! Taïaut ! Au travers de l'affirmation constante de leur identité communautaire, les insectes sociaux sont devenus de superorganismes semant la panique et la débandade chez toutes les espèces d'insectes solitaires se trouvant sur leur passage. « Partout dans le monde, de la forêt humide au désert, les insectes sociaux occupent le centre de l'environnement – ses contrées stables et les plus riches en ressources », écrivait Edward O. Wilson. Les insectes solitaires comme les scarabées et les phalènes sont repoussés sur les marges, dans les niches éphémères et fragiles de l'habitat peu prisé par les insectes sociaux. Cet avantage compétitif permet aux populations d'insectes sociaux de prendre d'énormes proportions. Alors qu'ils ne représentent que 2 % des millions d'espèces d'insectes existant sur la planète, ils constituent 80 % de la biomasse totale.

Chez les mammifères également ce sont les espèces grégaires qui font la loi. La plupart des félins sont solitaires, à l'exception des lions dont les troupes sont hautement socialisées, et les chats domestiques qui ont ciblé leurs efforts de socialisation sur leurs hôtes humains. Les lions et nos minets familiers prospèrent, alors que les autres espèces félines sont menacées d'extinction. Les éléphants ont des formes de socialisation très élaborées, tandis que les autres pachydermes comme le rhinocéros et l'hippopotame sont solitaires. Ce n'est peut-être pas un hasard si les éléphants ont réussi récemment à survivre aux déprédations humaines sur l'environnement et à la soif d'ivoire et ont même vu leur population exploser dans certaines régions d'Afrique, tandis que le rhinocéros, dont la corne est l'un des objets les plus convoités du marché noir international, a peu de chance de survivre en tant qu'espèce libre de ses mouvements au siècle prochain.

La sociabilité ne suffit pas à elle seule à assurer la domination écologique. Les chiens sauvages africains, les chimpanzés, les bonobos et les gorilles sont tous des animaux sociaux, sans que leur existence en tant qu'espèces sauvages soit franchement assurée. Il est toutefois intéressant de noter que la principale menace pesant sur des mammifères sociaux vient d'autres mammifères sociaux. Les chiens sauvages, par exemple, ont du mal à tirer leur épingle du jeu au sein de la savane face aux lions et aux hyènes tachetées, des carnivores sociaux eux aussi. Les chimpanzés et les gorilles se heurtent à nous, leurs cousins cupides, et même Nim Chimpsky, le singe à qui on a appris à parler, n'est pas parvenu à tenir les beaux discours dont nous sommes capables sur l'amour éternel et la nature intangible des droits de l'homme.

Si nous aimons, nous, les humains, c'est aussi parce que nous pensons trop. Nous avons régulièrement besoin de remanier et réarranger nos idées, à la façon des chromosomes, ou des molécules de l'immunité qui combattent les maladies. Allison Jolly, spécialiste des primates, a comparé les avantages de l'intelligence à ceux de la reproduction sexuée. Les deux sont des systèmes de transfert de l'information entre individus. Si la sexualité est apparue au cours de l'évolution pour que vos enfants ne soient pas condamnés à être strictement comme vous, la fonction de l'intelligence, explique-t-elle, consiste à ce que vous ne soyez pas condamné à n'être que vous-même.

Plus le besoin de communication et de transfert des gamètes intellectuels entre individus se fait sentir, plus grandit le besoin d'une gestuelle, d'un comportement et d'une sensibilité collective permettant de s'identifier à une communauté. On peut toujours obtenir de la nourriture ou des faveurs sexuelles en montrant ses poings ou à la pointe de l'épée, mais plus la valeur se monnaie en intelligence et en idées, plus l'apaisement, le dévouement et l'amitié se révèlent utiles.

On aime pour assurer sa postérité, se protéger, par égoïsme, mais aussi par esprit de sacrifice. On aime afin de conjurer l'ennui et la calcification mentale. L'amour a ses raisons, mais quels sont les secrets de cet art, ses médiateurs biologiques ? Il se trouve que la compréhension de l'amour passe par celle de l'agressivité, leurs circuits neurologiques, hormonaux et fonctionnels étant intimement liés. Il arrive que le rapport soit bien visible, quand l'amour se fait agressif au point de conduire à la violence. C'est au nom de l'amour que l'on commet les actes les plus abominables. L'amour de Dieu conduit aux croisades, au djihad ; l'amour pour son clan, sa tribu, son ethnie, conduit au génocide. Être follement amoureux, c'est *être* fou. On perd le sommeil, on se laisse submerger par l'angoisse, la panique. Le cœur se serre et les genoux faiblissent, littéralement, à la seule pensée de l'être aimé. Pour peu que celui-ci apparaisse, les pupilles se dilatent, les mains deviennent moites, le cœur bat la chamade. On a le trac, comme si l'on devait prendre la parole devant plusieurs milliers de personnes. L'état passionnel est si envahissant qu'on ne peut s'enticher que d'une seule personne à la fois.

Que se passe-t-il donc ? Deux choses. Mille choses. Dans le cas de l'amour passionnel, on assiste au déclenchement de la réaction physiologique de stress – fuis ou affronte – qui exacerbe la vivacité des réflexes. Les glandes surrénales se contractent et laissent échapper du sang gorgé d'adrénaline et de cortisol qui déclenche palpitations, dilatation de la pupille, spasmes des intestins et suées. Mais l'anxiété et la nervosité ne sont pas seules en jeu. La passion romanesque est également euphorisante et obsessionnelle. À cet égard, des chercheurs comme Helen Fisher pensent que l'engouement passionnel active les mêmes circuits cérébraux du plaisir que des drogues comme la cocaïne et les amphétamines. Quand vous prenez de la cocaïne, la concentration cérébrale en neurotransmetteurs stimulants comme la dopamine et la noradrénaline s'élève, ce qui donne une sensation d'énergie et avive les sens, rend insomniaque, anorexique et extraverti. Autant de symptômes de l'amour fou. Les affres de la passion donnent envie de fuir – loin de l'être aimé, ou vers l'être aimé. De se battre, avec l'amant trop réservé, avec soi-même parce qu'on se fait toujours plus suppliante. Envie d'embrasser le monde entier pour sa beauté soudaine, afin qu'il nous accorde cette créature parfaite, ce David aux lèvres cramoisies, au cou marmoréen.

Inutile de préciser que les circuits cérébraux de la dopamine et de la noradrénaline existaient avant la consommation d'amphétamines et de cocaïne, et n'ont pas été mis en place par l'évolution à seule fin de nous faire apprécier les effets des psychotropes. En fait, les circuits du plaisir sont apparus pour renforcer les comportements et les actes pouvant être utiles à l'individu. Si l'on part du principe que l'attraction pour une personne particulière recouvre une raison valable – autrement dit que nos instincts ont détecté quelque chose d'intéressant chez ladite personne qui puisse donner envie de faire l'amour et de vivre avec elle –, cela signifie qu'un câblage neuronal qui amplifie l'attraction initiale et ne nous laisse plus en paix peut se révéler très opportun. La paresse et l'inertie, en effet, ont toujours tendance à prendre le dessus et un bon coup de pied bien appliqué peut arriver à point nommé. L'amour romantique serait donc la drogue originelle, la dopamine, la noradrénaline et autres catécholamines constituant la scène théâtrale neuronale sur laquelle chaque femme interprète le rôle de Guenièvre ou Juliette, voire celui de sainte Hildegarde, la bénédictine du XIIe siècle qui vouait à son dieu un amour extatique de midinette.

Nous aimons l'ivresse de l'amour romantique. Nous aimons également goûter à l'agressivité, plus souvent que nous sommes tentés de l'admettre. Cela dit, point trop n'en faut. Comme disait Bouddha, la vie est souffrance et c'est le désir qui cause la souffrance – le désir de dévorer l'être aimé comme on se jette sur la nourriture. C'est ainsi que l'amour ne nous fait pas seulement rechercher la passion, mais également le baume de la passion, le remède à notre agressivité et ses effets secondaires, l'angoisse et la peur. Nous recherchons la sérénité, la sécurité et le bonheur. Dans l'amour, nous voulons la mère idéalisée, l'âme sœur, l'enfant, le havre. Nous voulons une affiliation, des attaches, une idylle, bref, comme l'on dit, le véritable amour en ce qu'il s'oppose au simple engouement, au libertinage, à l'obsession. D'ailleurs, nous comptons sur lui. Les excès de la passion amoureuse doivent se résoudre, et se dissoudre, dans l'amour véritable, faute de quoi on se sent frustré, floué, amer. Qui n'a assisté aux multiples représentations de *Roméo et Juliette* sans espérer ne serait-ce qu'une fois, non sans un brin de culpabilité, que Juliette se réveille à temps pour empêcher son amant d'absorber le poison ? Ce pauvre Charles Dickens dut se résigner, devant le tollé général, à écrire un deuxième épilogue aux *Grandes Espérances.* Dans la première version, Pip et Estella se rencontrent après une longue séparation puis vont chacun leur chemin, Pip étant satisfait d'avoir vu dans les yeux d'Estella que « la souffrance... lui avait donné un cœur lui permettant de comprendre ce que le mien avait subi ». La version corrigée au gré de la *vox populi* montre le couple uni, s'éloignant la main dans la main, la « douce lumière » du soir ne projetant pas « l'ombre d'une nouvelle séparation » au-devant de leurs pas. William Dean Howells, l'éditeur de la revue *Atlantic Monthly,* tenta de négocier auprès de Henry James une concession au sentiment du public au moment de faire paraître en feuilleton son roman *L'Américain.* Howells avait demandé à James de faire en sorte que le héros américain et l'héroïne française se retrouvent au chapitre final. James refusa et l'héroïne resta dans son couvent. « Je suis un réaliste, avait-il répondu à Howells. Ils auraient fait un couple impossible. » Henry James a écrit vingt romans, vingt chefs-d'œuvre inégalés, dont aucun ne finit par une idylle. Selon lui, il n'existait pas de couple viable, et lui-même vivait seul. À trop lire Henry James, on devient maussade et grincheux, un état d'angoisse littéraire qui se soigne en relisant Jane Austen, grande prêtresse s'il en fut de la consommation amoureuse.

Nous espérons toujours une suite heureuse aux tribulations amoureuses et aspirons ardemment à la consommation, c'est-à-dire à l'élan amoureux payé de retour. L'intéressant, dans l'histoire, c'est que l'excitation sentimentale, le stress et l'anxiété ne se contentent peut-être pas de précéder l'émergence d'un amour et d'un attachement profonds, mais y contribuent. La physiologie du stress, semble-t-il, prépare le terrain à d'autres types de signaux émotifs : la franchise, la réceptivité et l'amour. Elle attendrit le cerveau. La plupart des mammifères formant des couples ou forgeant facilement des relations amicales sont des animaux qui réagissent très vigoureusement au stress. Leurs glandes surrénales libèrent facilement des hormones comme le cortisol ou la corticostérone. L'animal s'agite, puis tombe amoureux. Les singes du Nouveau Monde comme les tamarins et les ouistitis détiennent beaucoup d'hormones du stress et sont socialement très affectueux. Les campagnols de prairie, une espèce très appréciée dans la recherche sur l'attachement, forment des couples ridicules à force de tendresse. Si c'étaient des humains, vous hésiteriez à les inviter à une soirée, faute de pouvoir les séparer. Les campagnols de prairie – qu'on appelle à tort rats des champs, car ce ne sont ni des rats ni des souris – détiennent un taux d'hormones du stress cinq à dix fois plus élevé que les campagnols de montagne, une espèce de la même taille mais non monogame, ne manifestant pas de signes d'affection et dont les membres vivent en solitaires. Les cochons d'Inde libèrent des fleuves d'hormones surrénaliennes quand ils sont stressés, et forgent également des liens très étroits entre eux. Chez les humains, le stress peut engendrer des liens indissolubles, parfois troublants ou inquiétants – entre soldats d'une même tranchée ; entre kidnappeurs et kidnappés, connus sous le nom de syndrome de Stockholm ; entre un homme violent et sa femme battue s'obstinant à lui rester fidèle.

Il y a une certaine logique à ce que l'agressivité et le stress puissent œuvrer aux structures neurophysiologiques de l'attachement. L'agressivité éloigne autant qu'elle rapproche les animaux. Les actes précédant la formation d'une relation entre individus sont imprégnés de stress. Chez les créatures qui forment des couples pour élever leurs petits, comme les campagnols de prairie, les pinsons zébrés ou les poissons cichlidés, l'acte qui cimente la relation entre le mâle et la femelle est l'accouplement, lequel, pour être consensuel, n'en est pas moins un acte d'agression, de témérité et de courage, non dénué d'angoisse.

Les mères qui doivent allaiter leurs petits et en prendre soin sont soumises dans les instants qui précèdent la mise bas à un feu d'artifice de stress cataclysmique. C'est généralement vrai pour les mammifères (pensez à la malheureuse hyène qui doit accoucher par le clitoris !), bien que ce soit sans doute chez l'espèce humaine que l'épreuve de la mise au monde joue tout son rôle dans l'établissement du lien entre la mère et l'enfant. Nous avons tendance à fortement anticiper la tension et l'agitation extrême de la parturition. Avant même la première contraction utérine, la femme qui approche de la délivrance est submergée de prémonitions, par un sentiment de panique et de vulnérabilité. Elle aspire désespérément au soutien et au réconfort d'autrui. La seule idée qu'elle puisse accoucher seule la terrifie. De ce point de vue, la femme n'a pas d'équivalent dans sa catégorie taxonomique. Quand les autres mammifères femelles sont sur le point de mettre bas, elles recherchent la solitude. Elles se trouvent un coin sombre et tranquille à l'écart du troupeau ou de la horde, puis se mettent à grogner et à pousser, toutes seules.

Il n'y a que l'espèce humaine qui ait transformé la naissance en entreprise collective, et associé au travail de l'accouchée la famille – généralement les femmes – ainsi qu'une ou deux sages-femmes. Selon Wenda Trevathan, anthropologue à l'université du Nouveau-Mexique, la femme sur le point d'accoucher recherche plutôt l'assistance et la compagnie que l'isolement, chez tous les peuples où l'on a enquêté à ce sujet. On a en tête l'image de la paysanne qui s'accroupit dans un champ, pond son bébé, l'attache à sa poitrine et retourne au travail. Mais la scène est apocryphe, ou alors il s'agit d'un incident exceptionnel que la rumeur s'est empressée de convertir en comportement typique de la femme primitive. En fait, la femme qui met son bébé au monde dans un champ est très exactement la sœur de celle qui accouche dans un taxi ou dans le métro. Cela arrive, mais c'est rare, et ce n'est pas délibéré ! Ce que la femme souhaite, au moment de la naissance, c'est qu'on l'assiste.

Selon Wenda Trevathan, le métier de sage-femme est la plus ancienne des professions médicales, remontant peut-être à trois ou quatre millions d'années, à l'époque où nous commencions à marcher debout. La bipédie a modifié le mécanisme de la délivrance et l'odyssée du bébé devant parcourir les interminables quinze centimètres du canal de naissance. Le remodelage de la cavité pelvienne en fonction de la bipédie, les grandes dimensions de la tête et des épaules du bébé relativement au reste de son corps ont allongé la durée de l'accouchement et l'ont rendu plus douloureux ; en outre, le nouveau-né émerge du vagin le visage tourné non vers celui de la mère, mais vers l'arrière, contrairement à ce qui se passe chez les autres primates. La mère chimpanzé peut aider son petit à sortir en le tirant vers elle. Si le cordon ombilical s'enroule autour du cou du bébé singe, comme cela arrive souvent, la mère chimpanzé peut le dégager elle-même. Elle peut essuyer le mucus qui emplit la bouche du nouveau-né, afin qu'il n'aspire pas le plasma de l'utérus, le vestige de sa vie aquatique.

Autant de gestes qui ne sont pas à la portée de la mère humaine. Le bébé se présente vers l'arrière, et si la mère essayait de le tirer de ses propres mains, elle pourrait lui abîmer le cou et la colonne vertébrale. Elle ne peut pas plus dégager le cordon ombilical s'il s'enroule autour du cou de l'enfant. Elle ne peut lui nettoyer le visage ni lui permettre de respirer sa première bouffée d'air. Il lui faut de l'aide. Elle en a tant besoin qu'elle commence à s'affoler peu avant la naissance. Elle se met à anticiper la souffrance et la difficulté, elle se sent perdue et vulnérable, mais ce n'est pas une angoisse pathologique. Ce n'est pas un effet secondaire du maelström hormonal de la phase terminale de la gestation, comme certains l'ont avancé. C'est une angoisse rationnelle, aussi humaine que le pouce opposable, la poitrine glabre ou les cours de médecine. C'est cette angoisse qui incite la future accouchée à rechercher l'assistance plutôt que l'isolement. L'angoisse de la femme qui va mettre au monde ressemble à celle de l'amour passion : elle est profonde, teintée d'appréhension, donne envie de fuir, mais *vers* l'autre cette fois, et non pas au loin. Les envies brutes ont toujours quelque chose d'inexorable, d'agressif, de bagarreur. De la même façon que la personne amoureuse peut s'en prendre violemment à l'objet de sa passion, la femme qui accouche peut se transformer en furie écumante, prête à mordre au hasard ses dévoués supporters qui n'en peuvent mais.

J'ai mis ma fille au monde entourée d'un chœur touchant de tendresse et de ferme sollicitude : mon mari, ma mère, deux sages-femmes et une infirmière. Ils m'encourageaient et me disaient quand pousser. À chaque poussée ils me juraient que tout se passait magnifiquement, forte comme j'étais, que ça y était, on arrivait près du but, vraiment, ce ne serait plus long, que j'étais tout près. Tout en poussant – ça a duré une heure cinquante minutes, chaque minute longue comme une vie de chien –, je regardais ce chœur attentionné en ayant l'impression d'être Rosemary [1] entourée des adorateurs de Satan, et me disais : « Bande de menteurs, pauvres pommes, ordures, mais fermez-la ! Laissez-moi seule ! » Mais si la petite bande m'avait laissée seule, je serais entrée en état de choc, incapable de pousser ni de respirer, réduite à mon cerveau reptilien. Après l'accouchement, j'étais amoureuse de tous mes tortionnaires – de ma fille et de mon mari, mais oui, et aussi des femmes qui étaient là, celles qui avaient psalmodié la vérité, absorbé mon désespoir et dégagé le cordon ombilical enroulé autour du cou de mon bébé. Ah, femmes merveilleuses ! « Je te compare, ô toi, Amour, aux chevaux d'attelage des chars de Pharaon [2]. »

On le voit, si l'être humain a besoin d'être entouré des siens,

1. Dans *Rosemary's Baby,* de Roman Polanski. *(N.d.T.)*
2. Le Cantique des Cantiques. *(N.d.T.)*

si l'espèce humaine est la plus sociable des espèces de primates, cela tient aussi au mécanisme peu ordinaire de la naissance humaine. Un nouvel élément à notre dossier permettant d'affirmer que la gynocratie, autrement dit le front uni que les femmes présentent en cas de besoin, bien loin d'être étrangère à l'espèce humaine, plonge ses racines dans notre plus lointain passé, dans la solitude et la vulnérabilité que nous a values la conquête de la bipédie.

La chimie du stress porte les germes de son propre soulagement. Une fois retombés le désir sexuel et l'obsession, une fois passé la frénésie de l'accouchement, vous pouvez éprouver de l'affection, l'antidote neurochimique contre les débordements de l'agressivité et du désir. L'angoisse a un effet catabolique : elle dégage de l'énergie. L'affection a un effet anabolique : elle conserve l'énergie. Nous naissons en veine d'agressivité. Nous naissons en mal d'affection. Nous savons beaucoup de choses sur la première, beaucoup moins sur la seconde, son contrepoids. Nous suspectons (et c'est bien de *suspicion* qu'il s'agit) que l'affection a quelque chose à voir avec une hormone peptidique dénommée oxytocine, et avec sa proche parente moléculaire, la vasopressine.

On a dit de l'oxytocine que c'était l'hormone de l'amour. Cette façon grossière, au détour d'une formule, de prendre ses désirs pour la réalité a une connotation si réductionniste (comme lorsqu'on parle de « gène de l'homosexualité » ou de « gène de l'intelligence ») que cela ne vaut guère la peine de s'y attarder. Cela dit, l'oxytocine peut effectivement jouer un rôle dans la sensation amoureuse. Nos sentiments doivent bien être perçus d'une façon ou d'une autre, par le biais d'un médiateur physique, et l'oxytocine a les traces de rouge à lèvres d'un émulsifiant émotionnel. L'oxytocine se manifeste en des circonstances qui requièrent des comportements d'attachement. Durant l'accouchement, elle est sécrétée par le cerveau et circule par le flux sanguin. Elle a une fonction pratique et mécanique. Elle déclenche les contractions utérines. La Pitocine, le médicament que l'on prescrit aux femmes enceintes pour relancer le travail en l'absence de contractions suffisantes, est un analogue synthétique de l'oxytocine. Celle-ci stimule également le réflexe de la lactation, la propulsion du lait des cellules mammaires dans les conduits galactophores jusqu'à son écoulement par l'extrémité des seins. Elle stimule la contraction des muscles maternels au-dessus et au-dessous de la ceinture. Elle permet la naissance du bébé. Il est possible qu'elle contribue également à l'amour maternel, sans quoi la mère pourrait voir la minuscule créature ramper devant elle en se disant : « Bon, comment en suis-je arrivée là ? Et comment pourrais-je me défiler ? »

La vasopressine est elle aussi une bonne candidate au titre d'hormone de l'affection. C'est une molécule semblable à l'oxytocine qui, comme elle, a une fonction pratique indispensable à la lactation. Si vous êtes incapable de retenir les liquides, vous ne pouvez pas produire du lait. La vasopressine favorise la mémoire, et ce n'est jamais mauvais de se souvenir de ceux qui comptent pour vous – par exemple vos enfants, ou un amant digne d'être aimé. L'oxytocine et la vasopressine sont capables d'agir rapidement. On n'en attend pas moins d'hormones censées arbitrer une révolution comportementale en un court laps de temps. En cet instant vous n'êtes qu'une dame enceinte, très agitée, libre de ses mouvements : la minute d'après vous êtes une mère qui allaite son bébé, dont on attend qu'elle s'asseye, qu'elle donne le sein, qu'elle aime.

« La nature est conservatrice, explique Carol Sue Carter, de l'université du Maryland, la grande dame de la recherche sur l'oxytocine. Elle produit rarement quelque chose qu'elle n'utilise qu'une seule fois. Les fonctions de l'oxytocine ont évolué à partir d'un mécanisme primitif et élémentaire pour donner quelque chose de beaucoup plus élaboré. »

L'oxytocine et la vasopressine, cela sonne bien, c'est engageant. Mais l'on ne sait pas grand-chose sur leur façon de s'ingérer dans les affaires humaines, car il est difficile de faire des expériences valables avec ces hormones-là. L'oxytocine est une hormone peptidique, par opposition aux hormones stéroïdes graisseuses comme les œstrogènes ou la testostérone. Les lipides des stéroïdes leur permettent de passer du cerveau à la circulation sanguine périphérique et réciproquement. Pour une hormone peptidique, la circulation est à sens unique, du cerveau au sang. L'hypothalamus produit de l'oxytocine selon les besoins de l'organisme, et en garde une certaine quantité pour lui-même, utilisable localement à des fins comportementales ou cérébrales ; mais l'oxytocine libérée dans l'organisme ne peut pénétrer la barrière hémato-céphalique, donc retourner d'où elle vient. Quand on injecte une dose de Pitocine par intraveineuse à une femme enceinte, l'hormone synthétique ne parvient pas au cerveau. Le médicament atteint son utérus, ce qui donne à la femme l'impression que c'est Josef Mengele lui-même qui lui triture les entrailles, mais c'est tout. Autrement dit, vous ne pouvez pas donner un comprimé d'oxytocine à quelqu'un et lui demander : Éprouvez-vous déjà des sentiments maternels ? Vous sentez-vous en phase avec les autres ? D'humeur câline ? Sur la même longueur d'onde que vos oppresseurs ? L'oxytocine exogène ne parviendra pas à l'endroit où elle est à même d'exercer son empire sur le comportement, à supposer qu'elle ait ce pouvoir.

L'essentiel de ce que nous savons de l'oxytocine et de la vasopressine vient de l'expérimentation sur des animaux comme les campagnols de prairie, les hamsters et les rats dont on considère les cerveaux comme des jeux de fête foraine dont on peut manipuler les pièces sur le tas. Quand on injecte directement de l'oxytocine au sein du système nerveux central d'un rat, celui-ci se faufile vers un autre rat, recherche le contact physique et cherche un endroit douillet où poser le museau. Les femelles campagnols de prairie forment des relations de couple après la copulation au cours de laquelle elles libèrent de l'oxytocine. Si l'on injecte de l'oxytocine ou de la vasopressine dans le cerveau d'une femelle campagnol, puis qu'on la met en présence d'un mâle, elle agira comme si elle venait de s'accoupler avec lui et voudra rester auprès de lui sans jamais s'éloigner de ses flancs. Même chose pour un mâle campagnol : injectez-lui sa dose d'oxytocine ou de vasopressine dans le système nerveux central, et il s'attachera fidèlement à la première femelle venue. Inversement, la femelle campagnol traitée par un antagoniste de l'oxytocine, qui bloque l'action du peptide, aura du mal à s'établir avec un partenaire ou à prendre soin d'un gentilhomme campagnard plutôt que d'un autre.

L'oxytocine peut transformer une femelle vierge en mère attentionnée. Quand on injecte de l'oxytocine à des femelles campagnols par le biais du liquide cérébro-spinal, dans les trente minutes qui suivent elles se mettent à renifler les petits qu'on leur présente, elles les transbahutent et les retrouvent s'ils s'égarent. La brebis est généralement une bonne mère, sauf si pour une raison ou une autre elle est séparée de son agneau peu de temps après la mise bas. Dans ce cas elle a tendance à rejeter le petit et à refuser de le nourrir. Les bergers connaissent le moyen de l'amadouer. Ils lui stimulent le vagin avec une sorte de godemiché pour brebis. Le chatouillis libère un flux d'oxytocine dans le cerveau, et elle accepte l'agneau à la mamelle. Un jet d'oxytocine dans la moelle épinière aurait le même effet.

La vasopressine prend plus son temps que l'oxytocine. Elle peut induire des comportements maternels chez les rongeurs femelles, mais elle y met environ une heure de plus que l'oxytocine. Selon la théorie régnante, le rôle d'inducteur du comportement parental de la vasopressine serait plus important chez le mâle que chez la femelle. Chez les campagnols de prairie, qui forment de ces couples monogames indissolubles si chers à nos cœurs d'humains, les niveaux de vasopressine s'élèvent après l'accouplement chez le mâle, mais pas chez la femelle ; or le mâle s'attache fidèlement à sa partenaire après l'accouplement. Chez les rats de laboratoire, les mâles manifestent des degrés divers de sollicitude paternelle, selon la lignée. La variété de rats manifestant le moins de tendresse paternelle est le rat de Brattleboro. C'est vraiment une saleté de rat. Sa carence en vasopressine est également notable.

Ce qui est attendrissant chez les rongeurs devient franchement suggestif chez les singes. Dans l'une des rares expériences réalisées sur les primates, des femelles singes rhésus vierges se sont vu injecter l'hormone dans le système nerveux central. Quelques minutes plus tard, on déposait un bébé singe dans leur enclos. Les femelles se dirigèrent vers lui, le reluquèrent, le poussèrent gentiment et firent claquer leurs lèvres comme pour un baiser. Elles devinrent également plus amicales envers leurs observateurs humains, renonçant aux bâillements, grimaces et autres manifestations typiques d'hostilité chez les rhésus. En revanche, les femelles vierges à qui l'on avait injecté des doses témoins de solution saline ne manifestèrent aucun penchant maternel, ne firent pas claquer leurs lèvres en présence du bébé et bâillèrent de façon hargneuse à la face de leurs ravisseurs.

Aussi insuffisants soient-ils, les résultats des études menées sur les êtres humains corroborent le modèle présentant l'oxytocine et la vasopressine comme des ligaments émotionnels. C'est Kerstin Uvnas-Möberg, de l'Institut Karolinska, en Suède, qui a réalisé l'essentiel des travaux portant sur les humains. Elle a étudié les mères qui allaitaient leur bébé, chez qui les niveaux d'oxytocine sont particulièrement élevés. Pensez à la femme qui nourrit son bébé au sein, explique-t-elle. Pensez à sa physiologie particulière. L'oxytocine stimule sa sécrétion lactée – ce que l'on sait déjà. Mais la production de lait n'est qu'une partie de l'histoire. L'oxytocine, de concert avec d'autres peptides, fait monter le flux sanguin vers le sein. L'engorgement réchauffe le sein, qui devient plus chaud qu'il n'a jamais été. La chaleur rayonne de la femme qui allaite comme si elle avait la fièvre, comme une stèle patriotique au soleil. Elle abreuve le bébé et le baigne dans sa chaleur.

« Il y a tout un transfert de chaleur, et c'est très important, non ? N'est-ce pas cela, le substrat de l'amour ? Transmettre de la chaleur ? Quand on parle d'une personne aimante, on dit d'elle qu'elle est chaleureuse. Et des personnes qui refusent d'aimer qu'elles sont froides. En l'occurrence, la psychologie s'est inspirée de phénomènes physiologiques très profonds. » Kerstin Uvnas-Möberg parle d'une voix chaude, douce et intime, comme si nous étions toutes deux installées dans un salon en train de donner le sein à nos bébés, au lieu de nous tenir dans un bureau de l'Institut Karolinska boutonnées jusqu'au cou, sans un seul bambin à portée de vue. Elle porte un ensemble de la couleur d'un pâté de sauterelles et offre aux regards de bonnes joues aux reflets vermeils comme une pomme bien astiquée.

« Prendre soin d'un enfant, cela consiste à lui donner de l'énergie et de la chaleur, deux facteurs qui exigent des calories, dit-elle. Ce qui est très dangereux et revient très cher. Ce qui signifie que l'oxytocine a une autre fonction : elle sert à économiser. Car, pour que l'équation tombe juste, il faut bien que vous preniez quelque part ce que vous perdez en chaleur et en lait. »

L'oxytocine est une hormone qui donne, mais c'est aussi une hormone qui conserve, ajoute-t-elle. Elle agit sur les intestins pour ralentir la digestion et permettre à l'organisme de capturer le maximum de calories ingérées. Elle accroît les concentrations d'insuline, de façon à ce que les cellules puissent assimiler l'essentiel du sucre sanguin, au lieu de le laisser s'évacuer par l'urine. La mère qui allaite doit également économiser son énergie par son comportement. Il faut qu'elle reste tranquille, qu'elle soit capable de rester assise le plus longtemps possible. Bouger, s'agiter, cela gâche des calories. L'angoisse, cela gâche aussi des calories. Le sentiment de sérénité les conserve, permet d'équilibrer l'équation, de donner de la chaleur, de rayonner de la chaleur, tout en gagnant de la vigueur anabolique, car plus vous donnez, plus vous produisez de l'oxytocine, plus la capacité conservatrice des intestins s'accroît, plus vous vous sentez sereine. C'est comme ces ventes de blanc dans les rayons de grands magasins : plus vous dépensez, plus vous économisez.

Kerstin Uvnas-Möberg et ses collègues ont étudié les femmes qui nourrissent leur enfant au sein. L'équipe a observé le comportement des mères et les a soumises à des tests de personnalité. On leur a demandé la durée de chaque tétée. On mesurait les taux d'oxytocine et des autres hormones, en leur prélevant du sang toutes les trente secondes pour dix minutes de tétée. Les chercheurs ont constaté que le profil de sécrétion d'oxytocine variait d'une femme à l'autre. Chez certaines, il y a des pics et des creux : l'oxytocine se libère par bouffées. Chez d'autres, la production est plutôt étale. « On a constaté que plus la courbe présentait de pics, plus la concentration en oxytocine était élevée et plus la femme avait tendance à prolonger la tétée, commente Kerstin Uvnas-Möberg. Cela correspond également à un changement dans la personnalité. Les femmes dont la courbe présente le plus de pics disent ressentir une grande sérénité. Elles affirment être affectivement plus accessibles qu'auparavant et se sentir très proches de leur enfant. Ce qui est parfaitement logique. Plus elles prolongent la tétée, plus elles sont en contact avec le bébé, plus elles s'en sentent proches, physiquement, affectivement et, ajouterais-je, neurochimiquement. »

La mère ne se contente pas de nourrir et de réchauffer son enfant. Quand elle le tient contre elle, elle le touche. Elle le caresse pour l'apaiser. « Vous savez comme tout le monde comment il faut caresser, dit Uvnas-Möberg. Vous savez ce qui marche et ce qui ne marche pas. Si vous faites comme cela, trop rapidement, c'est agaçant. » Elle se frotte le bras rapidement de bas en haut à titre de démonstration. « Si vous vous y prenez trop lentement, ça ne marche pas non plus. » Elle donne à son bras une caresse triste, au ralenti. « Mais si maintenant vous faites comme cela, si vous caressez avec constance et calmement, vous voyez, c'est bien, c'est bon, c'est vrai. » Elle se caresse le bras en rythme, et je regarde. Et je me sens caressée, apaisée par procuration. « Ce rythme correspond à peu près à quarante caresses par minute, continue-t-elle. C'est le rythme auquel on caresse un animal familier. » L'oxytocine entre à nouveau en scène. Quand les chercheurs procèdent au prélèvement régulier d'un peu de sang pendant que la femme caresse son bébé, ils observent que le mécanisme de l'oxytocine se met en branle de la même façon qu'au moment de la tétée. Si la mère sécrète de l'oxytocine pendant qu'elle câline le petit, c'est que sa main lui transmet la sensation d'apaisement de la caresse comme elle le fait pour l'enfant. Quand on l'interroge, la mère décrit une impression de sérénité et, si vous la pincez, elle s'en apercevra à peine. « Tout le monde sait qu'on provoque un réflexe de douleur en pinçant quelqu'un à n'importe quel endroit de son corps, explique Kerstin Uvnas-Möberg. Mais on peut également induire un effet sédatif et analgésique en touchant ou caressant n'importe quelle partie du corps. D'ailleurs, nous le savons tous plus ou moins, non ? C'est un savoir inné, bien qu'il nous arrive de l'oublier, ou d'en éprouver de la gêne. »

Le contact physique transmet de la chaleur. La caresse amplifie le contact, le don de soi, la présence. Si nous avons perdu notre fourrure, c'est peut-être, qui sait, au profit du contact physique, des gros câlins et de l'amour qui va avec. Nous caressons nos bébés et les berçons d'avant en arrière. L'achat d'un berceau à bascule fait partie des plaisirs de la maternité imminente, et la seule pensée d'avoir son bébé à bercer vous remplit d'une douce chaleur et vous rend euphorique. En Chine, la femme prend des douches bien chaudes au cours de l'accouchement et n'a pratiquement jamais besoin d'injections de Pitocine, car les jets réguliers d'eau chaude délivrent leurs stocks naturels d'oxytocine. Les femmes occidentales se mettent à leur école : certains centres de « naissance naturelle » proposent désormais des jacuzzis. Les autres mammifères se lèchent pendant le travail, se lèchent, se lèchent encore, sans discontinuer. Après la mise bas, la mère lèche ses chiots, chatons ou autres petites merveilles qui s'empressent de fourrer leur petit museau dans ses flancs. Bref, le paradis. La caresse répétée suscite la sécrétion d'oxytocine. Son rythme apaisant est celui de la pulsation des conduits galactophores, celui de la succion réflexe de l'enfant au sein. C'est celui de l'amour : quarante battements à la minute.

Le rythme de l'amour. L'orgasme procure également une sensation rythmique en se calant lui aussi sur une cadence d'environ quarante ou cinquante pulsations à la minute. À noter que l'utérus se contracte pendant l'orgasme comme il le fait au cours de l'accouchement. La fréquence de l'oxytocine. L'oxytocine à l'œuvre. Au cours d'une étude, on a demandé aux femmes de se masturber jusqu'à la jouissance ; on avait mesuré leur taux d'oxytocine avant et après l'orgasme. Sa concentration avait augmenté légèrement avec l'orgasme, mais de façon mesurable, et plus l'augmentation était nette, plus la femme disait avoir éprouvé du plaisir. Certaines femmes affirment que l'allaitement leur procure plus une sensation grisante que calmante, une jouissance proche de l'orgasme pendant laquelle l'utérus se met à battre au même rythme que les conduits galactophores et la succion du bébé. L'euphorie ne diffère pas vraiment de la sérénité. Les deux états se caractérisent par l'amortissement du système nerveux sympathique, la baisse de la pression sanguine et la disparition du stress. On définit le nirvana comme l'état idéal de repos, d'harmonie, de stabilité et de plénitude. On peut parvenir à l'état méditatif en contrôlant et en rythmant sa respiration. L'amour et la joie sont à la fois vivifiants et reposants. Ils se fondent sur une courbe riche en harmoniques qui s'entretient à partir d'un minimum d'investissement énergétique de départ – aussi proche qu'on peut le rêver de l'impossible mouvement perpétuel.

« On commence à discerner certaines règles, explique Kerstin Uvnas-Möberg. Je crois que nous allons trouver des sous-groupes de personnes présentant de hauts taux d'oxytocine qui manifestent peu d'anxiété et dont la tension est basse. Pas vraiment de quoi étonner, en fait. Vous ne seriez pas surprise si je vous disais que les gens qui présentent de forts taux de cortisol ou d'adrénaline sont plus stressés que la moyenne. L'inverse est sans doute vrai. Simplement, on ne s'est pas penché sur la question de façon systématique. Mais si l'on en croit les cas individuels, tout colle. Les femmes particulièrement anxieuses sont également celles qui présentent des taux d'oxytocine peu élevés. Les enfants qui souffrent de maux de ventre récurrents et viennent consulter à l'hôpital ont souvent des taux d'oxytocine extrêmement bas. Les maux de ventre chroniques sont un symptôme d'anxiété classique chez les enfants. »

Les intestins en savent plus long que ce que nous croyons, et savent en informer le cerveau en continu. Nos tripes parlent le langage des hormones, en particulier celui de l'acétylcholine, une hormone métabolique connue pour donner la sensation de satiété.

« C'est par l'acte de succion de la tétine que l'agneau s'attache à sa mère, explique Kerstin Uvnas-Möberg. Le mouvement de succion accomplit un certain nombre de choses. Il libère de l'oxytocine dans le cerveau de l'agneau, et de l'acétylcholine dans ses intestins. Si l'on bloque la sécrétion d'oxytocine, on empêche l'agneau de se lier à sa mère. Il en va de même pour l'acétylcholine. Bloquez sa sécrétion, et vous compromettrez la faculté d'attachement du petit.

« Le cerveau et les intestins ont partie liée, continue-t-elle. Les psychologues connaissent bien l'importance du système digestif dans l'apprentissage. Il arrive au bébé de porter quelque chose à sa bouche pour mieux le comprendre. Ne disons-nous pas que nous comprenons "avec nos tripes" ? Que le chemin du cœur de l'homme passe par son ventre ? Un bon repas rend agréable et généreux. Pas la faim. »

Voilà une nouvelle raison de se méfier de quelqu'un qui refuse de manger ce qu'on lui offre. Cela signifie que ladite personne refuse d'être calmée. Qu'elle reste sur ses gardes, tendue. Qu'elle constitue une menace. Pas étonnant qu'on n'aime pas se restaurer en compagnie de quelqu'un qui chipote. Mieux vaut ne pas être le seul, ou la seule, à baisser sa garde. Garde ton acétylcholine, il n'y aura pas de partie d'oxytocine ce soir.

Le corps nous subjugue avec tous les sens et substances à sa disposition. Le stress paroxystique incite la sage-femme à se dévouer corps et âme. La femme qui accouche crie, hurle, supplie qu'on la libère de cette créature, de ce monstre, de cette baleine – que cette chose aille au diable, que l'ennemi s'en charge s'il le faut ! La transition n'est pas plus agréable pour le bébé dont le taux d'hormones du stress, au cours de l'accouchement, monte à des hauteurs vertigineuses, cent fois le niveau d'un être humain ordinaire. Et puis, peu après, les voilà tous deux rivés l'un à l'autre, tout chauds, rayonnants, tels Bouddha et son Bodhisattva.

L'odorat, lui aussi, est un agent d'information subreptice, prêchant des affinités dont nous sommes bien en peine de comprendre les mécanismes. Le nouveau-né humain manque désespérément de coordination motrice, mais si vous le placez sur le ventre de sa mère après la naissance, il se fraiera un chemin jusqu'au sein, guidé presque exclusivement par des signaux olfactifs ; si vous avez lavé l'un des seins et pas l'autre, le bébé se dirigera vers le téton non lavé. La fontanelle du nouveau-né, là où les plaques de la boîte crânienne n'ont pas encore fusionné, est riche en glandes sudoripares et se révèle particulièrement odorante. La mère en hume souvent les effluves en penchant la tête sans y penser. Les parents et l'enfant peuvent nouer un lien affectif avant la naissance, par l'échange d'odeurs ou de molécules ayant le même effet. Le fœtus laisse échapper sa signature odorante par l'urine qui constitue le liquide amniotique de la matrice, lequel passe dans les urines de la mère, ce qui permet à celle-ci de reconnaître l'odeur de son bébé avant la naissance. Le père également peut se familiariser avec l'odeur de l'enfant en gestation par l'intimité qu'il partage avec la mère. Les pères aiment leurs nouveau-nés aussi profondément que les mères, même sans être passés par les transformations physiques et hormonales de la grossesse. Les effluves fœtaux ambiants contribuent peut-être à endoctriner les circuits neuronaux paternels, à les rendre réceptifs et accommodants. John Money, un calife de la sexologie, affirmait que la personne atteinte d'anosmie – dépourvue du sens de l'odorat – éprouve du désir mais est incapable de nouer des liens affectifs. Quand l'un des époux n'aime pas l'odeur de l'autre, le mariage est voué à l'échec. « Ne te marie pas à Ermengarde, écrivait le pape Étienne III à Charlemagne. Elle pue, comme tous les Lombards. » Charlemagne l'épousa tout de même et finit par la répudier. Il ne supportait pas son odeur. C'est du moins ce que rapporte Guido Ceronetti dans *Le Silence du corps*.

Le toucher, le goût, l'odorat : aucun sens ne peut se dérober quand il s'agit de solliciter l'amour. Et comme nous sommes avant tout une espèce visuelle (sinon visionnaire), les bébés nous flattent l'œil et abusent de la situation. Ils sont si mignons que c'en est à peine supportable. Et je pèse mes mots ! Aux toutes dernières semaines de la grossesse le bébé humain se fabrique une couche de graisse sous-cutanée. La différence entre un léger prématuré et un bébé arrivant à terme est avant tout une affaire de deux livres de graisse, un volume superflu qui rend seulement l'accouchement plus difficile. Le bébé gorille vient au monde pratiquement dépourvu de tissu adipeux, et ne commence à prendre du poids et de la graisse qu'après la naissance. Les raisons pour lesquelles le bébé humain arrive au monde déjà rembourré ne sont pas très claires ; ces réserves adipeuses n'ont pas de causes physiologiques évidentes. On a prétendu que la graisse était nécessaire à la croissance du cerveau, mais s'il fallait de grosses quantités de lipides pour faire face à la croissance cérébrale rapide après la naissance, le lait humain devrait être particulièrement riche en lipides. Or c'est l'inverse qui est vrai. Le lait humain contient relativement peu de graisses. Sarah Blaffer Hrdy, quant à elle, suggère que les bébés sont grassouillets car cela les rend adorables. La graisse, c'est le vernis esthétique. La vue d'un bébé bien en chair et tout en rondeurs, de ses joues et de ses fesses rebondies, de ses bras et de ses cuisses potelés, nous enchante. Les attraits visuels d'un bébé, ou, si l'on préfère, son quotient d'attendrissement, peuvent accroître sa faculté de partager la chaleur et l'odeur de sa mère, ses chances de bénéficier du contact de sa peau et de s'abreuver à son eau bénite allégée. Les rondeurs ont nos faveurs.

Le son de l'amour résonne bien rond, lui aussi, comme les aigus et les graves du babillage que nous réservons à nos bébés et nos amants. Les bébés réagissent plus vigoureusement à la voix qui module clairement les intonations. Ils doivent apprendre à parler. Leur cerveau doit apprivoiser le langage, s'y adapter, et l'apprentissage s'élabore autour d'inflexions vocales bien définies, de mots bien articulés qui s'adressent spécialement à eux. Si le langage destiné aux bébés est si chaleureux, c'est qu'il s'agit du transfert d'un autre type de chaleur, celle qui permet aux parents de transmettre à l'enfant la nourriture spirituelle, les entités fondatrices du langage, la source la plus sûre de la puissance humaine. En tant qu'adultes, nous nous approprions le babil enfantin pour conquérir la tendresse d'un amant (ou d'une amante). Nous redescendons l'échelle ontogénétique en murmurant à l'objet de notre affection les roucoulades et les vocalises de nos offrandes, agrémentées des sobriquets visionnaires de nos improvisations.

Quand l'amour est pleinement partagé, personne ne s'y trompe. C'est le bonheur. Il semble ne devoir jamais finir. L'être aimé apporte l'apaisement aux instants de surmenage, la joie de vivre aux moments de prostration et d'inertie. Un vieux couple bien uni fonctionne comme deux horloges parfaitement synchronisées. Leurs visages finissent par se ressembler car chacun s'approprie inconsciemment les expressions de l'autre. Leurs intonations sont similaires. Ils marchent du même pas. Lorsque l'un des deux époux meurt dans les jours ou les semaines qui suivent le décès de son vieux conjoint, nous en déduisons qu'il est mort de chagrin ou qu'il n'a pas surmonté le choc. Mais la plupart du temps il n'y a pas signe de commotion psychique ou de désespoir, puisque, somme toute, le couple a vécu longtemps et savait que la mort n'était pas loin. En fait, il n'y a peut-être que coïncidence entre les deux décès. Au fil des ans, les cellules de l'organisme des deux époux ont adopté le même rythme, la même cadence, et ont épuisé leur temps moléculaire en tandem.

Il y a les stimuli de l'affection que nous connaissons, et ceux qui se dérobent à la connaissance. Des années après avoir mis au monde son enfant, la femme en garde des vestiges corporels. Je parle ici de vestiges tangibles, pas des souvenirs. Pendant la grossesse, des cellules éparses en provenance du fœtus circulent dans l'organisme de la femme, sans doute pour permettre au fœtus d'entrer en communication avec le système immunitaire maternel et anticiper son expulsion à titre d'organisme étranger. L'on pensait jusqu'alors que le dialogue entre cellules fœtales et maternelles était éphémère et ne durait que le temps de la grossesse. Or les chercheurs ont trouvé récemment des cellules fœtales survivant dans la circulation sanguine de la mère des décennies après la naissance de l'enfant. Les cellules n'étaient pas mortes ; elles n'avaient pas été expulsées. Elles avaient perduré et s'étaient même peut-être divisées quelquefois depuis. Il s'agit de cellules fœtales, ce qui signifie qu'elles recèlent tout un capital vivant en leur sein. La femme qui devient mère, donc, devient à jamais une chimère cellulaire, un mélange de ce qu'elle était à la naissance et de tous ceux et celles à qui elle a donné naissance. Ce qui est peut-être parfaitement anodin, à moins que cela ne signifie qu'il y a toujours quelque chose – quelques mesures de la partition biochimique jouant sur les mécanismes neurologiques de l'attachement maternel, en particulier si ces derniers ont été alimentés par une foule de stimuli sensoriels – pour lui rappeler la cérémonie hormonale de la gestation, l'odeur de l'urine fœtale, le grand chambardement de la délivrance ainsi que la vue et le contact du nouveau-né.

Outre les raisons qui font que je reste une farouche partisane du droit à l'avortement, que la femme est en droit de vivre pleinement sa sexualité en dépit du manque de fiabilité de la contraception et du cœur humain, en voici une autre. Il n'y a rien de plus pervers que de forcer une femme à porter un bébé dont elle ne veut pas, de la pousser à amorcer une grossesse à titre de compromis, de la contraindre, par le biais de toutes les inventions physiologiques de l'évolution, à porter à jamais en son sang la marque d'un enfant qu'elle ne peut garder, au moment même où elle veut oublier son triste passé. La « solution de l'adoption », c'est parfait, si la jeune femme la choisit en toute sérénité. Mais cela doit rester un choix réel, car le corps est une créature d'habitude, et plus il est exposé longtemps à la chimie de l'affectivité, plus il est enclin aux réminiscences émotionnelles, aux cauchemars neuroendocriniens récurrents, ce type de cauchemar où vous retournez au quartier de votre enfance sans trop savoir pourquoi, en étant bien consciente toutefois que ce n'est plus le vôtre mais en vous obstinant : vous approchez du seuil de votre maison, vous sonnez à la porte. Personne ne répond. Ce n'est pas la bonne porte. Votre maison à vous, elle n'existe plus.

L'amour a toujours raison, et il le sait. Car l'amour conquiert tout ce qui est à portée de ses tendres griffes, à la vitesse de quarante caresses la minute. Les réseaux neurologiques qui sous-tendent l'affectivité sont multiples et étroitement intriqués et intéressent autant le système digestif que le système cardiaque décidément très sensibles aux charmes du stress. Mais l'amour va au-delà des tripes et de l'émotion brute. Il a un côté intellectuel. On ignore trop souvent la dimension rationnelle de l'amour. On raille volontiers l'intervention de l'intellect dès qu'il s'agit d'amour, accusant untel ou unetelle d'être trop « cérébral[e] » ou « analytique » en matière d'amour, comme si la connaissance était l'antithèse de l'émotion. Ce n'est pas le cas. La pensée peut renforcer l'amour comme elle peut donner de bons prétextes au raisonneur passif-agressif de se défiler. La pensée peut par elle-même éveiller toute la palette sensorielle de l'amour. La mère séparée de son bébé qui s'imagine en train de l'allaiter sent la chaleur lui monter à la poitrine et peut se mettre à sécréter du lait. Susan Love évoquait une de ses collègues, une chirurgienne, qui lui avait raconté qu'en pensant à son bébé au cours d'une opération son lait s'était mis à couler, avait traversé ses vêtements et arrosé le patient inconscient.

Cort Pedersen a souligné le fait que nous, les humains, avons le pouvoir de préserver l'état neuronal de l'affectivité par le seul pouvoir de l'œil de l'esprit, quand les autres animaux ont besoin de leurs yeux, leurs nez et leurs oreilles véritables. Nous avons rarement l'occasion de couper tous les fils d'un lien intime, explique-t-il. Il y a les photographies. Les amis qui évoquent l'être aimé. Nous parcourons les rues et fréquentons les restaurants où il nous arriva de libérer de l'acétylcholine en compagnie de l'être aimé. Et il y a aussi cette chanson, qui nous rend si nostalgiques. Nous disposons de trop de systèmes sensoriels et neurologiques impatients de faire revivre le passé, et nous avons trop de mémoire. Les sentiers de nos amours passées n'ont pas disparu, et ne demandent qu'à être foulés à nouveau. Notre cerveau analytique alimente et protège les circuits de l'attachement. La pensée et la mémoire humaines prolongent la vie de l'amour bien après que le cerveau primitif, notre cerveau de rongeur, en a perdu la trace. L'amour éternel est un mythe, mais nous sommes les artisans de nos mythes et les aimons jusqu'à la mort.

18

BLAGUE À PART...

La psychologie évolutionniste sur le divan

Nous aimons, pour bien des raisons. Mais qui, et pourquoi ? Il y a une logique génétique à l'amour parents-enfants, même si cet amour a ses limites. Le conflit entre géniteurs et rejetons fait partie de la vie, même si nous préférons éviter le sujet. C'est le système qui est conflictuel. Les enfants veulent plus que ce que les parents sont prêts à donner et s'arrangent pour avoir leur part et même un peu plus ; les parents ont généralement plus d'un enfant, en projettent parfois d'autres et ne veulent pas tout sacrifier à un seul. En tant qu'enfants – réels ou éternels –, nous chérissons au fond de nous-mêmes le petit mythe de la mère parfaite, toute d'amour et de tendresse. Les mères savent bien qu'elles sont loin de l'idéal. Il leur faut préserver une part d'elles-mêmes pour les autres et pour les poussins à venir.

Le conflit mère-enfant commence au stade prénatal, par des escarmouches clandestines entre le fœtus, qui tente de s'édifier un énorme placenta afin d'engloutir le maximum de calories maternelles, et l'organisme maternel qui lutte contre l'épuisement précipité de ses réserves énergétiques en inhibant la croissance explosive du placenta. Le bras de fer se poursuit au cours de l'enfance. Le nourrisson pleure, le bambin pique des colères, l'enfant se fait enjôleur. Et puis, à la puberté, la nature du conflit change totalement. Nos chers petits veulent leur indépendance et un jardin bien à eux ; il leur arrive même de souhaiter la mort prochaine de leurs procréateurs pour en hériter. De leur côté les parents aimeraient bien avoir leurs grands sous la main un peu plus longtemps afin de leur confier la marmaille et d'assurer ainsi leur propre succès reproductif. Oh ! le système fonctionne. Les enfants ont besoin d'amour et de sollicitude pour s'épanouir, et les parents se prêtent au jeu mélodique comme des violons à la partition. Mais la douce lumière de l'amour filial finit par s'assombrir et s'électriser, et revoilà revenue au grand galop notrc vicille connaissance aux sourcils broussailleux : l'agressivité. L'amour et l'agressivité sont inséparables, comme les frères siamois Eng et Chang. Vous ne pouvez avoir l'un sans l'autre.

Mais le conflit de génération n'est rien comparé à la guerre de l'amour, celle qui nous est si familière, si habituelle, que nous lui avons réservé le surnom morose et sans saveur de Guerre des Sexes. L'étude de la physiologie de l'amour et de son évolution implique de savoir ce qu'on attend de l'amour, ce qu'on y recherche. Nous ne choisissons ni nos enfants ni nos parents, et l'amour que nous leur portons est entaché d'un certain fatalisme. Il n'y a que les doux dingues de la mouvance New Age pour avoir le cran d'accuser les gens de mal choisir leurs parents. En revanche il nous faut assumer un minimum de responsabilité dans le choix de notre partenaire et dans ce qu'on en attend. Donc, qu'est-ce que les femmes attendent de leur vis-à-vis (en général un homme), et les hommes de nous ? Quel est l'enjeu de la passion amoureuse ? Pourquoi prenons-nous la peine de nous marier ? Est-ce la nature ? L'habitude ? L'espèce humaine est-elle encline au mariage – et, histoire de cibler le sujet de plus près, les femmes y sont-elles plus particulièrement prédisposées ? Certes, le mariage nous cerne de toutes parts. Aujourd'hui comme hier, chez la plupart des peuples, une cérémonie rituelle préside à l'union entre l'homme et la femme, sanctionnant par une déclaration publique le fait que l'un et l'autre forment désormais une seule entité au registre de la tribu. Mais ce n'est pas parce qu'une pratique est quasi générale qu'elle est innée. Ce n'est pas parce que nous nous marions qu'il est inscrit dans notre lignée cellulaire darwinienne que nous avons toujours voulu, et voulons toujours, nous marier. Le mariage, c'est peut-être comme l'écriture : un outil si commode qu'il en est devenu pratiquement universel. Mais tout le monde aime-t-il vraiment écrire ? Personne n'irait prétendre qu'il est naturel d'écrire, en tout cas pas autant que parler.

Il me faut confesser immédiatement que je ne sais pas quand, où et comment le mariage a été inventé. Je ne sais pas non plus si le mariage nous est naturel, ou s'il est comme la robe de mariée de votre mère – il vous faut un bon tailleur pour qu'elle vous aille. Le campagnol de prairie, la voilà l'espèce destinée au mariage, la vraie, enfin, l'espèce promise à la vie de couple. Cet animal-là vient au monde pour l'idylle, pour aller au-devant de la vie comme à l'arche de Noé : un mâle, sa femelle, et le reste à l'avenant. Même chose chez bon nombre d'espèces d'oiseaux. On s'y accouple et on élève sa progéniture sur le mode de la famille nucléaire. Les primates non humains, quant à eux, ne sont *pas* du genre à se marier. Chimpanzés, bonobos, orangs-outangs ou autres singes – nul d'entre eux ou presque ne prise la vie de couple. Ils sont polygames. Les mâles s'accouplent avec de nombreuses femelles, les femelles avec de nombreux mâles.

Et vous, avec qui vous sentez-vous des affinités ? Le campagnol de prairie ? Le macaque ? Le canari, peut-être ? Avez-vous le gène de la vie de couple ? Le savez-vous ? Moi, non. Cela au moins, c'est clair : je n'en sais strictement rien. Il m'arrive de penser que, somme toute, le mariage nous convient plutôt bien, peut-être mieux qu'autre chose, et que les enfants n'ont pas tort de trouver naturel d'avoir papa et maman sous la main. Et il m'arrive aussi d'élever au niveau des *Principia* de Newton ce que Samuel Johnson répondit au général Paoli au cours d'un dîner : « Monsieur, le mariage est si peu naturel à l'homme et à la femme que toutes les bonnes raisons que nous lui trouvons et toutes les contraintes de la société civilisée suffisent à peine à l'empêcher de se dissoudre. »

Je ne connais pas la profondeur de notre aspiration au mariage. Je ne sais pas pourquoi nous jetons notre dévolu sur tel ou tel partenaire, ni ce qu'une femme recherche dans un homme et réciproquement. Ce que je sais, c'est que personne d'autre ne le sait. Ce dont je suis certaine, c'est que la psychologie profonde de l'amour humain et des liens affectifs reste à ce jour un grand mystère, même si quelques pépites ici et là incitent parfois à se dire : tiens, nous tenons le filon.

L'art de l'amour et du mariage est un privilège féminin, pense-t-on. On nous octroie ostensiblement ce titre de propriété. Cela ferait partie de notre vocation. Les hommes suivent, rechignent, transpirent, mais finalement capitulent, soupirant comme les étalons conduits à l'étable quand nous, les femmes, n'avons nul besoin d'aiguillon. Ils regimbent, il leur faut la bride, et c'est nous qui la leur mettons au cou, nous les mariées ! Nous sommes le sexe conjugal.

Il s'agit là, bien sûr, du dogme officiel, qui n'est pas né d'hier. Ce qui nous a valu l'épigramme suivant – de la main de William James[1], pas moins – que R. V. Short cite, sans avoir l'air d'y toucher, en conclusion de son dernier livre, *The Differences between the Sexes* :

Am, stram, gram
Les cochons sont polygames
Pic et pic et colegram
Les cochonnes sont monogames[2].

La thèse a fait récemment de nouveaux émules grâce à l'essor explosif d'un nouveau champ d'investigation connu sous le nom de psychologie évolutionniste (ou psychobiologie). Cette nouvelle discipline prétend avoir découvert les modules fondamentaux de la nature humaine, et plus spécialement de l'essence de l'homme et de la femme. Certes, il est légitime de vouloir acquérir quelques lumières sur l'origine évolutive du comportement humain. Il est même assez raisonnable de vouloir comprendre nos pulsions et nos actes en leur appliquant la logique darwinienne. Nous faisons partie du monde animal. Nous ne sommes pas au-dessus des bourrades et des plaisanteries de la sélection naturelle. Mais la psychologie évolutionniste a investi la conscience collective sous la forme d'un cyclope grincheux et despotique dont l'œil unique ne voit qu'à travers des lunettes machistes. Je dis bien machistes et non masculines parce que les thèses professées par les purs et durs de la psychologie

1. Pas l'écrivain, Henry, mais son frère cadet d'un an, William (1842-1910), plus célèbre en son temps que lui, le philosophe américain qui chercha à faire de la psychologie une science naturelle positive. *(N.d.T.)*

2. Version originale :
Hoggamus, higgamus
Men are polygamous
Higgamus, hoggamus
Women monogamous.

Jeux de néologismes grivois sur *hog,* cochon, porc, pas vraiment traduisibles ! Ce qui a inspiré à l'impertinence de Natalie Angier, comme titre de ce chapitre : *Of Hoggamus and Hogwash*, quelque chose comme « Des cochons et de leurs foutaises », hogwash ayant le double sens d'eaux grasses (pour nourrir les porcs) et de « foutaises ». *(N.d.T.)*

évolutionniste sur le comportement masculin sont aussi bornées et rigides que leur point de vue sur la féminité.

La psychologie évolutionniste se voudrait une discipline toute neuve et excitante, mais n'est jamais qu'un sous-produit de la sociobiologie, laquelle accuse aujourd'hui plus de trente ans. Le grand patriarche de la sociobiologie, E. O. Wilson, la définissait comme « l'étude systématique des fondements biologiques des différents comportements sociaux », bien que par biologique il ait voulu dire en fait évolutionniste, étant moins intéressé par les causes immédiates du comportement, le « comment », que par ses causes lointaines, le « pourquoi ». Ce n'est donc pas d'hier que les sociobiologistes se sont penchés sur le comportement humain. Les psychologues évolutionnistes ont simplement formalisé ce type de recherche en lui accolant un terme appartenant aux sciences humaines, *psychologie*. Les psychobiologistes ont merveilleusement réussi à populariser leur point de vue, il faut au moins leur reconnaître ce mérite. Dans un article paru en 1997 dans *The New Yorker*, le critique de cinéma David Denby évoquait l'engouement pour la psychologie évolutionniste en faisant remarquer qu'elle s'était substituée au freudisme dans les soirées mondaines en tant qu'outil de dissection des turpitudes sentimentales. Personnellement, j'estime que l'interprétation psychoévolutionniste de la nature humaine ne mérite pas tant d'hommages. Elle fait la part belle à nos vieux préjugés et relève un peu trop du mode de pensée normatif à la Dewey [1]. Je n'ai pas envie de disputer sans fin sur les différences entre l'homme et la femme, sur la question de savoir qui des deux perçoit mieux l'espace en trois dimensions, sur les raisons pour lesquelles un écran à résonance magnétique indique l'activation de zones cérébrales différentes selon le sexe, quand les deux pensent à la même chose. Comme je l'ai expliqué au début de ce livre, j'ai choisi d'écrire une fantaisie sur le corps et l'esprit de la femme, plutôt que de rompre des lances sur ce que nous savons ou pas au sujet de X contre Y. Je ne vais pas expliquer aux hommes la nature réelle de leurs désirs, ni leur indiquer la meilleure façon de marcher. Si un type s'imagine qu'il y a une explication darwinienne à l'attrait qu'il éprouve pour la jeune et charmante assistante de son bureau et à

1. John Dewey, pédagogue américain ayant élaboré une philosophie pragmatique, fondateur de l'*instrumentalisme et du fonctionnalisme. (N.d.T.)*

l'exaspération que lui suscitent les négligences ménagères de son épouse vieillissante, qui suis-je pour lui en remontrer ? Je me contenterai ici – en gardant ma bonne humeur, promis – d'affirmer que les durs de durs de la psychologie évolutionniste sont complètement à côté de la plaque en ce qui nous concerne, nous les filles, et que nous voulons et méritons mieux qu'une caricature pour dessin animé.

Les principaux postulats de la psychologie évolutionniste ayant trait à notre débat sont les suivants :

1. L'homme est plus enclin à coucher avec n'importe qui et est plus porté sur le sexe que la femme.
2. La femme, par nature, recherche plus la relation stable que l'homme.
3. La femme éprouve un attrait naturel pour l'homme bénéficiant d'une haute position sociale et des ressources confortables.
4. L'homme éprouve un attrait naturel pour la jeunesse et la beauté.
5. Nos préférences et nos désirs fondamentaux se sont forgés il y a très, très longtemps, cent mille ans ou plus, dans le mythique « environnement de l'adaptation évolutive » (ou EEA, *environment of evolutionary adaptation*), également connu sous le nom d'environnement ancestral, ou d'ère paléolithique (âge de la pierre). Ces préférences et désirs n'ont pas notablement changé depuis ni ne changeront sans doute à l'avenir.

En somme : au nom du cochon qui sommeille en l'homme, de Pygmalion, de *Playboy* et de l'éternité, amen !

Que ne feraient pas les ultras de la psychologie évolutionniste pour sauver l'abîme qu'ils ont creusé entre le propre de l'homme et le propre de la femme ! Les données sont douteuses, suspectes ? Peu importe. Elles apportent une confirmation éclatante à leurs thèses. Leurs résultats présentent des contradictions internes parfaitement comiques ? Parfait ! Ils composent leur menu en choisissant ce qui leur convient dans la colonne A, puis dans la colonne B. À la bonne vôtre et, par saint Darwin, mettons-nous à table !

Exemple : les hommes prisent naturellement la promiscuité sexuelle plus que les femmes, sont plus portés aux aventures de hasard, voire anonymes. Ils ne peuvent réfréner leurs désirs, voyez-vous, ce qui ne veut pas dire, entendons-nous bien, qu'ils doivent passer à l'acte. Mais ils sont sous le coup de pulsions que les femmes ne peuvent pas vraiment comprendre. C'est là du moins l'un des constats de base de la psychologie évolutionniste. Une de mes amies s'était aventurée à demander à Robert Wright, l'auteur de *The Moral Animal* (« L'Animal moral »), l'un des vulgarisateurs les plus prisés de la psychologie évolutionniste, quelques explications sur ce qu'il estimait être la contradiction homme-femme. Il ouvrit de grands yeux, la couva du regard, et proféra d'un ton viril : « Vous ne pouvez pas savoir *ce que c'est.* » Ce à quoi elle répliqua : « Et pour nous, vous n'avez pas idée ! » David Buss, de l'université du Michigan, autre éminente figure des pères de l'Église psychoévolutionniste, déclarait tout de go quant à lui que demander à un homme de ne pas désirer une jolie jeune femme revenait à demander à un carnivore de ne pas aimer la viande.

Ce faisant, nos biobéhavioristes se sont aperçus que la grande majorité des hommes et des femmes se marient, ce qui leur a inspiré toutes sortes de considérations sur les préférences innées des deux sexes en matière de partenaire. Les hommes recherchent les signes de la jeunesse – peau douce, lèvres pulpeuses, poitrine arrogante ; c'est qu'ils veulent une compagne qui puisse avoir beaucoup d'enfants. Ces messieurs exigent aussi de l'heureuse élue qu'elle soit vierge, qu'elle présente les signes de la fidélité. La vocation de cocus, très peu pour eux. Le type de la vamp sexy convient pour une noce de week-end, mais quand on en vient au choix d'une épouse, l'homme veut des gages de modestie et de constance. Il veut sa petite Lassie, chien fidèle.

Les femmes veulent un protecteur. Elles jettent leur dévolu sur l'homme qui présente les apparences de la richesse, de la stabilité et de l'ambition. Elles veulent être sûres qu'on prendra soin d'elles et de leurs enfants. Elles veulent un homme responsable, qui les domine un tant soit peu, juste assez pour leur garantir qu'il est de la race des seigneurs, génétiquement, phénoménologiquement, pour l'éternité. La préférence innée de la femme pour l'homme riche a perduré jusqu'à aujourd'hui, insiste le psychologue évolutionniste, même chez celle dont la réussite professionnelle garantit l'indépendance financière. Dans le passé, la pression sélective a incité la femme à rechercher l'homme bien pourvu, continue l'évolutionniste, et l'on n'efface pas une adaptation en une ou deux générations de prétendus changements culturels.

Et quels sont les faits qui viennent étayer ces belles vérités ? Pour ce qui est de la propension aux aventures, les intégristes aiment beaucoup invoquer les différences entre gays et lesbiennes. Les homosexuels constitueraient une population particulièrement démonstrative dans la mesure où ils sont censés suivre leurs pulsions les plus fondamentales, sans devoir composer avec les exigences et désirs du sexe opposé, contrairement à ce qui, en principe, se passe pour les hétérosexuels. Que nous donne l'étude de notre groupe idéal ? Il suffit d'observer le comportement des gays masculins. Ils trouvent leur bonheur auprès de centaines, de milliers de partenaires sexuels, dans les bains publics, les toilettes, les allées de Central Park. En comparaison, les lesbiennes font preuve de beaucoup plus de pondération. Elles ne hantent pas les sex-clubs. Elles s'installent en couple, restent unies, préfèrent les caresses et les tendres câlins aux rapports purement sexuels. Certains couples de lesbiennes connaissent le phénomène de ce qu'on appelle « la mort du lit » où, après une flambée initiale de grande passion, elles s'installent dans une relation quasi platonique ne sacrifiant aux plaisirs de la chair que par un rituel qui se compte plutôt au mois qu'à la semaine ou au jour. Les psychoévolutionnistes aiment les blagues du genre : Question : Avec quoi vient la lesbienne à son deuxième rendez-vous ? Réponse : Un camion de déménagement. Q. : Avec quoi vient le gay à son second rendez-vous ? R. : Quel second rendez-vous ?

Selon l'interprétation intégriste des différences de comportement sexuel entre l'homme et la femme, le gay serait l'homme vrai, réel, fondamental, sans entraves, l'homme enfin libre d'être un homme, tandis que la lesbienne serait la femme réelle, la femme femme, réalisant l'aspiration de chacune de nous au grand amour sans les embarras et les saletés de l'amour physique. Curieusement, toutefois, on constate que les gays et les lesbiennes perdent leur statut d'hommes et de femmes véritables au gré d'autres circonstances théoriques : cette fois, le gay vire à l'homme efféminé, à mi-chemin entre l'homme et la femme, tandis que la lesbienne tourne à la virago. Et les études sur le cerveau visant à trouver l'origine des penchants sexuels d'affirmer que le gay présente un noyau hypothalamique plus petit que chez l'homme hétéro, s'approchant de la taille de celui de la femme, ce qui expliquerait l'attirance pour les hommes. Ce cerveau gay, dont on dit qu'il serait incomplètement masculinisé, expliquerait une prétendue faiblesse en maths et des dons plutôt féminins que masculins. La lesbienne, en revanche, bénéficierait d'une bonne perception de l'espace à trois dimensions, caractéristique plutôt masculine, paraît-il. Un article de 1998 suggère même que le penchant sexuel des lesbiennes vient de la conformation de leur oreille interne, qui se serait en partie « masculinisée » à la suite d'une exposition aux androgènes avant la naissance. Les jeunes garçons qui aiment jouer à la poupée ou à la dînette seraient plus susceptibles de devenir homosexuels ; les fillettes qui poussent leurs allures de garçon manqué à l'extrême seraient plus portées que la moyenne à finir lesbiennes. Selon le contexte théorique, le gay tombe, au choix, dans le camp du mignon ou celui de l'homme de Cro-Magnon, tandis que la lesbienne oscille entre le bélier déchaîné et la chaste et tendre pâquerette.

Sur la question du choix du partenaire, les psychoévolutionnistes invoquent des recherches dont la plupart ont été faites sous la direction de David Buss. Certains portent aux nues son travail, d'autres le tournent en dérision, toujours est-il qu'il s'agit d'une entreprise fort ambitieuse – les enquêtes ayant été, dit-il, réalisées dans trente-sept pays sur différents continents et sur un échantillon raisonnable de cultures et sous-cultures. Ses propres enquêtes comme celles qui s'en inspirent ont systématiquement trouvé que les hommes placent la jeunesse et la beauté parmi les critères de choix essentiels de la partenaire, tandis que les femmes privilégient plutôt l'ambition et le succès financier. En Nouvelle-Zélande, en Chine, en France, au Bangladesh, partout, nous parlons le même jargon caractéristique de l'espèce. Les hommes veulent une femme jeune et jolie, les femmes un homme mûr et argenté. Quel est le critère préférentiel de l'homme qui veut que la femme mérite le temps qu'il lui consacre ? L'enquête vient là aussi à la rescousse : elle doit avoir l'air d'une... madone. Montre ce lait dont mon futur rejeton ne saurait trop s'abreuver. Quand on leur montre des photos de séductrices aux yeux bordés de khôl d'un côté, et de blondes majorettes de l'autre, les hommes choisissent les premières pour s'amuser, les secondes comme partenaires potentielles à long terme. Les enquêtes montrent que les enquêtes ne mentent jamais. Vous seriez tentée de penser que le choix du partenaire varie en fonction de la situation économique de la femme ? Non, disent les enquêtes. John Marshall Townsend, de l'université de Syracuse, est allé voir du côté des étudiantes en médecine, et constaté qu'elles espèrent épouser un homme dont le revenu et le statut social seraient au moins égaux et si possible supérieurs aux leurs. C'est de toute évidence l'aspiration éternelle et intangible de toute femme qui se respecte. Secrétaire ou PDG, Cendrillon veut toujours son Rockefeller.

Mais qu'arrive-t-il si nous revenons à notre population homogène favorite, celle des homosexuel(le)s, et demandons : Eh bien, comment choisissez-vous l'âme sœur ? Blagues à part sur le second rendez-vous, les gays forment des couples, nombreux, même s'ils ne pratiquent pas une stricte monogamie. Les gays et les lesbiennes recherchent donc bien des partenaires – mais leurs critères de choix correspondent-ils à ceux de leur sexe ? Eh oui, pan dans le mille. Les gays aiment les gays jeunes et attirants, tandis que les lesbiennes font relativement peu de cas de la beauté de leur partenaire. Ouais, ça colle au stéréotype. Mais le gay a-t-il son détecteur d'infidélité branché en permanence, comme l'homme véritable ? Car celui-ci n'aime pas qu'on le mène en bateau ; l'adaptation lui a fermement implanté le module anti-cocuage. Non, désolé, aucune preuve à l'appui de ce postulat. Les gays ne semblent pas pointilleux sur le chapitre de la fidélité du partenaire. Ce qui tombe bien, car ce sont des hommes nature, n'est-ce pas ? donc incapables d'être fidèles, et un gay qui exprimerait des exigences en la matière resterait à jamais célibataire. Quant à l'aspiration féminine à un partenaire protecteur, battant, riche et dominateur, là, les lesbiennes sont totalement hors du schéma adaptatif féminin. Au contraire, elles cultivent avec un soin soupçonneux le style égalitaire. Elles ne considèrent pas les revenus ou le pouvoir comme particulièrement aphrodisiaques, contrairement à Henry Kissinger qui, il est vrai, n'en parlait qu'en tant qu'attributs masculins. En étudiant les vicissitudes de trois types de couples américains – d'hétérosexuels, de gays et de lesbiennes – Pepper Schwartz et Philipp Blumstein ont constaté que seules les lesbiennes étaient capables d'éviter ces querelles d'argent qui pourrissent tant de ménages. Il n'y a que chez les lesbiennes où le partage du pouvoir ne s'établit pas en fonction du revenu respectif des deux membres du couple.

Reste que les enquêtes montrent que les femmes préfèrent les hommes qui gagnent bien leur vie. Qu'est-ce que cela peut donc signifier ? Tout simplement que les hommes gagnent plus facilement leur vie et beaucoup mieux que les femmes, même aujourd'hui. Ce sont les hommes qui possèdent ou dirigent l'essentiel de ce qui en vaut la peine. Ils constituent moins de 50 % de la population mondiale, mais possèdent entre 88 et 95 % de la richesse mondiale – en devises, minerais, forêts, or, actions, champs de blé... Dans un livre magnifique, *Why so Slow ?* (« Pourquoi cela vient-il si lentement ? »), Virginia Valian, professeur de psychologie à Hunter College, donne la mesure économique du fossé qui, aux États-Unis, sépare toujours les hommes et les femmes. En 1978, il y avait deux femmes à la tête des mille entreprises les plus importantes du pays (suivant le classement du magazine *Fortune*) ; en 1994, il y en avait toujours deux ; en 1996, formidable, le nombre avait doublé : quatre femmes en tout et pour tout ! En 1985, 2 % des hauts cadres dirigeants de ces mille entreprises étaient des femmes. En 1992, quasiment le même score, 3 %. Une étude sur les salaires et primes dans 799 grandes entreprises montrait que parmi les responsables et dirigeants les mieux payés il y avait moins de 1,5 % de femmes. Revendiquez, c'est lui qui encaissera. Aux États-Unis, la possession d'un diplôme universitaire (équivalent à une licence en France) permet à l'homme d'améliorer son salaire d'environ 28 000 dollars, à la femme de 9 000. Un diplôme de grande école ajoute 11 500 dollars au revenu de l'homme mais en enlève 2 400 à celui de la femme – oui, je dis bien *enlève,* bien que personne ne puisse fournir d'explication. On relève la même disparité pour les Américains qui vont travailler à l'étranger. L'homme qui séjourne à l'étranger pour des raisons professionnelles peut voir son salaire augmenter de 9 200 dollars. La femme qui vit à l'étranger peut voir ses primes diminuer de 7 700 dollars. Même les femmes au statut international particulièrement prestigieux sont dans une position plus précaire que leurs homologues masculins. À Hollywood, les actrices et les réalisatrices voient leur carrière facilement compromise et leurs cachets amputés à la suite d'un seul échec, même quand il s'agit de superstars comme Sharon Stone ou Barbara Streisand, alors que des acteurs comme Kevin Costner ou Sylvester Stallone peuvent enfiler navet sur navet tout en continuant à toucher leurs émoluments de ploutocrates. Tant que les femmes auront besoin de l'argent des hommes pour subsister parce que le terrain sur lequel on se le procure leur est aussi inaccessible que la planète Mars – ou Vénus, si vous préférez – il sera bien difficile d'en conclure quoi que ce soit sur leurs préférences naturelles. Et si elles continuent de souffrir du syndrome de la dame près de ses sous quand elles sont riches, si leur prospérité leur semble fragile et provisoire, si elles espèrent toujours trouver un homme disposant d'un revenu permettant d'arrondir le leur, tout ce que nous pouvons dire c'est qu'elles font preuve d'intelligence et de perspicacité, car les inégalités perdurent et se fraient toujours de nouvelles voies plus étonnantes les unes que les autres, y compris au sein des pays les plus riches, y compris au détriment de la population féminine la plus hautement qualifiée.

Il y a une autre raison qui incite les femmes intelligentes disposant d'une bonne qualification professionnelle à répondre aux enquêteurs qu'elles souhaitent un compagnon bénéficiant d'un statut socio-économique au moins égal au leur et si possible supérieur. Elles sont assez futées pour savoir combien l'ego masculin est susceptible – est-ce génétique ? – et ne tiennent surtout pas à ce que l'humiliation et le ressentiment de celui qui gagne moins que sa femme viennent empoisonner l'atmosphère du couple. « La femme qui réussit mieux que son compagnon menace la position de celui-ci dans la hiérarchie masculine », a écrit Elizabeth Cashdan, de l'université de l'Utah. Si les femmes étaient persuadées que les hommes ne sont pas hostiles à leur réussite, en tirent au contraire fierté et contentement, on peut parier sans risque qu'elles cesseraient rapidement de prêter attention à leurs revenus. Comme l'écrit Sarah Blaffer Hrdy, « quand le statut de la femme et son accès à la richesse ne dépendront plus du statut de son compagnon, le prestige et la prospérité financière ne seront probablement plus les critères obligés dans le choix de son partenaire ». Et d'évoquer l'histoire relatée par Donatella Lorch en 1996 dans le *New York Times,* dans un papier intitulé « La mariée était en blanc, le marié attendait sa libération ». Il s'agissait de femmes de différentes professions – banquières, juges, enseignantes, journalistes – qui avaient épousé des détenus. La séduction de ces hommes ne provenait pas de leurs revenus – on ne gagne pas lourd à fabriquer des plaques d'immatriculation de voitures. Non. C'était leur gratitude qui les rendait irrésistibles. Ils étaient heureux d'être aimés par ces femmes libres et intelligentes, et ils réservaient toutes leurs pensées, leurs attentions et leur énergie à leurs épouses. Les femmes aussi apprécient qu'on leur garantisse la fidélité de leur mari ; plus la condamnation est lourde, en somme, plus l'homme se révèle attirant. « Une telle situation, certes bien singulière, écrit Sarah Blaffer Hrdy, où le sexe claustré n'est pas celui qui l'est habituellement, donne sérieusement à réfléchir. Quels seraient les critères du choix féminin dans un système où ne prévaudraient pas les intérêts masculins ni la lignée patriarcale ? Bien difficile à dire. »

Les femmes aiment-elles les hommes plus âgés ? Trouvent-elles de la séduction aux cheveux gris et aux rides de ces messieurs – du moins autant qu'aux cheveux bien drus et pigmentés et à une silhouette ferme et vigoureuse ? Oui, disent nos psychologues évolutionnistes. Selon eux, la femme recherche les signes de maturité chez l'homme, parce que, l'âge venu, il a plus de chances d'être riche et bien pourvu. Bien sûr, la thèse a ses limites. Desmond Morris avouait naguère qu'il se résignait mal au médiocre attrait de la calvitie. Le statut d'un homme s'élevant généralement avec l'âge, et la calvitie gagnant souvent du terrain avec les années, on aurait pu s'attendre, disait-il, à ce qu'une tête chauve resplendissant au soleil du *veldt* en plein midi ou à la lumière glauque des néons d'un bureau pût subjuguer la femme en quête d'un mâle alpha. Mais non, convenait-il, il ne semble pas que la calvitie ait été un trait adaptatif, ni que les femmes aient particulièrement apprécié les crânes dégarnis, mais si elles ont dû s'en contenter. Cependant le mythe de la séduction de l'homme âgé perdure... en particulier chez les hommes âgés. Les vieux Moghols de Hollywood n'arrêtent pas d'attribuer aux vieux acteurs des rôles qui les font ressembler sur grand écran à des éléphants en rut, alors que la différence d'âge avec leurs partenaires féminines s'élargit toujours plus, ne laissant à l'imagination des spectatrices que des détails auxquels on préfère ne pas songer. Jack Nicholson, Clint Eastwood, Robert De Niro, Al Pacino, Woody Allen : peu importe qu'ils aient une tête de basset, que leurs cartilages leur donnent un air exténué, ils jouent les hommes séduisants, pimpants, fringants et désirables pour des femmes qui ont vingt-cinq ou trente ans de moins, des femmes que l'on considère comme « mûres » dès qu'elles dépassent, euh, disons trente ans.

Les femmes trouvent-elles une séduction naturelle aux hommes plus âgés ? L'âge procure-t-il un statut de mâle alpha ? Ou s'agirait-il de quelque chose de moins flatteur, comme le fait que l'homme âgé tire sa séduction non pas de son pouvoir mais de la perte d'une partie de ce pouvoir, étant moins présentable, moins désirable et du même coup susceptible de manifester plus de gratitude et de sollicitude, en donnant à la jeune femme le sentiment d'un rapport de forces mieux équilibré au sein du couple ? Petit calcul rapide : il est homme, je suis femme – un point pour lui. Il est vieux, je suis jeune – un point pour moi. Dans la même veine, la femme peut accorder peu de valeur à l'apparence physique d'un homme dans la mesure où elle recherche quelque chose de bien plus important : de l'espace pour respirer. Et quelle femme peut respirer en présence d'un beau jeune homme dont l'ego, s'il s'exprimait sous forme de vapeur, occuperait toute la partie aérienne de la biosphère ? Pas même, j'en ai peur, une belle jeune femme.

Dans le fond, peu importe pourquoi les hommes âgés ont accès aux femmes jeunes. Certains profiteront toujours de l'aubaine, tant qu'elle existe. S'il leur faut du Viagra, ils iront voir leur urologue. Les femmes n'auront qu'à mâcher leur amertume devant cette nouvelle discrimination venant avec l'âge. Ce qu'il importe de soumettre à la critique et à l'épreuve d'une autre interprétation, c'est la prétendue logique adaptative de la divergence de comportement entre l'homme et la femme. La différence a-t-elle un fondement génétique immuable, ou provient-elle plutôt de la façon dont le génome s'exprime dans certaines circonstances écologiques ? Les psychologues évolutionnistes privilégient la thèse de la différence innée. Ils admettent, certes, que la plupart des femelles primates non humaines s'adonnent bien davantage aux ébats amoureux que nous ne pouvions le penser avant que les primatologues ne se mettent à observer leur comportement sur le terrain – plus, bien plus que ne l'exigerait la simple reproduction. Mais il n'empêche. Le credo de la réserve et de la pudeur féminines reprend toujours le dessus. On y met certes des nuances, des réserves, on admet que le stéréotype convenu relatif à la stratégie sexuelle féminine puisse être imparfait, inadéquat, mais, après les précautions verbales d'usage, on en revient au credo, encore et toujours.

« Chez les grands singes, les structures sociales varient beaucoup selon les espèces, mais avec un thème fondamental, ne serait-ce que sous une forme atténuée : les mâles sont très portés sur le sexe et déploient beaucoup d'énergie à cette fin ; les femelles beaucoup moins, affirme Robert Wright dans *The Moral Animal.* Cela ne veut pas dire que les femelles n'aiment pas se livrer aux rapports sexuels, continue-t-il. Elles adorent ça et peuvent même prendre les devants. Plus étonnant encore, les femelles des espèces les plus proches des humains – chimpanzés et bonobos – semblent particulièrement portées à une vie sexuelle débridée, impliquant beaucoup de partenaires différents. Cela dit, les grands singes femelles ne font pas ce que font les mâles : grimper partout au risque de se rompre les os, voire de perdre la vie, pour pouvoir faire l'amour, et le faire le plus souvent possible, avec le plus de partenaires différentes possible ; les femelles n'ont qu'à attendre que l'occasion se présente, que le sexe vienne à elles. » En fait, les femelles chimpanzés grimpent elles aussi partout où elles le peuvent, au risque de se rompre les os ou de perdre la vie... pour faire l'amour avec d'autres partenaires que ceux qui se présentent d'eux-mêmes. Comme nous l'avons vu, l'examen de l'ADN des chimpanzés du Gombe montre que la moitié des petits d'un groupe sous stricte surveillance scientifique se sont révélés ne pas être les rejetons des mâles résidents. Les femelles ne se sont pas contentées d'attendre l'occasion, que « le sexe vienne à elles », pour reprendre l'expression de Robert Wright ; elles ont délibérément déserté leur habitat, si discrètement qu'elles ont trompé la vigilance des humains qui les observaient pourtant soigneusement, pour se faire engrosser par des mâles étrangers. Elles l'ont fait à leurs risques et périls – les leurs mais aussi de leur progéniture. Les mâles chimpanzés s'efforcent de garder le contrôle des femelles fécondables. Ils leur crient après et les frappent s'ils estiment qu'elles ne leur obéissent pas. Ils peuvent même tuer le petit s'ils pensent qu'il n'est pas le leur. Nous ne savons pas pourquoi les femelles prennent de tels risques pour courir le guilledou, mais elles les prennent, et prétendre que les dames chimpanzés « déploient moins d'énergie » que les mâles à la bagatelle ne s'appuie pas sur les faits d'observation.

Les psychoévolutionnistes nous disent tout et son contraire. C'est à ne pas savoir où donner de la tête. D'un côté, on nous explique que les femmes ont moins de pulsions sexuelles que les hommes. De l'autre, que la dichotomie de la madone et de la putain est un stéréotype universel. Dans toutes les civilisations, chez les deux sexes, on a tendance à diviser les femmes en chastes et en dévergondées. Aux chastes on accorde l'estime. Au dévergondées le bas de l'échelle sociale, un ou deux crans en dessous de la chèvre. La femme ne peut coucher avec qui lui plaît sans courir d'énormes risques pour sa réputation, son avenir et même sa vie. « Y a-t-il une culture où le libertinage féminin bénéficie de la même bienveillance que la licence masculine ? » demande Robert Wright avec emphase. On prétend que les femmes ont une libido moins exigeante que celle des hommes, mais elles tombent partout sous le coup du châtiment pour peu qu'elles fassent la preuve du contraire – si, en somme, elles désobéissent à leur pruderie « naturelle ». On a vite fait de diagnostiquer la « nymphomanie » chez la femme. Qui parle jamais d'hommes souffrant de « satyriasis » ? La libido de la femme serait moins forte que chez l'homme, mais elle l'est semble-t-il encore trop. La tentation de l'infidélité féminine est telle que toutes les cultures se sont protégées du démon de Vénus en érigeant une stricte frontière entre la bonne et la mauvaise conduite : malheur à celle qui tombe du mauvais côté. L'appétit sexuel féminin est encore assez fort pour justifier l'infibulation, le *purdah*, l'enfermement. La frénésie sexuelle masculine serait un fait de nature, mais c'est cette créature tiède, endormie et apathique qu'est la libido féminine qui attire toutes les foudres de la loi, de la coutume, du châtiment public ou privé, des textes mystiques et athées. C'est cette évanescente lubricité féminine qui doit subir toute la fureur dont sont capables les hominidés. Comment pourrions-nous savoir ce qui nous est « naturel », quand la simple recherche du plaisir, de la liberté et de la musique du corps nous est refusée par de tels procédés contre nature ?

« Il semble prématuré d'attribuer le peu de goût de la femme pour les aventures amoureuses à sa seule nature biologique, vu les châtiments qui lui ont été de tout temps infligés pour péché d'infidélité et d'adultère. Si la sexualité féminine est vraiment si peu affirmée, pourquoi les hommes ont-ils partout recours aux moyens les plus extrêmes pour la contenir et la maîtriser ? » écrivait Barbara Smuts.

Oui. Pourquoi ? Ne nous lassons pas de le demander, encore et toujours. Pourquoi les explications de nos fondamentalistes sonnent-elles si faux, sont-elles si biaisées, sentent-elles autant le plaidoyer *pro domo* ? Prenez la petite tirade évolutionniste censée justifier les frasques du président Clinton parue dans *The New Yorker* sous la plume de Steven Pinker, un spécialiste en psychologie cognitive au Massachusetts Institute of Technology : « La plupart des pulsions humaines ont de vieilles explications darwiniennes. L'homme préhistorique qui couchait avec cinquante femmes pouvait engendrer cinquante enfants en ayant ainsi plus de chances d'avoir des descendants héritant de ses goûts. La femme qui couchait avec cinquante hommes n'aurait pas eu plus de descendants que celle qui couchait avec un seul. Aux hommes, donc, la recherche de la quantité ; aux femmes celle de la qualité. » D'ailleurs, ajoute-t-il, n'est-ce pas toujours la même chose, encore aujourd'hui ? Et de préciser : « Dans notre société, la plupart des jeunes hommes répondent aux enquêteurs qu'ils aimeraient avoir huit partenaires sexuelles dans les deux années à venir ; la plupart des femmes du même âge qu'elles n'en veulent qu'un. Sur plusieurs campus universitaires, les chercheurs ont embauché des assistants et des assistantes à l'incontestable charme physique pour approcher les étudiants du sexe opposé en leur faisant du gringue et des propositions directes. Quelle proportion de réponses positives ? 0 % pour les femmes ; 75 % pour les hommes. (La plupart des 25 % restants proposèrent de remettre ça à une autre fois.) »

Prenons donc le temps de discuter sereinement de quelques-unes de ces affirmations, en commençant pas la dernière. Vraiment curieux. Les femmes ne veulent pas emmener un inconnu de toute évidence agressif dans leur dortoir ou leur appartement pour une partie de jambes en l'air. Et si c'était parce qu'elles craignent pour leur vie plutôt que par indifférence sexuelle à l'égard d'un bel homme ? Et si les jeunes femmes accostant les jeunes gens, pour leur part, inspiraient moins d'appréhension à leur cible que leurs collègues jouant les satyres de campus ? Supposons maintenant que les étudiantes n'aient éprouvé aucune crainte : dans ce cas, il s'en serait bien trouvé une ou deux pour dire oui, et tomber du même coup dans la catégorie de celles qui présentent le phénotype « putain » censé caractériser certaines femmes. Par ailleurs, je me demande combien, parmi les hommes qui ont dit « tope là » à leur solliciteuse, seraient vraiment passés à l'acte et n'auraient pas manifesté un brin de nervosité au moment de monter, si je puis dire, avec une dame aux intentions si lubriques, en se demandant s'ils n'étaient pas des gogos en train de rejouer en privé *Attraction fatale*. Autrement dit, ont-ils vraiment accepté, ou n'était-ce que fanfaronnade ? D'ailleurs, les hommes aiment-ils vraiment faire l'amour quand ce sont les femmes qui prennent la direction des opérations ? Car si notre mâle échoue, se révèle impuissant ou a une éjaculation précoce, et si la dévergondée montre sa déconvenue et son irritation au lieu de se comporter comme toute femme le fait normalement en de telles circonstances en le rassurant – mais non, c'est pas grave, ça n'a aucune importance, ça arrive à tout le monde, aux meilleurs... ? Notre homme se sent-il vraiment prêt à sauter au lit avec la première venue, ou éprouve-t-il de la vergogne – cette force de dissuasion sexuelle si familière aux femmes ?

L'homme veut huit partenaires en deux ans. La femme un seul. Mais que penserait monsieur de cette agréable perspective si elle s'accompagnait des règles suivantes : 1) en cas de béguin particulier pour l'une de ses groupies, il n'aurait pas son mot à dire et n'obtiendrait les rendez-vous suivants qu'en fonction des humeurs et des bonnes grâces de la dame ; 2) à chacun de ses exploits, son statut en prendrait un coup et ferait baisser d'un cran son pouvoir de séduction auprès des autres femmes ; 3) au lieu de lui valoir l'indulgence flatteuse de la société, son état de chaud lapin lui attirerait ricanements, commisération et humiliations ? Tant que les hommes ne seront pas jugés à la même aune que les femmes et que leurs fredaines leur vaudront par principe la bienveillance générale, hé quoi – n'est-ce pas naturel ? –, ces messieurs continueront à papillonner et à se vanter de leurs conquêtes. Et les femmes se tairont.

Prenons le coureur de jupons des cavernes cher à Steven Pinker, qui couchait avec cinquante femmes. Ce mitraillage au hasard et à répétition est-il vraiment la meilleure stratégie de reproduction ? La femme n'est féconde que deux ou trois jours par mois. L'ovulation survient à l'insu de tout le monde. L'homme ne sait pas quand elle est fécondable. Elle peut être au début de sa grossesse quand il l'approche ; elle peut encore allaiter et donc ne pas ovuler. En outre, à supposer que notre hypothétique don Juan arrive le jour de l'ovulation, son sperme n'a alors que 20 % de chances de féconder l'ovule ; la reproduction humaine est compliquée, et la plupart des ovules et des spermatozoïdes ne sont pas en mesure de fusionner correctement. Même s'il y a conception, l'embryon court entre 25 et 30 % de risques d'être l'objet d'une fausse couche à un moment ou un autre de la gestation. En somme, la probabilité que tel acte sexuel particulier donne un bébé est bien mince. Plus précisément, en supposant que la femme ne fasse aucun effort de contraception – et c'est faire une concession à notre fringant chevalier, car les vestiges archéologiques montrent que les femmes ont eu recours à des formes rudimentaires de contraception depuis très longtemps –, cette probabilité est de 1 %. (« Chez le chimpanzé, dit Sarah Blaffer Hrdy, un accouplement sur cent trente est susceptible de provoquer la fécondation, et rappelons qu'en l'occurrence il s'agit de copulations au moment de l'ovulation. ») Mais puisque notre homme est toujours sur la brèche, passant chaque nuit d'un lit à l'autre, comment peut-il empêcher les amantes en attente d'accueillir d'autres hommes ? Le pauvre ! Il lui faut s'accoupler avec des dizaines de femmes pour que sa stratégie boum-boum puisse payer. Et d'ailleurs où peut-il les trouver, toutes ces femmes ? Aujourd'hui, c'est vrai, il y a des autoroutes qui relient chaque ville et ses bars pour célibataires à une autre, et il y a six milliards d'individus sur la planète dont la moitié portent des ovules. Mais la densité démographique durant cet « environnement ancestral » qui façonna si puissamment notre psyché était très faible, et les voyages sur longue distance difficiles et dangereux.

Le tir à la mitrailleuse automatique n'est pas tout. Il y a des solutions alternatives, comme nombre de théoriciens l'ont souligné. Si, par exemple, l'homme passe un peu plus de temps auprès d'une femme donnée plutôt que de perdre le souffle d'un lit à l'autre, s'il se sent tenu de s'adonner à ce que les spécialistes du comportement animal appellent « la garde de la compagne », il pourra mieux tirer son épingle du jeu, du point de vue de la reproduction, que notre Casanova préhistorique, à la fois parce qu'il aura plus de chances d'approcher sa compagne durant la période féconde, et parce qu'il monopolisera l'énergie de celle-ci, ce qui du même coup la dissuadera de faire des avances à d'autres porteurs de spermatozoïdes. Il faut une moyenne de quatre mois, soit cent vingt jours, de rapports sexuels réguliers à un couple pour obtenir une grossesse ; cent vingt, soit peu ou prou le nombre de partenaires nécessaires à notre hypothétique libertin pour que naisse une « unité de fécondité », c'est-à-dire un bébé. Les deux stratégies reviennent alors au même. Un homme peut coucher avec beaucoup de femmes – la méthode quantitative – ou avec une seule femme pendant des mois et être follement amoureux d'elle – la tactique qualitative. Laissons tomber la question de savoir si notre tendre Roméo se consacrera ou non au bébé à venir. Il peut simplement chercher à engrosser une femme dont il ne connaît pas la date d'ovulation et n'en être l'amant exclusif qu'au cours de la « période d'insémination », autant de facteurs opérant sous des contraintes chromosomiques qui rendent la conception humaine moins fiable que, disons, celle du hamster ou de la chèvre.

Le problème avec ces deux stratégies est qu'elles exigent des fondements émotionnels plutôt contradictoires pour être pleinement rentables. L'approche quantitative implique un grand détachement affectif. L'approche qualitative suppose qu'on tombe rapidement amoureux, qu'on soit sujet au coup de foudre et qu'on ne décolle plus de l'objet de sa passion au fil des jours et des mois. Cela dit, il est possible que ces deux stratégies reproductives soient réparties de façon discontinue au sein de la population masculine, de sorte qu'on ait affaire à deux types d'hommes : les coureurs de jupons invétérés, et les romantiques perpétuellement amoureux de l'amour ; mais il est tout aussi possible que les hommes oscillent constamment d'une pulsion à l'autre, déchirés qu'ils sont entre le désir de se lier et celui de s'éclipser. C'est qu'ils jouent des différents circuits de l'attachement sans qu'on puisse en déchiffrer la partition, tant leurs aspirations sont contradictoires, entachées d'inconstance et de vantardise. Il est donc possible, pour de très bonnes raisons darwiniennes, que leurs amours de hasard tiennent moins au hasard qu'on ne le dit.

Les hommes s'attachent-ils à des femmes qu'ils n'ont nulle intention d'épouser ? Évidemment. Ceux qui fréquentent les prostituées sont souvent fidèles à la même. Si les hommes ne sont pas vraiment immunisés contre la passion romantique, cela relève-t-il de la stratégie qualitative ? Peut-être, mais pas sûr. Ici, Votre Honneur, j'élève une objection contre le fait d'affirmer que les hommes, contrairement aux femmes, feraient l'amour sans s'impliquer affectivement, et qu'il s'agirait d'une évidence. Je suis consternée par la facilité avec laquelle on s'accroche à certains stéréotypes sur le comportement sexuel humain. Comme si rien ne devait jamais changer. Comme s'il n'y avait pas d'autres explications possibles. Comme si l'amour et le désir devaient forcément divorcer et se départager entre les deux sexes.

Il nous reste tant de choses à comprendre. Tenez, par exemple, pourquoi l'ovulation des femmes reste-t-elle clandestine ? Pourquoi leurs fesses ne virent-elles pas au rouge brique quand elles sont fécondables comme celles du singe rhésus ? On nous explique volontiers qu'en gardant le secret de son ovulation la femme incite l'homme à s'investir à long terme et à rester près d'elle ; on l'a vu, l'homme peut se plier à cette exigence dans l'espoir de taper dans le mille, autrement dit d'atteindre un ovule viable. Mais dans ce cas, nous devrions nous étonner du côté spectaculaire de la *grossesse* humaine, plus manifeste que celle de n'importe quelle femelle primate, d'autant que ce ventre dépourvu de pilosité s'expose à l'examen public. La grossesse indiquerait alors à l'homme qui monte « la garde de la compagne » que c'est le moment de prendre la poudre d'escampette, en privant ladite compagne de son aide à l'instant où elle en a le plus besoin (si tant est qu'elle en ait vraiment besoin). Les hommes semblent avoir les yeux rivés sur la taille des femmes. Différentes études portant sur des populations de cultures différentes ont montré que les hommes ont une préférence pour les femmes dont les mensurations sont de 30 % inférieures à la taille qu'aux hanches. C'est la proportion qui importe, pas les chiffres absolus. La femme qui a des hanches d'hippopotame mais une taille plus étroite de 30 % a les proportions de la séduction. Le resserrement de la taille est un trait spécifiquement féminin. La taille et les hanches de l'homme sont de circonférence similaire. De même les autres femelles primates, ce qui est la raison pour laquelle leur grossesse n'est pas très évidente. Chez la femme, où la graisse se dépose généralement sur les hanches et les cuisses et non sur le ventre, c'est la grossesse et non l'embonpoint qui change à coup sûr la proportion entre la taille et les hanches. Quelle est l'utilité de garder l'ovulation secrète afin de se réserver la sollicitude d'un homme, si la femme donne à celui-ci le signe imparable qu'il l'a dûment engrossée et qu'il peut retourner batifoler en quête d'une proie plus svelte ?

Après tout, le corps féminin ne vise pas forcément à capter l'investissement à long terme de son compagnon. Nombre de théoriciens ont suggéré que l'ovulation subreptice donne à la femme une meilleure maîtrise de ses stratégies d'accouplement. L'homme peut moins facilement exercer son monopole sur sa fécondité que lorsqu'elle affiche le moment de disponibilité de ses ovules. L'homme qui prétend avoir l'exclusivité d'une femme doit s'efforcer de la garder non pas quelques jours mais quelques semaines, voire quelques mois, et comme même l'attention d'un mâle vigilant faiblit de temps en temps au fil des semaines, la femme peut vagabonder plus librement et profiter des occasions qui se présentent. Elle peut prendre la liberté de s'accoupler avec différents mâles du même groupe, rendant du même coup très floue la question de la paternité, ce qui diminue le risque d'infanticide, tout en augmentant l'aide masculine globale dont peut bénéficier sa progéniture.

Qui connaît les raisons de cette ovulation cachée comme des autres principaux aspects de la sexualité humaine ? Certes pas moi. Mais le psychologue évolutionniste non plus. Il fait juste semblant de savoir. Si ses thèses vous laissent sceptique, si vous émettez des objections, il réagit comme un carnivore à qui l'on dérobe sa viande. Les hommes aiment batifoler, les femmes veulent qu'on leur parle du grand amour. Une évidence qui ne résiste guère au moulin de l'analyse. Pourquoi, par Déméter, la femme devrait-elle se dévouer à jamais à l'amour de sa vie et renoncer à d'autres partis, si son unique, comme tous ses semblables, est par nature destiné à l'abandonner ? La réponse est que, selon toute probabilité, elle s'en garde bien. Que la femme est, par nature, c'est le cas de le dire, portée à l'opportunisme, le propre de la plus intelligente et de la plus grégaire des créatures. Le propre de la nature humaine.

Si la bagatelle – et tous ses à-côtés – semble aujourd'hui avant tout destinée à l'homme, si celui-ci est le principal consommateur de pornographie et de prostitution, et s'il aime répondre aux enquêtes, qu'il ne demande qu'à folâtrer avec la première fille qui l'aborde avec un questionnaire et un stylo, nous les filles pouvons seulement en conclure une chose : nous vivons dans un monde d'hommes, destiné au plaisir des hommes ; mais dans les rares occasions où la femme se voit solliciter le moindre de ses petits nerfs érotiques, elle gronde et rugit de plaisir. « Pourquoi les femmes sont-elles si rarement excitées jusqu'à l'onanisme à la vue de photos d'hommes ? » demande Robert Wright. Sauf quand elles le sont. Prenez Raul Julia, que son esprit ne repose pas en paix, l'un de ces mâles irrésistibles qui fit des ravages chez les New-Yorkaises des années soixante-dix. Vous le rencontriez partout, ses beaux yeux noirs pénétrants aux lourdes paupières fixés sur vous, les lèvres merveilleusement pulpeuses, sur les grandes affiches publicitaires de *L'Opéra de quat'sous* qu'on donnait à Broadway et dans lequel il jouait Mack le Couteau. J'étais adolescente et je me souviens de m'être arrêtée fréquemment pour contempler l'affiche, sentant l'excitation monter. Nous en parlions entre copines, et je crois que tout le monde en parlait, car me revient à l'esprit cet article paru dans la presse dite alternative intitulé « Pourquoi toutes les femmes de New York veulent coucher avec Raul Julia ». Plus récemment l'acteur Jimmy Smits a joué le même rôle de bombe sexuelle, et les producteurs du feuilleton *NYPD Blue* ont dû s'en rendre compte puisqu'ils nous ont servi non pas un mais plusieurs épisodes où l'on nous montrait ses fesses.

Ah ! Profitons de l'occasion. Bill Clinton a des aventures ; Hillary Clinton n'en a pas (c'est ce qu'on nous dit). Le plus drôle, c'est qu'il semble que Bill n'ait pas eu à se fatiguer beaucoup pour s'envoyer en l'air ; c'est le sexe qui venait à lui (c'est lui, la femelle chimpanzé !). Au fait, où sont-ils, les jeunes et beaux stagiaires qui se sont jetés à la tête de la première dame des États-Unis ? La position de Hillary les aurait-elle intimidés, plutôt qu'excités ? Patricia Schroeder, ancien membre du Congrès, avait observé à son grand déplaisir que la femme d'âge mûr en position de pouvoir avait du mal à capter les regards masculins. C'est indéniable, la jeunesse a généralement plus d'attrait érotique que la vieillesse, et si un homme plus très jeune éveille l'intérêt d'une jeune femme, on comprend qu'il puisse céder à la tentation. Et si la femme plus très jeune ne peut faire de même, ce n'est pas faute d'en avoir envie. Si l'on admet que nos pulsions sexuelles sont conçues pour maximaliser le meilleur de notre forme, au moment où celle-ci compte le plus – pour les femmes durant les années de fécondité maximum, entre la seizième et la vingt-huitième année –, le mécanisme fondamental de ces pulsions devrait représenter soit une bénédiction, soit une plaie au cours de toute notre existence d'adulte. Autrement dit, la femme de quarante-cinq ans a beau être nettement moins féconde que celle de vingt-deux, ses sentiments et son appétit de vivre demeurent, au fin fond de son âme, ceux d'une jeune femme. Un des symptômes les plus courants des maladies neurodégénératives et des attaques cérébrales chez les vieilles femmes est la levée des inhibitions sexuelles. Les femmes perdent leur « dignité ». Elles deviennent de vieilles dames lubriques. Lynn Johnston est une des rares à avoir abordé le sujet de la lubricité de la vieillesse féminine dans sa bande dessinée *For Better or for Worse* (« Pour le meilleur ou pour le pire ») en montrant une grand-mère, à la santé déclinante, soulevée de son lit et allongée sur un brancard par deux jeunes ambulanciers bien découplés. « Oh, vous deux, les gars, vous êtes forts – et drôlement beaux en plus ! » dit la vieille en souriant jusqu'aux oreilles, sur quoi sa fille entre deux âges s'écrie : « Maman ! » La bulle du dessin suivant livre les pensées de la mamie : « J'ai toujours rêvé de faire du plat aux beaux jeunes gens – maintenant j'ai enfin la liberté de le faire. » La liberté de la grave maladie ; le personnage meurt peu après.

Nul besoin d'expliquer que l'homme et la femme sont identiques, que l'être humain est une créature hautement évoluée, éloignée de la nature et remodelée par la culture, pour rejeter le sempiternel schéma de la femme prude et de l'homme ardent. Il y a conflit d'intérêts entre l'homme et la femme, ce qui donne des résultats nettement plus intéressants que ce que les ultras de la psychologie évolutionniste nous ont enseigné. Pour Patricia Gowaty, de l'université de Géorgie, l'affrontement des hommes et des femmes est un phénomène inévitable et universel. Elle appelle cela la dialectique sexuelle. « Le système d'accouplement humain est conflictuel du début à la fin », affirme-t-elle. Karl Marx parlait de la lutte perpétuelle des classes laborieuses et des classes dirigeantes à propos du contrôle des moyens de production. Selon la thèse de la dialectique sexuelle, les hommes et les femmes s'affrontent pour le contrôle des moyens de *reproduction*. Ces moyens sont le corps de la femme, puisque, à ce qu'on sache, la créature issue de la parthénogenèse masculine n'a pas encore vu le jour. La pression sélective incite la femme à contrôler sa reproduction, à choisir ses partenaires sexuels – à exercer ses choix de femme. Si elle fait le mauvais choix, elle aura moins de rejetons viables que si elle fait un choix intelligent. La pression sélective incite l'homme à s'assurer qu'il sera choisi, ou, à défaut, à contraindre la femme à s'accoupler malgré elle.

« Mais une fois lancée cette dialectique de base, cela va être un tiraillement constant, explique Patricia Gowaty. Cette dynamique ne peut donner un résultat univoque, ce schéma caricatural de la femme pudibonde et de l'homme égrillard. On aura également des hommes vertueux et chastes et des femmes volcaniques, et toute la palette des variations possibles entre les deux.

« Toutes ces stratégies et contre-stratégies se déroulent en temps réel, de sorte que nos réactions résultent plutôt de l'expérience que de modules comportementaux génétiquement codés, continue-t-elle. Les problèmes écologiques qu'un sexe a à résoudre sont produits par l'autre sexe. Rien n'est immuable. Tant que nous n'aurons pas assimilé cette notion que le système de l'accouplement humain est l'enjeu de pressions dialectiques et dynamiques, nous ne parviendrons pas à saisir le mécanisme réel du comportement humain, et nous continuerons indéfiniment à nous parodier, d'une manière extrêmement ennuyeuse.

« Je pense, ajoute-t-elle, que le choix féminin doit pouvoir donner des avantages viables – autrement dit que la femme choisira de s'accoupler avec un homme dont elle pense, consciemment ou pas, qu'il pourra avoir certains effets favorables sur elle et sa progéniture. Si c'est le cas, alors sa décision dépend aussi de ce qu'elle apporte dans l'équation. Certains théoriciens parlent d'un mode de sélection du partenaire obéissant au modèle des “bons gènes”, ce qui signifie que la femme rechercherait l'homme qui exhibe les signes d'un génotype supérieur. Le modèle des bons gènes, conduit à l'idée simpliste qu'il existerait un “homme optimal”, un type au-dessus du panier avec qui toutes les femmes préféreraient s'accoupler si elles le pouvaient. Selon le modèle de la viabilité, la femme apporte son propre complément génétique à l'équation, avec pour résultat que ce qui semble génétiquement bon pour une femme peut constituer sinon un faute de goût, du moins une discordance, une incompatibilité pour une autre. »

Il peut arriver, par exemple, explique Patricia Gowaty, que le système immunitaire de l'homme ne soit pas complémentaire de celui de la femme. L'on a constaté que la recherche de la diversité immunitaire est un des critères de sélection subtils qui président au choix du partenaire, ce qui pourrait expliquer pourquoi nous sommes si sensibles à l'odeur de nos amant(e)s ; il n'est pas impossible que des molécules immunitaires se volatilisent et imprègnent la sueur, les poils et le sébum. Chacun de nous est un laboratoire chimique disposant d'une palette particulière de réactifs. « Ce qui me plaît peut ne plaire à personne d'autre, dit Patricia Gowaty. Il n'existe pas de marque déposée de l'homme idéal. Nous ne sommes pas toutes programmées pour rechercher le mâle alpha, bien obligées de nous rabattre sur le gringalet ou le type le moins combatif du lot faute de pouvoir obtenir mieux. Certaines femmes peuvent trouver excitant d'être avec le petit. Il peut être un amant fabuleux. Il peut leur plaire pour tous ces facteurs chimiques subliminaux dont il nous est si difficile de parler. Mais la propagande nous impose une image de l'homme véritable et de la femme idéale, et les effets de la propagande sont insidieux. Elle s'autoalimente. Les gens qui ne correspondent pas au modèle se disent : Je suis bizarre, je devrais changer d'attitude. »

Le plus inquiétant avec la psychologie évolutionniste, c'est l'utilisation de ses prétendues découvertes à des fins de propagande. Car les psychologues évolutionnistes ne sont pas toujours avares de leurs conseils. Robert Wright est convaincu que la dichotomie de la madone et de la putain est « profondément enracinée dans l'esprit masculin ». Non seulement le sien, ou l'esprit de ceux de ses amis qui pensent comme lui, mais l'esprit masculin *en général.* Il conseille donc gentiment et généreusement à la femme qui veut se marier de se conformer aux vieilles règles et de résister aux avances sexuelles de son soupirant, de crainte qu'une capitulation trop facile « n'étouffe tous les sentiments d'amour naissants » que celui-ci pourrait nourrir à son égard. Consciemment ou inconsciemment, dit-il, l'homme met la femme à l'épreuve. Il tente de l'amener dans son lit, et si la femme accepte trop facilement, c'est fini, c'est une coureuse et on ne peut lui faire confiance. « La femme qui veut un mari et des enfants sait bien que, pour décrocher un homme, il lui faut appliquer le plan d'Emma Wedgewood, écrit-il en se référant à Mme Charles Darwin. Dans sa forme la plus extrême, ce plan est le suivant : si vous voulez entendre des vœux de dévotion éternelle le jour de votre mariage – et si vous voulez être sûre que le mariage *aura* bien lieu –, ne couchez pas avec votre homme avant la lune de miel. » Mais qu'est-ce qui nous prouve que les femmes qui « cèdent trop facilement » ne se marient pas, tandis que celles qui restent chastes convolent en justes noces ? Cette preuve n'existe pas et Robert Wright l'admet. Il n'empêche, savoir attendre reste un principe sain et payant, insiste-t-il. « Certaines femmes ont trouvé sage de s'imposer *quelques temps* d'austérité » (souligné par l'auteur). Combien de temps, ces « quelques temps » d'austérité ? Combien de temps faut-il pour calmer l'affolement du détecteur anti-cocuage ? Faut-il refuser de faire l'amour avant le troisième rendez-vous ? Avant trois mois ? Un an ? Mon Dieu ! Tous nous font languir, mais chacun selon ses délais ! Et que devrait faire la fille de l'an 2000 ? Demander au type, en toute simplicité : Cher monsieur, combien de temps dois-je tenir ? Combien de temps, Seigneur, combien ?

En fait, les femmes qui s'engagent sur la voie de l'abstinence dans le seul but de prouver aux hommes leur loyauté de filles bonnes à épouser pourraient bien trouver leurs pantoufles de Cendrillon souillées d'effluves bien suspects. Car il leur faudra donner d'autres preuves que de croiser leurs jambes bien serrées. Il leur faudra, par exemple, ne pas apparaître trop ouvertement intelligentes. C'est bien connu, les hommes n'ont jamais trouvé les filles brillantes, malignes et à la langue bien pendue particulièrement séduisantes. La crainte de l'intelligence féminine refléterait-elle la crainte d'être facilement trompé ? Je n'ai pas de preuves à l'appui de cette hypothèse. Mais cela n'a rien d'absurde, non ? Dès lors qu'on commence à conseiller la vertu à une femme qui rêve au plaisir, pourquoi s'arrêter en chemin et, tant qu'à faire, ne pas lui conseiller d'être terne et insipide ? Mesdames, si vous voulez votre diplôme d'épousée, mieux vaut abandonner votre thèse de doctorat.

Je pourrais également démontrer, selon les principes auxquels souscrivent les ultras de la psychologie évolutionniste eux-mêmes, qu'on perd son temps à écouter les conseils d'un homme sur la meilleure façon de le harponner, puisque, *dixit* Robert Wright lui-même, la sélection naturelle a fait des hommes les champions de la perfidie animale, qu'ils ont été sélectionnés pour mentir aux femmes en permanence, au point qu'ils finissent par croire à leurs propres mensonges. Pourquoi la femme devrait-elle croire l'homme qui lui prêche l'abstinence, et pas l'homme qui la déshabille en lui jurant qu'il l'aimera toujours le lendemain matin ?

Comme le dit Patricia Gowaty, les biologistes ont encore à se forger le modèle théorique qui permettra d'expliquer la variété des stratégies féminines. « La bataille a été rude pour convaincre les spécialistes de l'écologie et du comportement animal que tous les animaux femelles ne sortent pas du même moule et n'ont pas les mêmes besoins, remarque-t-elle. Chez les oiseaux bleus, le comportement change selon le métabolisme, l'habileté dans la recherche de nourriture ou la population d'insectes en un lieu donné. Chez les humains, la différence peut venir de l'aptitude à se souvenir de l'endroit où se trouvent les tubercules nécessaires à l'alimentation. Les psychologues évolutionnistes adorent aborder le sujet de l'environnement adaptatif. Comme nous n'avons pas de machines à remonter le temps, il est bien difficile de savoir à quoi ressemblait cet environnement ancestral. Mais si nous regardons les phénotypes humains qui nous entourent, nous pouvons affirmer sans risque de nous tromper qu'en tout état de cause ledit environnement ancestral a d'abord et avant tout sélectionné la diversité. Nous ne sommes pas toutes des vierges, ni toutes des catins. »

Si les stratégies et les moyens peuvent différer d'une femme à une autre, les problèmes écologiques de base que nous avons à résoudre ont toujours été très simples : trouver l'accès aux ressources dont nous avons besoin pour survivre et nous reproduire. Comme dit Patricia Gowaty : « Nous sommes restées des collecteuses-cueilleuses dans l'âme, même si aujourd'hui nous furetons à la grande surface du coin plutôt que dans la savane. Nous tenons toujours à pouvoir choisir notre compagnon. Mais la société entrave terriblement nos choix. Si nous n'obtenons pas à travail égal salaire égal, le manque à gagner handicapera la cueillette à l'hypermarché, ce qui en retour influera sur le choix que nous ferons de notre compagnon. Quels étaient les enjeux du féminisme, sinon la question de l'égalité entre les sexes et celle de la reproduction ? Voilà de quoi nous avons parlé entre nous, ces trente dernières années. »

Ce sont là les questions clefs du féminisme. Ce sont aussi les obsessions de n'importe quelle cliente de passage à l'auberge planétaire à l'enseigne de Gaia, qu'elle ait des plumes, de la fourrure, ou qu'elle soit un singe nu. Qui dit que le féminisme et la biologie évolutionniste doivent inévitablement s'envoyer à la tête leurs pantoufles de vair ? Les ultras de la psychobiologie voient dans le féminisme une utopie à courte vue et sans doute vouée à l'échec, un livre de prières niant les plus anciennes pulsions humaines et les différences fondamentales entre l'homme et la femme. L'image qu'ils donnent de l'homme et de la femme est stéréotypée, parce que l'homme et la femme se conforment effectivement au stéréotype. Selon l'étalon darwinien permettant de mesurer la nature humaine, le stéréotype n'est pas un piège dont il faut se garder ; c'est une opportunité. Qu'est-ce qu'un stéréotype sinon l'expression d'une vérité potentielle universelle, le signe d'une adaptation, un trait qui pourrait avoir conféré un avantage sélectif à ceux qui le portent ? Ce qui mériterait plus ample exploration sous la forme, par exemple, d'un questionnaire distribué à une ou deux centaines d'étudiants, histoire de voir s'ils croient ou non à la vérité du stéréotype.

Mais bon nombre de chercheurs et d'universitaires contestent cette version unilatérale du néodarwinisme qui a envahi les campus à la façon d'une troupe d'étudiants en mal de bizutage, sans se soucier d'apporter la moindre preuve sérieuse à ce qui est avancé, sans porter attention aux trop nombreuses exceptions à leurs règles. Toute une série de biologistes évolutionnistes ont conscience que leurs efforts de compréhension de la nature humaine sont loin, très loin d'avoir abouti. La connaissance en la matière en est à peu près au stade du nouveau-né tâtonnant vers le téton maternel. Il y a ces femmes spécialistes des primates qui ont passé trop d'années à observer les femelles primates se comporter comme... eh bien, comme le stéréotype de l'homosexuel masculin, pour accepter l'image préfabriquée de la femme prude et réservée, même si on l'a récemment quelque peu dépoussiérée. Il y a les ornithologues qui ont observé des oiseaux vivant un arrangement familial qui rappelle celui des familles humaines, avec présence et assistance du père, des grands-parents, oncles et cousins ; ils ont vu des femelles refusant de se conduire comme les gentils oiseaux bleus du bonheur, et recherchent désormais de meilleurs modèles théoriques pour rendre compte de l'extraordinaire diversité avec laquelle cet immense petit monde joue des ailes devant eux.

Diversité et flexibilité : deux thèmes majeurs que la psychologie évolutionniste a oubliés à trop vouloir s'essouffler au-devant de la popularité. « La diversité est immense et se trouve au cœur de la biologie, me disait Barbara Smuts. Quant à la flexibilité, c'est tout simplement l'adaptation », ajoutait-elle. Les femelles sont toutes différentes. Les mâles aussi. Barbara Smuts a étudié les babouins olives et a observé les différentes stratégies d'accouplement chez les mâles. « Il y a ceux dont la stratégie principale consiste à faire preuve de combativité et à dominer les autres mâles pour pouvoir avoir accès à plus de femelles. Puis il y a ceux qui évitent la compétition et cultivent des relations à long terme avec les femelles et leurs petits. Ce sont les gars gentils et attachants. Il y a un troisième type, qui ne se préoccupe que de relations sexuelles. C'est l'époux. Il reste loin des femelles quand elles attendent ou allaitent un petit, mais dès qu'elles sont en œstrus, il trouve le moyen d'établir des relations qui les dissuadent d'aller chercher ailleurs. La stratégie d'un mâle n'est pas fonction de sa position ou de son âge. Un mâle dominant peut être du type attachant, tandis qu'un mâle au bas de la hiérarchie peut jouer son avenir sur ses talents de combattant. Au contraire, les différences de stratégies d'accouplement viennent en grande partie du tempérament, de différences naturelles dans la personnalité ou la physiologie. Et autant que nous pouvons le savoir, aucune stratégie reproductive ne présente plus d'avantages que les autres. »

Les hommes sont au moins aussi compliqués que les babouins – n'est-ce pas ? Ils ont des tempéraments divers, leurs conditions d'existence sont diverses, leurs tactiques de reproduction doivent bien l'être aussi. Certains hommes ont leur fortune à offrir tout en ayant tendance au vagabondage sexuel, dit Barbara Smuts. D'autres offrent leurs services et prennent soin des enfants. Telle stratégie, du point de vue reproductif, ne vaut pas forcément mieux que telle autre. L'homme qui aide la femme à prendre soin des enfants ne tirera pas forcément avantage à se convertir soudain à la stratégie de Casanova. Son infidélité peut lui coûter plus cher que le gain reproductif hypothétique auprès d'une autre femme. Non seulement l'adultère le détourne des devoirs paternels, avec des conséquences néfastes pour les enfants existants, mais sa femme peut elle-même se lasser et se laisser aller à son tour aux joies du libertinage.

Les hommes ont tenté d'évacuer ce problème en instaurant un double critère voulant que l'adultère soit acceptable de la part de l'homme mais intolérable quand il s'agit de la femme. Cette morale à double entrée recouvre l'ultime tentative masculine de doubler la mise en s'offrant une poule pondeuse à fiabilité garantie pour la maison, et des machines à sous pour les virées. Et notre psycho-évolutionniste de décréter que la femme consent à ce double standard pourvu que l'homme continue d'assurer le vivre et le couvert. C'est que, voyez-vous, les enquêtes montrent que l'homme et la femme ne sont pas chatouilleux sur le même chapitre : l'homme enrage à l'idée d'une trahison sexuelle, laquelle inspire une certaine magnanimité à la femme qui en revanche sent venir la fin du monde à la pensée de l'infidélité affective de son mari. La différence de point de vue tiendrait à ce que le succès reproductif de l'homme serait compromis par le fait de se voir coller la progéniture éventuelle d'un autre, celui de la femme par la perspective d'être abandonnée pour une autre. Ainsi va la théorie : la jalousie sexuelle est un trait adaptatif masculin, la jalousie affective un trait adaptatif féminin. Mais, par ma vie, je n'arrive pas à voir comment la femme peut « savoir », même avec ce qui lui reste de conscience paléolithique, que telle frasque de son mari ne compte pas et que telle autre menace sérieusement son mariage, ni ce qui lui permet de compter sur la fidélité affective de l'homme qui l'a trompée sexuellement, de miser sur le fait de l'avoir suffisamment longtemps dans les jambes pour qu'il paie les frais d'université des enfants. Tout ce que je *peux* imaginer, c'est que la femme se résigne parce qu'elle n'a pas le choix, parce qu'elle est trop pauvre pour rompre un mariage pourri et se débrouiller de son côté.

Il est difficile de déceler nos aspirations véritables sous le despotisme des contraintes multiples et des compromis obligés. Revenons à nos babouins olives. Les femelles babouins, quand elles approchent de l'œstrus, recherchent ouvertement les rapports sexuels. « Je les ai vues sauter littéralement d'un gars à un autre, dit Barbara Smuts. Elles s'accouplent avec dix mâles différents en l'espace d'une heure. » Mais quand approche le jour de l'ovulation, les mâles qui entourent une femelle se font moins tolérants et commencent à la surveiller. « À l'apogée de l'œstrus la femelle change totalement de comportement et se contente d'un seul mâle », constate Barbara Smuts. Le mâle en question peut être du type attachant, bagarreur ou bourreau des cœurs, mais en tout état de cause il affirme ses droits sur elle et les mâles ont les moyens de faire sentir leur position car ils sont beaucoup plus gros que les femelles et ont la canine mauvaise et tranchante. Rebecca Dowhan, une élève de Barbara Smuts, se mit en tête de savoir comment la femelle se conduirait au moment de l'œstrus à son point maximal si on la libérait de la tutelle du mâle. Elle travaillait sur une population de babouins en captivité. Elle prit une femelle en œstrus ayant déjà établi un lien exclusif avec un mâle et la déplaça avec lui dans la zone de résidence de deux autres mâles qu'elle connaissait. Elle mit les mâles dans des cages séparées, de telle sorte que la femelle puisse avoir des rapports avec chacun d'eux sans que ces derniers aient la possibilité d'entraver ses mouvements. Comment réagit la femelle à cette liberté sans précédent, cette souveraineté sexuelle à laquelle ne peut accéder aucun babouin femelle dans la nature ? Elle revint à ses manières libertines, fraternisant d'abord avec un mâle pour sauter aussitôt au cou d'un autre en vue d'une brève idylle. Elle ne manifesta aucune préférence particulière pour son époux – le mâle qui l'avait choisie, *elle* et pas une autre. Ce dont elle mourait d'envie, de toute évidence, c'était de varier les plaisirs.

Nous ne savons pas pourquoi la femelle babouin s'embarrasse du partenariat multiple, ce qu'elle retire de tout ce déploiement d'énergie. Ce qui est clair c'est qu'elle doit y trouver un avantage, car elle s'y emploie sauvagement tant qu'une main de fer ne la remet pas sur le droit chemin. La plupart des femelles animales pratiquent le donjuanisme. Elles poussent le bouchon très loin et font tout ce qu'elles peuvent pour éviter de tomber sous la vigilance jalouse d'un mâle attitré. Les chercheurs sont parfois démontés au vu des pulsions sexuelles des femelles. Ils n'arrivent pas toujours à trouver une explication darwinienne convaincante à cette frénésie érotique. Chaque éjaculation d'un mâle, forte d'une infinité de spermatozoïdes, porte un capital génétique impressionnant ; à quoi rime cette boulimie sexuelle qui fait prendre tant de risques à la femelle, la rend vulnérable aux prédateurs, à la maladie, cet acharnement à vouloir plus que sa part de sperme ? Il arrive, de temps à autre, que des chercheurs trouvent la preuve irréfutable, quantitative, des bénéfices du libertinage. Une étude de sept ans sur les chiens de prairie de Gunnison, par exemple, a montré que les femelles qui s'accouplaient avec trois mâles ou plus durant la saison des amours avaient un taux de conception de 100 % et donnaient des portées moyennes de 4,5 petits, alors que celles qui s'accouplaient avec un seul mâle avaient un taux de conception de 92 % et une portée moyenne de 3,5 petits. On ne sait pourquoi les accouplements multiples donnent des nichées plus nombreuses, mais c'est comme ça, et il s'ensuit que les chiens de prairie femelles font tout ce qui est en leur pouvoir pour résister à la tutelle des mâles et à leurs prétentions au monopole de leurs faveurs.

Les humains n'ont pas de portées, mais les femmes prennent des amants, ce qui parfois donne un fruit manifestement béni des dieux. Les chevaliers de la brigade psychoévolutionniste n'en démordent pas et prétendent que les hommes ne se consacrent jamais à un bébé dont la légitimité est le moindrement suspecte. Mais cet a priori se vérifie-t-il en toutes circonstances, a-t-il d'ailleurs eu toujours un fondement quelconque, y compris quand notre espèce vivait en petites bandes de chasseurs-cueilleurs qui ne s'inquiétaient ni de droits de propriété ni de l'héritage de leur descendance légitime ? On a la preuve du contraire. Un nombre non négligeable de peuples traditionnels vivant sur les basses terres d'Amérique du Sud croient en la « paternité partagée » – au fait que l'enfant puisse avoir plus d'un père biologique. Ils pensent que l'enfant est une sorte de mosaïque spermatique, et que le fruit des multiples éjaculations d'hommes différents est plus beau et plus résistant que celui de la décharge d'un seul. Dans de telles sociétés, les femmes mariées prennent souvent un, deux ou trois amants durant leur grossesse, et tous sont considérés comme les pères du bébé avec les responsabilités qui vont avec, comme de ramener le produit de la pêche. Parmi les chasseurs-cueilleurs Ache du Paraguay, par exemple, la majorité des femmes comptent sur leurs différents époux pour protéger leur progéniture et leur fournir de la viande. En interviewant dix-sept femmes Ache, les anthropologues Kim Hill et Hillard Kaplan ont découvert que chacun de leurs soixante-six enfants avait en moyenne 2,1 géniteurs. Les Ache vont jusqu'à reconnaître trois sortes de pères : l'homme à qui la femme est mariée à la naissance de l'enfant ; l'homme ou les hommes avec qui elle a eu des relations extraconjugales juste avant ou pendant sa grossesse ; l'homme qui, selon la femme, l'a engrossée.

Même chose pour les Bari du Venezuela et de Colombie, un peuple de cueilleurs qui cultivent un peu de manioc et ajoutent à leur régime de féculents poisson et gibier. Plus des deux tiers des femmes Bari ont des aventures extraconjugales durant la grossesse, et leurs enfants tirent bien des avantages de cette pratique. Rien n'est fait clandestinement. Quand une femme met un enfant au monde, elle livre le nom de ses amants à la sage-femme et celle-ci va trouver chacun d'eux pour lui annoncer : « Félicitations, tu as un enfant. » Les hommes sont censés aider leur progéniture commune dans les moments difficiles, et en général ils s'exécutent. Les enfants Bari qui ont deux pères ou plus ont 80 % de chances de dépasser les quinze ans. Ceux qui n'ont que leur vrai père voient leur taux de survie au-delà de quinze ans tomber à 64 %.

Quelle mouche a donc piqué les maris Bari ? Pourquoi tolèrent-ils si volontiers les petits péchés de leurs femmes ? D'abord, ils ont également des aventures, en général avec d'autres femmes mariées. Ensuite, leurs femmes ne sont pas censées frayer avec d'autres hommes avant d'être déjà enceintes, ce qui peut leur laisser penser qu'ils sont le vrai père de la plupart sinon de tous les enfants de leur femme.

« Nous sommes en mesure de faire certaines hypothèses sur les origines de la paternité partagée, affirme Stephen Beckerman, anthropologue à l'université d'État de Pennsylvanie, qui a étudié les Bari. On pourrait se dire que les femmes se sont approprié la maîtrise d'un protocole qui fonctionne à leur avantage, et que les hommes n'ont pas le choix. Mais en vérité les hommes ne semblent pas y voir d'inconvénient. Ils n'émettent aucune objection. Ils ne sont visiblement pas jaloux. On peut donc penser que la paternité partagée offre aux hommes une sorte d'assurance-vie, une série de paris contre le mauvais sort. L'homme permet à d'autres d'avoir des relations sexuelles avec sa femme. Il mise sur le fait qu'il sera le père de la plupart des enfants de son épouse sinon de tous. Mais s'il devait mourir, un autre homme aurait l'obligation résiduelle de veiller au bien-être de certains de ces enfants. En regardant les choses sous cet angle, on comprend en quoi la paternité partagée peut constituer un trait adaptatif à la fois pour les femmes et pour les hommes. »

Les perspectives de recherche ne manquent pas. Il y a des mines d'or à prospecter. La femme, paraît-il, a besoin d'un homme qui se consacre à elle (ou plus d'un si elle le peut). On sait pourquoi. Le bébé humain n'est pas une sinécure et exige beaucoup de temps. La femelle chimpanzé peut nourrir son petit toute seule, pas la femme. La jeune mère de l'âge de pierre avait besoin d'un mari qui lui rapporte le bison à la maison. Bien. Mais, nous l'avons vu à l'occasion du débat sur la grand-mère naturelle, la vieille thèse accordant à l'engagement familial du père une importance majeure dans l'évolution humaine est désormais sérieusement contestée. Chez les peuples actuels de chasseurs-cueilleurs les hommes ne se consacrent pas nécessairement à leur progéniture. Les hommes Hadza chassent, mais partagent le produit de leur chasse avec beaucoup de monde, à des fins politiques et stratégiques. Le trophée n'atterrit pas directement dans la bouche ouverte des rejetons. Ce sont les femmes plus âgées de la famille qui aident la mère à nourrir ses enfants. Les hommes sont souvent au loin, à la recherche du gros gibier. Les femmes se livrent à la cueillette. Il y a une division du travail entre les sexes. Mais la chasse n'est pas l'entreprise la plus rentable du point de vue de l'apport calorique. Dans bien des cas, les hommes feraient mieux de se livrer à la cueillette, ou de combiner la chasse occasionnelle avec le piégeage des petites proies. La grande chasse, néanmoins, est l'occasion ou jamais de se gagner un statut et des alliés. Les femmes et leurs enfants, dans une société de chasseurs-cueilleurs, tirent avantage de la viande que les chasseurs rapportent au groupe. Mais il s'agit d'un bénéfice collectif, en tant que groupe, pas de la distribution à chacune des familles nucléaires de la part de bison, d'élan ou d'antilope-burger qui lui revient.

C'est là une révélation surprenante, qui remet en cause tout ce qu'on pouvait présumer de l'origine du mariage et des attentes respectives de l'homme et de la femme. L'environnement adaptatif évolutif ne reposerait donc pas particulièrement sur l'investissement familial du père, contrairement au postulat de base de la plupart des spéculations théoriques des psychoévolutionnistes. Ouvrons les fenêtres, enfin, et respirons un bon coup. Posons de nouvelles questions, sans entonner une fois de plus la vieille rengaine de la femme pudique, elle qui a si bien su balancer ses jupons dans la déchiqueteuse présidentielle.

Nicholas Blurton Jones, par exemple, de l'université de Californie à Los Angeles, explique quant à lui que le mariage est l'aboutissement des efforts accomplis par l'homme pour surveiller sa partenaire. Les babouins mâles exigent l'exclusivité durant l'œstrus. De la même façon l'homme pouvait revendiquer l'accès à une femme particulière et tenir les concurrents à distance. L'invention d'armes de guerre mortelles a probablement exacerbé la rivalité masculine dès les premiers temps de l'évolution de l'humanité. Les hommes qui se battent les armes à la main s'entre-tuent plus facilement que les mâles des autres espèces. La bataille pour la femme coûtant un prix exorbitant, l'homme préhistorique aura préféré s'épargner l'affrontement. C'est que le coureur de lits finissait par avoir plus de chances de s'empaler sur la lance d'un rival que de vivre assez longtemps pour taper dans le mille. Le prix de la course à la femme devenait ridiculement élevé. Autant revendiquer ses droits sur une seule femme à la fois. L'accouplement régulier et sans histoires, en ces temps difficiles, serait devenu moins risqué, donc plus payant du point de vue reproductif, surtout si l'on formalisait l'accès au sexe de la femme par une cérémonie publique – le mariage. Mais alors, pourquoi notre ancêtre s'est-elle embarrassée du mariage, surtout si c'était sur elle et les femmes de la famille que reposait l'essentiel de l'alimentation domestique ? Peut-être, suggère Jones, pour contenir le harcèlement dont elle était l'objet. Avoir constamment des mâles à ses basques, cela devait limiter terriblement l'efficacité de la collecte de nourriture. Autant accepter, dans ces conditions, un lien rituel relativement paisible avec un seul mâle, que de se laisser piéger d'une dialectique sexuelle à l'autre.

Le mariage pourrait donc être le résultat d'un pacte social à plusieurs facettes : entre l'homme et la femme ; entre les hommes ; entre le couple et la tribu. Une solution raisonnable aux différents défis culturels soulevés par l'expansion du néocortex. Mais l'origine du mariage peut également être tout autre. En particulier, nos comportements actuels d'accouplement ne dérivent pas forcément de l'environnement ancestral, comme on l'imagine généralement. Nous pouvons considérer le mariage d'une façon plus pragmatique, plus circonstancielle et, oserais-je dire, plus égalitaire qu'on ne le pense généralement. Si le mariage est un pacte social, un engagement mutuel entre un homme et une femme en vue de s'aménager un micro-habitat raisonnablement stable et agréable au sein d'une communauté de bandes bien armées et pleines de ruses, on peut comprendre pourquoi, en dépit de la rhétorique traditionnelle, les hommes sont aussi désireux de se marier que les femmes – et parfois même davantage, semble-t-il. L'homme n'est-il pas, après tout, celui qui a le plus avantage à la vie de couple, en termes de santé et de bonheur ? Toute une série d'enquêtes épidémiologiques ont montré que le mariage accroît plus la longévité masculine que féminine. Comment serait-ce possible, si l'homme était « naturellement » rétif à la vie conjugale ?

Bon nombre d'analyses critiques ont souligné que les enquêtes internationales portant sur le choix du partenaire, qui permettent à David Buss et autres intégristes de présumer une différence innée entre l'homme et la femme, montrent en fait des similitudes frappantes entre les sexes. Quand on leur demande quelles sont les qualités qu'ils privilégient chez le compagnon de leurs rêves, les hommes comme les femmes, quel que soit le pays, quelle que soit la religion, rangent aux quatre premiers rangs l'amour, la fiabilité, la stabilité émotionnelle et un agréable caractère. Les critères de la dialectique habituelle, la beauté physique pour les hommes, la sécurité financière pour les femmes, n'arrivent qu'à la cinquième place. Si le mariage trouve son origine dans un pacte social entre personnes autonomes et non dans la quête féminine d'un protecteur, la consanguinité des réponses est facile à comprendre. Avec qui voulons-nous lier notre existence affective ? Une personne digne d'être aimée. Une personne bonne. Une personne sur qui on puisse compter en cas de besoin. Une personne au caractère équilibré, qui n'ira pas lancer des obscénités au coin de la rue. Les psychologues évolutionnistes ont beau nous présenter le cliché du vieux riche donnant le bras à une jeune beauté comme la preuve d'une vérité subliminale, la réalité c'est que la plupart des hommes et des femmes épousent quelqu'un qui leur est très proche à tous égards : l'apparence, l'éducation, la fortune, la religion, les opinions politiques, l'âge. On se marie avec quelqu'un qu'on aime et avec qui on se sent à l'aise. L'échec est fréquent, bien sûr, et le divorce est monnaie courante quand il est autorisé. Chez les peuples de chasseurs-cueilleurs comme les Hadza et les !Kung on divorce autant que dans les pays occidentaux. Mais quand on demande la raison du divorce, la réponse quasi unanime est la suivante : nous ne nous entendions pas.

Que veulent les femmes ? Aucune de nous ne peut parler pour toutes, ni, en fait, pour plus d'une. Mais faisons un pari stupide : l'aspiration à la parité émotionnelle est profonde, universellement répandue. Elle peut être en hibernation, éventuellement pervertie par les difficultés de l'existence, par les contraintes culturelles, mais elle ne disparaît pas. L'aspiration à la liberté est congénitale. C'est la manifestation suprême de l'égoïsme, la raison pour laquelle elle est impérissable, indestructible.

Les héros masculins des grandes romancières du passé ont fait rêver des générations de femmes, car c'étaient des hommes amoureux de femmes fortes et intelligentes. Ces hommes-là n'auraient pas voulu de femmes intellectuellement diminuées et repliées sur elles-mêmes. Charlotte Brontë nous a donné Jane Eyre et Edward Rochester, deux lames bien trempées, avec leurs défauts et qualités complémentaires. Elle est simple, mince, pâle. Il est laid, « un Vulcain – un vrai forgeron, brun et aux larges épaules ». Il est riche, plein de sang-froid et d'aisance mais approche l'âge mûr. Elle est pauvre, provinciale et solitaire, mais a la jeunesse pour elle et, surtout, sa riche vie intérieure. Rochester est subjugué au vu de ses aquarelles de fabuleux paysages à la William Blake. « Et qui vous a enseigné à peindre le vent ? » demande-t-il. Les deux amants sont éblouissants et éblouis par la profondeur et la vivacité de l'autre. Charlotte Brontë veut que son héroïne vienne à son compagnon en pleine possession de ses moyens, poussée par le seul désir. Elle lui invente même un héritage aux trois quarts du roman, pour lui enlever toute raison de rechercher autre chose que l'homme en Rochester. Leur égalité est si parfaite que Rochester a beau la dominer de sa haute taille, il se blesse sans arrêt et doit faire appel à la frêle Jane pour le soutenir.

FEMME !

Jane Eyre est un roman. Mack le Couteau l'archétype de l'affiche aguichante. Nous toutes, qui avons aimé Jane et nous sommes pâmées devant l'image de Mack, sommes des phénotypes de chair et de sang. Nous et nos fantasmes sommes les fruits de l'évolution, et valons la peine d'être dégustés. Tenez, commencez par cette petite bouchée. Vous y reviendrez.

19

UNE INCROYANTE AU PARADIS

Manifeste pour une psychologie subversive

Frans de Waals parle d'amour. Il était une fois deux singes : le singe rhésus et le macaque à queue courte. Les deux espèces appartiennent au même genre, *Macaca,* et se ressemblent beaucoup, mais sont de tempéraments très différents. Les singes rhésus sont méchants et nerveux, prompts à la bagarre et difficiles à réconcilier. Les queue-courte sont beaucoup moins emportés, et quand une querelle éclate ils cherchent à se faire pardonner dans les dix minutes, en se livrant à un toilettage mutuel ou par des gestes indiquant sans équivoque leur volonté de rapprochement comme celui de se tenir par les hanches. « Les singes rhésus sont une espèce despotique, les queue-courte des partageux, explique Frans de Waals. La cohésion sociale doit sans doute jouer un rôle plus important dans la vie des queue-courte, et ils sont devenus des spécialistes du compromis, des experts dans l'art de présenter des excuses. Est-ce génétique ? Les queue-courte font-ils simplement preuve d'un bon naturel ? Ce n'est pas mon avis. Je prétends que le comportement de conciliation est une aptitude sociale acquise. »

De Waals a tiré cette conclusion de l'expérience suivante qu'il a réalisée il y a quelques années avec ses collègues du Centre de recherche sur les primates du Wisconsin. Pendant cinq mois, ce qui est long dans la vie d'un rhésus, ils ont placé un groupe de jeunes singes rhésus au milieu d'un groupe de macaques à queue courte. Sous l'influence des queue-courte, les rhésus sont devenus des diplomates. Ils ont appris des comportements de conciliation. Ils sont devenus des champions du toilettage et ont pris l'habitude de se tenir par les hanches, en tout point aussi pacifiques que les queue-courte. Ils ont si bien appris la leçon que, lorsqu'ils sont retournés avec ceux de leur espèce – un groupe de rhésus autoritaires –, ils ont continué à utiliser leurs qualités civiques pour rétablir le calme après les querelles. « C'est une expérience encourageante, affirme de Waals. Si nous pouvons transformer les singes rhésus en artisans de la paix, nous pouvons certainement en faire autant avec les enfants humains. »

On prend plus facilement certaines habitudes que d'autres. Il est plus facile d'en acquérir une bonne que de supprimer la mauvaise. C'est la raison pour laquelle les personnes qui cherchent à perdre du poids y réussissent plus facilement en s'adonnant aux exercices physiques qu'en s'efforçant de diminuer leur ration calorique. Vous avez toujours envie d'une barre de chocolat de temps en temps, et résister à la tentation est trop contre nature, trop sinistre ; mais si vous compensez votre faiblesse, alors le péché est sans conséquence. Des quatre humeurs fondamentales recensées par les philosophes de l'Antiquité – la bile (l'humeur chaude, colérique), le flegme (l'humeur froide), la mélancolie ou bile noire (l'humeur sèche) et le sang (l'humeur humide) –, je prétends être trois quarts bile chaude et un quart mélancolie. La colère est chez moi un besoin. C'est mon chocolat, ma drogue. Je ne peux m'en passer complètement. J'ai donc appris à compenser par autre chose. Je fais appel à mon côté queue-courte et sais me réconcilier vite, très vite. Dix minutes, voire moins ! Je cherche les puces, baisse la tête, demande pardon, offre du chocolat. La paix du rhésus.

La nature emploie cette stratégie additive. Elle retranche ou supprime rarement. Elle préfère généralement ajouter ou étendre, utiliser punaises ou mastic. Nous sommes tous des petites Rome, un amalgame de civilisations biologiques. Nos cellules sont toujours fondamentalement celles de l'écume primitive. Nous avons des gènes parfaitement fonctionnels qui n'ont guère évolué au cours des six cents millions d'années qui nous séparent du champignon. Nous sommes les petits singes ancestraux et les grands singes anthropoïdes du futur. Nous sommes sympathiques, étranges, grossiers et éblouissants. Nous sommes profondément agressifs et savons contrôler notre agressivité. Nous cherchons à tâtons l'entrée du temple de l'amour mais nous avons un avis tranché sur ce qu'il doit être. Nous ne ressemblons à rien d'autre qui soit jamais apparu sur la planète bleue, et deviendrons dans quelques siècles une créature qui nous est inconcevable. Et nous serons tels, tout en portant nos mêmes vieux gènes du paléolithique.

Ernst Mayr, une des grandes figures de la biologie du XXe siècle, a maintenant plus de quatre-vingt-dix ans et ses yeux sont d'un « bleu pâle bouilli », comme disait la romancière Penelope Fitzgerald de l'un de ses personnages ; mais Mayr continue à travailler, à écrire et à penser en bousculant les idées reçues. Il me disait récemment qu'il croyait que les êtres humains ont cessé d'évoluer du point de vue génétique. Il nous faut nous contenter de ce que nous sommes, insiste-t-il. Les patates resteront des patates.

« Il n'y a absolument aucune chance de voir évoluer l'espèce humaine, affirme-t-il. Nous occupons toutes les niches, chaque parcelle de la planète. Il n'y a pas d'isolat, nous ne pouvons donc jamais former une nouvelle espèce. Car pour que le mécanisme de la sélection naturelle opère il faut un isolat. Or les bases d'un réel changement génétique, d'un changement physiologique, n'existent pas. C'est vrai, il y a eu des gens comme Francis Galton, le cousin de Darwin, qui a introduit l'eugénisme et l'idée qu'il est possible d'*améliorer* l'espèce en maîtrisant la reproduction. Mais l'eugénisme est impossible pour différentes raisons, et nous ne voulons pas nous y essayer. Nous ne voulons d'une nouvelle horreur comme le nazisme. Nous ne voulons pas essayer de créer une race de supermen. L'évolution à venir, quelle qu'elle soit, sera culturelle plutôt que génétique. C'est regrettable parce que les acquisitions culturelles peuvent se perdre très facilement. Mais nous en sommes là. Et nous devons faire avec. »

J'ai publié les opinions d'Ersnt Mayr dans un article paru dans le magazine *Natural History.* Cela a provoqué la colère de nombreux lecteurs. Ils ne croyaient pas, contrairement à Mayr, que l'espèce humaine était au bout de son évolution génétique. Ils pensaient que ses vues étaient bornées, passéistes et naïves. Ils invoquaient la biotechnologie, les progrès de la recherche sur la thérapie génique, les manipulations à venir sur le génome humain. Ils parlaient de groupes humains colonisant d'autres planètes, libérés de leurs liens avec la planète mère, donc suffisamment isolés pour que de nouvelles mutations donnent naissance à une nouvelle lignée.

Je suis du côté d'Ersnt Mayr et bien heureuse de l'être. C'est certain, l'évolution culturelle est plus fragile que l'évolution génétique, et sujette aux retours en arrière et à l'amnésie. Mais le moteur de la sélection naturelle ne produit pas des individus meilleurs, plus nobles ou plus intègres. La sélection naturelle nous donne caprices et excès. La sélection naturelle conseille : allez et multipliez ; divisez pour régner. Nous avons bien assez divisé et régné, merci. Ce dont nous avons besoin, désormais, c'est d'un peu de culture, d'éducation et de réflexion. L'évolution culturelle ne fonctionne pas trop mal. La culture sait se transformer en habitude, et l'habitude devient un besoin physique, un réflexe qui par rétroaction métamorphose tout notre être. Pensez à une bonne habitude toute simple, comme mettre sa ceinture de sécurité. Vous montez en voiture et mettez la ceinture par un geste automatique. Si quelque chose interrompt la routine – disons un paquet que vous gardez sur vos genoux – et vous empêche de la fixer au moment de vous asseoir, vous avez le vague sentiment d'un manque comme si votre corps essayait de vous dire quelque chose, comme si une petite lumière rouge s'allumait sur votre tableau de bord intérieur. Attention ! Attention ! Reste sur tes gardes. La routine de la ceinture de sécurité opère désormais au niveau du subconscient, sur un terrain quasiment physiologique. Vous êtes accoutumé. Les neurobiologistes ont montré que le réflexe d'accoutumance s'établit par le biais de changements structurels au sein des cellules cérébrales. Une pratique culturelle – le port de la ceinture de sécurité – façonne vos synapses aussi sûrement que pourrait le faire un gène mutant. Vous ne pouvez transmettre un comportement à vos enfants passivement, en vous contentant de libérer un ovule. Ledit comportement ne s'inscrit pas dans votre génome, évidemment, et chaque nouvelle génération doit en faire l'apprentissage. Mais aucune importance : si vous apprenez aux gens la ceinture de sécurité assez tôt, ils ne pourront plus y échapper. L'esprit queue-courte commence où l'hérédité finit.

Les femmes sont la preuve qu'il est plus facile d'ajouter que de remanier et transformer. Ces dernières décennies, elles ont assumé de nouvelles tâches sans vraiment renoncer aux anciennes. Nous devons gagner notre pain mais pour l'essentiel continuons à nous occuper des enfants. Nous avons pris goût à la reconnaissance sociale, que ce soit par la réussite professionnelle ou en recevant cette chose extraordinaire qu'est une simple feuille de paie régulière. Dans le même temps, nous tenons toujours à cette bonne vieille drogue que la société nous a toujours tolérée, le laudanum de l'intimité personnelle. Le pouvoir et la chaleur humaine : deux mets au goût *délicieux*. On a beau nous expliquer que nous ne pouvons tout avoir, la réussite professionnelle et les plaisirs de la maternité (et de la vie conjugale), qu'à cela ne tienne. Mais si, messieurs, nous le pouvons, nous nous y attelons. Brandissez vos tridents, jetez vos éclairs ! Nous propulsons notre frêle esquif aussi vite que possible vers les riantes rives de notre autonomie et il n'y aura pas de retour en arrière. Certes, l'accès à l'éducation et à la vie économique ne tient pas uniquement au combat féministe. Les antiféministes ne se sont pas fait faute de le souligner. Le poids du féminisme, en la circonstance, a été ridicule, disent-ils. L'entrée massive des femmes dans les entreprises, ces trente ou quarante dernières années, a tenu aux aléas de la récession économique. Le modèle du père seul soutien de famille était une aberration socio-économique, un artefact du XXe siècle entretenu par l'expansion économique d'après-guerre. Cette expansion ne pouvait perdurer, et les femmes durent donc travailler. Le féminisme n'a rien à voir à l'affaire. Les femmes travaillaient avant et elles travaillent aujourd'hui. Les femmes ont toujours travaillé. Rien de nouveau sous le soleil.

Juste. Sauf que l'univers du futur immédiat présente quelques traits nouveaux. Les femmes ne se contentent pas de travailler, comme elles l'ont toujours fait. Elles gagnent du terrain, quoique bien lentement, dans l'acquisition des richesses. Dans les nations postindustrielles, plus de la moitié des propriétaires des nouvelles petites entreprises sont des femmes. Aux États-Unis, les entreprises détenues par des femmes emploient désormais plus de personnel que les cinq cents plus grandes compagnies recensées par *Fortune*. Le pourcentage de femmes qui acquièrent une maison a quadruplé en vingt ans, et Dieu sait si la possession d'un bout de territoire constitue une source de pouvoir chez les hominidés. Tout aussi important, les femmes ont aujourd'hui accès à l'éducation comme jamais elles ne l'ont eu. Au début des années soixante, les femmes représentaient seulement 4 % des étudiants en droit, 3 % des étudiants en médecine ; aujourd'hui on est passé dans les deux cas à environ 50 %. Au sortir du lycée, les filles ont un peu plus de chances que les garçons de réussir quatre ans d'études à l'université. L'éducation supérieure est devenue une habitude. Or les gens cultivés ont des prétentions éhontées, avec un penchant prononcé pour la parité et l'équité. Dès que les femmes accèdent à l'instruction, quels que soient l'époque et le lieu, elles redécouvrent leurs aspirations fondamentales – l'accès direct aux richesses et à la maîtrise de leurs propres moyens de reproduction. En règle générale les femmes qui ont fait des études ont moins d'enfants que celles qui n'ont pas eu cette chance, non seulement parce que les études, cela prend du temps, mais parce qu'elles tiennent à assurer une bonne éducation à leurs enfants et qu'on ne peut pourvoir aux besoins d'une ribambelle comme à ceux de deux ou trois petits chéris. Les femmes instruites ont un style de planification familiale très grand singe. La plus célèbre des matrones chimpanzés, et sans doute la plus prolifique de mémoire de zoologiste, une certaine Fifi, n'a mis au monde que sept petits au cours de sa longue existence, les deux tiers de la progéniture de la femme de Darwin ! La femme africaine instruite, affirme Rogaia Mustfa Abusharaf, un anthropologue soudanais, est plus encline à contester la pratique de l'excision que la femme illettrée. Elle veut préserver l'intégrité de son clitoris. Elle veut pouvoir accéder à la culture en disposant de tous les centres cérébraux de son organisme.

Nous accepterons toutes les aides, d'où qu'elles viennent. Et l'on voit se manifester des courants qui nous sont favorables, n'ayant rien à voir avec le féminisme ou la conquête de la parité. Il y a le torrent du marché mondial, qui pousse tout l'équipage sur le pont et nécessite une main-d'œuvre instruite (du moins techniquement). En outre, la mondialisation de l'information peut également jouer, même modestement, en notre faveur. L'image de l'Occidentale libérée, en talons hauts et jupe élégante, en route pour l'aéroport le portable sous le bras, aussi commerciale, artificielle et trompeuse soit-elle, a un certain impact. Cela peut inspirer des idées subversives à la femme qui a soif de liberté, lui rappeler notre nature de bipèdes vagabondes, de nomades à pieds ailés.

De toute façon, l'évolution culturelle exige la révolution permanente, ce qui signifie ne jamais baisser les bras, ne jamais baisser sa garde, ne jamais faire preuve de complaisance ; ne jamais s'abaisser à dire : « O.K., nous ne voulons pas nous pousser du col, nous ne voulons vexer personne et surtout pas montrer les dents. » Virginia Valian donne l'exemple de Monica Seles, la joueuse de tennis, qui en 1991 exigea que les primes attribuées aux femmes lors des tournois soient du même montant que celles accordées aux hommes. « Deux autres championnes, rapporte Virginia Valian, lui ont répondu publiquement. Steffi Graf aurait dit : “Nous gagnons assez, nous n'avons pas besoin de plus”, et Mary Joe Fernandez : “Ce qu'on nous donne me suffit, il ne faut pas être trop cupides.” L'aspiration à l'équité, on l'assimile à la cupidité ! » Les femmes doivent continuer à revendiquer, cela au moins, c'est clair. Restons vigilantes, car dès que l'attention se relâche, bing, voilà les Talibans locaux qui rappliquent pour nous rouer de coups en nous jetant le tchador à la tête. Björk, la chanteuse islandaise, se plaignait récemment des féministes. Les féministes l'exaspèrent, disait-elle. Elles se lamentent de ce qu'on ne les traite pas en égales, de ce que les hommes ont la meilleure part. Björk comprenait de tels sentiments de la part de la génération de sa mère ou de sa grand-mère mais pas aujourd'hui. Aujourd'hui, les portes de la prison sont ouvertes, insistait-elle. Il suffit de se prendre par la main et de sortir.

D'un côté, je fus ravie de l'entendre s'exprimer ainsi, d'apprendre qu'elle voyait les portes si bien ouvertes et qu'elle se considérait comme une libre et fougueuse primate. De l'autre, je ne peux m'empêcher de penser : va chez l'opticien, Lady Magoo, car tes yeux clairs sont aveugles. C'est sûr, la porte est entrouverte – pour l'instant – mais de force, grâce aux mains couvertes d'ampoules d'une multitude de femmes qui ont dû y introduire le pied et la hanche, et même les deux. Björk est une rockeuse d'avant-garde, célèbre, qui n'a pas de raisons personnelles de douter de la splendeur du système ; il n'empêche que le monde du rock reste terriblement masculin et qu'on n'y hésite pas à traîner les musiciennes dans la boue, comme l'a fait Juliana Hatfield, une minable chanteuse pop, qui a craché publiquement que « les femmes à la guitare, c'est de la foutaise ».

Les femmes ont beaucoup gagné à se bagarrer, à revendiquer, à prendre leur sort en main, mais ce n'est pas encore ça ; le manque de confiance en soi, la misogynie, les accès d'autisme intellectuel n'ont pas fini de nous miner. Nous sommes si impitoyables les unes envers les autres ! Nous n'avons pas de mots assez durs, assez méprisants sur le thème du manque de conscience professionnelle féminin. L'âpreté, l'insolence et le lyrisme du style de Chrissie Hynde, du groupe The Pretenders, en ont fait une figure légendaire du rock féminin. Mais Chrissie Hynde, qui a maintenant la quarantaine, ne veut pas être l'idole de la grogne féminine. « Je n'ai jamais dit que j'étais féministe et n'ai en la matière pas grand-chose à vous dire, répliquait-elle au critique Guy Garcia. Tant que nous touchons notre salaire et que nous avons le droit de voter, où est le problème ? » Elle, pour sa part, préfère jouer avec les garçons. « Je travaille avec des hommes, dit-elle, ils sont concentrés, directs, et ils savent faire du rock. La plupart des femmes en sont incapables. »

Nous ne sommes pas consciencieuses. Nous ne sommes pas à la hauteur. Mais la femme qui veut l'être, qui se donne entièrement à son travail y compris quand elle a des enfants en bas âge, se heurte à un autre type de réprobation, celle qui joue sur la corde de la culpabilité. Qu'elle prenne garde au tort qu'elle peut faire à son bébé en ne le gardant pas constamment contre son sein durant les trois premières années cruciales de son développement cérébral. C'est que le plein épanouissement de l'enfant suppose la pleine et entière sollicitude parentale. Les poids lourds de la biologie médicale vont dans le sens de ce plein-temps parental à l'écoute des exigences cérébrales du bambin. Et la sentinelle désignée auprès de ce précieux cerveau, c'est avant tout la mère, bien sûr, par prédilection personnelle et par vocation naturelle. Ouvrez le premier magazine qui vous tombe sous la main. Vous aurez droit au linge sale de maman, à toute une dissertation sur le sentiment de culpabilité des mères qui travaillent, en dépit des décennies de progrès de la cause féminine. D'ailleurs, c'est bien simple, la mère qui travaille sans états d'âme se sent coupable de ne pas se sentir coupable. Il arrive aussi, nous dit-on, que des pères se sentent coupables, mais pas à ce point-là, et de toute façon l'espèce ne court pas les rues. Ce n'est pas leur boulot, même de nos jours. Ils n'ont pas ajouté le réflexe de culpabilité à leur répertoire. Normal. Personne ne le leur demande. En 1997, durant le procès d'une nounou britannique accusée d'avoir tué un petit garçon de neuf mois dont elle avait la charge, la mère de l'enfant, médecin, reçut une flopée de lettres vengeresses, écrites par des femmes pour la plupart, faisant porter la responsabilité de la mort du petit sur *ses* épaules à elle : la malheureuse avait repris son travail (trois jours par semaine seulement) au lieu de rester à plein temps auprès de ses enfants. Inutile de dire que le père, également médecin, qui avait au moins autant sacrifié à ses obligations professionnelles, a échappé à la vindicte publique.

Triste histoire de voir les femmes se jeter à la tête leur mode de vie et leurs stratégies émotionnelles et reproductives. On peut le comprendre, vu la façon dont les femmes ont été mises en concurrence au cours de l'histoire récente, mais je soutiens qu'il est contre-adaptatif de s'invectiver et se débiner mutuellement de la sorte. Nous avons plus que jamais besoin les unes des autres. La prochaine phase de la révolution permanente aura besoin de puiser à la sororité dont faisaient preuve les singes du Vieux Monde. On nous explique que parler des droits de la femme, c'est « jouer à la victime », geindre, pleurnicher, ressembler à la rombière corsetée et neurasthénique de l'époque victorienne. Trop facile de s'en prendre à la « victimologie », au politiquement correct, pour mieux étouffer toute velléité de protestation. Mais si vous ne demandez pas d'augmentation, vous n'en aurez pas. Et si vous ne montrez pas les dents face à l'injustice, vous continuerez à la subir. Tant que nous laisserons dire que la femme, en tant que femme, n'est pas capable de ceci ou cela, qu'une guitariste fait « de la foutaise » avant même d'avoir sorti une note de son instrument, qu'il suffit de travailler à l'extérieur pour être mauvaise mère, que si la femme n'aime pas faire l'amour, c'est la pression évolutive qui l'a voulu ainsi et que, si elle aime ça, elle ferait mieux de ne pas s'en vanter, nous n'en aurons pas fini d'être considérées comme des mules.

Les femmes prennent soin de leurs enfants, évidemment. Mais la façon dont elles s'investissent dans leurs enfants varie d'une femme à l'autre. De la même façon que le choix de votre partenaire dépend de ce que vous apportez dans le contrat – vos aspirations, votre éducation, votre tempérament, votre système immunitaire, votre métabolisme et ainsi de suite. Les stratégies de la maternité sont aussi diverses que les stratégies de l'accouplement, et il n'y a pas de modèle unique en la matière. Les vingt-quatre carats, l'alpha et l'oméga de la maternité, cela n'existe pas. Telle mère voudra consacrer toute son attention, son amour, ses caresses et sa disponibilité à ses enfants, quitte à gagner moins, à travailler à temps partiel, à la pièce ou en bouche-trou. Telle autre voudra donner l'exemple de l'énergie et de l'autonomie – en l'occurrence la preuve tangible qu'elle mérite son poste, ses revenus et son autorité afin que toi, ma fille, tu puisses en mériter autant le moment venu. Celle-ci ne s'arrêtera pas de travailler même si elle peut se le permettre. Sa volonté de poursuivre sa carrière professionnelle fait partie de sa stratégie, de ce qu'elle pense devoir apporter à ses enfants. Un terrible accident peut toujours arriver à l'enfant confié à la garde d'autrui, mais également à l'enfant sous la garde de sa mère. Et c'est révoltant d'en imputer alors la responsabilité à la mère qui travaille, et à la mère seulement, comme de bien entendu. Des enfants se noient dans leur baignoire, tombent dans les escaliers, boivent un jus de fruits contaminé... Chaque mère apprend combien la vie est fragile et connaît son impuissance à y porter remède. Elle ne peut protéger son enfant de tous les dangers.

Quoi que nous fassions, nous, les mères, avons besoin d'assistance. Nous avons besoin de soutien affectif, pas qu'on nous claque la porte au nez d'un côté et qu'on nous accable d'invectives de l'autre : tu travailles comme un pied ! Tu parles d'une mère, qui ne pense qu'à elle ! Assez. Nous sommes toutes coupables. C'est la faute au chromosome X – il a trop d'ADN. C'est la faute à Ève – qui après s'être gavée de fruits et de tubercules a déserté l'Afrique pour nous conduire ici. C'est la faute à Lilith – qui nous a livrées à l'impitoyable docilité d'Ève. C'est la faute de nos mères (cela va sans dire). C'est nos ovules, notre duplicité, notre sang, nos décolletés, la finesse de notre taille, nos rondeurs, notre odeur de saumon, notre intuition, notre flair. Nous le confessons. Mais que sont devenues notre indulgence de mammifères, notre bienveillance féminine, notre païenne miséricorde ? Qu'avons-nous fait de notre entrain et de notre mansuétude ? À quand le Dallas des femmes ?

Les mères ont également besoin d'aide pratique. Toujours. Il faut treize millions de calories pour élever un enfant, et, de nos jours, presque autant de dollars. Les entreprises ont le souffle court en la matière. La course à la crèche, à la garderie d'enfants ! Nous râlons, récriminons, et obtenons qu'on nous jette des miettes. Après des années de féminisme, le slogan du monde des affaires se résume toujours à « Votre bébé, c'est votre affaire ». Nous devons nous fixer comme objectif immédiat un système de crèches et de jardins d'enfants publics, au niveau national, comparable au système scolaire, accessible et gratuit pour tous. Le pays n'en a pas les moyens ? Mais qui le propose au vote ? Les femmes adoptent des stratégies sexuelles et maternelles très diverses et, comme Patricia Gowaty l'a montré à juste titre, les féministes des années soixante-dix se trompaient en croyant que toutes les femmes partageaient les mêmes aspirations. Mais s'il est un objectif qui intéresse toutes les femmes, c'est bien la crèche et l'école maternelle gratuites et de bonne qualité. Même les femmes qui n'ont pas d'enfant en tireraient bénéfice, car tout ce qui permet à la femme de participer pleinement à la vie sociale, d'y manifester toute son énergie, qui neutralise l'effet délétère de la culpabilité maternelle et son corollaire, le préjugé d'incompétence féminine pour tout ce qui exige effort soutenu et professionnalisme, serait une victoire de toutes les femmes et les aiderait à maintenir le cap de leur petit esquif qui a fort tendance à tanguer.

Et puis il y a les hommes, les pères. Chaque fois que je tombe sur un article traitant de la culpabilité des mères qui travaillent et de l'absence de ladite culpabilité chez les pères qui travaillent, j'ai envie de demander : mais pourquoi ne se sentent-ils pas coupables ? Et pourquoi ne parlons-nous pas davantage de leurs sentiments, de leurs responsabilités parentales ? Pourquoi les congés de paternité et les pères au foyer en sont-ils toujours au stade de l'attraction culturelle ? Dans certains secteurs de la société postindustrielle, les pères se sont investis dans les soins quotidiens aux enfants comme jamais les hommes ne l'ont fait jusque-là. C'est vrai. Mais il faut tout de même constaté que les hommes ne s'accoutument pas aux bébés aussi facilement que les femmes à la feuille de paie.

D'où vient la différence ? Et la paresse intellectuelle, une fois de plus, d'appeler la biologie à la rescousse. Les femmes, donc, auraient naturellement la générosité, la patience et les qualités requises pour s'occuper de leurs bébés et les élever. Toute femme sait pourtant que l'art d'être mère, loin d'être instinctif, demande un apprentissage. « C'est en nous imposant une autodiscipline souvent douloureuse, en nous gendarmant, que nous acquérons ces qualités prétendument innées : la patience, le sacrifice de soi, le choix délibéré des sempiternelles petites corvées et routines quotidiennes qui permettent de socialiser un être humain », écrit Adrienne Rich. Les tables de la loi de la maternité, nous nous les enseignons à nous-mêmes au travers de l'allaitement, de la toilette de l'enfant, du choix délibéré de s'asseoir, de dispenser des caresses et de capituler d'attendrissement. Nous autorisons notre corps à s'imprégner du corps de l'enfant, à s'en repaître, nous le lui présentons comme nos cellules immunitaires se présentent l'une à l'autre la marque antigénique de l'individualité, en se déclarant mutuellement : je suis de la maison, je suis de ton camp ; je t'appartiens comme tu m'appartiens. La fusion corporelle suscite alors un élan indicible. « À notre grand étonnement... nous sommes inondées de sentiments d'amour d'une violence, d'une intensité, d'une sauvagerie que nous n'avions jamais éprouvées auparavant », commente Adrienne Rich.

Aimer et élever un enfant n'est pas un talent exclusivement réservé aux femmes. C'est devenu un privilège féminin parce nous passons beaucoup plus de temps avec les enfants que les hommes. Mais au diable les attributs du sexe. On peut solliciter et conditionner les innombrables cils de l'affiliation qui tapissent le corps féminin comme masculin. On peut leur demander de battre à l'unisson, pour peu qu'on leur en donne l'occasion. Regardez le rat mâle. Normalement, il ne s'occupe pas des petits qui viennent de naître. Le dévouement paternel ne fait généralement pas partie du contrat. Pourtant il détient des trésors d'affection potentielle. Si vous placez un jeune rat mâle au milieu d'une nichée de nouveau-nés et lui donnez une chance de s'accoutumer à leurs odeurs et à leurs piaillements, il finira par venir les flairer. Il les tiendra entre ses pattes et les léchera. Si l'un d'eux se sauve, il le rattrapera. Le voilà amoureux d'un monticule gesticulant de gommes à crayon toutes roses. Détail essentiel : ne pas oublier d'éloigner la mère de la scène, afin de lui éviter de tuer le mâle qui a le front d'approcher ses petits.

Les hommes peuvent devenir fous de leur bébé ; plus ils en respirent l'odeur, le tiennent contre eux, plus cet amour devient sensuel. Mais combien de fois le père ordinaire prend-il le temps de bercer son bébé contre sa poitrine dénudée ? Bien rarement, en tout cas bien moins souvent que la mère. Les mères ont tendance à monopoliser leur bébé. Elles nourrissent l'enfant au sein, donc acquièrent l'habitude de le tenir contre elles et répugnent à s'en séparer. Le père doit trop souvent se contenter de prendre l'enfant quand la mère est fatiguée et demande une pause, et ce qui aurait pu devenir un rituel paternel tourne plutôt au devoir et à la corvée. Monsieur garde sa chemise, reste boutonné jusqu'au cou. Les terminaisons nerveuses de son épiderme ne détectent la fréquence du bébé qu'avec peine. Sans compter que la mère surveille le père pour s'assurer qu'il fait bien tout correctement. En matière de bébé, elle est l'expert, après tout, et lui le novice, l'idiot du village. La femme s'esclaffe au vu de sa maladresse, sa gaucherie, son manque de contenance. La chambre de l'enfant, c'est le domaine de la mère. Là, elle fait la loi et saura humilier son homme. Seulement, si nous voulons que ces messieurs fassent leur part et y prennent plaisir, ce n'est pas le moment de mettre leurs capacités en doute, de pratiquer une forme de discrimination à l'envers, « nous allaitons, vous haletez ». Si la femme tient à ce que l'homme s'immerge dans la riche sensualité qui la relie à son bébé, il faut qu'elle lui laisse l'enfant à la moindre occasion. Entre deux tétées, entre deux seins, comme au rugby ou au foot, le bébé en guise de ballon – à toi la passe.

Tous les hommes ne sont pas sont prêts à se lancer corps et âme dans l'aventure, à passer leurs nuits le nez collé à la fontanelle de bébé ou à prendre un congé de paternité s'il leur est offert. Mais je parierais que nombre d'entre eux s'exécuteraient volontiers si le rôle devenait plausible, acceptable et de bon ton. Ce qui pourrait bien arriver en ces temps où l'économie se met au pas de l'oie, où les femmes doivent travailler plus dur quc jamais, où elles sont en mesure d'exiger réciprocité et équité. L'argument comme quoi l'homme ne se consacrera jamais autant aux enfants que la femme sous prétexte qu'il peut toujours trouver mieux ailleurs et prendre la porte ne m'impressionne guère. En ces temps de surpopulation de notre agora mondiale, de concurrence assassine, la réussite reproductive de l'homme pourrait bien passer par son aptitude à accorder le maximum d'attentions à chacun des membres de sa progéniture. Les hommes ont désormais autant besoin des femmes et des enfants que l'inverse, ou du moins de l'idée que les femmes et les enfants s'en faisaient.

Les liens que tissent les humains entre eux sont profonds et exhalent un sauvage parfum de civette. C'est ce qui fait tout le charme et le paradoxe de notre cerveau. C'est parce que nous en savons trop que nos amours sont si durables et tumultueuses. Nous savons que nous mourrons, et c'est la conscience de la mort qui nous a si profondément façonnés. Elle a produit les religions. Elle s'est emparée de toutes nos vieilles aspirations – au pouvoir, au respect, à l'amour et à l'amitié – et elle les a astiquées jusqu'à ce qu'elles nous renvoient notre reflet. Mon ami, arrête-toi un instant, je t'en prie, le temps de parler un peu. Repars au loin, à toute allure, mais souviens-toi que le temps et l'espace sont courbes et que tu reviendras me parler, moi qui suis ton amie, ta fille, ta mère, ton amour.

Je suis, par nature, une pessimiste qui aime les utopies, une fantaisiste cartésienne. Je crois en la révolution permanente de l'esprit et de la volonté. Un jour de 1987, je pris place autour de la table du dîner en compagnie de ma grand-mère, qui avait alors près de quatre-vingts ans, ma mère et ma cousine Julie, âgée de dix-huit ans. Nous bavardions. Aurions-nous choisi d'être un homme, si on nous avait donné le choix ? Oui, avons-nous toutes répondu, y compris, à ma grande surprise, ma grand-mère. « Les hommes ont plus de liberté », a-t-elle expliqué.

J'ai rappelé il y a peu cette conversation à ma mère. Nous sommes toutes deux convenues que nous ne pensions plus la même chose. Nous n'avions plus envie d'être des hommes. Pas vraiment parce que nous avons vieilli et que nous nous acceptons mieux. Ma grand-mère était plus âgée que chacune de nous quand elle disait préférer être un homme. Pas non plus parce que la question féminine a beaucoup progressé en une décennie, ou que la porte de la prison s'est ouverte et que les détenues ont pris les choses en main. Pas du tout. Mon nouvel état d'esprit comme, je crois, celui de ma mère résultent d'une révélation. Nous avons compris que notre force et notre mentalité tenaient essentiellement à notre condition féminine, et réfléchi à ce que cela signifiait ici, maintenant, pour la civilisation actuelle et pour le futur que nous nous plaisons à imaginer. Notre tribu est celle des femmes. Nous avons encore à en préciser la nature et la portée, nous nous y attelons, et nous ne lâcherons pas prise. Nous vivons en état de révolution permanente. Cela donne le *frisson* ! Mais nous n'abandonnerons ni la tribu ni le combat. Nous ne définirons pas la tribu par défaut et nous ne nous satisferons pas d'un prix de consolation. Vouloir être un homme, c'est une façon d'accepter des limites et des contraintes qui ne sont pas de notre fait. C'est de la paresse. Ce n'est pas digne de la femme.

J'ai désormais une fille. Elle est encore trop jeune pour connaître ses limites, pour savoir qu'elle ne règne pas sur la Voie lactée et qu'un jour elle mourra. Elle sait qu'elle est une fille mais n'en a cure, ou ne comprend pas ce que cela signifie. Peut-être que cela ne signifie rien. Et c'est peut-être ce que je lui souhaite : qu'elle se fiche comme d'une guigne d'être fille, d'être femme, et qu'elle n'ait que faire des catégories. Que cela ne l'intéresse pas, trop absorbée qu'elle serait par une vocation extraordinaire, comme le calcul de l'orbite des comètes ou l'art du clavecin, ou parce que sa génération aurait la nostalgie d'Internet et de l'époque de ces dinosaures apoplectiques aux penchants pédophiles. Peut-être qu'elle jouerait les Björk en levant les yeux au ciel et en étouffant un bâillement à chaque fois que j'évoquerais ce trilobite politique qu'on appelait le féminisme.

À moins... à moins qu'elle n'échange le vieil esquif d'écorce de bouleau de sa mère pour un joyeux drakkar d'or doté d'un magnifique équipage rebelle de Walkyries échevelées, de sirènes frétillantes et de nymphes brûlant d'impatience. Son chant serait rude tandis qu'elle manierait la rame à travers bourrasques et accalmies, à l'unisson ou en contrepoint de ses compagnes. Elle n'aurait toujours pas trouvé le fabuleux rivage du pays de la liberté, mais qu'importe. La mer sera toujours son havre.

Remerciements

Au cours des recherches effectuées pour ce livre j'ai rencontré des centaines de femmes et d'hommes dont j'ai pu apprécier les opinions, l'éloquence et la générosité, nombre de scientifiques et de médecins qui font autorité dans leur discipline mais aussi tout simplement des femmes sachant parler de leur propre corps. Je ne peux les citer tous, mais je veux témoigner ici de ma gratitude auprès de tous ceux qui ont pris sur leur temps pour discuter et réfléchir avec moi sur le fonctionnement du corps féminin.

Je suis tout particulièrement redevable aux chercheurs dont les noms suivent : Sarah Blaffer Hrdy, Patricia Adair Gowaty, Barbara Smuts, Nancy Burley, Kristen Hawkes, Kim Wallen, Sue Carter, Kerstin Uvnas-Möberg, Susan Love, Wenda Trevathan, Kaj Bjorqvist, Frans de Waal, Ellen Laan, Sharon Hillier, Maria Bustillo, Jerrold Meinwald, Thomas Eisner, Benita et John Katzenellenbogen, Thomas Insel, Roger Gorski, Florence Haseltine, Martha McClintock, Geert de Vries, Dominique Toran-Allerand, Margie Profet, Londa Schiebinger, Barney Schlinger, Miriam Nelson, Ronenn Roubenoff, Pentii Siiteri, Nicolette Horbach, Jay Schulkin, Michael Toaff, Diane Witt, Luis Figuera et Virginia Valian.

Je dois aussi beaucoup à celles et ceux qui m'ont fait part de leur histoire personnelle et dans certains cas m'ont autorisée à faire part d'observations médicales d'ordre intime : Hope Phillips, Beth Derochea, Antonia Alba, Sandra Gandsman, Jane Carden, Cheryl Chase, Martha Coventry et les membres de la Société intersexe d'Amérique du Nord.

Du fond du cœur je remercie aussi les éditeurs de Houghton Mifflin pour leur compréhension et leur patience et à l'occasion leurs rappels à l'ordre intempestifs et salvateurs. Je témoigne également ma reconnaissance à Laura Beitman qui m'a assistée dans mes recherches, pour l'énergie et toutes les qualités dont elle a fait preuve.

Enfin, mon profond amour et ma gratitude à mon mari, qui m'a soutenue lors de mes accès récurrents de doute et de mélancolie et m'a rappelée à mon devoir chaque fois que je parlais d'abandonner.

TABLE

Composition réalisée par PCA
44400 Rezé

Cet ouvrage
a été achevé d'imprimer sur Roto-Page
par l'Imprimerie Floch à Mayenne
en février 2000

N° d'édition : 40481/01. N° d'impression : 47975.
Dépôt légal : février 2000.

Imprimé en France